高等教育跨境电子商务专业"校行企"协同育人系列教材
广州市高等教育教学质量与教学改革工程规划教材项目

跨境电商理论与实务

主　编　张战勇　张延林
副主编　周海燕　陈鸽林　赵祎馨

电子工业出版社
Publishing House of Electronics Industry
北京·BEIJING

内 容 简 介

本书是一本系统、实用、前沿的跨境电商教材,以出口跨境电商为主要对象,以复合型人才培养和行业实际需求为主要导向,以完成行业典型工作任务为主要目标,讲解与跨境电商相关的概念、理论和方法。本书共 9 章,按照出口跨境电商卖家建立一笔新业务通常需要经历的主要业务流程展开,包括跨境电商概述、跨境电商平台、跨境电商市场环境分析、跨境电商选品管理、跨境电商物流与通关、跨境电商产品定价与发布、跨境电商产品详情页优化、跨境电商法律法规、跨境电商营销推广。每章都包含实训项目、理论知识和思考与练习 3 部分。在体例设计上,本书注重实践与理论的融合,紧扣国家对外开放战略,结合主流跨境电商平台——亚马逊介绍具体的操作方法。

本书可作为培养复合型专业人才的高等院校开设相关课程的教材,也可作为相关从业人员的自学资料或跨境电商培训班的培训书。

未经许可,不得以任何方式复制或抄袭本书之部分或全部内容。
版权所有,侵权必究。

图书在版编目(CIP)数据

跨境电商理论与实务 / 张战勇,张延林主编. —北京:电子工业出版社,2024.4
ISBN 978-7-121-47669-3

Ⅰ.①跨… Ⅱ.①张… ②张… Ⅲ.①电子商务—教材 Ⅳ.①F713.36

中国国家版本馆 CIP 数据核字(2024)第 074751 号

责任编辑:王二华
印　　刷:三河市鑫金马印装有限公司
装　　订:三河市鑫金马印装有限公司
出版发行:电子工业出版社
　　　　　北京市海淀区万寿路 173 信箱　邮编:100036
开　　本:787×1092　1/16　印张:18　字数:472 千字
版　　次:2024 年 4 月第 1 版
印　　次:2024 年 4 月第 1 次印刷
定　　价:55.00 元

凡所购买电子工业出版社图书有缺损问题,请向购买书店调换。若书店售缺,请与本社发行部联系,联系及邮购电话:(010)88254888,88258888。
质量投诉请发邮件至 zlts@phei.com.cn,盗版侵权举报请发邮件至 dbqq@phei.com.cn。
本书咨询联系方式:wangrh@phei.com.cn。

前 言

跨境电子商务（简称跨境电商）是一门互联网与传统外贸跨界融合的新兴学科，也是一项推动全球贸易新变革的重要国家战略。习近平总书记多次做出重要指示，强调"中国将推动跨境电商等新业态新模式加快发展，培育外贸新动能"。中国海关总署数据显示，2022 年中国跨境电商进出口规模达 2.11 万亿元，增长 9.8%。跨境电商行业的急速增长，带来对跨境电商人才的强烈需求，为此，教育部在《普通高等学校本科专业目录（2020 年版）》中将"跨境电子商务"增设为新专业，强调数字技术和跨文化商务的复合型应用型人才培养。作为该专业的核心综合技能课程，"跨境电商理论与实务"旨在培养学生掌握出口跨境电商行业典型岗位所需的专业技能和素养，为学生毕业后从事相关工作或创业提供坚实的基础。然而，目前市场上缺乏能够满足复合型人才培养和行业实际需求的适用教材，导致教师教学效果不佳，学生能力不强。为此，我们编写了本书，希望能够为广大师生提供一本系统、实用、前沿的跨境电商教材。本书紧跟党的二十大报告中提出的"推进高水平对外开放"战略，秉持"推动货物贸易优化升级，创新服务贸易发展机制，发展数字贸易，加快建设贸易强国"理念，结合出口跨境电商行业典型岗位对人才的需求进行编写。

本书内容按照出口跨境电商的业务流程展开，分为 9 章。每章都包含实训项目、理论知识和思考与练习 3 部分。实训项目部分要求学生分组成立模拟公司，在类似真实环境下完成实训任务并提交成果；理论知识部分介绍了与任务有关的概念、思维和理论知识体系、工作流程、工作方法、商业环境、工具等；思考与练习部分配有练习题，以帮助学生巩固所学知识和技能。正如图 0-1 所示，本书构建了一个完整的复合型的跨境电商理论与实务课程框架体系。

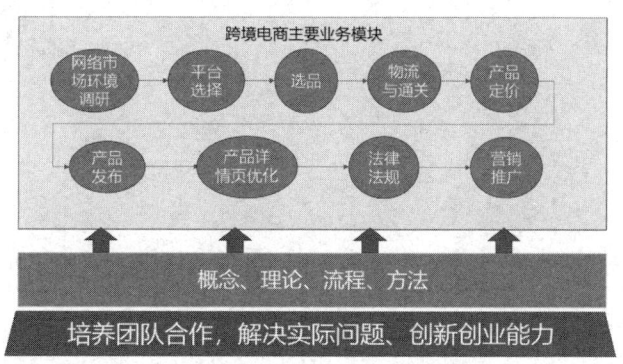

图 0-1　跨境电商理论与实务课程框架体系

本书具有以下特色和优势。

（1）结合理论与实践。本书不仅总结了当前跨境电商领域的最新理论成果，还分享了丰富的实践经验，既可以提高学生的学术水平，又为其提供了操作性指导。

（2）遵循业务流程。本书内容按照出口跨境电商卖家建立一笔新业务通常需要经历的主要业务流程展开，使学生能够全面了解跨境电商的整个运作过程和各个环节。

（3）强调任务导向和团队实训。本书的教学设计注重培养学生的实战能力和团队合作精神。本书通过设置系列实训项目，鼓励学生以团队形式模拟公司运营，置身于接近真实的商业环境中，解决实际问题。这种实训方式不仅有助于学生深入理解跨境电商的业务流程，还能够锻炼其创新思维和解决问题的能力，为未来的职业生涯打下坚实的基础。

（4）培养数字实操能力。本书介绍了跨境电商通过网络收集数据、开展国际调研及进行业务决策的主要网络工具和方法，以培养学生运用现代工具进行数据收集和决策的能力。

本书由广州航海学院张战勇老师统筹设计并编写，广东工业大学张延林副教授对书稿进行了审核、调整。感谢广州番禺职业技术学院的周海燕老师、宁波职业技术学院的陈鸽林老师和江西财经大学的赵祎馨老师为本书提供的配套资源、数据资料和案例等。

跨境电商领域的理论与实务更新速度很快，相关概念、实践模式也在不断发展变化，需要时间沉淀形成共识。同时，由于编者学识有限，书中难免有疏漏之处，敬请广大专家、教师批评指正。

编　者

目 录

第1章 跨境电商概述 …… 1
1.1 跨境电商概况 …… 2
- 1.1.1 跨境电商的概念 …… 2
- 1.1.2 跨境电商与境内电商的区别 …… 3
- 1.1.3 跨境电商与传统国际贸易的区别及发展意义 …… 4

1.2 跨境电商发展历程 …… 7
1.3 中国出口跨境电商发展面临的挑战及趋势 …… 8
- 1.3.1 中国出口跨境电商发展面临的挑战 …… 8
- 1.3.2 中国出口跨境电商的发展趋势 …… 9

1.4 跨境电商行业生态结构与职业发展 …… 11
- 1.4.1 跨境电商行业生态结构 …… 11
- 1.4.2 跨境电商典型岗位及职业能力分析 …… 12

思考与练习 …… 13

第2章 跨境电商平台 …… 14
2.1 跨境电商平台的分类 …… 14
- 2.1.1 根据商品流动方向分类 …… 15
- 2.1.2 根据交易主体属性分类 …… 15
- 2.1.3 根据提供的服务内容分类 …… 16
- 2.1.4 根据平台运营方式分类 …… 16
- 2.1.5 根据涉及的行业范围分类 …… 17

2.2 主流跨境电商平台 …… 17
- 2.2.1 B2B跨境电商平台 …… 17
- 2.2.2 B2C跨境电商平台 …… 20

2.3 跨境电商平台的选择 …… 26

思考与练习 …… 29

第3章 跨境电商市场环境分析 …… 30
3.1 宏观环境分析 …… 31
- 3.1.1 政治与法律环境 …… 31
- 3.1.2 经济环境 …… 35
- 3.1.3 社会与文化环境 …… 36
- 3.1.4 技术环境 …… 38

3.2 行业环境分析 …… 39
- 3.2.1 行业竞争分析 …… 39
- 3.2.2 竞争者分析 …… 41
- 3.2.3 企业资源和能力分析 …… 42

3.3 跨境网购消费者行为分析 …… 43
- 3.3.1 消费者跨境网购行为动机模型 …… 43
- 3.3.2 消费者跨境网购行为影响因素模型 …… 44
- 3.3.3 消费者跨境网购决策过程 …… 45

3.4 跨境电商网络市场调研 …… 47
- 3.4.1 网络市场调研内容 …… 47
- 3.4.2 跨境电商网络市场调研的路线图和工具 …… 49

思考与练习 …… 55

第4章 跨境电商选品管理 …… 56
4.1 跨境电商选品概述 …… 57
- 4.1.1 跨境电商选品的概念 …… 57
- 4.1.2 跨境电商选品的分类 …… 57

4.2 跨境电商选品的基本流程 …… 58
- 4.2.1 列出备选产品清单 …… 58
- 4.2.2 初步选择目标产品 …… 62

4.2.3　全面评估初选目标产品和
　　　　　利基市场 ································ 64
　　4.2.4　深入分析预选目标产品的
　　　　　市场需求与竞争产品 ············· 74
　　4.2.5　进行市场验证 ···························· 84
　　4.2.6　确定获取产品的方式 ············· 85
　　4.2.7　确定产品的供应商 ················· 89
4.3　跨境电商产品品类管理策略 ······ 91
　　4.3.1　品类与品类管理 ······················ 92
　　4.3.2　组合产品策略 ·························· 93
　　4.3.3　选品风险管理 ·························· 94
思考与练习 ·· 94

第5章　跨境电商物流与通关 ············ 95

5.1　跨境电商物流概述 ························· 96
　　5.1.1　跨境电商物流的特征 ·············· 96
　　5.1.2　B2C出口跨境电商物流
　　　　　存在的主要问题 ······················ 97
　　5.1.3　常见的国际物流名词解释 ······ 99
5.2　跨境电商三大国际包裹
　　　直邮物流模式 ································ 103
　　5.2.1　邮政物流 ···································· 103
　　5.2.2　商业快递 ···································· 106
　　5.2.3　专线物流 ···································· 109
5.3　海外仓 ·· 110
　　5.3.1　海外仓的基本概念 ···················· 110
　　5.3.2　海外仓的优势与劣势 ·············· 110
　　5.3.3　海外仓的运营模式 ···················· 112
　　5.3.4　海外仓的选品决策 ···················· 116
5.4　跨境电商物流渠道的选择 ········· 117
　　5.4.1　跨境电商物流渠道的特点 ····· 117
　　5.4.2　跨境电商物流渠道选择的
　　　　　基本原则 ······································ 118
　　5.4.3　影响物流渠道选择的
　　　　　主要因素 ···································· 119
5.5　通关物流 ·· 120
　　5.5.1　进出境货物与进出境物品 ····· 120
　　5.5.2　跨境电商零售出口海关
　　　　　监管模式 ···································· 121
　　5.5.3　跨境电商B2B出口
　　　　　海关监管模式 ·························· 124
　　5.5.4　各国海关对进口货物的
　　　　　规定 ·· 126
　　5.5.5　常见的海关清关问题 ············· 127
5.6　跨境电商物流包装管理 ·············· 128
　　5.6.1　常见的包装材料 ······················· 128
　　5.6.2　包装注意事项 ·························· 132
　　5.6.3　常见的包装技巧 ······················· 133
思考与练习 ·· 134

第6章　跨境电商产品定价与发布 ······ 135

6.1　产品定价 ·· 136
　　6.1.1　产品定价目标 ·························· 136
　　6.1.2　影响产品定价的主要因素 ······ 136
　　6.1.3　产品价格的构成 ······················ 138
　　6.1.4　3种基本定价策略 ·················· 140
　　6.1.5　跨境电商产品定价的
　　　　　补充策略 ···································· 141
6.2　产品发布 ·· 146
　　6.2.1　亚马逊产品详情页相关
　　　　　概念 ·· 146
　　6.2.2　在亚马逊上创建产品
　　　　　详情页的基本步骤 ················· 148
思考与练习 ·· 155

第7章　跨境电商产品详情页优化 ······ 156

7.1　产品详情页优化概述 ···················· 157
　　7.1.1　产品详情页优化的总目标 ····· 157
　　7.1.2　产品详情页的作用 ··················· 158
7.2　产品描述文案优化 ························· 158
　　7.2.1　产品描述文案优化的
　　　　　相关概念 ···································· 159
　　7.2.2　产品描述文案优化的
　　　　　步骤 ·· 162
　　7.2.3　产品描述文案优化效果
　　　　　评价指标 ···································· 169
7.3　亚马逊产品详情页优化 ·············· 171
　　7.3.1　亚马逊A9算法 ························· 171

7.3.2 相关性优化 ………………… 173
7.3.3 业绩表现优化 ……………… 182
7.3.4 吸引力优化 ………………… 182
思考与练习 …………………………… 198

第8章 跨境电商法律法规 ………… 200

8.1 跨境电商法律法规概述 ………… 201
　　8.1.1 跨境电商法律法规类型 …… 201
　　8.1.2 跨境电商交易环节的法律 … 204
8.2 知识产权 ………………………… 206
　　8.2.1 知识产权的特征 …………… 206
　　8.2.2 跨境电商中知识产权的
　　　　 类型 ………………………… 207
　　8.2.3 跨境电商中知识产权的
　　　　 侵权类型 …………………… 211
　　8.2.4 收到电商知识产权投诉的
　　　　 应对策略 …………………… 214
　　8.2.5 知识产权海关保护 ………… 216
思考与练习 …………………………… 217

第9章 跨境电商营销推广 ………… 218

9.1 跨境电商营销推广
　　活动计划 ………………………… 219
　　9.1.1 跨境电商营销推广活动
　　　　 计划的制订步骤 …………… 219
　　9.1.2 亚马逊平台多渠道营销
　　　　 推广策略 …………………… 230
9.2 亚马逊平台广告 ………………… 230
　　9.2.1 亚马逊 PPC 广告 …………… 231
　　9.2.2 亚马逊站内促销 …………… 244
9.3 亚马逊站外营销推广 …………… 247
　　9.3.1 外部流量 …………………… 248
　　9.3.2 有效的亚马逊销售漏斗 …… 248
　　9.3.3 创建并优化亚马逊着陆页 … 250
　　9.3.4 在 Facebook 上投放亚马逊
　　　　 产品广告 …………………… 253
　　9.3.5 为亚马逊产品在 Facebook 上
　　　　 进行客户重定位 …………… 260
　　9.3.6 为亚马逊产品投放
　　　　 谷歌广告 …………………… 262
　　9.3.7 在 Pinterest 上推广
　　　　 亚马逊产品 ………………… 270
　　9.3.8 亚马逊其他站外流量
　　　　 来源渠道和测试 …………… 275
思考与练习 …………………………… 279

第 1 章　跨境电商概述

【学习目标】

- 掌握与跨境电商相关的概念。
- 掌握跨境电商发展各阶段的特点。
- 了解我国出口跨境电商发展面临的挑战及趋势。
- 熟悉跨境电商行业的生态结构、典型岗位及职业能力。

------------------------------ 实 训 项 目 ------------------------------

1. 任务

按以下步骤完成跨境电商模拟公司团队的组建。

（1）确定团队成员并明确团队成员岗位角色分工。

① 确定团队成员。

随机分组，每班同学按照 1、2、3、…、n 的顺序循环报数，n 为要分的组数，如果每个班要分 6 组，就按 1~6 循环报数，建议每个班最多不超过 6 组。每个同学都报数完毕后，报相同数字的同学归为一组，例如，凡是报数为"1"的同学属于第一组，以此类推。

分组完毕，助教给各组分发物料：软笔头水彩笔（至少保证每组 3 支）、白纸（2 开，可由 120 克全开白纸裁剪）。

② 明确团队成员岗位角色分工。

推选出团队首席执行官（Chief Executive Officer，CEO），在 CEO 的协调下，按跨境电商企业典型岗位，明确团队成员岗位角色分工。

登录招聘网站，调研以下跨境电商企业典型岗位的职责及能力要求，要求分别列出每个岗位主要的 3 个职责及能力要求。

- CEO
- 产品管理部（总监、专员）
- 物流仓管部（总监、专员）
- 平台运营部（总监、专员）
- 客户关系管理部（总监、专员）
- 知识产权与法务部（总监、专员）
- 人力资源部（总监）

在调研的基础上，团队 CEO 和人力资源部组织编写公司组织结构说明书。组织结构说明书包含部门岗位设置、岗位职责、员工配备名单。

（2）创建团队文化。

① 在创建团队文化前，公司团队要确定跨境电商业务的大致范围。

② 在团队 CEO 的带领下创建团队文化，并制作 PPT，以备展示。团队文化内容包括公司（店铺）名称、使命、愿景、标识（Logo）等，要体现跨境电商业务范围，鼓励使用外语。

2. 要求

（1）团队成果提交。

① 团队 CEO 代表全体成员，在课堂上做团队文化 PPT 展示。

② 人力资源部协调编写并提交公司组织结构说明书。

（2）团队竞争。

① 公司团队组建后，以团队为单位完成课程后续各章的相互关联的实训任务。

② 以团队为单位提交后续实训任务作品，作品得分作为团队 CEO 的该次实训任务成绩。每次实训任务完成后，由团队 CEO 根据成员在该次实训任务中的表现对其进行评分。

随着互联网的蓬勃发展，跨境电商作为一种新型的国际贸易方式，正在逐渐改变国际贸易格局，并重塑全球经济秩序。跨境电商不仅给交易主体带来巨大的发展机遇，也使其面临诸多挑战。首先，本章从不同角度详细阐述了跨境电商的概念，并与境内电商和传统国际贸易进行了区分；其次，简要梳理了我国跨境电商发展的历程；再次，剖析了当前我国跨境电商发展所面临的主要挑战及趋势；最后，解析了跨境电商完整的行业生态结构，以及不同岗位所需的专业知识和综合素质。通过本章的学习，学生可以全面系统地把握跨境电商的概念、发展现状、特点、机遇与挑战，为后面几章的学习奠定理论基础。

1.1 跨境电商概况

由于服务目的的不同，跨境电商概念的具体内涵也不一样，为了让学生更加深入地理解跨境电商这一概念，本部分将跨境电商与境内电商、传统国际贸易进行了比较，并介绍了跨境电商的流程、特点及发展意义。

1.1.1 跨境电商的概念

跨境电商是指位于不同关境的交易主体，通过电子商务平台进行交易和支付结算，并通过跨境物流完成商品送达和交易的一种国际商业活动。随着互联网技术的兴起和发展，许多传统行业的运营模式都得到了重塑，商业贸易也不例外。跨境电商是传统国际贸易与互联网的融合，是国际贸易与电子商务的有机结合，在运营流程上具有两者的双重特征。

跨境电商的概念可以从广义、狭义和海关监管这 3 个角度来理解。

1．广义的跨境电商概念

从广义上理解，跨境电商是指分属不同关境的交易主体通过电子商务手段达成交易的国际贸易活动。其实质就是传统国际贸易过程的网络化和数字化，它是互联网和数字技术在国际贸易中的应用，涉及电子贸易、电子资金划拨、电子货运单证、在线数据传递等内容。在制定跨境电商产业发展的宏观政策时，我们更加倾向于以广义的跨境电商概念为指导。

2．狭义的跨境电商概念

从狭义上理解，跨境电商主要指的是跨境网络零售，也包括一部分小额的企业对企业（Business to Business，B2B）的跨境网络交易。它是指分属不同关境的交易主体通过电子商务平台达成交易，进行跨境支付结算，并通过跨境物流（快件、小包等行邮方式）将商品送达最终买家（包括最终消费者和一部分小额需求的企业用户），完成交易的一种国际贸易新业态。狭义的跨境电商概念主要用于区别传统国际贸易的概念，突出了跨境电商卖家直接面向境外最终买家开展国际贸易的特点。

3．海关对跨境电商的概念的界定

广义上和狭义上的跨境电商是从跨境电商的贸易属性和互联网的数字技术属性两个维度做出的纯学术性定义。跨境电商作为国际贸易中一种新的实践形态，需要接受相关国际组织和交易主体所在国家或地区的法律法规的监管。因此，在实践中，对跨境电商概念的界定还要考虑相关国际组织和交易主体所在国家或地区的法律法规的规定。

2018年，世界海关组织（World Customs Organization，WCO）在《世界海关组织跨境电商标准框架》中，从对跨境电商这种新兴贸易全球监管的角度，确定跨境电商具有以下特征。

- 在线下单、在线销售、在线沟通及网上支付。
- 跨境交易和交付。
- 有实际物品，并且实际物品被交付给最终消费者或购买者（商业目的或非商业目的均可）。

这个框架制定的标准主要适用于跨境电商企业对个人（Business to Consumer，B2C）和个人对个人（Consumer to Consumer，C2C）的交易。

本部分从广义、狭义和海关监管的角度介绍了跨境电商的概念，为了区别传统国际贸易，突出跨境电商的特点，本书后续的讲解采用狭义的跨境电商概念。在跨境电商具体实践中，卖家还要了解相关国际组织和目的国从海关监管角度对跨境电商做出的具体界定，以确保实际运营能遵守各国的法律法规。

1.1.2　跨境电商与境内电商的区别

跨境电商的交易主体位于两个不同的国家或地区，这使得跨境电商企业面临着国家或地区间法规政策、语言文化等方面的差异及运输距离远等问题，实践的复杂程度高。相比之下，境内电商通常立足于一国境内的消费市场，凭借境内规模化的物流配送体系和支付体系，电商巨头迅速抢占市场份额。跨境电商面向国际市场，除了需要在各国或地区之间建立起跨境物流、跨境支付等配套设施，还需要面对通关、关税等国家或地区间的贸易壁垒。与境内电商相比，跨境电商的实践难度大大增加，这虽然使跨境电商的发展速度放缓，但也为各跨境电商企业留下了布局和成长的时间和空间。总的来说，跨境电商和境内电商的区别主要体现在以下几个方面。

1. 业务环节的差异

跨境电商本质上是一种新型国际贸易，跨境电商因其具有国际元素而区别于境内电商。相比境内电商，跨境电商的业务环节更加复杂，需要经过海关通关、检验检疫、外汇结算、出口退税、进口征税等环节；跨境电商通过邮政小包、快递等方式将货物运输出境，货物从售出到运送到境外消费者手中所需的时间更长；因路途遥远，货物容易损坏，且各国邮政派送能力相对有限，急剧增长的邮包量也容易引起贸易摩擦。而境内电商发生在境内，主要以快递的方式将货物直接送达消费者手中，具有路途短、到货速度快、货物损坏概率低的特点。

2. 交易主体的领域差异

境内电商的交易主体一般在一个国家或地区内，包括境内的企业对企业、企业对个人和个人对个人之间的交易；而跨境电商的交易主体分属不同关境，可能是境内企业对境外企业，也可能是境内企业对境外个人或境内个人对境外个人。由于交易主体所在国家或地区不同，消费者具有不同的消费习惯、文化心理、生活习俗，跨境电商企业不仅需要对国际化流量引入、广告推广、境外品牌、境外贸易、互联网、分销体系、消费者行为等有深入的了解，还要有"本地化"思维，有远远超出境内电商的国际化思维。

3. 交易风险的差异

境内电商买卖双方对商标、品牌等知识产权的认识比较一致，因侵权引起的纠纷较少，处理方式也较为简单。由于双方所在国家或地区的法律法规和商业环境不同，双方对商标、品牌等知识产权的认识也存在差异，因此，侵权、违规等现象时有发生，后续的司法诉讼和赔偿十分麻烦。

4. 适用规则的差异

跨境电商比境内电商所需要适应的规则更详细、更复杂。跨境电商经营借助的平台除了境内平台，还有境外平台，这些平台均有不同的操作规则。跨境电商企业要熟悉不同境内外平台的操作规则，具备针对不同需求和业务模式进行多平台运营的能力。

此外，跨境电商企业要以国际通用的系列贸易协定为准则，或者以双边的贸易协定为准则，跨境电商企业需要有很强的政策和规则敏感性，要及时了解国际贸易体系、进出口管制规则、关税细则及政策的变化，对进出口形势也要有更深入的分析能力。而境内电商企业只需遵循一般的电子商务规则。

1.1.3 跨境电商与传统国际贸易的区别及发展意义

跨境电商是一种新型国际贸易，要更好地把握跨境电商未来的发展趋势，需要了解与传统国际贸易相比，跨境电商有哪些特点，以及发展跨境电商的意义。

1. 跨境电商的特点

以出口贸易为例，如图1-1所示，在传统国际贸易模式下，境内生产商/制造商通常要经过境内出口商、海关通关、渠道商、境外零售商等中间环节，才能将商品交付给境外消费者。而在跨境电商模式下，境内生产商/制造商可以通过跨境出口B2B/B2C电商平台直接服务境外消费者，缩短了贸易中间环节。相对于传统国际贸易，跨境电商具有以下特点。

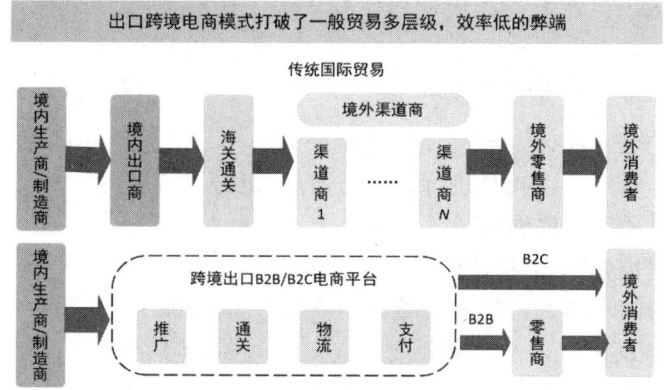

图1-1　传统国际贸易与跨境电商贸易流程对比（以出口贸易为例）

（1）多边化，呈网状结构。

传统国际贸易主要表现为两个国家或地区之间的双边贸易，即使有多边贸易，也是通过多个双边贸易实现的，呈线状结构。而跨境电商可以通过一个国家或地区的交易平台，实现与其他国家或地区的直接贸易，贸易流程相关的信息流、商流、物流、资金流由传统的双边逐步向多边化演进，呈网状结构，正在重构世界经济新秩序。

（2）直接化，效率高。

传统国际贸易主要由一个国家或地区的进（出）口商通过另一个国家或地区的出（进）口商集中进（出）口大批量货物，通过境内流通企业多级分销后，到达有进（出）口需求的企业或消费者手中，通常进出口环节多、时间长、成本高。而跨境电商可以通过电商平台，实现多个国家或地区的企业与企业之间、企业与最终消费者之间的直接交易，通常进出口环节少、时间短、成本低、效率高。

（3）小批量，频率高。

跨境电商是单个企业之间或单个企业与单个消费者之间的交易，相对于传统国际贸易而言，大多是小批量，甚至是单件交易；而且一般是即时按需采购、销售和消费，相对于传统国际贸易而言，交易的次数多，频率高。

（4）数字化，监管难。

随着信息网络技术的深化应用，数字化产品（如游戏、软件、影视作品等）的品类和贸易量快速增长，且通过跨境电商进行销售或消费的趋势明显，而应用于实物产品或服务的传统国际贸易监管模式已经不适用于跨境电商交易，尤其是数字化产品的跨境电商交易更是没有被纳入海关等政府有关部门的有效监管、统计和关税收缴范围。

2. 发展跨境电商的意义

在传统国际贸易方式下，贸易发生的信息搜集成本、渠道中间环节成本占总成本的比重较大。对出口企业而言，中间环节（包括贸易商，大、小经销商等）过多导致其利润较低。对于境外消费者而言，由于传统国际贸易供应链条较长，一方面存在产品从生产到销售的时间滞后性，产品时效性差；另一方面存在较多中间商，产品性价比大打折扣。

跨境电商依托互联网技术，极大地缩短了中间环节，使供需之间的信息更加丰富而对称，提升了信息交流效率，给供需双方带来变革红利。

我国是制造业大国，发展跨境电商对于我国的生产商/制造商来说，具有以下几个方面的意义。

（1）减少贸易环节，提升获利能力。

传统国际贸易的信息流、资金流和物流是分离的，而在跨境电商模式下，这些可以在一个电商平台上完成，而且可以同时进行。传统国际贸易发生在企业与企业之间，过度依赖传统销售、买家需求封闭、订单周期长、汇率风险高、利润空间小等问题长期存在。而在跨境电商贸易模式下，境内生产商/制造商通过跨境出口 B2B/B2C 电商平台，可以越过境内出口商、渠道商等众多中间环节，直接面对境外消费者或零售商，有效减少了贸易环节，价值链缩短，交易渠道更加扁平化，从而降低了渠道成本，提升了生产商/制造商的获利能力，使消费者也享受到了更多实惠。

（2）可以直面市场、自主掌控产业链，提升境外市场运作能力。

能够自主掌握营销渠道，既有利于企业创建自主品牌，摆脱代工和处于价值链低端的困境，又可以依托对终端销售的数据分析，合理规划采购、生产、销售等，提升供应链管理和渠道管理效率。特别是对于中小生产商/制造商来讲，跨境电商平台统一为各境内生产商/制造商提供物流、通关、支付服务，极大地改善了在传统国际贸易模式下，中小生产商/制造商因为自身规模较小、对贸易流程不熟悉而无法参与对外贸易的情况，中小生产商/制造商依托跨境电商平台形成的全球跨境电商贸易生态圈，享受设计、生产、物流、营销、金融等各个方面的服务，便于其对外贸易业务的开展。

（3）可以直接根据境外消费者的需求开发个性化的产品，塑造与众不同的企业形象，打造自己的品牌。

跨境电商相比传统国际贸易存在许多优势，如产品类别多样化、更新速度快、海量商品信息库、个性化广告推送、消费者口碑集聚、支付方式简单且多样等，并且其面向的是全球消费者，市场潜力巨大。生产商/制造商可以通过电子邮件、BBS 等在线渠道获得大量产品和消费者个人数据，并综合运用网站优化策略、差异化服务策略、关系营销策略和搜索引擎营销策略开展全方位的售前、售中和售后服务。生产商/制造商也可以使用 CAD（Computer Aided Design）和 CAM（Computer Aided Manufacturing）技术，根据更多的消费者个人数据设计和生产出差异化、定制化的产品。生产商/制造商还可以通过企业产品网站的音频、视频和图像来介绍企业产品，并提供在线咨询、网上订购、订单查询和售后服务等增值服务，从而更好地为消费者提供技术支持，展示自己与众不同的企业形象，在虚拟的网络环境中树立自己的品牌形象。

（4）能更快速地响应境外消费者的需求，创造更大的客户价值。

跨境电商贸易模式下，境内生产商/制造商可以直接与境外消费者沟通，根据其需求开发个性化的产品，为其提供更多、更好的购物选择和体验。通过跨境电商，中小生产商/制造商可以直接自主参与出口市场，提高竞争力和创新能力，加快产品更新速度，及时反映市场变化，同时提高产品的性价比，为境外消费者带来更大的价值。

1.2　跨境电商发展历程

1993 年，国务院提出了"金关工程"计划。该计划通过将商务、运输、海关、商检、外汇管理和税务等多个部门的信息电子化，实现了无纸化贸易，并以电子数据交换的方式进行互联互通，从而实现国家或地区进出口贸易业务的电子化。在萌芽阶段，我国先后搭建了一批网站，如中国电子口岸、对外贸易经济合作部网站、中国国际电子商务中心等，为跨境电商的发展奠定了坚实的基础。时至今日，我国跨境电商经历了以下 3 个发展阶段。

1. 跨境电商 1.0 阶段——企业信息展示平台（1999—2003 年）

跨境电商 1.0 阶段主要采用的商业模式是线上展示、线下交易的国际贸易信息服务模式。第三方跨境电商平台主要为企业提供网络展示服务，并没有参与到任何交易环节中。其主要通过向在平台上展示信息的企业收取会员费（如年费）来赚取利润。在跨境电商 1.0 阶段，第三方跨境电商平台逐渐开发出了一系列增值服务，如竞价推广和咨询服务，为供应商提供全方位的信息流服务。阿里巴巴国际站和中国制造网是跨境电商 1.0 阶段的代表性平台。

尽管在跨境电商 1.0 阶段，互联网解决了中国贸易信息面向全球买家的难题，但是企业仍然无法在线完成交易，跨境电商平台仅整合了国际贸易电商产业链中的信息流。

2. 跨境电商 2.0 阶段——在线交易平台（2004—2012 年）

在这个阶段，跨境电商平台开始摆脱纯信息黄页的展示行为，将线下交易、支付、物流等流程电子化，逐步发展为在线交易平台。相比跨境电商 1.0 阶段，跨境电商 2.0 阶段更能体现电子商务的本质。企业借助电子商务平台，整合服务资源，有效打通了上下游供应链，由此产生了 B2B 和 B2C 两种平台模式。

在跨境电商 2.0 阶段，B2B 平台模式成为跨境电商的主流模式。跨境电商平台通过直接对接中小企业商户实现产业链的进一步缩短，以扩大销售商品所得的利润空间。同时，面向境外消费者的跨境电商零售出口业务蓬勃发展，DX、兰亭集势、全球速卖通等跨境电商平台随之崛起。跨境电商零售出口业务的发展使国际贸易的主体、方式等发生了巨大变化，大量中小企业和网商参与到国家或地区间的贸易中。

在跨境电商 2.0 阶段，第三方跨境电商平台实现了盈利模式多元化：一方面将收取"会员费"改为以收取"交易佣金"为主，即按成交结果来收取一定比例的佣金；另一方面利用自身提供的营销推广、支付、物流等服务，以获得增值收益。

3. 跨境电商 3.0 阶段——综合服务平台（2013—2023 年）

跨境电商 3.0 阶段具有大型工厂上线、企业类买家形成规模、中大额订单比例提升、大型服务商加入和移动用户量呈爆发式增长等特征。与此同时，在跨境电商 3.0 阶段，第三方跨境电商平台服务全面升级，承载能力更强。另外，全产业链服务在线化也是跨境电商 3.0 阶段的重要特征。

在跨境电商 3.0 阶段，用户群体由草根创业者向工厂、国际贸易公司转变，且具有极强的生产、设计、管理能力。第三方跨境电商平台上销售的产品由二手货源向一手货源转变。

在跨境电商 3.0 阶段，主要卖家群体处于从传统国际贸易业务向跨境电商业务艰难转型时期，其生产模式由大生产线向柔性制造转变，卖家对代运营和产业链配套服务需求较高。

1.3 中国出口跨境电商发展面临的挑战及趋势

商务部电子商务和信息化司发布的《中国电子商务报告（2022）》显示，2022 年我国跨境电商进出口额（含 B2B）为 2.11 万亿元人民币，同比增长 9.8%，其中，出口额为 1.55 万亿元人民币，同比增长 11.7%，进口额为 0.56 万亿元人民币，同比增长 4.9%。我国跨境电商规模持续扩大。在展示出持续高速增长的同时，我国出口跨境电商的发展也面临着一些挑战，具有一定的趋势。

1.3.1 中国出口跨境电商发展面临的挑战

1. 贸易限制、平台监管愈发严苛，出口面临"合规化"挑战

近年来，国际贸易保护主义抬头，多国采取了针对我国出口产品的贸易限制措施，如美国对我国的钢铁、太阳能电池板、洗衣机等产品征收高额关税；欧盟对我国的电动自行车、玻璃纤维等产品启动反倾销调查；印度尼西亚《2023 年第 31 号贸易部长条例（Reg 31/2023）》禁止社交媒体平台进行产品销售和交易活动，并要求印度尼西亚电商平台为从国外直接购买的产品设定 100 美元的最低价格和白名单要求。这些措施不仅影响了我国出口产品的市场准入和竞争力，也给跨境电商企业带来了巨大的经营风险和成本压力。

同时，全球对跨境电商的监管也日渐严苛，多国出台了跨境增值税（Value Added Tax，VAT）措施，对合规性、安全性提出了新的要求。例如，欧盟自 2021 年 7 月 1 日起实施了新的跨境电商增值税规则，取消了 22 欧元以下商品的免税额度，要求所有从第三国或地区进入欧盟的产品都要缴纳增值税，并要求跨境电商平台在销售过程中收取和转交增值税。这意味着跨境电商企业需要适应不同国家或地区的税务制度和报关流程，增加了复杂性和不确定性。

此外，平台封号、iOS（苹果公司的移动操作系统）隐私政策收紧等冲击尚未结束。从市场到平台，我国跨境电商企业承受着多方压力。例如，自 2021 年 5 月份起，亚马逊平台大规模封禁了数千个中国卖家账号，导致其无法正常运营和提现。又如，2021 年 4 月，苹果公司开始执行新的隐私政策，要求应用开发者在获取用户数据之前须征得用户同意，并在应用商店中公示应用收集的数据类型和用途。这对于依赖用户数据进行精准营销和推广的跨境电商企业来说，无疑是一个巨大的挑战。

2. 供应链、物流成本激增，跨境电商利润空间被压缩

跨境电商的竞争已经从销售转移到供应链的较量上。出口跨境电商的供应链较过去变得更长，涉及采购供应、物流配送、报关清关、电子支付、售后服务等多个环节，但完整的消费链路未形成，全球性物流网络的构建也未完成，导致安全性、时效性不足等问题出现，也使出口跨境电商的协同和整合具有挑战性。

此外，出口跨境电商的物流成本激增。相关数据显示，跨境电商物流费用在跨境电商卖家所有成本支出中通常占到 20%～30%，而境内电商物流成本率仅在 5% 以内。地缘冲突导致资源紧缺，通胀压力增大，2022 年前 4 个月的海运费约是 2019 年的 4 倍之多。

3. 全球供应链多元化，中国出口跨境电商需应对产业转移

中国出口跨境电商面临的一个重要挑战是全球供应链多元化。一方面，由于中国人口红利趋弱，劳动力成本上升，IHS（IHS Markit）数据显示，2020年中国制造业劳动力每小时工资为6.50美元，而墨西哥和越南为4.82美元、2.99美元，分别是中国的74%、46%。东南亚等国家，尤其是印度和越南凭借低廉的劳动力成本、较低的税收政策及政府的扶持，吸引了大批企业的目光。小米、OPPO等企业也开始将产业链外迁。这意味着中国出口跨境电商需要与更多的国家和地区合作，适应不同的市场需求和法规标准。

同时，新冠疫情虽已经结束，但给全球产业链带来了深刻影响，越来越多的企业意识到，全球产业链在面对突发事件时需要有更强的灵活性。集中化的产业链在突发事件中展现出了脆弱性和被动性。许多出口跨境电商开始重新审视供应链管理，寻求更高效和更稳定的方案，但全球产业链布局是否分散化，还需要考虑产品、资金等要素。

4．品牌建设滞后，出口跨境电商难以脱颖而出

在消费升级背景下，消费者对产品品质和个性的要求越来越高，尤其是在"Z"世代，他们更加注重产品的创新性和差异化。这就要求出口跨境电商不仅要有价格优势，还要有品牌优势，直接接触并吸引消费者。

然而，我国出口跨境电商在品牌建设方面还相对滞后。据我国海关统计，2021年在整个跨境电商出口中，拥有自主品牌的产品仅占17%，并且高附加值的产品较少，品牌影响力较低。这导致我国出口跨境电商在国际市场上难以形成核心竞争力，容易陷入同质化和价格战的困境。

5．本地化运营能力不足，出口跨境电商核心竞争力缺失

出口跨境电商要想在不同的市场中取得成功，必须具有本地化运营能力。本地化运营是指根据目标市场的文化、语言、法律、习惯等特点，对产品的内容、包装、运营和服务等进行相应的调整，以提高产品的吸引力和品牌的认知度。

本地化运营指的不仅仅是进行语言翻译，还要让产品与当地市场完美契合，确保品牌在更深层次上与目标受众产生共鸣。目前，行业内已经达成共识：产品和营销本地化是出口跨境电商的核心竞争力之一。

然而，我国出口跨境电商的本地化运营能力还相对不足。据中国电子商务研究中心发布的人才调查报告显示，出口企业发展最主要的压力来自人才问题，人才问题在所有影响企业发展的因素中占比高达65%，远高于市场竞争和供应链等因素。由于人才问题的存在，出口跨境电商在本地化运营方面面临着诸多困难，如营销壁垒、产品开发壁垒、管理壁垒等。因此，在行业人才紧缺的背景下，提升本地化运营能力成为出口跨境电商迫切需要解决的问题之一。

1.3.2　中国出口跨境电商的发展趋势

在经历多年的高速发展之后，中国跨境电商无论是在规模还是在效率方面都进入一个新的发展阶段。资本、品牌、技术、数据、新业态、新模式、区域电商成为热门关键词。今后，跨境电商思维将从卖货思维向营销思维转变，出口跨境电商行业的竞争将更加激烈，品牌战略、精细化管理、数据运营将是大趋势。

1. 全业务、全链路深度数字化，成为出口跨境电商企业的必然选项

2021年7月，商务部、中央网信办和工信部共同印发了《数字经济对外投资合作工作指引》（以下简称《指引》）。《指引》明确指出，要积极推动数字经济对外投资合作，做好积极融入数字经济全球产业链，加快推进数字基础设施建设，推动传统产业数字化转型，优化数字经济"走出去"布局，做好电商企业风险防范等工作。

在一系列利好因素和技术飞速发展的加持下，中国企业出口近年来一直保持快速增长，"走出去"的道路也变得越来越宽阔。当前，跨境出口的数字化创新和转型的必要性已经显现出来，互联网的智能化基因正在渗透到出口跨境电商行业中。就连最早出口并取得成功的出口跨境电商企业也正在积极利用数字化技术，围绕产品、服务、体验、运营等方面进行全方位的数字化创新和转型，以实现产品和品牌的升级。数字化已经成为当前出口跨境电商企业的必然选项，包括物流、仓储、服务、营销和管理等全业务、全链路的深度数字化，将成为未来行业发展的重要方向。

2. 着重品牌建设，打造品牌长期价值

自2022年以来，出口跨境电商企业打造品牌成为行业内越来越被广泛讨论的话题。从长远来看，品牌建设实际上是一个占领客户心智的过程，企业通过强化自身定位来树立在用户心中的形象。在品牌建立后，企业的产品、服务或其他优势能够为目标受众带来同等或高于竞争者的价值，从而实现品牌溢价。因此，品牌实际上更多地承载了一部分人对其产品及服务的认可，这是一个长期的工程。随着越来越多的中国品牌在国际上打响名声，品牌建设的前景更加明朗。品牌建设不仅可以帮助企业打造形象和影响力，还能为企业带来竞争优势，从而突破差异化困境。品牌建设是跨境电商企业的必经之路，品牌DTC（Direct To Consumer，直接面对消费者）独立站是一个强有力而有效的实现渠道。

3. 从"粗放"走向"精准"，精细化运营是对出口跨境电商企业的新要求

随着时代的变迁，流量红利逐渐消失且越来越向巨头集中，这不仅提高了企业获客的门槛和成本，也使得企业的增长变得越来越困难。跨境电商野蛮增长的时代已经过去，行业面临着境外平台政策合规的挑战，逐渐转向常态化和规范化。这个复杂多变的市场对出口跨境电商企业提出了新的要求——精细化运营。精细化运营不仅需要更细致的颗粒度和更精巧的运营方向，还意味着更高的流量利用效率和更大的流量挖掘力度，同时，企业需要对所有用户群体进行更加精细化的划分和认知，而不仅仅针对存量用户。

4. 合规化成为行业必经之路，数据安全和隐私保护是重点关注领域

出口跨境电商企业要想在复杂多变的国际市场中生存和发展，必须遵守各国和地区的法律法规、市场规范及平台政策。这就要求出口跨境电商企业提高合规化水平，防范各种风险。当前，行业内的合规化主要涉及财务合规、税务合规、数据合规、隐私合规及平台合规。这些不仅关系到企业的经营效率和利润空间，还关系到企业的信誉和社会责任。

特别是在数据合规和隐私合规方面，出口跨境电商企业要高度重视。随着互联网技术的发展和应用，数据已经成为出口跨境电商企业的核心资产之一。数据可以帮助企业了解消费者的需求和行为，优化产品和服务，提升竞争力。但同时，企业也面临着数据被窃取、泄露、滥用等风险。如果企业不能有效保证数据和隐私安全，就可能面临消费者的不信任、法律的制裁、平台的惩罚等后果。因此，在未来的发展中，出口跨境电商企业要提高数据安全和隐私保护的意识和能力，建立健全数据管理制度和措施。

5. 营销回归内容本质，多元化社交布局占据碎片化时间

消费者对传统数字广告的信任度日益降低，广告转化率不断下降，而境外线上流量采购的成本也逐渐增加。在数字时代影响下成长的消费者群体中，对于意见领袖的喜爱度和信任度正在不断攀升。意见领袖在社交媒体和其他平台上创作的内容，有趣、专业、独到，对消费者做出购物决策起着重要引导作用。此外，新兴渠道如雨后春笋般地涌现，意味着全球消费者的时间和注意力被分割，越来越碎片化，因此出口跨境电商企业吸引消费者的注意力变得更加困难。

在这样的大环境下，出口跨境电商企业纷纷意识到，内容营销，特别是高互动性、强内容的营销，对于引流、提高品牌知名度甚至促进转化的重要性。优质的内容可以帮助品牌累积内容资产，发挥中长尾流量的价值和效应，完善用户沉淀，形成良性闭环。因此，当前的营销正在回归内容本质，并通过多元化社交布局占据碎片化时间。

1.4 跨境电商行业生态结构与职业发展

1.4.1 跨境电商行业生态结构

较传统国际贸易而言，跨境电商是依托通信网络发展起来的，是互联网与国际贸易结合的新产物。它具有传统国际贸易所不具备的许多特征，如突破时间和空间的限制，通过搭建运营平台，实现多方互动交流，引入各个专业参与方，更好地支持供应商完成与最终买家之间的直接交易目标。跨境电商必将打破传统国际贸易产业链的格局，重构与之相适应的跨境电商行业生态结构。

跨境电商行业生态结构如图 1-2 所示，从图中可以看出跨境电商平台占据核心位置，支持服务商分工不断细化。

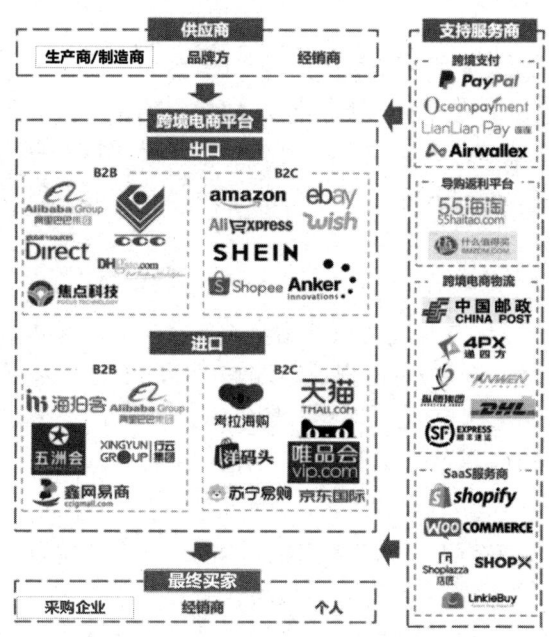

图 1-2 跨境电商行业生态结构

行业生态的上游是供应商，包括生产商/制造商、品牌方和经销商。随着不同行业的企业布局跨境电商业务，供应商类型变得越来越多元化，小众品牌也纷纷崛起，平台间互相引流成为常态。

行业生态的中游是跨境电商平台，按照商品流动方向可以分为进口和出口两类，按照交易主体属性主要分为 B2B 和 B2C 两类。B2B 平台模式是在线批发，即国际贸易企业在平台上建立直营独立商城，通过商城进行商品、服务和信息的交换。B2B 出口平台面向境外买家，B2B 进口平台则面向中国买家。从信息流服务来看，B2B 平台能够保障买方需求和卖方信息的真实性，部分平台开通跨境直播，以线上展会方式撮合交易，从而有效地帮助跨境电商卖家，尤其是自身风控能力较弱的卖家，抵御跨境贸易中面临的各种风险。从增值服务来看，"头部平台"开通了自有跨境专线，并推出支付工具，提升了交易体验。在 B2C 平台模式下，跨境电商卖家直接面向个人开展网上零售活动。近年来，B2C 跨境电商出口步伐加快，大多数 B2C 卖家加速布局独立站，这样做一方面可以减少对第三方跨境电商平台的依赖，另一方面可以加速私域流量沉淀，提升品牌力。

行业生态的下游是最终买家，在 B2B 平台模式下，最终买家为经销商、零售商和采购企业等；在 B2C 平台模式下，最终买家则主要指个人。

随着跨境电商行业分工越来越细化，支持服务商的生态变得更加丰富。在云计算、大数据等底层技术的支持下，跨境电商支持服务变得更加细致和智能化，如店铺管理、进销存全流程数字化等。跨境支付、跨境电商物流和软件即服务（Software as a Service, SaaS）等细分环节是提升跨境电商全流程运营效率的关键，市场需求很大，资本支持力度也很大。其他跨境电商支持服务包括数字营销和导购返利等。

1.4.2　跨境电商典型岗位及职业能力分析

跨境电商涉及的典型岗位人才主要分为三类：管理型人才、专业型人才和商务型人才。

（1）管理型人才。

跨境电商业务经理、副总经理、运营总监等中高层管理人员属于管理型人才。这类岗位招聘要求较高，一般要求具有对整体业务的宏观把控能力，如网站的整体框架建设、网络营销、数据库营销及客户管理等，并且应具备较高的市场敏感度和平台规划、建设、运营、管理经验。另外，这类人才应具有多年、多平台运作经验。学历一般要求本科以上，英语水平要求达到大学英语六级以上。

（2）专业型人才。

专业型人才岗位的特征是专业性要求非常高，其他专业人才无法胜任。企业在招聘时更愿意聘用该专业的人才。例如，跨境电商英语编辑/翻译/文案/文案策划岗位的专业要求是英语语言类；网页设计师/美工岗位的专业要求是美术设计或艺术类、设计类相关；技术人员（网络维护）等岗位的专业要求是电子商务类、计算机类。

（3）商务型人才。

商务型人才如跨境电商客服、跨境电商销售/推广、跨境电商产品开发专员、跨境电商运营专员、仓储物流、报关员等。这类岗位招聘专业要求包括国际贸易、电子商务、商务英语等相关专业，既要懂产品、运营、营销、策划、推广、客服，又要熟悉平台运作规则、语言沟通无障碍，能整合国际贸易、电子商务、商务英语3个专业的复合型人才；学历一般要求专科以上，英语要求达到大学英语四级以上水平。企业招聘的跨境电商运营专员、跨境电商客服、跨境电商销售/推广人员3类岗位人才属于此类。

思 考 与 练 习

1. 试从广义、狭义和海关监管的角度简述跨境电商的概念。
2. 简述跨境电商与境内电商的区别。
3. 简述跨境电商的业务流程。
4. 与传统国际贸易相比，跨境电商具有哪些特点？
5. 发展跨境电商具有哪些意义？
6. 简述跨境电商的发展历程。
7. 简述跨境电商行业生态结构。

第 2 章　跨境电商平台

【学习目标】

- 熟悉跨境电商平台的分类。
- 了解当前主流第三方跨境电商平台。
- 掌握跨境电商平台的选择方法。

---------- 实 训 项 目 ----------

1. 任务

请将两个跨境电商平台——亚马逊和全球速卖通进行对比分析,并完成以下任务。

① 比较两大平台的差异。确定一个比较框架,采用搜集各种文献资料和在两个平台上进行各种实际操作反馈的结果两种方法,考察两个平台在经营理念、商业模式、市场定位、类目设计、网站总体布局、产品详情页、推广、物流等方面的差异。

② 根据以上对比分析,找出卖家在不同平台上采用的经营战略的不同之处,总结出特定的卖家应该如何选择适合自己的经营平台。

2. 要求

① 任务成果形成 PPT,思路清晰,表达简洁。
② 要有图片和数据作为差异比较的证据。
③ 在团队 CEO 和平台运营总监的协调下,以团队为单位完成并提交作业。
④ 团队派出代表在课堂上进行展示、交流。

> 为了更好地了解不同类型的跨境电商平台,本章按照不同标准对平台进行分类,并介绍境内使用较多的几个典型的第三方跨境电商平台。不同的第三方跨境电商平台各有特点和优劣势,对于特定的卖家、产品或品牌来说,找到与之相匹配的平台非常重要。由此,本章还会介绍各主流跨境电商平台的优劣势和选择方法。

2.1　跨境电商平台的分类

电子商务平台指的是电商企业利用网络信息技术建立的具有信息流、资金流和物流等流通要素的线上平台,旨在实现交易意向各方的交流。跨境电商平台是指涉及跨境业务的电子商务平台。由于电子商务具有不同的模式,因此对应的电子商务平台也各不相同。本部分将根据不同分类标准介绍各种跨境电商平台。

2.1.1 根据商品流动方向分类

跨境电商的商品流动跨越了国家或地区的地理空间范围。根据商品流动方向的不同,跨境电商平台可分为进口跨境电商平台和出口跨境电商平台。

1. 进口跨境电商平台

进口跨境电商平台指的是从事商品进口业务的跨境电商平台。具体而言,境外商品通过电商渠道销售到境内市场,并通过电商平台完成商品展示、交易、支付,再通过线下跨境物流将商品送达,完成商品交易。进口跨境电商平台专注于经营跨境电商进口业务,代表平台有天猫国际、京东国际、洋码头、小红书等。

2. 出口跨境电商平台

出口跨境电商平台指的是从事商品出口业务的跨境电商平台。具体而言,境内商品通过电商渠道销售到境外市场,并通过电商平台完成商品展示、交易、支付,并通过线下跨境物流将商品送达,完成商品交易。出口跨境电商平台专注于经营跨境电商出口业务,代表平台有亚马逊、eBay、全球速卖通、环球资源网、大龙网、兰亭集势、敦煌网等。

2.1.2 根据交易主体属性分类

跨境电商涉及的交易主体主要包括企业和个人。根据交易主体属性的不同,跨境电商平台可分为以下 3 类。

1. B2B 跨境电商平台

B2B 跨境电商模式是指进出口企业通过第三方跨境电商平台发布商品信息并进行交易,在此模式下,买卖双方均为企业用户。B2B 跨境电商平台专注于提供 B2B 跨境电商业务,目前在我国,该类平台规模最大、中小企业参与度最高。敦煌网、中国制造网、阿里巴巴国际站和环球资源网是 B2B 跨境电商平台的代表。

2. B2C 跨境电商平台

B2C 跨境电商模式是指进出口企业与境外最终买家通过第三方跨境电商平台进行在线交易。B2C 跨境电商平台专注于提供 B2C 跨境电商业务,买家在平台上选购商品并进行网上支付,企业通过线下物流将货物交付给最终买家。天猫国际、京东国际等是典型的 B2C 进口跨境电商平台,而全球速卖通、兰亭集势和米兰网则是 B2C 出口跨境电商平台的代表。

3. C2C 跨境电商平台

C2C 跨境电商模式是指买卖双方均为非企业用户,分处不同关境的个人买家和个人卖家通过在线交易平台自愿达成交易。该模式充分满足了买家个性化的需求,买家主要以境外买手的身份存在。C2C 跨境电商平台专注于提供 C2C 跨境电商业务,代表平台有 eBay、洋码头和 Etsy 等。

2.1.3 根据提供的服务内容分类

根据提供的服务内容不同，跨境电商平台可以分为以下几种类型。

1．信息服务平台

信息服务平台是交易撮合平台，为境内外买卖双方提供信息发布和搜索服务，以促成跨境交易的达成。该类平台的主要盈利模式包括收取会员费和增值服务费。

卖方每年向平台缴纳一定的会员费后，即可享受平台提供的各种服务。会员费是平台的主要收入来源，但目前该种盈利模式市场趋向饱和。

卖双方成为平台会员后，平台为其提供增值服务，主要包括竞价排名、点击付费和展位推广服务。其中，竞价排名是信息服务平台最成熟的盈利模式。

该类型的代表平台有阿里巴巴国际站、环球资源网和中国制造网等。

2．交易服务平台

交易服务平台不仅提供企业、产品、服务等多方面的信息展示服务，而且可以实现买卖双方之间的网上交易和在线电子支付。该类平台的主要盈利模式包括收取佣金和展示费。交易服务平台模式正在逐渐成为跨境电商的主流模式。

佣金是在买卖双方交易成交后平台按比例向其收取的费用，不同行业收取的佣金不同。交易服务平台通常会展示成交商品的真实交易数据，以帮助买家准确了解卖家情况。

展示费是卖家在上传产品时平台向其收取的费用，无论展位大小，卖家只要在平台上展示产品信息，平台即可向其收取费用，卖家可以直接在线支付展示费。

该类型的代表平台有敦煌网、全球速卖通、炽昂科技、米兰网、大龙网等。

2.1.4 根据平台运营方式分类

根据运营方式的不同，跨境电商平台可以分为以下几种类型。

1．第三方开放平台

第三方开放平台是在网络上为买卖双方提供交易的平台，平台本身不从事商品经营的相关活动，而通过整合物流、支付、运营等服务资源，吸引商家入驻，为跨境电商买卖双方提供交易服务。同时，该类平台以收取佣金和增值服务费为主要盈利模式。

第三方开放平台的特点：提供商品交易平台，但不从事交易；品牌商、制造商、经销商、网店店主等可以入驻该类平台，从事商品的展示、销售等活动；平台聚集了众多商家，商品种类繁多。其优点：商品货源广泛；商品种类繁多；支付方式便捷；平台规模大；网站流量较大。其缺点：在跨境物流、通关和商检等环节缺乏自有的稳定渠道；服务质量不高；各类商品易出现质量问题，导致买家信任度较低。代表平台有全球速卖通、亚马逊、eBay 和 Wish 等。

2．自营型平台

自营型平台是卖家为自身经营跨境商品搭建的在线平台。卖家通过自营型平台对其经营的商品进行统一生产或采购、商品展示、在线交易，并通过物流配送将商品送达最终买家。自营型平台以赚取进销差价为主要盈利模式。代表平台有兰亭集势、环球易购、米兰网、大龙网、炽昂科技等。

自营型平台的特点：卖家开发和运营跨境电商平台，作为商品购买主体采购跨境经营所需商品和备货，涉及商品供应、销售及售后整条供应链。其优点：平台掌控能力较强，商品质量高，货源较稳定，跨境物流、通关和商检等环节资源稳定，跨境支付便捷。其缺点：整体运营成本高，资源需求多，运营风险高，资金压力大，商品滞销、退换货等问题显著。

2.1.5 根据涉及的行业范围分类

根据涉及的行业范围的不同，跨境电商平台可以分为垂直跨境电商平台和综合跨境电商平台两种类型。

1. 垂直跨境电商平台

垂直跨境电商平台是指在某个行业或细分市场中深入运营的跨境电商平台。垂直跨境电商平台又分为品类垂直跨境电商平台和地域垂直跨境电商平台两种类型。品类垂直跨境电商平台主要是指专注于某类商品的跨境电商平台，如母婴电商平台；而地域垂直跨境电商平台是指专注于某个地域的跨境电商平台。

2. 综合跨境电商平台

综合跨境电商平台是与垂直跨境电商平台相对应的概念。它不像垂直跨境电商平台那样专注于某个行业或某类商品，综合跨境电商平台展示和销售的商品种类繁多，涉及多个行业，代表平台有全球速卖通、亚马逊、eBay、Wish、兰亭集势、敦煌网等。

2.2 主流跨境电商平台

第三方跨境电商平台能够将买卖双方聚集在一起，更好地整合支付、物流、通关等各种支持服务，实现低成本、更高效的交易。因此，大多数开展跨境电商的中小企业都需要第三方跨境电商平台提供交易和服务支持。本部分将介绍一些主要的全球性或以出口业务为主的第三方跨境电商平台。

2.2.1 B2B跨境电商平台

下面将介绍阿里巴巴国际站、中国制造网和敦煌网3个主要的B2B跨境电商平台。

1. 阿里巴巴国际站

（1）阿里巴巴国际站简介。

阿里巴巴国际站于1999年正式上线，是阿里巴巴集团最早创立的业务，主要针对全球进出口贸易。目前，阿里巴巴国际站是全球领先的B2B跨境电商平台，服务全球数以千计的采购商和供应商。阿里巴巴国际站专注于服务全球中小企业，在这个平台上，买卖双方可以更高效地在线找到适合的合作伙伴，并更快、更安心地达成交易。此外，阿里巴巴国际站提供一站式通关、退税、物流等服务，使出口流通环节更加顺畅。

（2）阿里巴巴国际站商业模式介绍。

阿里巴巴国际站帮助中小企业拓展跨境电商的出口营销推广服务，中小企业通过阿里巴巴国际站向境外买家展示、推广供应商的企业和产品，进而获得贸易商机和订单。阿里巴巴国际站提供一站式的店铺装修、产品展示、营销推广、生意洽谈及店铺管理等线上服务和工具，帮助中小企业低成本、高效率地开拓跨境电商出口市场。阿里巴巴国际站的盈利来源主要为中小企业的会员费。平台根据不同等级的会员费提供不同级别的服务。平台还提供了差异化的增值服务，即广告打包销售。平台商品种类繁多，如标准的快消品、化工原料产品等。

（3）阿里巴巴国际站的优势。

① 知名度高。阿里巴巴国际站是在全球 B2B 电子商务领域享有很高知名度的平台。它是全球最大的商务交流社区和网上交易市场之一，在 Alexa 全球商务类网站中综合排名第 4，在全球商贸及进出口网站中两项排名均为第 1。阿里巴巴国际站注册企业会员超过 230 万人，覆盖超过 200 多个国家和地区，覆盖超过 34 个进出口行业。

② 功能较完善。阿里巴巴国际站帮助客户找买家、供应商、合作伙伴，以及进行在线销售和采购。它既提供宏观行业情报，也提供大量的微观市场信息，如产品库、公司库、供应、求购、代理、合作、投资融资、招聘等信息，以帮助客户找到有用的商业资讯，做出正确的决策。此外，阿里巴巴国际站还可以为企业树立品牌形象，并为客户提供即时通信工具等。

③ 优质的客户服务系统和销售服务系统。阿里巴巴国际站经常提供现场培训和在线培训，拥有优质的客户服务系统和销售服务系统。

④ 轻工产品有优势。阿里巴巴国际站较偏向于轻工产品的推广。

⑤ 综合资源能力强。阿里巴巴国际站围绕自身已经构建了一个相对完整的电子商务生态链，可以为买卖双方提供综合服务。

（4）阿里巴巴国际站的劣势。

① 价格战比较严重。由于一个买家会同时向几个供应商询盘，为了达成交易，供应商会通过低价获得客户。

② 广告竞价排名成本高。

③ 客户回复率比较低。采购商询盘采用群发机制，造成仅要报价或产品信息的客户比较多。

（5）阿里巴巴国际站适合的商户类型。

阿里巴巴国际站适合有一定规模和实力的中小企业，特别是有自主品牌和产品的企业。这些企业可以利用阿里巴巴国际站的知名度、流量及提供的一站式服务来拓展国际市场，提高品牌影响力和竞争力。

2．中国制造网

（1）中国制造网简介。

中国制造网于 1998 年创建，由焦点科技开发和运营，是国际上影响力较大的电子商务平台。该平台旨在为境内中小生产商/制造商构建渠道，利用互联网和中国制造网的品牌优势和推广力量向全球采购商推荐商品。中国制造网分为内贸站和外贸站。内贸站主要为境内买卖双方提供信息管理、展示、搜索、对比和询价等全流程服务，并提供第三方认证、广告推广等高级服务，帮助供应商在互联网上展示企业形象和产品信息，帮助采购商快速、准确地找到诚信供应商。外贸站共有 11 种语言版本，目前提供 27 个类目和 3,600 个子类目的产品信息，为境内供应商和境外采购商搭建沟通平台，并推荐可靠的产品和中国生产商/制造商到全球市场，帮助买卖双方实现高效交易。

（2）中国制造网商业模式介绍。

中国制造网通过构建商业信息数据库、发布供求信息和第三方机构认证等方式，帮助众多供应商和采购商建立联系，为其提供商业机会。其服务对象包括采购商、境内供应商和境外供应商。该平台的盈利来源主要为会员费和增值服务费。在中国制造网，平台会员可以通过输入关键词、查询产品目录和商情版等方式搜索、查找产品，联系供应商和发布供求信息。供应商还可以通过横幅等广告形式推广产品。

（3）中国制造网的优势。

① 一个面向加工制造行业的垂直 B2B 跨境电商平台。中国制造网主要针对加工制造行业，在建材等多个工业品类目方面深入发展，帮助企业实现工业品的精细化采购流程。尽管该平台的询盘数量不如阿里巴巴国际站，但询盘的质量较高，达成交易的概率更大。

② 提供更精细的会员服务。中国制造网重视用户利益，提供更多、更精细化的会员服务。例如，它不仅为供应商提供信息，还提供培训会、沙龙、出版杂志等一系列服务，以帮助会员提高贸易能力。

（4）中国制造网的劣势。

① 存在许多与阿里巴巴国际站相同的供应商。

② 在规模和影响力上小于阿里巴巴国际站。

（5）中国制造网适合的商户类型。

中国制造网适合那些专注于工业品类目的中小企业，特别是那些有一定技术优势和质量保证的企业。这些企业可以利用中国制造网的垂直定位和精细化会员服务，来找到有需求的采购商，提高交易效率和成功率。

3．敦煌网

（1）敦煌网简介。

敦煌网成立于 2004 年，于 2005 年正式上线运营，定位为中小微企业的 B2B 境外电子商务网站。与其他 B2B 跨境电商平台收取会员费的盈利模式不同，敦煌网采用佣金制，免注册费，只在买卖双方交易成功后收取费用。截至 2022 年，敦煌网已经拥有超过 254 万个累计注册供应商，年均在线产品数量超过 3,400 万个，累计注册买家超过 5,960 万个，提供 100 多条物流线路和 10 多个海外仓，在北美、拉美、欧洲等地设有全球业务办事机构，实现了物流、资金流和信息流三大环节的平台整合。它是商务部重点推荐的中国对外贸易第三方电子商务平台之一，也是工信部电子商务机构管理认证中心推荐的示范推广单位。

（2）敦煌网商业模式介绍。

针对国际贸易订单小批量和多样化的发展趋势，敦煌网侧重于帮助境内中小微企业开展小批量的 B2B 跨境电商交易。针对中小微企业在国际贸易、物流、资金等诸多环节的不足，敦煌网提供货源、境外营销、在线支付、国际物流、保险、金融、培训等供应链整合服务。例如，在货源组织方面，敦煌网与义乌、东莞、宁波等货源地共同打造出全球网货中心，集合了货源地的商务及商品信息,大大提高了交易达成的概率。在物流支持方面,敦煌网推出了综合物流平台 DHLink,并与全球四大物流公司签约,服务范围覆盖超过 225 个国家和地区。敦煌网在长三角、珠三角、西南地区建立了境内仓库,在境外市场建立了海外仓,并推出了海外直发业务,帮助平台上的商家获得物流渠道、物流价格等方面的优势。在金融方面,为帮助中小微企业解决资金周转难题,避免货款压滞,敦煌网与建设银行、招商银行、民生银行等合作,推出了系列金融产品,如 e 贷通、e 单通、e 保通等,甚至是不需要担保的信用贷款和 P2P 平台敦煌专属贷款。

(3)敦煌网的优势。

① 敦煌网致力于解决中小微企业在跨境电商业务中面临的痛点,主要包括国际贸易专业不足、货源、资金和物流问题。其业务布局都是围绕这些痛点展开的,以平台交易为核心,提供一体化的国际贸易交易服务,从信保到清关、检验检疫、税务和外汇等方面,敦煌网为客户提供了一站式专业服务,并整合支付、物流、金融和供应链服务。

② 支持 10 种主流语言,用户可自由切换。

③ 买家主要来自美国和加拿大等发达国家。

(4)敦煌网的劣势。

① 自身推广力度不够。

② 收费项目较多。

③ 新卖家的产品在敦煌网上曝光度不够且排名相对靠后,老卖家占据了主导地位。

(5)敦煌网适合的商户类型。

敦煌网适合那些专注于小批量交易的中小微企业,特别是那些有多样化产品和灵活货源的企业。这些企业可以利用敦煌网的佣金制模式和供应链整合服务,来降低运营成本和风险,提高物流速度和加快资金周转。

2.2.2　B2C 跨境电商平台

下面将介绍亚马逊、全球速卖通、eBay 和 Wish 四个 B2C 跨境电商平台。

1. 亚马逊

(1)亚马逊简介。

亚马逊是全球最大的电子商务平台之一,也是云计算、人工智能和数字流媒体的领导者。亚马逊成立于 1994 年,最初是一家在线图书销售网站,后来业务范围逐渐扩展到其他商品和服务,如电子产品、服装、家居用品、食品、音乐、视频、游戏等。亚马逊还拥有自己的电子设备品牌,如 Kindle、Fire、Echo 等,以及自己的视频内容制作和分发平台(Amazon Prime Video);提供云计算服务(Amazon Web Services,AWS)、物流服务(Amazon Fulfillment)、广告服务(Amazon Advertising)等,为消费者、卖家、开发者和企业提供便利和价值。亚马逊目前在全球有 20 多个站点,覆盖北美、欧洲、亚洲、中东和澳大利亚等地区。2022 年,亚马逊的全年净销售额达到了 5,140 亿美元,同比增长 9%。亚马逊的愿景是成为地球上最以客户为中心的公司,不断创新和改善客户体验。

（2）亚马逊商业模式介绍。

① 价值主张。亚马逊提供低价格、便利性和多样化的商品，专注于客户体验。

② 客户定位。亚马逊的客户分为三类人群：全球买家、第三方卖家及 AWS 的企业和个人用户。其中，第三方卖家是亚马逊的重要合作伙伴，贡献了超过一半的销售额。

③ 渠道设计。亚马逊通过网站、移动应用、智能设备等多种渠道向消费者展示和销售商品；通过搜索引擎优化、社交媒体推广、电子邮件营销、广告投放等方式，增加其品牌知名度和商品曝光度；通过自有或合作的物流网络，将商品从仓库运送到消费者手中。

④ 客户关系。亚马逊通过电话、邮件、在线聊天等方式，为消费者和第三方卖家提供咨询、解答、投诉、退换货等服务。亚马逊还提供 Prime 服务，包括免费快速配送、提供视频音乐等娱乐内容等。

⑤ 关键业务。亚马逊的关键业务主要有以下几种：商品采购、商品销售、商品配送、客户服务、技术开发和市场营销。

⑥ 核心资源。亚马逊的核心资源主要有以下几种：品牌信誉、技术创新、物流网络和金融支持。

⑦ 合作伙伴。亚马逊的合作伙伴主要有以下几种：供应商、第三方卖家、物流公司和技术公司。其中，供应商是指亚马逊从其处采购商品的生产商或批发商，为亚马逊提供商品来源；第三方卖家是指在亚马逊上注册并销售商品的个人或企业，为亚马逊提供多样性的商品和盈利来源；物流公司是指与亚马逊合作的快递公司或货运公司，为亚马逊提供商品配送服务；技术公司是指与亚马逊合作的软件公司或硬件公司，为亚马逊提供技术支持或产品合作。

⑧ 盈利来源。亚马逊平台的盈利来源主要有以下几种：交易佣金、会员费、广告费、物流费和 AWS 服务费。

（3）亚马逊的优势。

① 市场规模大。亚马逊在全球拥有超过 3 亿个活跃用户，覆盖了北美、欧洲、亚洲、中东和澳大利亚等地区，是全球最大的 B2C 跨境电商平台之一。中国卖家可以通过亚马逊接触到来自不同国家和地区的海量消费者，拓展出口市场。

② 品牌信誉高。亚马逊以客户为中心，提供高质量的商品和服务，赢得了消费者的信任和忠诚。中国卖家可以借助亚马逊平台的品牌效应，提升自身的产品形象和竞争力。

③ 物流服务优。亚马逊提供了 FBA 服务，即由亚马逊负责商品的仓储、配送、退换货等物流环节。中国卖家可以通过 FBA 服务，降低物流成本和风险，提高物流效率和客户满意度。

④ 金融支持强。亚马逊提供了多种金融服务，如 Amazon Lending（亚马逊贷款）、Amazon Currency Converter（亚马逊货币转换器）等，帮助中国卖家解决资金周转、汇率波动等问题，支持其跨境电商业务的发展。

（4）亚马逊的劣势。

① 入驻门槛高。亚马逊对入驻卖家的要求较高，需要提供相关的资质证明、品牌授权、产品检测等文件，审核过程较为严格和复杂。此外，亚马逊还收取一定的入驻费和年费，对于中小卖家来说，成本较高。

② 竞争压力大。亚马逊上有众多卖家和商品，竞争十分激烈。中国卖家不仅要面对来

自全球各地的同行,还要面对亚马逊自营的商品和品牌。要想在亚马逊上脱颖而出,需要投入更多的精力和资源进行产品优化、营销推广、客户服务等。

③ 规则尚不完善。亚马逊平台上存在一些不完善或不公平的规则,如假货、恶意差评、账号封禁等问题。这些问题可能会影响中国卖家的信誉和收入,甚至导致账号被永久关闭。因此,中国卖家需要时刻关注亚马逊的最新规则和动态,避免触碰红线。

(5)亚马逊适合的商户类型。

亚马逊适合有品牌意识和品牌优势、有一定规模和实力、有跨境电商经验和专业知识的商户。这些商户可以充分利用亚马逊平台的优势,来弥补自身劣势,实现跨境电商业务的成功。

2. 全球速卖通

(1)全球速卖通简介。

全球速卖通是阿里巴巴为发展跨境业务而推出的 B2C 跨境电商平台。该平台于 2010 年正式上线运营,并已成为中国最大的 B2C 跨境电商平台之一。全球速卖通最初定位为第三方交易服务平台,为境外买家和境内中小卖家提供连接渠道,实现跨境小额贸易。这样,境外个人买家可以方便地购买商品,而平台卖家可以借助全球速卖通的大流量入口提高商品交易量并获取丰厚利润。

随着全球速卖通的逐步完善,越来越多的个人买家通过该平台采购商品,逐渐代替了批发零售买家。为了扩大服务范围和丰富商品种类,全球速卖通鼓励天猫卖家在平台开店。这样不仅增加了入驻平台的高质量卖家的数量,还能促进境内平台卖家的商品销售到境外,增加销售额,并提升中国品牌的影响力。

经过十多年的发展,全球速卖通已在全球 200 多个国家和地区销售商品并完成物流配送。其销售范围北至挪威,南至阿根廷,并逐步在俄罗斯、印度、巴西等新兴市场占据较大的市场份额。平台现拥有超过 30 个一级商品类目,主营服装、3C 电子产品及配件、美妆及保健产品等。

(2)全球速卖通商业模式介绍。

① 价值主张。

全球速卖通的价值主张是"Smarter shopping,better living(明智的购物,舒适生活)"。它提供了超过 1 亿种商品,以具有竞争力的价格吸引到了全球买家,并且免除了最低购买量的限制。作为一个整合平台,它服务于境内卖家和境外中小买家,提供支付宝和 PayPal 等第三方支付工具,确保了安全的资金流动,为中小型交易提供了便捷可靠的全套服务支持。

② 客户定位。

全球速卖通平台的客户主要分为两类:全球买家和中国卖家。全球买家中,65%为个人买家,35%为从事小额批发业务的企业。俄罗斯、巴西、以色列和西班牙等是全球速卖通订单最多的国家。全球速卖通的客户群面向中低端群体,其销售的商品贴近生活。

③ 客户关系及渠道设计。

全球速卖通作为沟通买卖双方的国际化购物平台,与境内卖家和境外买家建立了良好的客户关系。其为境内卖家提供掌握规则和课程培训的学习社区——全球速卖通大学。该大学提供丰富多样的在线和线下培训课程,可帮助更多境内的中小卖家使用全球速卖通向全球销售商品。通过这样的学习社区,可降低卖家加入和运营全球速卖通店铺的难度,使全球速卖通与卖家建立长期紧密的联系。全球速卖通的买家多来自搜索引擎、社交媒体、网站联盟等渠道。因此，全球速卖通主要通过搜索引擎优化（SEO）、付费搜索引擎（如 Google、Yandex）营销（SEM）、社交媒体营销（SMM）、网站联盟（Affiliate）等方式吸引消费者，与消费者建立联系。

④ 关键业务。

全球速卖通作为"国际版淘宝"，其关键业务主要围绕以下目标展开：吸引更多境外买家和境内卖家，增加平台流量并更好地传递价值，维持现有客户。为了实现以上目标，全球速卖通需要做好 4 个方面的关键业务：搜索引擎优化和搜索引擎营销（SEO & SEM）、第三方支付平台、IT 创新与研发、客服系统。

⑤ 核心资源。

全球速卖通作为阿里巴巴集团的"一员"，可以充分利用阿里巴巴集团的许多核心资源。一方面，支付宝是全球速卖通完成在线交易的不可或缺的支付工具，通过具有大量客户基础的支付宝完成支付，给买卖双方提供了信任的保障，特别是减少了国际小额贸易的纠纷，降低了撤单率。另一方面，在母公司的光环下，全球速卖通获得了大量客户资源，这也是其能够迅速与敦煌网等平台竞争的重要基础。同时，全球速卖通自身也拥有优秀的团队资源配置，如技术研发部门负责网站的日常维护和相关工具研发；客户部门则为买卖双方提供各类专业服务，如卖家认证和拓展买家等。支付宝、阿里巴巴集团的知名度和全球速卖通自身的团队资源都是全球速卖通能够赢得竞争的"法宝"。

⑥ 盈利来源。

从 2020 年开始，入驻全球速卖通的卖家不再需要缴纳年费，而是需要缴纳保证金，且不同的类目需要缴纳不同的保证金金额，大多数类目需要缴纳的保证金金额为 1 万元，个别类目需要缴纳 3 万元或 5 万元的保证金。全球速卖通不收取月租，而是针对每笔交易收取佣金，平台每单的佣金为 5%～8%。此外，客户在平台上的广告投放也是其盈利来源之一。

（3）全球速卖通平台的优势。

① 依托阿里巴巴集团的资源，品牌优势大。

② 支持多种语言和货币，覆盖全球市场。

③ 无起始刊登期限。

④ 大部分品类可免费刊登。

（4）全球速卖通的劣势。

① 价格竞争压力大。由于平台上商品品类繁多，价格竞争激烈，卖家需要不断降低价格来吸引消费者。

② 物流时效和质量参差不齐。由于平台上的商品来自不同的供应商和物流服务商，物流时效和质量难以保证，容易导致消费者投诉或退货。

③ 平台政策偏向品牌商和大卖家。由于平台上的品牌商和大卖家有更多的资源和优势，平台的政策也更倾向于保护其利益，对于中小卖家来说，可能会受到更多的限制。

（5）全球速卖通适合的商户类型。

全球速卖通非常适合跨境电商新卖家，尤其是针对全球速卖通热卖市场国家（俄罗斯、巴西），具备供应链优势且能够接受价格竞争的卖家，最好是工厂直销。

3. eBay

（1）eBay 简介。

1995年9月4日，Pierre Omidyar 在美国加利福尼亚州圣荷西创立了一个名为 Auctionweb 的、可让全球用户上网买卖物品的线上拍卖及购物网站，后更名为 eBay。eBay 首创 C2C 线上交易模式，后逐步发展成为全世界最大的交易平台之一。自上市以来，eBay 的业务拓展至多个领域，投资和收购了包括交易平台、支付、电商服务/平台开发等领域的多家公司。为顺应互联网发展，eBay 从最初的拍卖平台逐渐转型为综合互联网技术平台，为客户提供平台、支付和电商技术服务等。

eBay 的业务范围包括平台、支付、电商技术服务和通信等。随着业务架构的不断调整，eBay 已逐渐剥离支付、电商技术服务和通信等业务。eBay 的主要市场比较成熟，主要分布在美国和欧洲的一些国家，平台前三大收入贡献国家依次为美国、德国和英国。

（2）eBay 商业模式介绍。

eBay 以 B2C、C2C 销售模式为主，主要针对个人客户或小企业。eBay 的主营业务收入主要分为两部分：净交易收入和营销服务及其他收入。其中，第一类收入是平台费，主要通过旗下综合交易平台 Marketplace 和票务交易平台 StubHub 获取，收费方式包括平台上发生的最终成交费、上架费及其他费用。第二类收入主要源于其旗下的 Marketplace、信息分类平台（Classifieds）、StubHub、对公及其他业务等，主要收费方式包括广告费、汽车分类清单刊登费、收入分成、分类费、营销服务费和前置推介费等。

为了应对亚马逊的竞争压力，eBay 放弃了拍卖业务，定价商品逐渐成为平台在线销售业务增长的主要动力。2022年，eBay 平台的年度交易额为739亿美元，较上年下降15%。其中，定价商品交易额占比约为90%，拍卖业务占比约为10%。

（3）eBay 的优势。

① 开店门槛较低。相较于亚马逊，eBay 的开店门槛较低，开店手续也不太烦琐。

② 专业客服支持。eBay 为中国卖家提供了很好的客服支持，包括电话支持和在线聊天支持。

③ 定价方式多样化。eBay 推出了一系列全新的定价方式，包括无底价竞标、有底价竞标、定价出售、一口价等定价方式。

（4）eBay 的劣势。

① 操作界面"不友好"。eBay 的操作界面以英文为主，初次上手操作不容易。当然，卖家可以借助第三方工具或插件进行网页翻译，可能不完全准确，但会有些帮助。

② 规则偏向客户。eBay 一直以来以客户体验为主，因此，卖家必须提供有质量保证的产品，并且要提供相应的售后服务，否则店铺会被投诉，严重者可能被封。

③ 付款方式太少。eBay 一般采用 PayPal 付款，审核周期长，存在一定风险。

④ 物流方式单一。一般卖家有成交订单时，会以自发货为主，前期操作的投入成本比较低。

⑤ 收费项目多。eBay 店铺分为初级、中级、高级。每个级别的店铺的收费标准不同。另外，除了收取店铺费用，如果卖家需要添加特殊功能（如广告推广），eBay 还会额外收取费用。

（5）eBay 适合的商户类型。

卖家在选择 eBay 时，需要考虑产品自身的地区优势，如目标市场是否为欧洲国家或美国。相比亚马逊，eBay 的操作较为简单，投入成本也较低，适合有一定外贸货源的卖家。eBay 对卖家的要求比全球速卖通严格，对产品质量有一定要求，产品价格也要有竞争力。

4．Wish

（1）Wish 简介。

Wish 是一家成立于 2010 年的移动电商平台，主要面向北美和欧洲市场，以低价、有趣和个性化的商品吸引消费者。Wish 利用大数据和人工智能技术，根据用户的兴趣和行为，为每个用户推荐相关的商品，实现发现式购物体验。Wish 拥有超过 10 亿个注册用户和超过 2 亿个月活跃用户，这些用户来自 190 多个国家和地区，每年在 Wish 上购买超过 20 亿件商品。Wish 旗下共有 6 个垂直 App：Wish、Geek、Mama、Cute、Home、Wish for Merchants。2020 年 12 月，Wish 在纳斯达克上市，市值约为 140 亿美元。

（2）Wish 商业模式介绍。

① 价值主张。Wish 的价值主张是让全球用户能够以极具竞争力的价格购买到自己喜欢的商品，并享受移动端的便捷和有趣的购物体验。

② 客户定位。Wish 主要针对北美和欧洲市场的手机移动端客户，尤其是对价格敏感、寻求性价比和新奇感的年轻消费者。

③ 客户关系及渠道设计。Wish 通过大数据分析用户的搜索习惯、购物偏好和社交媒体行为，向客户推送相应的商品，从而淡化了品类浏览和搜索，专注于关联推荐。其优势在于能够通过智能推荐技术与用户保持一种无形的互动，从而极大地增强了用户的黏性和忠诚度。此外，Wish 还能够像社交导购网站一样为用户推荐商品，以一种瀑布流的方式展示精美图片，并鼓励用户通过社交媒体分享自己的心愿单和喜欢的商品。

④ 关键业务。Wish 以 B2C 和 C2C 销售模式为主，并努力做好以下几点以增强平台的优势。

Wish 与全球数十万家商户合作，提供海量且多样化的商品，涵盖服装、鞋子、配饰、美妆、家居、电子等多个品类。

Wish 不断优化平台的技术和算法，提高商品推荐的准确性和效率，提升用户的满意度和转化率。

Wish 提供多种物流服务和支付服务，降低运费成本，缩短交货时间，提高订单履约率和安全性。

Wish 开发多种营销工具和激励措施，帮助商户提高商品曝光度和销售额，同时吸引用户复购和留存。

⑤ 核心资源。Wish 的核心资源是其技术和数据能力，以及其用户和商户网络。

⑥ 盈利来源。Wish 的主要盈利来源是每次交易的佣金，目前的收费标准是交易额的 15%（即产品和运费总和的 15%）。商家入驻 Wish 无须支付平台费、保证金、押金，也不需要缴纳推广费用。商家上传产品后，Wish 旗下的 App 会根据产品进行定向推送。

（3）Wish 的优势。

① 客户定位精准。Wish 平台卖家可以根据平台覆盖的市场特点和需求进行精准营销。

② 后台操作简洁，上架商品非常简单，运用标签化进行匹配。Wish 的后台操作界面清晰易用，卖家只需要填写基本的商品信息和图片，就可以快速上架商品。Wish 还会根据商品的标题、描述和图片等内容，自动生成相应的标签，方便用户搜索和浏览。

③ 利润率高，竞争相对公平。Wish 的商品价格普遍较低，但由于其巨大的用户基数和高效的智能推荐技术，卖家可以实现销售额和利润的快速增长。同时，Wish 不会对卖家进行过多的限制和审核，也不会偏袒某些品牌或大卖家，这使得平台上的竞争相对公平。

（4）Wish 的劣势。

① 卖家无法与客户直接沟通。Wish 不提供卖家与客户之间的直接沟通渠道，所有的订单处理、退款、售后等问题都需要通过 Wish 来解决。这导致卖家可能无法及时了解客户的需求和反馈，也无法有效地维护客户关系。

② 商品审核时间过长。一般来说，Wish 需要对新上传的商品进行审核，以确保其符合平台的规则和标准。但是由于平台上的商品数量庞大，审核过程可能需要 2 个星期至 2 个月不等。这会影响卖家及时上架新商品和抓住市场机会。

③ 佣金较高。目前 Wish 对每笔交易收取 15%的佣金费用，并且还有 1.2%的提现费用。这可能会使卖家的利润空间被挤压和商品下降竞争力。

④ 物流方式不成熟。Wish 主要采用自发货方式，即由卖家自行选择物流服务商并发货给客户。这可能会导致物流成本较高、物流时间较长、物流质量不稳定等问题。尽管 Wish 也提供了一些物流服务和解决方案，如 Wish 邮政、Fulfilled by Wish 等，但是这些服务仍然有一定的局限性和风险。

⑤ 平台的买卖纠纷规则模糊。Wish 对于买卖双方发生的纠纷没有明确和统一的处理规则和流程，而是根据具体情况进行判断和调解。这可能会导致卖家在遇到退货、退款、差评等问题时，难以维护自身权益，也会降低客户的信任度和满意度。

（5）Wish 适合的商户类型。

Wish 适合有一定跨境电商经验和专业知识，有稳定的供应链资源，能够提供低价、有趣和个性化的商品，能够承担一定的物流风险和佣金成本，能够快速适应平台的变化和需求，能够有效地处理客户的问题和投诉的商户。这些商户可以利用 Wish 的大数据和智能推荐技术，实现高效且个性化的商品匹配和推荐，并获得更多的销售额和利润。

2.3 跨境电商平台的选择

跨境电商平台根据不同标准有不同的分类，每个类型又有各种不同的具体平台。出口企业在选择跨境电商平台时要考虑的因素很多，既要考虑企业产品在平台的适销性和自身运营平台店铺的能力，也要考虑平台的发展趋势和平台对企业未来开拓境外市场所起的作用。下面将以 B2C 出口跨境电商企业为对象，介绍在选择适合自己的平台时要考虑的主要因素并提出建议。

1. 影响 B2C 出口跨境电商平台选择的主要因素

（1）平台的优势产品类型、买家分布情况和市场影响力。

在选择跨境电商平台时，企业应关注平台的优势产品类型、买家分布情况和平台在市场上的影响力。

① 关注平台的优势产品类型。

主流出口跨境电商平台在长期运营过程中逐渐形成了各自的优势产品。例如，亚马逊主打产品为家居和厨房用品、书籍和音像；Wish 优势产品为女性用品，如服饰、珠宝和手机礼品等；全球速卖通优势行业较广，包括服装及服饰、手机通信、美容护理、珠宝、手表和消费电子等。企业在选择平台入驻时，应根据自身的产品选择合适的平台，如果所销售的产品是平台的优势产品，那么在平台的销售效果必然比较理想。

② 关注平台的买家分布情况。

各 B2C 出口跨境电商平台在买家分布上存在很大差异。亚马逊和 eBay 的买家主要来自欧美国家或地区，而全球速卖通的买家主要来自俄罗斯、美国、巴西、英国、法国等国家，尤其在俄罗斯、巴西等新兴市场拥有大批忠实买家。区域性平台如 Lazada 平台上的买家主要来自东南亚国家或地区。因此，企业在选择入驻平台时，应考虑自己的产品在市场上的适销性，根据平台买家的消费能力和消费习惯选择合适的平台。如果企业生产的产品属于品牌高端产品，那么可以考虑入驻亚马逊销售产品；如果企业产品的价格优势明显，那么可以考虑入驻全球速卖通。

③ 关注平台的市场影响力。

B2C 出口跨境电商平台与其他竞争性行业一样，不断优胜劣汰，最后产生主流出口跨境电商平台。当前，亚马逊、eBay、Wish、全球速卖通四大主流平台无论是在市场销售额还是在平台运营的成熟度方面都位居前列。企业入驻 B2C 出口跨境电商平台要首选主流平台，依靠主流平台广泛的买家群体和平台强大的推广能力促进自身产品的销售。而其他新兴的平台可以成为企业开展跨境电商出口业务的补充。

（2）平台注册、运营难度及运营风险。

企业涉足跨境电商出口业务初期，往往会遇到缺乏专业操作人才、操作经验等困难。因此，平台注册、运营难度及运营风险也是企业在选择入驻平台时需要考虑的因素。毫无运营经验的企业需要选择入驻门槛较低、运营难度不高和风险较小的平台；已经积累起足够操作经验的企业，则可以考虑操作难度较高、风险较大的平台。

（3）平台运营费用。

所有从事 B2C 出口跨境电商的企业都需要向平台支付各种各样的费用，但各个平台收费的标准存在差异。平台运营费用会影响企业的运营成本并决定平台的运营利润。因此，平台运营费用的构成和高低也将影响企业选择入驻平台的决策。B2C 出口跨境电商平台运营费用一般包括入驻费用、成交佣金、上传产品费用及提现佣金。四大主流 B2C 出口跨境电商平台的运营费用情况如表 2-1 所示。

表 2-1 四大主流 B2C 出口跨境电商平台的运营费用情况

平台名称	入驻费用	成交佣金	上传产品费用	提现佣金
亚马逊	每月收取租金，专业卖家计划每月收取 39.9 美元	成交额的 15%	个人卖家每卖出 1 件商品收取 0.99 美元	Payoneer：1%～1.2%；WorldFirst：1%封顶；PingPong：1%封顶；美国银行卡转款：45 美元/次

续表

平台名称	入驻费用	成交佣金	上传产品费用	提现佣金
eBay	注册免费，开设店铺需缴纳租金，如美国站点普通店铺月租金为15.95美元	在不同国家或地区所收取的成交佣金不同，大约在10%以下	每件商品都收取费用，有一定的免费刊登额度，超过的收取刊登费，如对美国站点的店铺每件商品最高收取2美元	用PayPal收款，月交易量在3000美元以下的：每笔收取0.3美元固定费和交易额的3.9%；随交易额增加，费率逐渐下调
全球速卖通	入驻时一般需缴纳1万元保证金，个别类目需缴保证金3万元或5万元	成交额的5%~8%	无	每次提现收取15美元
Wish	免费	成交额的15%	无	Payoneer:1%~1.2%；易联：1.2%

（4）平台提供相关服务情况。

除了上述3个关注点，在选择B2C出口跨境电商平台时，企业还需要考虑平台的服务能力。跨境电商出口业务的运营难度远高于传统电商，因此平台的物流服务能力、运营服务支持能力等也是企业在选择入驻平台时需要重点考虑的因素。

① 物流服务能力。

主流出口平台都提供海外仓服务。例如，截至2023年9月，亚马逊提供FBA服务，在全球拥有175个运营中心，覆盖了185个国家和地区，其中，欧洲有90多个运营中心。这有效解决了境内卖家发货的问题；eBay在美国、英国、德国、西班牙、捷克、波兰、比利时等国家和地区设有海外仓，其中，在美国有3个区域的海外仓，分别是美西、美中和美东。全球速卖通有两种类型的海外仓，一种是官方仓，一种是认证仓。官方仓有4个，分别是西班牙、法国、比利时和波兰。认证仓则有多个，包括4PX、万邑通、IML和谷仓等，覆盖了美国、英国、德国、俄罗斯、捷克、法国等国家。Wish提供了Wish Express海外仓服务，目前支持28个国家和地区。

② 运营服务支持能力。

eBay提供专业的客服支持，新卖家可以通过拍卖曝光获取支持；全球速卖通提供专业和全面的社区培训，便于新卖家上手操作；Wish和亚马逊则缺乏客服支持。

除了这四大主流平台，还有小笨鸟这样的第四方平台可以提供很好的整合服务。企业只需在中文界面上传产品，就能实现多个第三方跨境电商平台的产品发布和订单处理等工作，可以大大节约时间和费用。

2．选择B2C出口跨境电商平台的建议

（1）根据自身产品类型选择适销平台。

由于不同平台的产品专业度和适销性不同，企业在选择入驻平台时应该根据自身产品类型选择优势产品对口且已经形成相关产品销售优势的平台。例如，如果企业生产或销售的是服装产品，尤其是女装，则可以选择入驻像Wish这样的平台；如果企业生产或销售的是家居产品，则可以优先考虑入驻亚马逊；如果企业生产或销售的产品适合在欧美市场销售，则可以选择亚马逊、eBay 或 Wish；如果企业的产品在俄罗斯、巴西等新兴市场适销，则企业可以选择入驻全球速卖通。

（2）根据自身企业类型选择适用平台

企业有多种类型，可能是贸易商，也可能是工厂，或者是工贸一体型企业，而且不同的企业在规模上也存在差异，所以，不同类型的企业在涉足 B2C 出口跨境电商平台时，应该关注不同的因素。例如，贸易商应该更加关注平台的运营费用、物流支持和价格竞争情况；而工厂则应该更加关注平台的专业性；大企业应该更加关注平台对产品的推广力度和发展潜力；中小企业则应更加关注平台的运营成本和运营风险。

因此，对于工厂或工贸一体型企业，入驻亚马逊和全球速卖通是不错的选择。对于中小型经销商，Wish 和 eBay 是比较适合的平台。

自营型平台通常不向企业开放，而只向供应商收集优势产品资源。因此，工厂还可以考虑向自营型平台提供货源；但其他类型的企业无法入驻自营型平台。

（3）根据发展阶段适时调整入驻平台。

B2C 出口跨境电商平台的运营难度和风险因企业所处的不同发展阶段而异，因此，企业应根据自身发展阶段适时调整入驻平台，并在平台广度上和集中度上进行适当调整。在跨境电商出口业务初期，由于企业缺乏操作经验和专业操作人才，建议选择操作简单且沉淀成本（如年费或租金）较低的平台，如 Wish、小笨鸟。企业可以先在简单的平台上进行操作，然后逐渐转向多平台运营，积累足够的经验后再尝试在复杂平台上操作。

当对跨境电商出口业务操作较为熟练，并拥有自己的品牌后，企业在平台上的风险抵御能力将大大增强。此时，建议选择入驻亚马逊等较大的平台，并逐渐减少在其他平台的业务投入，专注于单一平台的运营，以提升企业 B2C 业务的销售业绩和利润率。如果企业的跨境电商出口业务操作实力足够强，那么也可以考虑入驻各国当地的电商平台，如俄罗斯的 Ozon、日本的乐天等，以挖掘当地市场的消费潜力。

思 考 与 练 习

1. 简述根据不同标准对跨境电商平台进行的分类。
2. 主要的出口跨境电商平台有哪些？各自的优缺点是什么？
3. 影响 B2C 出口跨境电商平台选择的主要因素有哪些？
4. 企业应如何选择 B2C 出口跨境电商平台？

第 3 章　跨境电商市场环境分析

【学习目标】

- 熟悉跨境电商市场环境分析的总体框架。
- 熟悉宏观环境分析的框架和方法。
- 熟悉行业环境分析的框架和方法。
- 理解跨境网购消费者行为的相关理论。
- 掌握跨境电商网络市场调研的步骤和工具。

实 训 项 目

1. 任务

按照对不同国家及地区的贸易总额排序，我国出口跨境电商主要分布在美国、俄罗斯、法国、英国、巴西、西班牙和东南亚等国家及地区，请各团队分别选择其中一个国家或地区进行市场环境调查。

调查内容及结论应涵盖以下方面。

① 市场概况：包括面积、气候、人口、语言、人种、资源、经济、政策、特殊节日、电商发展状况等。

② 消费者特点：包括生活习惯、喜好、禁忌、节假日、购物习惯等。

③ 本土电商网站：包括排名、强项、支付工具等。

④ 结论：分析什么类目或什么样的产品在这个国家或地区有商机。

2. 要求

① 确保每个团队调研的市场不同，避免重复。
② 将任务成果制作成 PPT，要求思路清晰，表达简洁。
③ 在团队 CEO 的协调下，以团队为单位完成并提交作业。
④ 团队派出代表在课堂上展示和交流作品。

　　从事跨境电商出口业务的卖家，需要适应一个与本地市场在政治、经济、文化、消费者行为习惯、偏好等各方面完全不同的环境，那么如何更好地了解和适应当地的市场环境，以及有效地开展业务呢？在进入国际市场前，跨境电商卖家应该对当地的市场环境进行全面的调查。本章将介绍跨境电商市场环境分析的框架及跨境电商卖家开展网络市场调研的方法。

3.1 宏观环境分析

跨境电商市场环境是指影响跨境电商卖家在当地市场开展业务运营的所有外部因素和力量，市场环境的变化将给企业带来机会和威胁。跨境电商卖家关注的市场环境可以分为宏观环境、行业环境和消费者。宏观环境是指在某个国家或区域市场中，给从事跨境电商业务的卖家造成影响的外部因素和力量。宏观环境主要包括政治与法律环境、经济环境、社会与文化环境、技术环境。这4个方面构成了PEST分析模型，如图3-1所示。

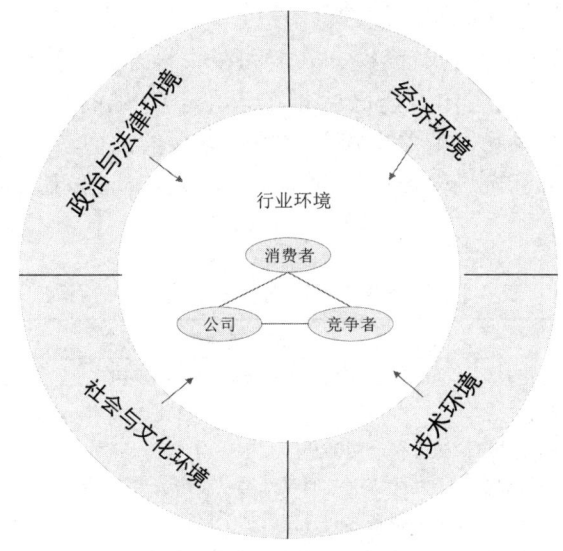

图3-1　PEST分析模型

跨境电商业务与传统电商活动相比，有很大的差异性，其市场环境更复杂，这就要求卖家在制定经营决策时考虑更多的风险因素，也需要具备更高水平的经营管理能力。

3.1.1 政治与法律环境

政治与法律环境是指在特定社会中，影响或制约各种组织和个人行为的法律、政府机构和压力团体。跨境电商卖家在开展业务时，必须考虑买卖双方所在国家或地区的政府政策和法律规定。

在评价全球各国的政治与法律环境时，卖家要重点关注以下因素。
- 国家主权。要注意国家主权对贸易及人员与货物跨境流动的影响。
- 政府政策的稳定性。政府政策的稳定性体现在政策、法规或行为准则具有连续性。
- 跨国经营的政治风险。政治风险有大小之分，涉及范围广泛，严重的包括财产没收、外汇管制、产品当地原材料含量规定、进口限制、税收管制、价格管制和政治制裁等，都可能影响经营活动的效果。

由于没有一套适用于对外经营业务的统一国际商法，因此跨境电商卖家必须特别注意目标市场所适用的法律。例如，与法国客户做生意的中国卖家必须遵守两套税收制度、两种法律体系及世界贸易组织（World Trade Organization，WTO）的规则。涉及的法律问题主要包括司法管辖权、争端解决、知识产权、网络法规等方面。

跨境电商业务涉及出口企业所在国家或地区、进口市场所在国家或地区和国际组织等多方面的政治与法律环境，主要包括与贸易相关的政策和法规。

1．各国或地区关于跨境电商的政策与法规

跨境电商是一种国际贸易活动，也是一种电商形式。因此，在选择进入一个新的国家或地区市场前，跨境电商卖家需要了解当地有关贸易和电商方面的政策与法规。具体来说，跨境电商卖家需要关注以下几个方面。

① 贸易方面，包括贸易主体、贸易规范、贸易监管、贸易合同、知识产权、跨境运输、产品质量和消费者权益等方面的法律法规。

② 通关方面，包括海关监管、商检、外汇和税收等方面的法律法规。

③ 电商方面，包括电商主体（登记、准入、认定）、电商合同（签名、认证）、电商支付，以及知识产权、安全隐私、消费者权益保护等方面的法律法规。

以跨境电商卖家在目标市场开展网络营销为例，受法律法规影响的主要网络营销活动如表 3-1 所示。

表 3-1 受法律法规影响的主要网络营销活动

法律法规	受影响的网络营销活动
数据保护和隐私法	• 通过表单直接收集数据或通过网络分析技术间接跟踪用户行为，对用户个人信息进行收集、存储、使用和删除； • 通过电子邮件或短信进行移动营销； • 根据收集的数据进行个性化营销，通过网站、广告或电子邮件推荐更多相关产品； • 利用病毒式营销，促进消费者之间分享营销信息； • 使用 Cookie 和其他技术提供个性化内容并跟踪网站的访问情况； • 使用 Cookie 跟踪用户在不同网站上的行为（如广告网络）； • 将安装在用户终端上的应用或软件用于营销，如工具栏或其他有时被称为"恶意软件"的可下载工具
品牌和商标保护法	在以下范围内使用商标和品牌名称： • 网站域名； • 网站上的内容（用于优化搜索引擎）； • 自然搜索结果； • 付费搜索广告系列（如 Google Ads）； • 在第三方网站（包括合作伙伴、发布商和社交网络）上展示品牌； • 公司员工侵害品牌和商标的名誉
知识产权法	通过数字版权管理（DRM）保护文本内容、图像、音频和视频等数字资产
合同法	与电子合同的有效性有关的内容： • 取消订单； • 退货； • 定价错误； • 远程销售； • 电商服务提供商与购买者在不同税制下的国际税收问题
在线广告法	与传统媒体类似的问题： • 关于要约的索偿； • 使用背书，如社交媒体中的名人背书； • 违法的广告行为（如发布虚假广告）

2. 全球及区域贸易组织关于跨境电商的规则

为适应网络经济发展，国际贸易组织积极构建开展跨境电商的多边规则框架，在电商税收、数字化服务市场准入、跨境数据流动、信息安全等领域积极开展研究，探索建立国际规则体系，并为各国电商立法衔接与规则统一提供框架体系。

跨境电商卖家需要密切关注全球及各区域贸易组织制定的关于数字贸易的规则及其变化，包括联合国国际贸易法委员会（United Nations Commission on International Trade Law，UNCITRAL）、经济合作与发展组织（Organization for Economic Co-operation and Development，OECD）、WTO、跨太平洋伙伴关系协定（Trans-Pacific Partnership Agreement，TPP）、跨大西洋贸易与投资伙伴协议（Transatlantic Trade and Investment Partnership，TTIP）、国际服务贸易协定（Trade in Service Agreement，TISA）、欧盟、亚太经合组织（Asia-Pacific Economic Cooperation，APEC）、世界海关组织（World Customs Organization，WCO）等。这样才能更好地适应国际数字贸易的秩序，并迎接新的机遇和挑战。

3. 我国关于跨境电商的政策与法规

自 2015 年起，国务院联合国家外汇管理局、海关总署等部门，密集出台多项跨境电商相关政策，为其快速有序发展营造环境。

各地政府也在不断探索跨境电商的发展路径，因地制宜提出发展策略，相互借鉴经验，增强各界信心。

下面列举了 2014—2022 年我国出台的关于跨境电商的部分政策与法规（见表 3-2）。

表 3-2　2014—2022 年我国出台的关于跨境电商的部分政策与法规

时间	部门	名称	主要内容	文件原文
2014 年 1 月	海关总署	《关于增列海关监管方式代码的公告》（总署公告〔2014〕12 号）	增列海关监管方式代码"9610"，全称"跨境贸易电子商务"，简称"电子商务"，适用于境内个人或电子商务企业通过电子商务交易平台实现交易，并采用"清单核放、汇总申报"模式办理通关手续的电子商务零售进出口商品	附件 3.1
2014 年 7 月	海关总署	《关于跨境贸易电子商务进出境货物、物品有关监管事宜的公告》（总署公告〔2014〕56 号）	进一步明确了跨境电子商务进出境货物、物品通关管理、监管流程	附件 3.2
2014 年 7 月	海关总署	《关于增列海关监管方式代码的公告》（总署公告〔2014〕57 号）	增列海关监管方式代码"1210"，全称"保税跨境贸易电子商务"，简称"保税电商"	附件 3.3
2015 年 12 月	财政部、国家税务总局	《关于中国（杭州）跨境电子商务综合试验区出口货物有关税收政策的通知》（财税〔2015〕143 号）	对中国（杭州）跨境电子商务综合试验区企业出口未取得合法有效进货凭证的货物，同时符合一定条件的，在 2016 年 12 月 31 日前试行增值税免税政策	附件 3.4

续表

时间	部门	名称	主要内容	文件原文
2016年1月	国务院	《关于同意在天津等12个城市设立跨境电子商务综合试验区的批复》（国函〔2016〕17号）	同意在天津市、上海市、重庆市、合肥市、郑州市、广州市、成都市、大连市、宁波市、青岛市、深圳市、苏州市12个城市设立跨境电子商务综合试验区，至此全国共有13个跨境电子商务综合试验区	附件3.5
2016年3月	财政部、海关总署、国家税务总局	《关于跨境电子商务零售进口税收政策的通知》（财关税〔2016〕18号）	明确跨境电子商务零售进口商品按照货物征收关税和进口环节增值税、消费税。跨境电子商务零售进口商品的单次交易限值为2,000元，个人年度交易限值为20,000元。在限值以内进口的跨境电子商务零售进口商品，关税税率暂设为0%；进口环节增值税、消费税取消免征税额，暂按法定应纳税额的70%征收	附件3.6
2016年12月	海关总署	《关于增列海关监管方式代码的公告》（总署公告〔2016〕75号）	增列海关监管方式代码"1239"，全称"保税跨境贸易电子商务A"，简称"保税电商A"	附件3.7
2018年8月	全国人民代表大会常务委员会	《中华人民共和国电子商务法》	第二十六条规定，电子商务经营者从事跨境电子商务，应当遵守进出口监督管理的法律、行政法规和国家有关规定	附件3.8
2018年11月	商务部等6部门	《关于完善跨境电子商务零售进口监管有关工作的通知》（商财发〔2018〕486号）	对跨境电子商务零售进口商品按个人自用进境物品监管，不执行有关商品首次进口许可批件、注册或备案要求；跨境电商平台须建立消费纠纷处理和消费维权自律制度，履行先行赔付责任	附件3.9
2018年11月	财政部、海关总署、国家税务总局	《关于完善跨境电子商务零售进口税收政策的通知》（财关税〔2018〕49号）	将跨境电子商务零售进口商品的单次交易限值由2,000元提高至5,000元，年度交易限值由20,000元提高至26,000元，年度交易总额超过年度交易限值的，应按一般贸易管理	附件3.10
2018年12月	海关总署	《关于跨境电子商务零售进出口商品有关监管事宜的公告》（总署公告〔2018〕194号）	对跨境电子商务主体的企业管理，通关管理，税收征管，场所管理，检疫、查验和物流管理，退货管理等做出明确规定	附件3.11
2020年3月	海关总署	《关于全面推广跨境电子商务出口商品退货监管措施有关事宜的公告》（总署公告〔2020〕44号）	决定全面推广跨境电子商务出口商品退货监管措施	附件3.12

续表

时间	部门	名称	主要内容	文件原文
2020年6月	海关总署	《关于开展跨境电子商务企业对企业出口监管试点的公告》（公告〔2020〕75号）	增列海关监管方式代码"9710"，全称"跨境电子商务企业对企业直接出口"，简称"跨境电商B2B直接出口"，适用于跨境电商B2B直接出口的货物；增列海关监管方式代码"9810"，全称"跨境电子商务出口海外仓"，简称"跨境电商出口海外仓"，适用于跨境电子商务出口海外仓的货物	附件3.13
2021年6月	海关总署	《关于在全国海关复制推广跨境电子商务企业对企业出口监管试点的公告》（公告〔2021〕47号）	在全国海关复制推广跨境电子商务B2B出口监管试点。跨境电子商务企业、跨境电子商务平台企业、物流企业等参与跨境电子商务B2B出口业务的境内企业，应当依据海关报关单位备案有关规定，向所在地海关办理备案	附件3.14
2022年1月	财政部等8部门	《关于调整跨境电子商务零售进口商品清单的公告》（2022年第7号）	优化调整《跨境电子商务零售进口商品清单（2019年版）》	附件3.15

3.1.2 经济环境

经济环境是指影响消费者购买能力和支出模式的各种因素。跨境电商卖家必须密切关注世界市场和各国市场的主要经济趋势，以及消费者支出模式的变化。不同国家或地区在收入水平和收入分配上有很大差异。

2022年全球电商零售销售额约为5.717万亿美元，占全球零售总额的19.7%，如图3-2所示。预计全球电商零售占全球零售总额的比例将在未来几年持续增长，到2025年，预计全球所有零售中有23.0%将通过电商进行。电商零售逐渐成为全球民众消费中越来越重要的渠道。

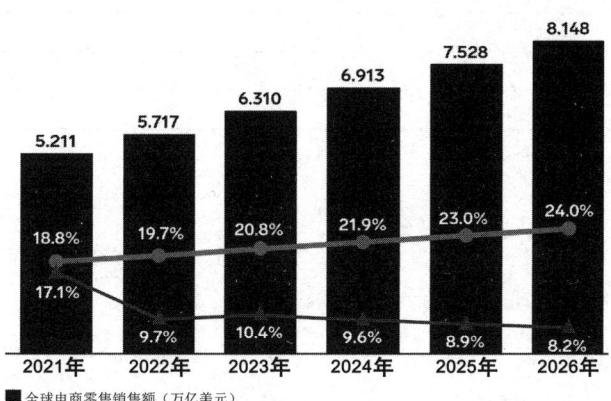

图3-2　2021—2026年全球电商零售销售额趋势图

（资料来源：eMarketer, June 2022）

图 3-3 所示为 2022 年电商零售销售额增长率排名前 10 的国家。这些国家的电商零售销售额增长率大大超过了加拿大、新加坡、荷兰和俄罗斯等国家。在发达经济体中，只有美国进入了此次排名的前 10，排在第 10 位。

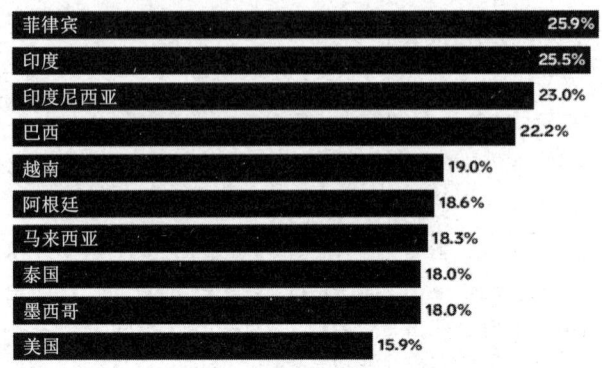

图 3-3　2022 年电商零售销售额增长率排名前 10 的国家

（数据来源：eMarketer）

如表 3-3 所示，在全球电商零售销售额排名方面，中国将在未来很长一段时间内保持领先地位，美国和英国紧随其后。相比之下，其他国家的电商零售销售额较低。

表 3-3　2022 年全球电商零售销售额排名前 10 的国家

单位：十亿美元

国　　家	电商零售销售额	增　长　率
1.中国	2,784.74	11.9%
2.美国	1,065.19	15.9%
3.英国	245.83	4.8%
4.日本	168.70	2.7%
5.韩国	142.92	13.0%
6.德国	117.85	7.5%
7.法国	94.43	8.5%
8.印度	83.75	25.5%
9.加拿大	79.80	10.4%
10.印度尼西亚	58.00	23.0%

数据来源：eMarketer

3.1.3　社会与文化环境

社会与文化环境主要包括人口统计和文化两个因素。

1. 人口统计因素

人口统计因素是指人口规模、密度、地理位置、年龄、性别、种族、职业等方面的数据分析。据预测，到 2030 年，世界人口将增长至 85 亿人左右。庞大而多元化的人口既给跨境电商卖家带来了机会，也带来了挑战。世界人口环境的变化对市场需求有重要影响。因此，跨境电商卖家要密切关注境外市场中的人口变化趋势和动态，重视年龄结构、家庭构成、地理迁移、教育水平及人口多样性等方面的变化。

据统计，2021年，全球总人口达到78亿人，互联网用户达到48亿人；截至2022年1月，全球互联网用户增长到49.5亿人，同比增长4%，占总人口的62.5%；每个互联网用户平均每天使用互联网时长为6小时58分钟，其中92.1%的用户通过手机访问互联网。

从全球各地区互联网用户占总人口比例（互联网渗透率）来看，2023年，北欧排名第1，互联网渗透率为97.40%；其次是西欧和北美，互联网渗透率分别为93.50%和92.00%。如表3-4所示。

表3-4　2023年全球各地区互联网渗透率

地区	互联网渗透率	地区	互联网渗透率	地区	互联网渗透率
北欧	97.40%	东南亚	75.60%	北非	65.90%
西欧	93.50%	西亚	75.30%	西非	48.00%
北美	92.00%	中美洲	74.90%	南亚	47.40%
南欧	88.40%	东亚	74.30%	中非	27.90%
东欧洲	86.90%	中亚	72.50%	东非	23.10%
南美洲	80.60%	南非	70.60%		
大洋洲	79.40%	加勒比海	68.40%		

数据来源：Statista

2．文化因素

文化是指一群人共同具有的文化价值观、礼仪和仪式、符号、信仰和思维方式。跨境电商卖家不仅要了解与其业务相关的文化差异，还要探究产生这些差异的原因。深入了解这些原因，将有助于跨境电商卖家适应新市场的文化特点，以及预测当前市场可能发生的变化。文化的起源、要素及影响如图3-4所示。

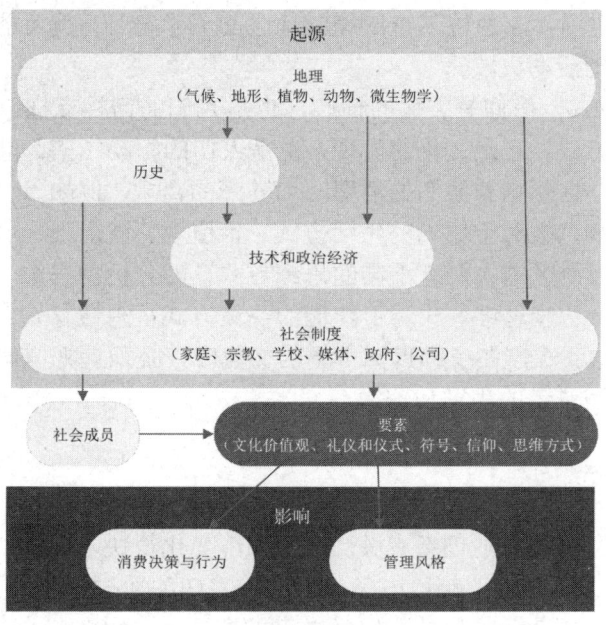

图3-4　文化的起源、要素及影响

[资料来源：国际市场营销学（第17版）　Philip R.Cateora 等著]

文化主要由五大要素构成，分别是文化价值观、礼仪和仪式、符号、信仰、思维方式。跨境电商卖家在设计产品、分销体系和促销计划时必须充分考虑到这些要素。

① 文化价值观。不同国家或地区的文化各有特色，其根本原因在于文化价值观（Culture Values）存在差异，即对事物或观念重要性的认识不同。

② 礼仪和仪式。生活中到处充满礼仪，即可以习得并不断重复的行为和交往方式，如婚礼庆典、葬礼、毕业典礼等。这些仪式由于文化的不同而有所区别。

③ 符号。符号主要包括语言和美学符号。语言是文化的"镜子"，也是不同文化背景下的人们沟通交流的工具。语言有多个层面，包括有声语言和无声语言。有声语言是指有意义的声音模式，无声语言是指通过肢体动作、表情、眼神和社交距离等传递信息的方式。目前，世界上已知的语言大约有 6,912 种，其中英语、法语、西班牙语、德语、汉语、俄语和印地语等具有较大的影响力。英语作为一种混合语言，是全球使用最普遍的商务语言。语言的相似性常常会导致文化的相似性，相反，语言的差异性则会使文化之间有明显的区别。掌握东道国的语言对于成功开展跨境电商非常重要，这不仅要求跨境电商卖家会说这种语言，还要求其能够深刻理解它。在一些地方，语言还具有重要的政治意义。此外，使用无声语言交流也可能带来挑战，因为同样的手势或动作在不同的文化中可能具有截然不同的含义。因此，跨境电商卖家在进行品牌翻译和广告宣传时必须十分小心，以确保信息能够准确无误地传达给目标受众。

美学符号不仅是艺术的表现形式，也是一种交流的途径。绘画、音乐、戏剧和舞蹈等，都是富有美感和意义的美学符号系统。通过这些表达方式，消费者能够更好地理解产品或品牌的象征意义与自己的个性之间的联系。不同文化的特色往往可以从具有独特含义的符号中快速识别出来。

如果不熟悉某个国家或地区的美学符号，不了解其审美标准，跨境电商卖家就可能会在跨境营销中遇到许多困难。产品设计必须给人以美感，才能赢得市场，产品广告和包装设计也是如此。如果跨境电商卖家忽视某个国家或地区的美学符号，就可能惹恼消费者，造成负面影响，从而导致营销活动失败。

④ 信仰和思维方式。信仰是文化的核心，也是人们的精神支柱。思维方式是指人们对于事物的认知和判断方式，它是文化的表现，也是人们的行动指南。世界各地人们的信仰和思维方式有很大差异，这影响着他们的消费行为和产品需求。例如，一些国家或地区的人们信奉不同的宗教，这些宗教对于他们的生活方式、价值观、道德观、消费观等都有深刻的影响。另外，一些国家或地区的人们有不同的思维方式，如分析型思维、整体型思维、感性型思维、理性型思维等，这些思维方式对于他们的决策方式、沟通方式、创新能力等都有重要的影响。因此，跨境电商卖家在了解目标市场的文化时，必须重视信仰和思维方式这两个要素，以便更好地满足消费者的需求和期望。

3.1.4 技术环境

技术环境主要与科技和行业创新有关。技术环境变化很快，新技术创造了新的市场和机会，同时也会替代旧技术。因此，跨境电商卖家应该密切关注与业务相关的技术环境的变化。不能紧跟技术进步步伐的企业很快就会发觉自己的产品已经过时，或者商业模式不能满足新的市场行为，并错失新产品和市场机会。

对于跨境电商卖家来说，要重点分析以下几个方面的技术环境因素。

（1）网络基础设施的建设和发展。

网络基础设施是指支撑网络运行和服务的各种硬件、软件、协议等，如服务器、路由器、交换机、操作系统、数据库、安全系统等。网络基础设施的质量和稳定性直接影响跨境电商卖家的网站访问速度、数据传输效率、信息安全保障等，从而影响消费者的购物体验和对网站的信任度。

（2）网络支付系统的完善和普及。

网络支付系统是指在互联网上实现货币转账或结算的各种方式，如信用卡支付、第三方支付平台、数字货币等。网络支付系统的便捷性和安全性直接影响跨境电商卖家的收款效率和成本，以及消费者的支付意愿和满意度。

（3）网络营销工具的创新和应用。

网络营销工具是指在互联网上进行市场调研、产品推广、客户关系管理等活动时所使用的各种手段，如搜索引擎优化（SEO）、社交媒体营销（SMM）、电子邮件营销（EMM）、内容营销（CM）等。网络营销工具的多样性和有效性直接影响跨境电商卖家的品牌知名度、产品市场份额、客户忠诚度等。

（4）目标市场的跨境电商平台的选择和合作。

跨境电商平台是指通过互联网连接不同国家或地区的买卖双方进行商品交易的第三方中介机构，如亚马逊、eBay、Fruugo等。跨境电商平台可以为卖家提供便捷高效的物流、清关、税收等服务，并帮助卖家扩大市场覆盖范围和提高信誉度。

3.2 行业环境分析

行业环境会影响到企业在特定国家或地区市场的发展，因此跨境电商卖家在决定进入某个国家或地区市场之前，需要对其所处行业环境进行研究。企业在进入一个充满竞争的行业环境前，要对行业竞争、竞争者、企业资源和能力等进行科学的分析。

行业环境不断变化，既带来威胁也带来机会。对跨境电商卖家来说，如何监测行业环境的变化、规避威胁、抓住机会就成为至关重要的问题。开展跨境电商业务之前，企业要通过行业环境分析，找准自己在特定市场的营销定位，并制定好应对各种竞争力量威胁和增强自身竞争优势的策略。

3.2.1 行业竞争分析

一个行业由生产相似或可替代产品的企业组成。迈克尔·波特在《竞争战略》一书中提出了影响行业吸引力的5种竞争力模型，他认为在任何一个行业中企业都会受到5种竞争力的影响，即新进入者、替代品、购买者、供应商与现有竞争者，这5种竞争力相互作用，共同决定了企业所处行业的竞争状况，如图3-5所示。

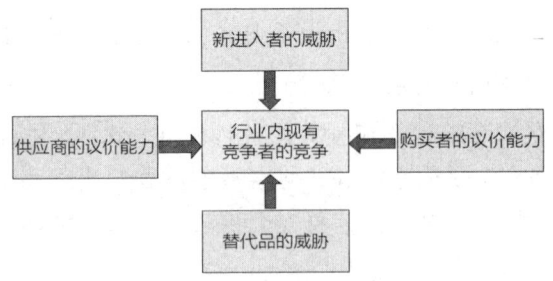

图 3-5　影响行业吸引力的 5 种竞争力模型

1．新进入者的威胁

一个行业的利润如果高于其他行业的平均利润，就会吸引更多这个行业外的投资者进入。新进入者会分割原有的市场份额，抢占现有厂商的一部分业务，同时，新进入者增加了市场竞争强度，激化了现有企业之间的竞争，降低了行业利润。对于一个行业来说，新进入者带来的威胁的大小取决于行业进入壁垒有多高。行业进入壁垒主要由以下因素决定：规模经济、现有企业对关键资源的控制、现有企业的市场优势及现有企业对新进入者可能采取的报复手段。

互联网的发展使得多数行业的进入门槛降低，跨境电商卖家需要面对来自全球不同国家或地区新进入者的威胁。新进入者可以不用投入开发和维护分销网络来销售产品的成本，也可以不用在当地建立制造基地。但是，要想在目标市场取得成功，新进入者必须在网络营销和客户服务方面成为当地行业市场的领导者。新进入者通常需要通过跨境电商平台进入目标市场，但目标市场现有的领导者已经在产品销量、忠诚客户、用户好评、店铺和产品品级、品牌声誉及社交媒体等方面设立了较高的标准，新进入者很难在短时间内超过标准。

2．替代品的威胁

替代是指一种产品或服务能够满足买方的某种或多种功能需求，从而取代另一种产品或服务的过程。同行业或不同行业中的企业，如果生产的产品互为替代品，就会形成竞争关系。替代品的竞争会影响行业中现有企业在产品设计、产品售价和获利潜力方面的决策。替代品生产者受到的竞争压力的强度，受多方面的制约。一般来说，替代品的价格越低、质量越好、用户转换成本越低，其对现有企业造成的竞争压力就越大；而这种竞争压力的强度，可以通过分析替代品销售增长率、替代品厂家的生产能力和盈利扩张情况来衡量。

互联网和数字技术能够推动产品的创新和扩展，也能够孕育新的商业模式，所以，跨境电商卖家要密切关注替代品的出现，以防市场份额被削弱。

3．购买者的议价能力

购买者通过压低价格或要求提高产品/服务质量的方式，来影响行业中现有企业的盈利能力。通常情况下，购买者越集中、产品越标准化、购买者对商品知识了解得越多，购买者的议价能力就越强。

互联网使得跨境电商卖家可以直接面对境外市场的终端消费者，降低了购买者的集中度。同时，互联网也减弱了位置、现场服务等非价格因素对消费者选择的影响，方便消费者获取更多的与商品相关的知识。跨境电商卖家应该仔细分析互联网对所在行业购买者议价能力的影响，以便制定合适的策略。

4．供应商的议价能力

供应商通过提高投入要素价格或降低单位价值质量的方式,来影响行业中现有企业的盈利能力和产品竞争力。供应商的议价能力主要取决于其提供给购买者的投入要素,如果这些投入要素占购买者所购产品总成本的比例较大、对购买者所购产品的生产过程非常重要,或者严重影响购买者所购产品的质量,那么供应商的议价能力就会增强。通常情况下,供应商越集中、越有特色、越难以替代,供应商的议价能力就越强。

互联网让跨境电商卖家在采购时有更多的选择,并可以加强与供应商的合作,降低企业成本,并提高供应链效率,但也降低了供应商的议价能力。跨境电商卖家应该仔细分析所在行业相关网络和信息技术的运用给其带来的机会。

5．行业内现有竞争者的竞争

大多数行业中的企业彼此之间都有着密切的利益关系,每个企业都要通过竞争战略来获取相对于竞争者的优势,这是企业整体战略的一部分。因此,企业在实施竞争战略的过程中就会与其他企业产生冲突和对抗,这些冲突和对抗就构成了现有企业之间的竞争。现有企业之间的竞争常常体现在价格、广告、产品介绍、售后服务等方面,其竞争强度与许多因素有关。

通常情况下,出现以下情况会导致行业内现有企业之间竞争加剧:行业进入门槛较低,竞争者众多且实力相当,竞争参与者涵盖范围广;市场趋向成熟,产品需求增长缓慢;竞争者试图通过降价等方式促销;竞争者提供几乎一样的产品或服务,用户转换成本很低;一个战略行动成功,其收益非常可观;退出难度较大,即退出竞争比继续参与竞争付出的代价更大。

互联网降低了位置、现场服务等非价格因素对产品差异化的影响,许多产品变得越来越相似;产品生命周期缩短和新产品开发的交付周期缩短;产品在全球市场拓展,市场扩张成本降低,竞争者增加。这些使得跨境电商卖家面临着更加激烈的行业内现有竞争者的竞争。跨境电商卖家需要在全球范围内评估行业内的现有竞争者,以便采取适当的应对策略。

根据以上对 5 种竞争力的分析,跨境电商卖家可以采取以下措施来提高自己的市场地位和竞争力。

① 针对新进入者的威胁,卖家可以通过提高自己的品牌知名度和忠诚度,建立稳定的客户群,提供优质的产品或服务,增加用户转换成本,从而形成一定的市场壁垒。

② 针对替代品的威胁,卖家可以通过不断创新和扩展自己的产品线,满足不同消费者的多样化需求,提高自己的产品差异化程度,降低替代品的吸引力。

③ 针对购买者的议价能力,卖家可以通过采用多渠道、多平台、多市场的销售策略,扩大自己的销售范围和覆盖面,降低对单一购买者或市场的依赖,提高自己的议价能力。

④ 针对供应商的议价能力,卖家可以通过利用互联网和数字技术,寻找更多的供应商资源,进行比较和选择,降低采购成本和风险,提高供应链效率和质量。

⑤ 针对行业内现有竞争者的竞争,卖家可以通过分析自己和竞争者的优劣势,制定合适的竞争战略,如成本领先、差异化或集中化战略,以获取相对于竞争者的优势。

3.2.2　竞争者分析

竞争者是指那些提供相似的产品或服务,并且服务相似的目标客户的其他企业,可以分为现有竞争者和潜在竞争者。跨境电商卖家需要评价目标市场竞争者的定位、产品卖点、产品功能和特点、用户接触渠道、市场策划方案、网络营销运营方式等要素，以判断竞争者的战略定位和发展方向，并预测竞争者未来的战略和反应，评价竞争者实现可持续竞争优势的能力。竞争者在开展网络营销时，会经常更改价格和促销内容等营销组合要素，并推出新服务，使其产品和营销方式更难模仿。因此，跨境电商卖家需要持续监控和评价竞争者。

通过对竞争者进行监控和评价，跨境电商卖家可以发现竞争者的产品及营销变更的威胁，同时通过学习非直接竞争性公司的创新方法，可以发现公司优化境外网络服务的机会。

跨境电商卖家可以根据不同的目的，选择不同的角度来监控和评价竞争者。评价目标市场竞争者常见的角度如下。

- 内部资源与能力。分析竞争者用于开展网络营销，向市场提供产品服务的内部资源和能力，如相关资源、结构、流程及网站功能等。
- 客户生命周期各阶段。分析竞争者在客户获取、客户转化、客户保留和拓展的每个阶段使用了哪些方法，效果如何。
- 定性评价与定量评价。定性评价主要包括客户问卷调查、客户焦点小组访谈等。定量评价主要包括客户获取数据（如网站访问量或网站目标客户访问量、客户获取成本、客户数量、销售量、销售收入和市场份额等）、客户转化数据（平均转化率）和客户保留数据（如回购转化率和活跃客户数量）等。
- 财务与非财务方面的评价指标。通过收集竞争情报来源（如公司报告或纳税申报），跨境电商卖家可能会获得数字渠道产生的营业额和利润等财务评价指标信息。但是，在监控和评价竞争者时，跨境电商卖家还应考虑一些更具前瞻性的非财务方面的评价指标，如平衡记分卡中反映竞争者的客户服务能力、运营能力及创新和学习等方面的评价指标。
- 客户体验与专家评估。客户体验指的是用户与竞争者在交互过程中和使用竞争者提供的产品或服务后留下的评论和评级，如在店铺详情页上留下的评论和评级、在各种社交媒体上留下的关于竞争者的评价和观点分享。专家评估包括行业专家或意见领袖对竞争者做出的各种评估或测评。

3.2.3　企业资源和能力分析

"知彼知己，百战不殆。"跨境电商卖家在确定长期经营目标和拟定战略的时候，需做到"知己"，企业资源和能力分析就是"知己"的基础。跨境电商卖家进行企业资源和能力分析的目的是清楚自身资源和经营能力状况，确认核心资源和核心能力，以发现问题、确定优势、明确方向和制定目标。

跨境电商卖家的主要任务是面向目标市场开展网络营销和提供客户服务。跨境电商卖家主要从以下几个方面分析企业资源和能力，以开展网络营销。

① 财务资源。分析财务资源即分析开展境外网上运营包括网站开发、网络促销和运营维护的成本构成。跨境电商卖家可以先采用如 Hitwise、Nielsen// Net Ratings 等工具来获取网络媒体流量份额及用户对各种网络媒体的使用时长和习惯等信息，再评估当前支出或计划支出与各种网络营销形式、各种在线市场媒体渠道的重要性之间是否匹配。

② 技术基础设施资源。技术基础设施资源的分析内容主要包括：网站可用性和速度，以及与互联网服务提供商（ISP）签订的服务协议；各种应用程序，如站内搜索、客户评论

或定制服务等,它们能否增强客户体验或提高转化率;管理网店或站点的基础设施,如内容管理、客户关系管理和 Web 分析。

③ 数据和洞察力资源。分析数据和洞察力资源即分析数字渠道绩效,客户特征、行为的数据,工具的质量,包括用于确定不同在线媒体渠道及接触点对绩效影响的数据。

④ 人力资源。分析人力资源即分析电子客服的有效性,包括用于回答客户查询和发货的各种服务和履行资源。对于所有跨境电商卖家而言,可能都需要招募新员工或重新培训营销人员以管理目标市场网络营销活动,如商品销售、搜索引擎营销、联盟营销和电子邮件营销。

⑤ 结构。为开展目标市场网络营销,跨境电商卖家还要分析用于协调不同部门及业务单元之间职责和控制机制的组织架构。

3.3 跨境网购消费者行为分析

跨境电商卖家在开拓国际市场的过程中,除了要了解目标市场的宏观环境、行业环境,还需要了解影响跨境电商营销的一个最重要的因素——消费者行为。消费者行为是跨境电商卖家能否成功进入某个国家(或地区)市场的决定性因素之一。本部分将分析消费者的跨境网购行为,以帮助跨境电商卖家了解消费者的购买动机、影响消费者购买的因素和消费决策过程。

3.3.1 消费者跨境网购行为动机模型

消费者跨境网购行为动机直接影响着消费者是否会在线购买商品。如果动机是积极的,购买行为就容易发生;如果动机是消极的,购买行为就难发生。因此,研究影响消费者跨境网购行为动机的因素,可以帮助跨境电商卖家更好地服务消费者,提高消费者的忠诚度,营造良好的消费氛围。下面将介绍两种分析行为动机的理论:计划行为理论和线上消费者行为模型。

1. 计划行为理论

计划行为理论(Theory of Planned Behavior,TPB)是 Ajzen 于 1991 年提出的一种分析消费行为的理论,它具有较高的预测力和解释力。计划行为理论认为,行为意向是决定消费行为是否发生的最直接因素,它反映了一个人执行某种特定行为的动机、努力程度和时间。行为意向受到 3 个因素的影响:态度、主观规范和知觉行为控制。态度是消费者对产品或服务的评价;主观规范是他人对消费者消费行为的期望或压力;知觉行为控制是消费者对自己能否执行消费行为的信心。

根据计划行为理论,消费者的行为意向是影响其购买行为的核心变量,而行为意向又取决于以下 3 个方面:消费者对产品或服务的态度越积极,购买意向就越强烈;他人对产品或服务的评价越正面,对消费者购买该产品或服务的支持力度越大,购买意向就越强烈;消费者越相信自己能够成功地完成购买过程,遇到的困难或阻碍越少,购买意向就越强烈。

计划行为理论如图 3-6 所示。

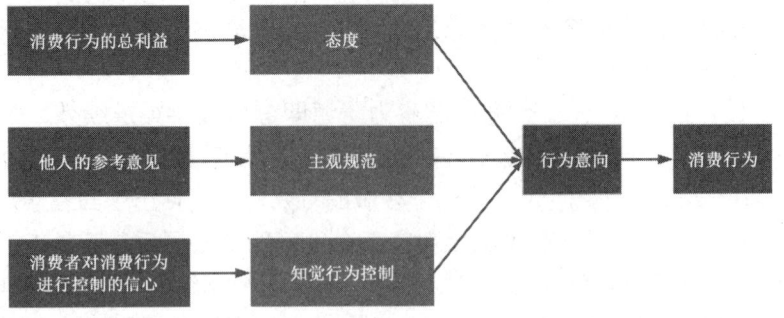

图 3-6　计划行为理论

2. 线上消费者行为模型

线上消费者行为模型是 Dennis 于 2009 年提出的一种分析电商消费者行为的理论，它与计划行为理论有所不同。线上消费者行为模型强调，影响消费者购买意向的因素有 4 个：态度、信任、习得和过往体验。这个模型比计划行为理论更加详尽和周全，它考虑了网络氛围、网站导航布局等对网上交互体验的影响，以及网上交互体验和情绪状态对消费者信任和态度的影响。线上消费者行为模型如图 3-7 所示。

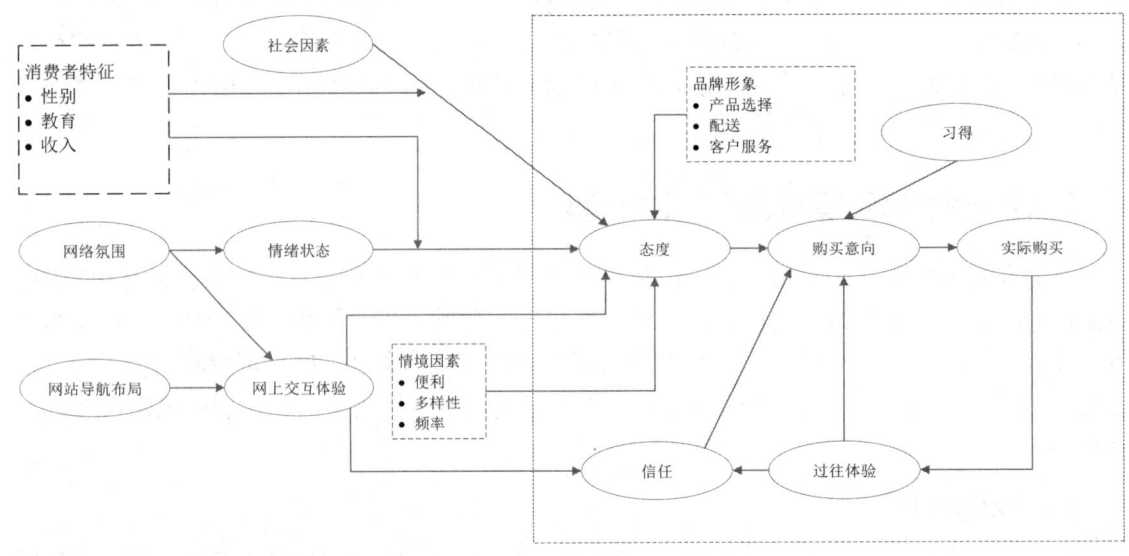

图 3-7　线上消费者行为模型

3.3.2　消费者跨境网购行为影响因素模型

消费者跨境网购行为受到多种外部因素的影响，这些因素可以分为三大类：消费者属性，包括人口统计学变量（如性别、年龄、职业、学历等）和心理感知因素（如感知价值、感知信任、感知风险、满意度等）；产品属性，包括产品类型、品牌、价格、质量等；宏观环境因素，包括政治、经济、社会、文化和技术等。根据感知价值理论，消费者在选择购物渠道时，会权衡预期的价值回报，并做出最终决策。当感知到的价值回报越大时，其选择跨境网购并产生实际购买行为的可能性越大。基于此，结合劳（Lau）等（2005）提出的跨境购物理论模型，可将消费者跨境网购行为影响因素模型表达为图 3-8 所示的关系。

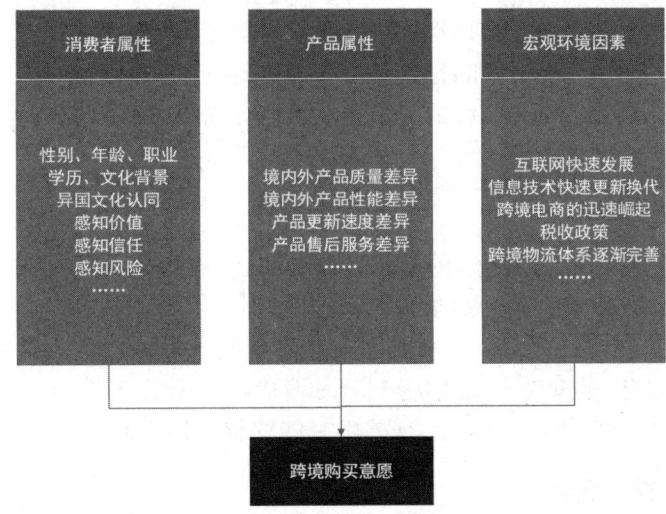

图 3-8 消费者跨境网购行为影响因素模型

3.3.3 消费者跨境网购决策过程

消费者每次网购都会经历一个完整的跨境网购决策过程。这个过程包括确认需要、收集信息、比较选择、购买决策和购后评价。跨境电商卖家要了解消费者的跨境网购决策过程,为自己制定网络营销策略提供依据。

图 3-9 展示了跨境电商卖家如何利用网络营销影响消费者的购买过程。需要注意的是,网络营销技术可以在消费者通过社交网络寻求建议或查看评论和评分时,潜移默化地影响整个购买过程。

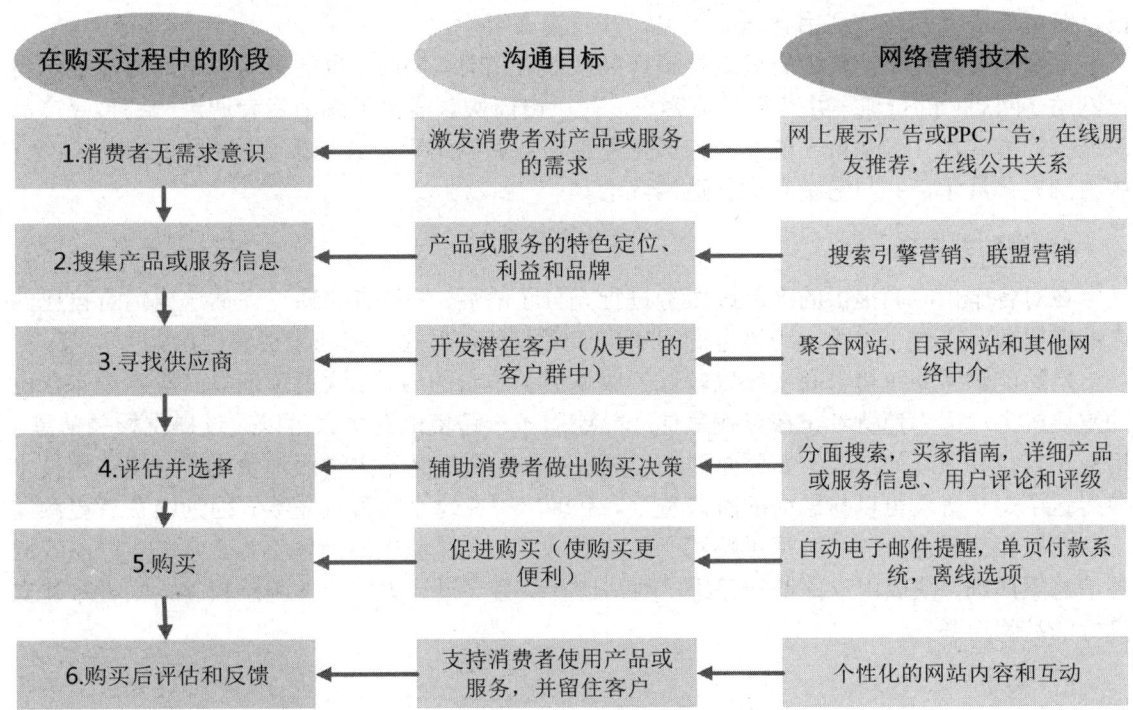

图 3-9 跨境电商卖家如何利用网络营销影响消费者的购买过程

消费者在购买过程中通常会经历图 3-11 所示的各个阶段。跨境电商卖家在开展网络营销时，需要根据消费者在不同阶段的行为特点，确定相应的网络营销和传播目标，并采用合适的网络营销技术，从而提升网络营销的效果。网络营销技术可以影响消费者在购买过程中经历的以下几个阶段。

1．消费者无需求意识

在此阶段，消费者还没有对卖家的产品或服务产生需求意识，跨境电商卖家的营销工作重点是激发消费者对产品或服务的需求。

网上展示广告或 PPC 广告可以有效地激发消费者对产品或服务的需求。在线朋友推荐，受到病毒式营销的影响，也能在一定程度上激发消费者的需求意识。还有一些卖家通过在线公共关系提升品牌知名度，使消费者在有需求时能够想到该品牌。

2．搜集产品或服务信息

消费者在对特定产品或服务产生需求之后，为了更好地满足自己的需求，通常会进一步搜集相关的信息，以了解产品或服务的功能、特征、优势等细节问题。在此阶段，跨境电商卖家的重点工作是向消费者传达产品或服务的特色定位、利益和品牌。

消费者在有需求意识后，通常会直接上网，在搜索引擎（如 Google 和 Bing）上进行关键词搜索，以获取相关类型产品或服务的信息。因此，在此阶段，跨境电商卖家可以通过搜索引擎营销和联盟营销吸引消费者。消费者在对产品或服务有了更详细的了解后，可以寻找更多的供应商，并且可以比传统方式更深入地比较和评估不同的供应商。

3．寻找供应商

消费者在明确自己的需求并搜集到产品或服务信息后，就会开始寻找供应商。在这个阶段，跨境电商卖家应该利用合适的渠道，开发潜在客户。

互联网媒介能帮消费者有效地搜集产品或服务信息，同时，也能帮跨境电商卖家展示自己网站（网店）的价值，并获得目标客户。跨境电商卖家需要了解消费者通过网络搜寻产品或服务的方式，并确保自己的产品或服务能够在各种网络中介（如聚合网站、目录网站等）中得到充分展示，并与消费者进行适当互动。

4．评估并选择

在对各个供应商提供的产品或服务进行充分了解后，消费者会通过评估选出适合自己的产品或服务。在这个阶段，跨境电商卖家应该采取各种形式，辅助消费者做出购买决策。

网站能够帮助跨境电商卖家以较低的成本展示丰富的内容。这是跨境电商卖家展示自己的重要机会，因为消费者正在寻找最佳产品或服务。跨境电商卖家可以通过提供相关信息，用易于查找和理解的形式，如分面搜索、买家指南，利用网站来说服消费者。网络营销技术使得这个购买阶段可以与之前的阶段重叠。品牌声誉在这个阶段很重要，因为消费者更倾向于从熟悉和信誉良好的卖家那里购买产品或服务。如果跨境电商卖家不为人所知，产品或服务信息不详细，缺少用户评论和评级，网站运行缓慢、设计欠佳或体验感较差，则很难建立良好的品牌声誉。

5．购买

消费者在评估了各个卖家提供的产品或服务后，选出了适合自己的产品或服务，便会进入购买阶段。在这个阶段，跨境电商卖家应该努力提高消费者购买的便利性。

任何跨境电商卖家都不想在这个阶段失去已经决定购买的消费者。因此，卖家应该方便消费者通过电话或邮件进行咨询订购，也应该采用标准的信用卡付款机制。跨境电商卖家还要注意在消费者将产品放入"购物车"时，提供一些促进转化的因素，如自动电子邮件提醒、单页付款系统、离线选项、安全保障、配送方式选择和免费配送优惠等，以提高转换率。

6．购买后评估和反馈

消费者在购买产品或服务后，在使用过程中或使用后会评价产品或服务是否符合预期。在这个阶段，跨境电商卖家应该提供适当的售后服务，支持消费者使用产品或服务，并留住客户。

跨境电商卖家可以通过网络营销技术留住客户，具体方法如下。
- 可以提供免费的增值服务，如客户支持等，鼓励客户重复访问。
- 可以向客户反馈有关产品的信息，表明跨境电商卖家正在改善服务。
- 可以通过电子邮件定期更新产品和促销信息，并邀请客户重新访问企业网站或网店。
- 在客户重复访问网站或网店时，可以根据其先前的购买行为，向其发送个性化的促销消息，进行交叉销售和重复销售。

以上是一个简单模型，介绍了跨境电商卖家如何将网站访问者转化为潜在客户并进行销售，但实际情况可能并不简单，需要结合具体情况进行具体分析。

3.4 跨境电商网络市场调研

除了分析宏观环境、行业环境、跨境网购消费者行为等市场营销情报信息，跨境电商卖家还需要针对特定的市场营销情况和决策对消费者和市场进行正式研究。例如，某品牌公司想知道，在海外社交媒体内容广告中，哪些产品和服务的诉求最有效？企业的网店设计是否能吸引境外消费者？消费者对公司推出的新一代产品有什么反馈？要解决这些问题，跨境电商卖家就需要开展有针对性的市场调研。

市场调研是卖家为了解决遇到的具体市场营销问题而系统地设计、收集、分析和报告信息的过程。企业在很多情况下都要进行市场调研。例如，市场调研可以帮助市场营销者了解客户的动机、行为、满意度，评估市场的潜力和份额，或者测试定价、产品、分销和促销活动的效果。

网络市场调研是基于互联网并系统地收集、整理、分析和研究营销信息的过程，以及利用各种网站、搜索引擎、网上调查工具等寻找环境信息、客户信息、供需信息的行为。

3.4.1 网络市场调研内容

网络市场调研是跨境电商卖家了解境外市场的重要手段，可以帮助卖家找到最适合自己的市场、客户、渠道和产品，以及制定有效的营销策略。网络市场调研的内容可以分为以下7个方面。

1. 趋势

趋势是指卖家所在行业或产品与服务的现状和未来发展方向,以及影响行业变化的主要驱动因素。了解趋势可以帮助卖家把握市场机遇和风险,以及调整战略和方向。例如,卖家可以通过 Google 来了解全球和各国跨境电商的发展历程、规模、增长率、市场份额、主要参与者、政策法规、技术创新等信息,从而判断自己所处的行业发展阶段和前景,以及需要关注的重要问题和挑战。卖家还可以通过 BBC、CIA World Factbook、国际货币基金组织、OECD、联合国、世界银行、世界贸易组织等来了解全球和各国的经济、社会、政治、文化、环境等方面的动态和趋势,从而判断自己所选的市场的稳定性和潜力,以及需要适应的外部环境和变化。

2. 最佳实践

最佳实践是指卖家所在行业内或行业外其他公司的成功经验和创新思路,可以为卖家提供借鉴和启发,从而使其在行业中脱颖而出。例如,卖家可以通过 Google、Kickstarter、Indiegogo 等工具来了解全球和各国的跨境电商的创业案例、创新项目、众筹活动等信息,从而学习其在创意、产品、服务、模式、策略等方面的优秀做法和突破性思维。卖家还可以通过福雷斯特、高德纳、国际数据公司(IDC)、尼尔森(Nielsen)、奥维咨询(Ovum)、全球咨询公司数据、国际商业媒体数据、全球银行、贸易协会及商会数据等工具来了解全球和各国的跨境电商的行业报告、市场分析、消费者调查、行业排名、行业标准、行业评价等信息,从而了解自身在行业地位、行业水平、行业趋势、行业机会等方面的优劣势。

3. 竞争者

竞争者是指卖家在国内和国际上面临的主要竞争产品,以及各自的优劣势和战略。了解竞争者可以帮助卖家分析自己的市场地位和竞争力,以及制定差异化策略。例如,卖家可以通过 Google、Similar Web 等工具来了解全球和各国的跨境电商的主要平台、网站、品牌、卖家等信息,从而了解其在网站流量、排名、关键词、用户评价、产品种类、价格区间、销售额、市场份额等方面的数据和表现。卖家还可以通过 Google Trends、Google Keyword Planner、Terapeak、Sellics 等工具来了解全球和各国的跨境电商在主要产品、服务、关键词、搜索量、点击率、转化率、竞争程度、季节性等方面的数据和趋势,从而了解其在产品需求、产品优势、产品策略等方面的情况和变化。

4. 意向国家

意向国家是指卖家选择的适合自己产品和服务的潜在市场,需要考虑各个国家和地区之间的差异,如市场规模、增长率、潜力、进入难度、法律法规、文化习俗、消费水平等。选择意向国家可以帮助卖家确定最适合自己的市场区域,以及制定有针对性的策略。例如,卖家可以通过 Google Market Finder、ITC Trade Map、ITC Export Potential Map 等工具来评估全球和各国的跨境电商在市场需求、市场增长、市场潜力、市场竞争、市场障碍等方面的数据和指标,从而选出最有利可图和最有发展前景的市场。卖家还可以通过 ITC Market Access Map、World's Top Exporters.com、国家概况和国际指数等工具来了解全球和各国的跨境电商在市场准入、市场供给、市场环境、市场风险等方面的数据和信息,从而选出最适合自己的市场。

5. 客户

客户是指每个国家中最有可能购买卖家产品和服务的目标客户群体，卖家需要了解其人口统计数据、购买动机、消费习惯和偏好等。了解客户可以帮助卖家确定自己的目标市场和市场细分，以及制定有针对性的策略。例如，卖家可以通过 Google、Facebook Audience Insights、Facebook IQ 等工具来获取全球和各国的跨境电商的客户画像、客户分布、客户兴趣、客户行为等方面的数据和分析，从而了解他们的年龄、性别、地域、收入、教育、职业、婚姻、家庭等方面的人口统计数据，以及他们的购买动机、购买路径、购买频率、购买金额、购买渠道、购买时段等方面的消费习惯。卖家还可以通过 Google Consumer Barometer、LinkedIn Ads、Make My Persona 等工具来获取全球和各国的跨境电商在客户需求、客户满意度、客户忠诚度、客户反馈等方面的数据和报告，从而了解其产品偏好、服务偏好、品牌偏好、价格偏好、促销偏好、售后偏好等。

6. 渠道

渠道是指能够有效触达目标客户并传递营销信息或进行销售的数字渠道，如自建网站、独立站、在线电商平台、社交媒体商店、通过第三方在线零售商或分销商进行销售等。选择渠道可以帮助卖家确定自己的销售模式和渠道组合，以及制定有针对性的策略。例如，卖家可以通过 Google Similar Web 等工具来了解全球和各国的跨境电商的主要渠道、渠道特点、渠道优势、渠道劣势等方面的信息，从而选出最适合自己的销售模式。卖家还可以通过谷歌分析、社交媒体分析、电子市场分析等工具，了解自己和竞争者在各个渠道上的网站性能、社交媒体影响力、电子市场销售情况等方面的信息，从而选出最适合自己的渠道组合，如单一渠道、多渠道、全渠道等。

7. 产品和服务

产品和服务是指卖家提供给目标客户的具体商品或服务，卖家需要筛选出有利可图且符合市场需求的产品和服务，并根据目标国家和客户进行必要调整，如产品设计、包装、价格、品牌、质量、售后等。优化产品和服务可以帮助卖家提高自己的产品竞争力和客户满意度，以及制定有针对性的策略。例如，卖家可以通过 Google、Google Shopping、Algopix 等工具来了解全球和各国的跨境电商在主要产品、产品特点、产品需求、产品价格、产品评价等方面的信息，从而选出最有市场潜力和最有利润空间的产品。卖家还可以通过 Terapeak、Sellics、Ask the public 等工具来了解全球和各国的跨境电商在主要服务、服务特点、服务需求、服务价格、服务评价等方面的信息，从而选出最有市场需求和最具价值的服务。卖家还需要根据目标国家和客户的特点和偏好，对自己的产品和服务进行必要的调整，如产品设计、包装、价格、品牌、质量、售后等，以适应不同的市场环境和消费者需求。

3.4.2 跨境电商网络市场调研的路线图和工具

1. 跨境电商网络市场调研的路线图

网络市场调研是一个系统的过程，卖家需要按照一定的逻辑和顺序，使用合适的工具，收集和分析各方面的信息，从而得出有价值的结论和建议。为了帮助卖家进行有效的网络市场调研，我们提供了跨境电商网络市场调研的路线图和工具供大家参考，如图 3-10 所示。

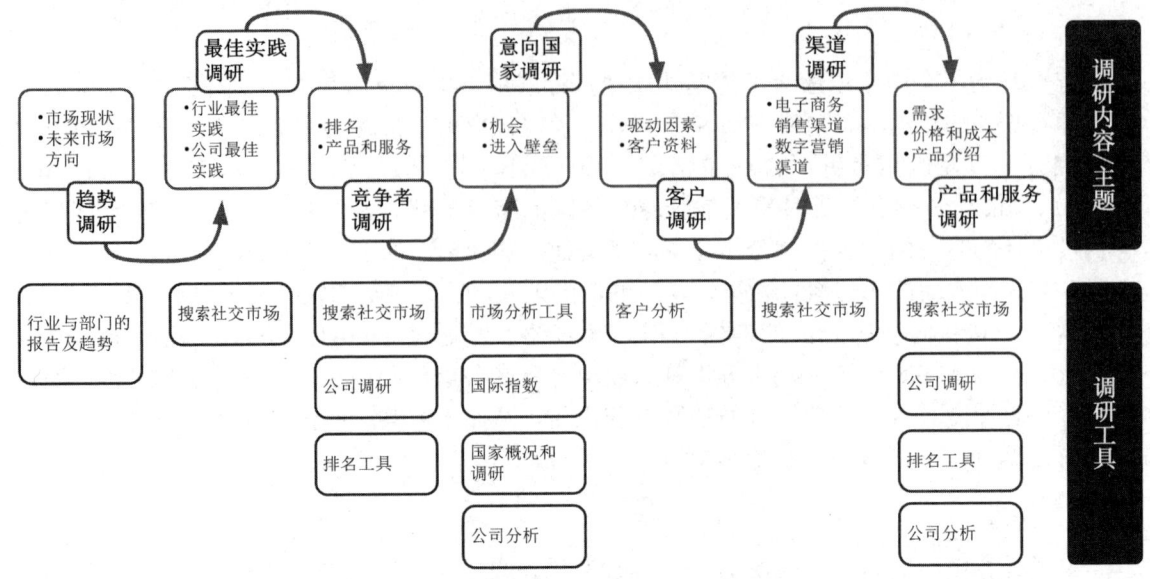

图 3-10　跨境电商网络市场调研的路线图和工具

图 3-12 中的路线图和工具是根据"3.4.1　网络市场调研内容"中的 7 个方面来设计的，其调研内容分别是趋势、最佳实践、竞争者、意向国家、客户、渠道、产品和服务。每个内容都对应一个或多个调研主题，每个调研主题都对应一个或多个调研工具。卖家可以根据自己的需要，选择合适的调研主题和调研工具，进行深入的网络市场调研。

2．跨境电商网络市场调研行动计划

卖家可以参照以下调研行动计划，通过合适的在线调研工具，对各个主题进行深入调研。

（1）分析行业趋势和未来发展方向。

卖家可以通过 Google，查找和阅读国际组织发布的关于所在行业或产品与服务未来 10 年趋势的报告。

例如，如果卖家经营的产品范围是服装，可以搜索 "clothing industry trends report" 或 "clothing industry outlook 2030" 等关键词，找到相关的报告，如全球服装市场报告、服装消费者行为报告等。

卖家阅读这些报告，可以了解服装行业的现状、增长潜力、主要驱动因素、面临的挑战和未来的机会等信息，为市场调研提供宏观的背景和参考。

（2）分析行业和部门的报告及趋势。

卖家可以通过 Google，查找和阅读相关行业或部门的报告，并与当地商会或行业协会提供的数据进行核对。

例如，卖家可以继续搜索 "clothing industry report USA" 或 "clothing market trends USA" 等关键词，找到相关的报告，如美国服装业报告或美国服装市场展望等。

卖家阅读这些报告，可以了解美国服装行业和部门的规模、结构、竞争格局、消费者需求、市场细分、市场预测等信息，为市场调研提供具体的数据和分析。

（3）调研竞争者的情况。

卖家可以使用 Google、Similar Web 和 Terapeak 等工具来调研竞争者的情况。

例如，卖家可以搜索"cross-border clothing e-commerce"或"clothing online store"等关键词，找到服装行业潜在竞争者的网站，如 ASOS 或 Zalando 等。

卖家使用 Similar Web 等工具，可以了解这些竞争者的网站流量、访客来源、访问时长、跳出率、关键词排名等指标，评估其网站表现和优化策略。

卖家使用 Terapeak 等工具，可以了解竞争者在在线电商平台上的销售额、销售量、销售排名、定价策略、客户评价等指标，评估其产品竞争力和市场占有率。

（4）记录和借鉴竞争者最佳实践技巧。

在调研过程中，卖家要记录竞争者值得借鉴的最佳实践技巧，包括网站设计、社交媒体推广引流、在线电商平台运营等，并说明为什么关注它们（包括同行业和其他行业）。

例如，卖家可以关注服装行业竞争者以下几个方面的最佳实践技巧。

网站设计。这个方面包括如何提高网站的美观性、易用性、可信度和转化率等，如 ASOS 采用了清晰的导航栏、丰富的产品图片和视频、详细的产品描述和评价、多种的支付和配送方式等，提升了客户体验和购买意愿。

社交媒体营销。这个方面包括如何利用社交媒体平台来增加品牌知名度、互动性和忠诚度等，如 Zalando 在社交媒体页面发布了各种时尚搭配、明星合作、用户分享等内容，吸引了大量粉丝转发。

在线电商平台。这个方面包括如何选择合适的在线市场平台来扩大销售渠道和覆盖范围等，如 Shein 在亚马逊、eBay、Wish 等多个平台上开设了店铺，增加了产品的曝光度和销售量。

（5）评估潜在市场的需求。

卖家可以使用 Google Market Finder、ITC 和 Google Trends 等工具来评估哪些国家或地区可能对卖家的产品和服务有需求。列出 5 个需求最高的国家或地区，并记录其他有潜力的国家或地区。

例如，卖家可以使用以下工具来评估服装潜在市场的需求。

Google Market Finder。该工具可以根据产品类别、目标客户和预算等条件，推荐适合卖家的潜在市场，并提供相关的市场数据和分析，如人口、收入、消费水平、互联网普及率、电商发展程度等。

ITC。该工具可以提供各个国家和地区的贸易数据和分析，如进出口额、市场份额、关税、非关税壁垒、贸易协定等，帮助卖家了解不同市场的贸易情况和机会。

Google Trends。该工具可以显示不同国家和地区对该产品的搜索趋势和热度，帮助卖家了解不同市场的消费者需求和兴趣。

（6）了解目标国家或地区的更多信息。

利用国家或地区概况和国际指数等信息源，对排名前 5 的国家或地区进行更多研究，以了解这些国家的更多信息。

例如，卖家可以利用以下信息源了解目标国家或地区的更多信息。

国家或地区概况。例如，BBC、CIA World Factbook、政府贸易网站等，可以向卖家提供目标国家或地区的基本信息；又如地理、政治、经济、社会、文化等，可以帮助卖家了解目标国家或地区的背景和特点。

国际指数。其具体包括全球竞争力、营商便利度、经济自由、生活成本、全球和平、腐败感知等，可以反映目标国家或地区各方面的表现和水平，帮助卖家评估目标国家或地区的市场吸引力和风险。

（7）确定目标客户的特征。

选择一个最有意向的国家或地区，通过 Google 重新搜索，并访问竞争者的网站，调研其目标客户的特征，主要客户是企业还是个人。

例如，卖家如果选择美国为最有意向的国家，可以通过 Google 重新搜索 "cross-border clothing e-commerce in USA" 或 "clothing online store in USA" 等关键词，找到在美国市场的主要竞争者（如 ASOS 或 Shein 等），并访问其网站，调研目标客户的特征。

（8）记录客户画像信息。

卖家根据产品或服务的性质，在确定目标客户后，需详细记录客户画像信息，如企业规模、中小企业类型（如果是 B2B），或者年龄段、人口统计数据（如果是 B2C）等。

例如，经调研，卖家可以发现，上述竞争者的主要客户是个人，而且具有以下特征（客户画像）。

年龄段：25～34 岁。

性别：女性。

地区：美国。

收入水平：中高收入。

教育程度：高等教育。

职业：白领。

兴趣：时尚、美容、旅游、社交。

需求：质量好、款式新、价格合理的服装。

渠道偏好：跨境电商、自建电商网站、社交媒体商店。

（9）调研竞争者的数字销售渠道。

通过 Google 调研竞争者通过哪些数字销售渠道销售产品和服务，如自建网站但不在线销售、独立站、在线电商平台、社交媒体商店、通过第三方在线零售商或分销商进行销售等。

例如，卖家可以通过 Google 搜索 ASOS 或 Shein 等竞争者的品牌名，可以调研这些竞争者在哪些数字渠道销售产品，制成竞争者数字销售渠道调研表（见表3-5）。

表 3-5　竞争者数字销售渠道调研表

竞 争 者	数字销售渠道
ASOS	独立站、在线电商平台（如亚马逊、eBay 等）、社交媒体商店（如 Facebook、Instagram 等）
Shein	独立站、在线电商平台（如亚马逊、eBay、Wish 等）、社交媒体商店（如 Facebook、Instagram、TikTok 等）

（10）调研竞争者的数字营销渠道。

通过 Similar Web 等工具，了解竞争者通过哪些数字营销渠道推广产品和服务，同时注意其是否在自己的网站上设置了电子通信注册功能。

例如，卖家可以通过 Similar Web 等工具调研竞争者的网站，了解竞争者的数字营销渠道，如表3-6所示。

表 3-6 竞争者数字营销渠道调研表

竞 争 者	数字营销渠道	电子通信注册
ASOS	搜索引擎（如 Google、Bing 等），社交媒体（如 Facebook、Instagram、Twitter、YouTube、Pinterest 等），邮件营销，内容营销（如博客、杂志、播客等），口碑营销（如用户评价、明星合作、网红推荐等）	是
Shein	搜索引擎（如 Google、Bing 等），社交媒体（如 Facebook、Instagram、Twitter、YouTube、TikTok、Pinterest 等），邮件营销，内容营销（如博客、杂志、播客等），口碑营销（如用户评价、明星合作、网红推荐等）	是

（11）通过竞争者网站调研竞争产品和服务信息。

通过访问竞争者的网站，调研其销售的产品和服务种类及价格、交付方式/成本、支付方式和产品名称等信息。这些信息可为卖家以后进行搜索引擎优化（SEO）提供参考。

例如，卖家可以访问 ASOS 或 Shein 等竞争者的网站，对竞争产品展开调研，获取的相关调研信息如表 3-7 所示。

表 3-7 竞争者网站竞争产品和服务信息调研表

竞 争 者	产品和服务种类及价格	交付方式/成本	支付方式	产品名称
ASOS	女装、男装、童装、运动服、内衣、配饰等，价格从 10 美元到 1,000 美元不等	全球免费配送，快递费用根据目的地和时效不同而不同，一般为 5 美元到 20 美元	信用卡、借记卡、PayPal、Apple Pay、Google Pay、Afterpay、Klarna 等	ASOS DESIGN、ASOS 4505、ASOS EDITION、ASOS WHITE、ASOS LUXE 等
Shein	女装、男装、童装、运动服、内衣、配饰等，价格从 5 美元到 500 美元不等	全球免费配送，快递费用根据目的地和时效不同而不同，一般为 3 美元到 15 美元	信用卡、借记卡、PayPal、Apple Pay、Google Pay、Afterpay、Klarna 等	Shein、Sheglam、Shein X、Motel Rocks 等

（12）通过在线销售情况分析工具调研竞争产品和服务信息。

通过 Terapeak、Sellics 等专门针对在线销售情况分析工具及目标国家常用价格比较网站来进一步调研竞争产品和服务。

例如，卖家可以通过 Terapeak、Sellics 等工具，调研竞争者在亚马逊、eBay 等在线电商平台上的产品和服务销售情况，如表 3-8 所示。

表 3-8 在线市场平台竞争产品和服务销售情况调研表

竞 争 者	在线市场平台	销 售 额	销 售 量	销 售 排 名	定 价 策 略	客 户 评 价
ASOS	亚马逊	100 万美元	10 万件	100	中高价位	4.5 星
ASOS	eBay	50 万美元	5 万件	200	中低价位	4.0 星
Shein	eBay	100 万美元	10 万件	100	低价位	3.5 星
Shein	Wish	50 万美元	5 万件	150	低价位	3.0 星

3．跨境电商网络市场调研工具

卖家在对目标市场进行调研时，需要通过合适的调研工具搜集数据。下面是针对不同领域在线数据搜集工具进行的汇总，供卖家在进行跨境电商网络市场调研时参考。

（1）国际形势和最佳实践调研工具。

表 3-9 汇总了部分国际形势和最佳实践调研工具。

表 3-9 部分国际形势和最佳实践调研工具

国际趋势调研	电商趋势调研	行业和技术趋势调研	行业和技术趋势调研
国际、国家统计数据	国际电商统计数据	分析数据	国际商业媒体数据
• 欧盟统计局（Eurostat） • 国际货币基金组织（IMF） • 经合组织（OECD） • 联合国（UN） • 世界银行（World Bank） • 维基百科（Wikipedia） • 世界贸易组织（WTO）	• Comscore • Emarketer • Hubspot Research • Global Web Index • 全球移动通信系统协会（GSMA） • 互联网世界统计（Internet World Stats） • 国际电信联盟（ITU） • 尼尔森研究（Nielsen Research） • Statistica • 谷歌思维（Think with Google） • 我们是社交（We are social）	• Forrester • Gartner • 国际数据公司（IDC） • 尼尔森（Nielsen） • 奥维咨询（Ovum） **全球咨询公司数据** • 波士顿咨询公司（BCG） • 麦肯锡（McKinsey） • 贝恩公司（Bain &Company） • 埃森哲（Accenture） • 德勤（Deloitte） • 安永（EY） • 毕马威（KPMG） **电商供应商数据** • 艾登（Ayden） • 敦豪快递（DHL） • Hubspot • 贝宝（PayPal） • 商祺（Shopify） • 环球支付（Worldpay）	• 经济学人（Economist） • 创业者（Entrepreneur） • 金融时报（Financial Times） • 福布斯（Forbes） • 财富（Fortune） • 创业（Inc） • 纽约时报（New York Times） • 时代周刊（Time） • 华尔街日报（Wall Street Journal） **全球银行** • 汇丰（HSBC） • 桑坦德（Santander） **贸易协会、商会数据**

（2）国家调研工具。

表 3-10 汇总了部分国家调研工具。

表 3-10 部分国家调研工具

出口市场调研	国家概况和调研	国际指数
市场机会调研会工具 • 全球商机通（Google Market Finder） • 国际贸易中心贸易地图（ITC Trade Map） • 国际贸易中心出口潜力地图（ITC Export Potential Map） • 国际贸易中心市场准入地图（ITC Market Access Map） • World's Top Exporters.com **商业环境工具** • Doing Business • 政府贸易网站（Government Trade Websites） • 国际商会（International Chambers of Commerce）	**国家概况** • BBC • CIA World Factbook • 政府贸易网站（Government Trade Websites） **电商国家概况** • 互动媒体零售集团（IMRG） • 贝宝（Paypal） • Us Export.gov **贸易信息** • 贸易协定（Trade Agreements） • 禁运和制裁国家（Embargoed &Sanctioned Countries） • 邮政限制（Postal Restrictions） • 关税（Customs Duties）	• 全球竞争力指数（Global Competitiveness Index） • 世界竞争力年鉴（World Competitiveness Yearbook） • 经商便利度指数（Ease of Doing Business Index） • 金融发展指数（Financial Development Index） • 全球化指数（Globalization Index） • 经济自由度指数（Economic Freedom Index） • 生活费用指数（Cost of Living Index） • 全球和平指数（Global Peace Index） • 清廉指数（Corruption Perceptions Index）

（3）公司和竞争者调研工具。

表 3-11 汇总了部分公司和竞争者调研工具。

表 3-11 部分公司和竞争者调研工具

竞争者渠道调研	客 户 调 研	公司信息调研	产品和服务调研
查找竞争者渠道	公司分析	公司信息	查找产品和服务
• 搜索引擎(Search Engines) • 网站（Websites） • 社会化媒体（Social Media） • 电子市场（E-marketplaces）	• 历史销售额（Historic Sales） • 谷歌分析（Google Analytics） • 社交媒体分析（Social Media Analytics） • 电子市场分析（E-marketplace Analytics）	• 公司目录站点 • 政府公司注册数据库 • 公司财务数据（如 Duedil、Dun 和 Bradstreet）	• 搜索引擎（Search Engines） • 网站（Websites） • 社会化媒体（Social Media） • 电子市场（E-marketplaces）
新创意	洞察力		关键词工具
• Kickstarter • Indiegogo	• Facebook Audience Insights • Facebook IQ • Google Consumer Barometer • LinkedIn Ads		• 谷歌趋势（Google Trends） • 谷歌关键词规划师（Google Keyword Planner） • 谷歌思维（Think with Google） • Ubersuggest • Ask the Public
竞争产品排名	人物画像		产品排名
• Similar Web • 谷歌趋势(Google Trends) • 谷歌关键词规划师（Google Keyword Planner）	• Makemypersona		• Google Shopping • Algopix • Sellics • Terapeak

思 考 与 练 习

1. 简述跨境电商宏观环境分析和行业环境分析的框架。
2. 评价全球各国政治与法律环境时，卖家要重点关注哪些因素？
3. 什么是人口统计因素？
4. 什么是文化因素？举例说明文化因素如何影响跨境电商经营决策。
5. 对于跨境电商卖家来说，应重点了解目标市场哪几个方面的技术环境因素？
6. 跨境电商卖家可以从哪几个角度来监控和评价竞争者？
7. 简述计划行为理论。
8. 简述跨境电商卖家如何利用网络营销影响消费者的购买过程。
9. 简述跨境电商网络市场调研的基本步骤。

第 4 章　跨境电商选品管理

【学习目标】

- 掌握跨境电商选品的概念及分类。
- 掌握跨境电商选品的基本流程及开展选品的方法。
- 理解跨境电商产品品类管理策略。
- 熟悉跨境电商选品工具。

------------------------------ 实 训 项 目 ------------------------------

1. 任务

每个团队根据自己公司的业务定位,参照选品的基本流程,开发一个产品,并完成以下任务。

(1) 制作一个反映选品基本流程的 PPT 文档。

在 PPT 文档中展示产品的基本信息资料,并进行营销定位。产品基本信息资料如下。

① 产品名称。

② 产品图片。

③ 产品进货价。

④ 重量。注意区分零售包装重量和运输包装重量(打包后/发货包装)。

⑤ 产品属性。

(2) 制作一个产品发布文档。

产品发布文档要清晰向市场(卖家)传达产品的基本信息资料、产品卖点(市场定位)。产品发布创意设计要考虑到所选用发布媒体渠道的特点。可用于发布产品的常用媒体有 Youtube、Instagram、Facebook、TikTok 等。

2. 要求

① 任务成果形成 PPT,思路清晰,表达简洁。

② 在团队 CEO 和产品开发总监的协调下,以团队为单位完成并提交作业。

③ 团队派出代表在课堂上进行选品交流。

选品是跨境电商中最重要的环节之一。虽然不同的跨境电商平台在选品上存在差异,但选品工作本质上是一个特定情境下的决策流程,不同平台的选品工作在本质上有着共同的流程、理论和方法。本章从介绍跨境电商选品的概念开始,梳理了跨境电商选品的基本流程,重点介绍了开展跨境电商选品的一般方法和工具。此外,本章还介绍了跨境电商产品品类管理策略,以帮助跨境电商卖家科学制定多种产品的组合经营策略。

4.1 跨境电商选品概述

在进行跨境电商选品时,卖家应该具体做哪些工作?可以通过哪些方式进行跨境电商选品?获取跨境电商选品数据资料的途径又是什么?回答这些问题需要对选品的相关概念有清晰的了解。

4.1.1 跨境电商选品的概念

从跨境电商选品的工作流程和电商零售企业产品管理部门的工作职责角度,我们可以对跨境电商选品的概念进行明确界定。

跨境电商选品,也称为跨境电商产品开发,主要包括发现产品、评估产品、测试市场需求、寻找供应商、制定产品定位和定价策略等一系列的活动。卖家通过选品可以找到持续产生理想销售额和利润的成功业务。

跨境电商选品本质上是决策理论在跨境电商零售特定场景中的应用。同时,跨境电商选品的概念反映了行业实践对选品工作的通行组织方式。

4.1.2 跨境电商选品的分类

跨境电商选品可以根据不同标准进行分类。

1. 根据选品过程的创造性,分主动选品和被动选品

主动选品是指卖家通过对目标市场或行业的了解,主动开发产品。在主动开发产品之前,卖家通常需要进行大量的市场调研,深入了解目标客户需求和市场竞争情况。

被动选品是指卖家通过参考大多数卖家的数据,查看近期销量比较大的爆款产品,确定自己要销售的产品。

被动选品虽然比较省事,但是永远滞后于竞争者,实践中最好是以上两种选品方式相结合。

2. 根据选品数据资料的来源,分站内选品和站外选品

站内选品是指卖家直接获取或通过各种工具采集目标跨境电商平台的数据,调研感兴趣的产品,进行产品分析、选择。例如,在亚马逊开店的卖家通过各种渠道和数据采集工具获取所在平台上的数据进行选品。

站外选品是指卖家直接获取或通过各种工具采集目标跨境电商平台之外的数据,调研感兴趣的产品,进行产品分析、选择。例如,在亚马逊开店的卖家通过搜索引擎、其他电商平台、独立站、阿里巴巴1688网站、社交平台等各种站外渠道获取的数据进行选品。

本书侧重介绍跨境电商站外主动选品。站外选品流程具有一般性，站内选品流程因每个平台所提供的数据资料和选品工具的不同略有差异。掌握好站外选品的一般流程后，在进行站内选品时，卖家只需要利用好目标平台的相关数据资料和选品工具，根据具体的跨境电商平台做出有针对性的调整。

4.2 跨境电商选品的基本流程

跨境电商选品流程本质上是将决策流程应用到跨境电商选品这一具体情境中。根据经典决策流程，并结合跨境电商选品的具体实践，将跨境电商选品的基本流程梳理如下（见图4-1）。

步骤	要点
1. 列出备选产品清单	通过多种方式、途径获取尽可能多的备选产品，列出清单，清单列出的是产品概念，代表的是一个选品方向
2. 初步选择目标产品	运用分析工具（如 Google Trends 等）从备选产品中初选1～3个产品概念，运用技术方法（如 Google 搜索、关键词优化技术、建立脑图等）为每个产品大类确定利基市场。通过此步骤获得初选目标产品
3. 全面评估初选目标产品和利基市场	确定恰当的评估指标，并制作评分表，逐条评估每个初选目标产品，选出一个或几个产品。通过此步骤获得预选目标产品
4. 深入分析预选目标产品的市场需求与竞争形势	重点对预选目标产品的潜在市场需求和竞争产品两个因素对预选目标产品进行深入分析，以便更加准确地判断预选目标产品是否可行，并为后续的产品定位、运营策略等提供更加详细的资料。通过此步骤获得目标产品
5. 进行市场验证	通过进行问卷调查、在社交媒体和电子邮件中进行预售、创建众筹活动、创建着陆页、开测试网店等方式，对目标产品进行市场测试，获取目标产品是否可行的第一手资料
6. 确定获取产品的方式	目标产品市场验证通过后，可以根据实际情况，选择一种恰当的获取产品的方式。获取产品的方式主要有自制、工厂代工制造、批发采购直接代发货4种
7. 确定产品的供应商	通过各种途径找到合适的供应商，并就重要的合作事项与其达成一致

图4-1　跨境电商选品的基本流程

4.2.1 列出备选产品清单

找到数量足够多、有吸引力的备选产品，并形成一个完备的备选产品清单，是做好跨境电商选品工作的第一步。下面介绍几种跨境电商卖家可以发现优质备选产品概念的有效方法。

1. 追随自己的激情

创始人与市场的契合度非常重要，因为建立一个电商店铺并开展跨境电商业务是一项艰巨的工作。如果卖家对所销售的产品充满激情，并能全身心投入，就能更好地保持动力并克服各种困难。

2．找到并解决客户的痛点

建立有利可图的业务的最佳方法之一是找到并解决客户的痛点。而能够解决客户痛点的产品或服务不仅可以使卖家获得丰厚的利润，还易于推广。

痛点不仅仅指身体疼痛，还包括令人沮丧、耗时或不良的体验。例如，金（Jing）发现晚上睡觉磨牙是人们的一个痛点。这不仅会影响身体健康，引发牙科疾病，当收到昂贵的看牙账单时，心里还会痛。因此，他发明了"牙套卫士"，定制的牙套卫士可以防止人们在睡觉时磨牙。

3．利用自身经验和专业知识

自身经验和专业知识是一种强大的竞争优势。将自己的专业知识转化为在线业务，可以让自己在市场中占有优势。例如，吉利安·迈克尔（Jillian Michaels）在如何减肥这一问题上不仅积累了丰富的经验，还利用自己的专业知识建立了健身和减肥方面的网上业务，包括销售 DVD、书籍和运动器材等。

4．找到客户的爱好

客户往往愿意为自己的爱好投入更多的金钱。例如，高尔夫球爱好者常常会为了让自己的球技有提升而去购买各种高尔夫用品。卖家如果能精准把握客户的爱好，经营相关业务，则可以增强客户与品牌之间的联系，并提高客户的品牌忠诚度，促进口碑传播。由于客户通常更加关注与其爱好相关的产品，并参与该产品所属领域的各种活动，因此他们通常能从其购买的产品中体验到更多的价值并获得更多的满足感。

5．利用关键词找产品机会

搜索引擎自然流量是重要的营销渠道之一。利用关键词找产品机会是指根据客户在搜索时使用的关键词、每月的搜索次数和整体竞争情况，策略性地寻找市场机会并开发产品。在采用该方法时需要寻找在某个产品或利基市场中搜索量较大但竞争较小的关键词，并将这些关键词放置在产品详情页中。例如，安德鲁·尤德里安利用这种方法，在民用波段电台（CB Radio）的利基市场中找到了关键词排名的机会，使他的精准频道电台（Right Channel Radios）业务能够在 Google 搜索词"Vehicle CB Radios"中排名第一。

采用这种方法需要对关键词研究和搜索引擎优化有一定的了解。它的优点是将产品需求与现有关键词匹配，使产品从 Google 等搜索引擎中获得稳定的自然流量。但缺点也是显而易见的：如果卖家过度依赖搜索引擎获得流量，产品销售将因 Google 等搜索引擎算法的变化存在极大的不确定性。

我们需要注意的是，Google 不是客户搜索信息的唯一工具，因此也不是卖家挖掘关键词的唯一渠道。各个在线市场和平台也集聚着大量的客户，也有搜索功能，卖家可以通过这些渠道获取关键词。

卖家通常会借助一些工具来进行关键词研究，以发现产品机会。一些常用的关键词研究工具有 Keywords Everywhere、Keyword Tool、SellerMobile、Helium 10、Sonar、eRank 等。

6．抓住早期趋势

抓住早期趋势来开创新事业是非常有利的。这会使卖家的产品和品牌在人们心中扎下根，使卖家成为意见领袖。同时也能方便卖家进行搜索引擎优化（SEO），在搜索引擎中建立长期稳固的地位，获取更多的自然流量，减少付费媒体广告的支出。例如，苏菲·柯维克（Sophie Kovic）很早就注意到了羽毛假发的消费趋势。在花钱订货之前，他创建了一个网站来进行测试，结果4小时内成交了11单。在得知这是一个巨大的机会之后，他建立正规的网站，开始订货、着手经营业务，并在2012年赢得了Shopify富士珠宝类目下A级商业竞赛的冠军。

以下是一些发现趋势的方法和网站，以便卖家可以抓住潜在机会，迅速采取行动。

- 监听社交媒体（Social Listening）。卖家可以直接浏览社交媒体话题，如查阅Twitter上的热门话题标签或Facebook上的话题；也可以使用社交媒体监听工具来识别和监控某个产品在一段时间内的趋势，一些广泛使用的社交媒体监听工具包括Meltwater、Sprout Social、Hootsuite、Cyfe、Talkwalker、Digimind Social和Brand24等。
- Google Trends。卖家可以查看一段时间内某个主题的流行趋势，了解是什么引起了人们的兴趣。
- Trend Hunter。它是世界上最大、最受欢迎的趋势社区之一，使用数据、人工智能和真人来洞察消费趋势和新机会。
- Reddit。它展示了几乎所有话题的论坛。卖家可以通过访问Reddit上热议的话题来了解相关趋势。

用于发现趋势的网站还包括Springwise、Trends-spotting、Market Research和TrendWatching等。

7．浏览在线市场上的流行趋势

卖家可以通过查看在线市场上的流行趋势来获得选品灵感，可以浏览在线市场的网站，如Amazon、Etsy和eBay，查看"What's hot（最热门）""Most wished for（最想要的）"和其他展示当前客户需求类别的清单。

以下是一些卖家可以使用的在线市场产品调研途径。

- Amazon Best Sellers
- Amazon Most Wished For
- Amazon Movers & Shakers
- Etsy Most Wanted
- Etsy Best Selling Items
- Etsy Most Popular Item
- Trending on eBay

要想更深入地挖掘在线市场产品信息，卖家可以使用专业的平台数据分析工具，如面向亚马逊平台产品市场数据分析的Jungle Scout等工具。这些工具可以按类别、价格、销售额和其他属性对产品数据进行过滤，从而帮助卖家识别出畅销的产品和受欢迎的卖家。

8．阅读现有在线商店的产品评论

寻找产品概念的一种非常有效的方法是阅读现有在线商店的产品评论。客户留下评论一般是因为他们经历了糟糕或非常好的购物体验。在这两种情况下，卖家都可以从中学到很多东西。在有过糟糕的购物体验后，客户留下差评。对于差评，卖家在过滤掉所有不良的用语和情感表达之后，可以找到客户不满的真正原因，这有助于卖家解决产品问题。在某些情况下，客户甚至会提出改进建议，这为卖家提供了改善产品的方向。卖家可以通过分析产品评论来改进产品，并满足客户需求，如图 4-2 所示。

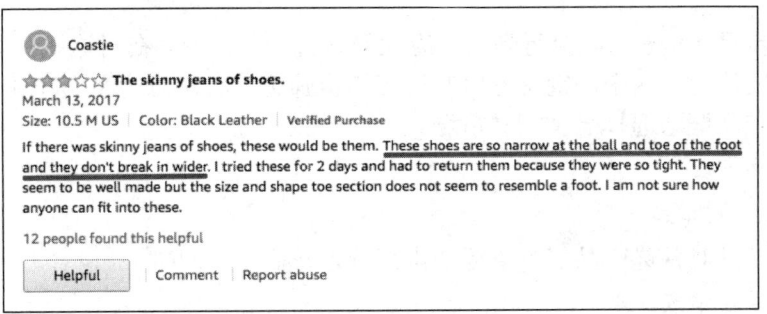

图 4-2　一个负面但有见地的评论的例子

对于好评，卖家也要深入研究，找出是什么给客户带来了超出预期的体验，并尝试在自己的产品中进行复制。如果卖家要销售常见产品并且有大量竞争者，则此策略非常有帮助。

通过收集好评和差评，并进行必要的改进，卖家可以建立竞争优势并赢得市场。例如，Chaim Pikarski 通过详细阅读亚马逊的产品评论，查找客户在评论中指出的产品缺陷和功能不足。利用这些信息，他通过中国的工厂使这些产品变得更好，并已经成功复制出这种模式。

9．搜索相关产品

如果卖家对特定行业或产品类别感兴趣，想要查看客户经常在该利基市场中购买的相关产品或服务，那么可以搜索相关产品。亚马逊是这方面的一个有用的资源，因为该网站有几个地方对关联产品进行了推荐，如"Customers frequently buy together""Other products that customers frequently buy""Similar items that Amazon recommends""Related sponsored products"。

10．利用 B2B 批发市场

从 B2B 批发市场寻找产品概念是电子商务卖家的一个流行选择。在这里，卖家不仅可以找到热门产品，还可以找到这些产品的供应商或制造商。在 B2B 批发市场，卖家可以先查找"热销产品""最受欢迎产品""前 20 名产品"等，然后按类别、订单数量、国家或地区进行过滤，发现产品概念。

以下是一些可以用来寻找产品概念的 B2B 市场：Alibaba、Global Sources、TopTenWholesale、TradeKey、Made-in-China、IndiaMART 等。

在 B2B 批发市场寻找产品概念时，要注意以下几点。

卖家在寻找产品概念时要保持开放的心态。新的想法可能会在最意想不到的时刻冒出来，重要的是不要否定自己可能有的任何偶然想法。卖家应列一份备选产品清单，以供在为各种有意向的产品概念进行市场调查时参考。

在搜寻新产品创意时，卖家一定要以超越产品本身的眼光来看待它。在大众化和流行产品领域，同质化竞争非常严重。选择一个不同或独特的视角能极大地增加成功的概率。不要局限于产品本身，要试着从可以发掘产品类别价值的各种潜在因素进行创新，如新市场、新特色、新的产品使用方式等。

要重视产品利基市场。虽然在一个大类目下细分产品的潜在客户数量会变少，但是这也意味着更少的竞争和更有效的目标受众。更少的竞争意味着在客户进行精准搜索时，卖家的产品或服务能得到更好的排名，也可以极大地降低在各种在线媒体上的营销推广成本。

4.2.2 初步选择目标产品

通过以上步骤，卖家可能会得到一个庞大的备选产品清单。在对这些备选产品进行全面评估之前，需要使用一两个关键指标对其进行初步筛选，将注意力聚焦在 1~3 个产品概念上，并为每个产品概念选择一个利基市场。

具体步骤如下。

（1）筛选产品概念。

通过分析工具对备选产品清单进行初步筛选，找出 1~3 个产品概念。

（2）选择利基市场。

对产品概念的利基市场进行详细分析，寻找并确定利基市场。

例如，通过第一步（列出备选产品清单），卖家可能会得到以下备选产品清单：①能量条；②领带；③方巾；④木质太阳镜；⑤木质手表；⑥打底裤；⑦电子烟；⑧电子香烟液；⑨椰子油；⑩抹茶粉。

接下来，我们将在这个备选产品清单的基础上介绍如何对备选产品清单进行初步筛选。

1. 筛选产品概念

谷歌趋势（Google Trends）是 Google 的一种基于搜索日志分析的工具，可告诉卖家某个搜索关键词在 Google 上被搜索的频率和相关统计数据。当客户想要在网上采购特定产品时，通常会在搜索引擎中输入能够代表该产品的关键词，以查找所需产品信息。因此，通常情况下，代表特定产品的关键词的搜索量，反映了该产品的需求量；而关键词搜索量的发展趋势，反映了该产品的市场需求发展趋势。Google Trends 给出了关键词的搜索热度和发展趋势，因此，卖家可以将代表备选产品的关键词通过 Google Trends 进行比较，从而选出需求量大且发展趋势最好的备选产品。

可以将前述 10 种产品全部输入 Google Trends 中进行比较，找到市场需求量大且发展趋势最好的备选产品。结果显示，椰子油（coconut oil）和打底裤（leggings）领先其他产品，如图 4-3 所示。需要注意的是，Google Trends 一次最多只能对比 5 种产品的趋势数据。因此，卖家可以先通过多次对比，找到表现最好的 5 种产品，再对这 5 种产品进行比较，找出表现最好的备选产品。

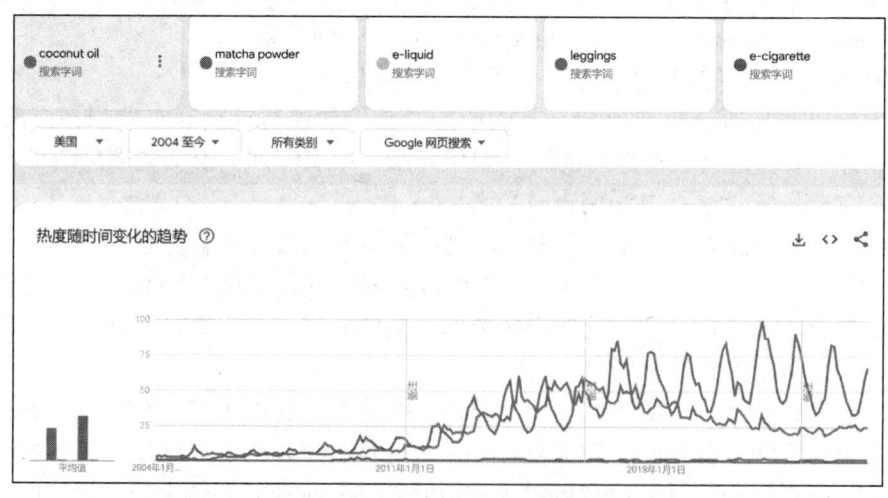

图 4-3　将备选产品放在 Google Trends 中进行比较

椰子油是一种常见的原材料，可以应用于许多产品中。在获取备选产品清单的过程中，我们在 Pinterest Pin 中发现椰子油有 30 多种不同的用途，因此卖家可能对椰子油这个产品概念更感兴趣，并围绕椰子油这个产品概念发现一些有需求的利基市场。

2．选择利基市场

确定了产品概念后，接下来需要确定想要进入的利基市场。利基市场是特定产品概念所聚焦的一个市场子集。确定利基市场有助于定义可能的产品功能，以满足特定的市场需求，包括产品的价格范围、生产质量、品牌和营销。

选择一个利基市场是创建成功在线业务的重要环节。如果新卖家在竞争激烈和大众的产品类别或市场中开设和运营新店铺，将会与行业中现有的竞争者展开激烈的竞争，因此，作为新卖家，选择利基市场非常重要。

在线选择利基市场的方法主要有：Google 搜索、关键词优化技术和建立脑图等。

（1）Google 搜索。

了解产品目前如何被其他在线零售商销售，是发现利基市场最简单的方法。通过在 Google 上进行搜索，可以很好地了解各利基市场的概况和现状。

以椰子油为例，可以通过在 Google 搜索栏中搜索"coconut oil uses"来找到利基市场，如图 4-4 所示。搜索结果页面中有大量介绍椰子油用途的文章，仔细阅读这些文章，能了解椰子油的各种潜在利基市场。

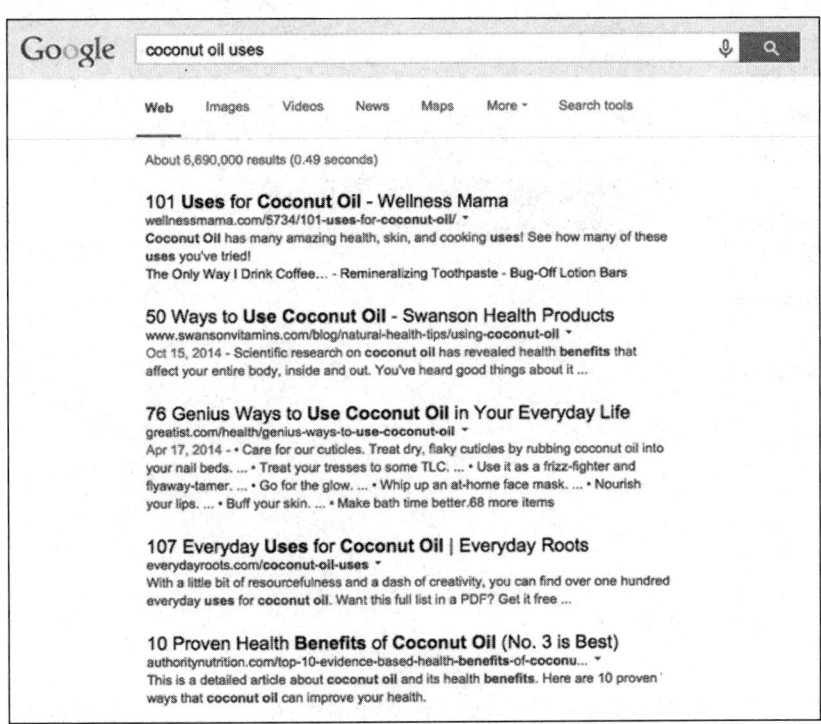

图 4-4 通过 Google 搜索了解产品概念的利基市场

（2）关键词优化技术。

当使用 Google 进行搜索时，下拉框会自动显示一些相关搜索词供客户选择。这些词通常是客户经常使用和搜索的，反映了客户对该产品的细分需求。我们可以将搜索引擎推荐的词应用于寻找利基市场，如图 4-5 所示。

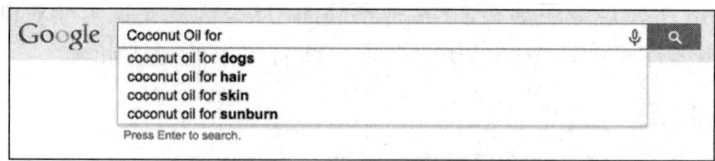

图 4-5　Google 下拉框的推荐词

除了 Google 搜索词建议外，还有其他关键词优化工具，如（Google Keyword Planner）、Ahrefs、Keyword Tool 等工具。通过这些关键词优化工具，我们可以发现更多与产品概念相关的利基市场。

（3）建立脑图。

建立脑图是一种高效地厘清思路的方法。建立一个产品概念的脑图，不仅可以让卖家将获取的利基市场信息进行梳理，形成一个系统的利基市场结构，还能帮助卖家对产品利基市场产生新的认识。

我们可以使用免费的在线工具，如百度脑图等，建立一个简单而有效的脑图，如图 4-6 所示。

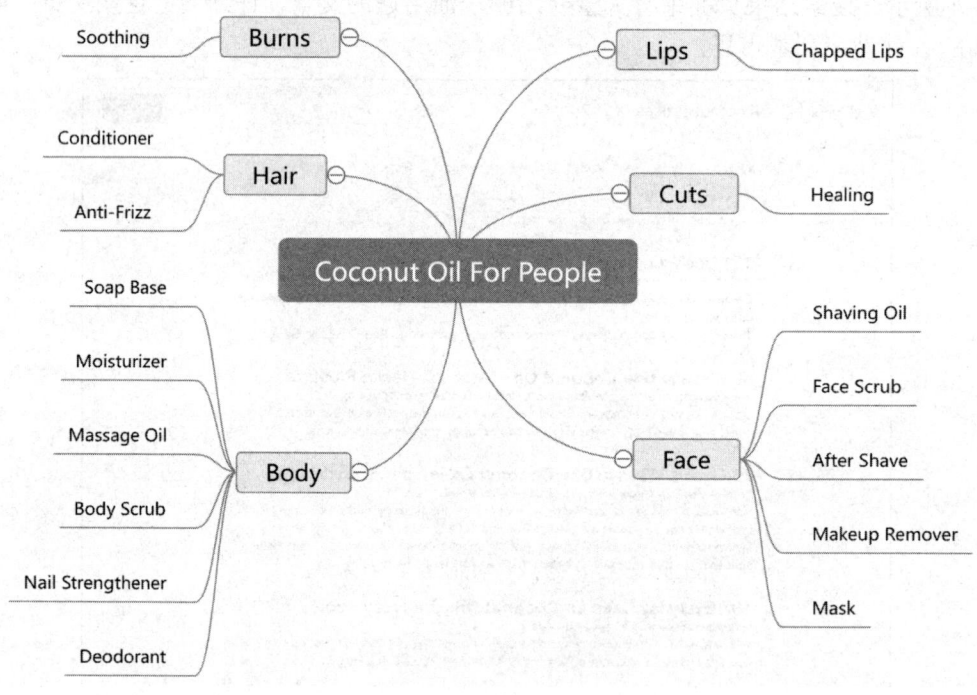

图 4-6　关于椰子油产品的脑图

经过以上步骤，我们初步确定了目标产品及利基市场。接下来，我们需要对其进行全面评估，以更好地了解和预测市场潜力。

4.2.3　全面评估初选目标产品和利基市场

在没有正确评估目标产品和利基市场的情况下做出选品决策，成功的概率是非常低的。

因此，我们需要使用恰当的评估指标对初选目标产品进行全面的评估和筛选，淘汰不符合要求的产品，进一步缩减备选产品清单，最终找到最适合经营且成功可能性更大的预选目标产品（通常不超过 3 个）。通过全面的评估，我们可以更深入地了解预选目标产品及利基市场的优缺点。

一般情况下，被保留下来的初选目标产品和利基市场并不会在所有评估指标上都表现较好。因此，用一系列的评估指标对初选目标产品和利基市场进行评估的意义在于帮助卖家规避风险，并从总体上增加选品成功的概率。

常用的初选目标产品和利基市场评估指标如表 4-1 所示。

表 4-1　常用的初选目标产品和利基市场评估指标

基于市场的评估指标	基于产品的评估指标
• 评估市场规模 • 分析市场竞争态势 • 确定产品品类市场发展前景 • 产品在当地是否有售 • 确定产品的目标客户	• 产品毛利 • 潜在的销售价格 • 能否订购 • 产品的尺寸和重量 • 产品在运输途中是否容易损坏 • 产品是否具有季节性 • 产品能否激发客户的激情、减轻其痛苦或帮助其解决问题 • 产品升级换代需要多长时间 • 产品是否为易耗品或一次性用品 • 产品是否易腐烂 • 产品是否受到法律和政策限制 • 产品是否具有可扩展性

1. 基于市场的评估指标

（1）评估市场规模。

市场规模可以粗略地定义为卖家可以向其销售产品的潜在客户数量。在选品调研阶段，市场规模可能难以确定，但通过一些有根据的推测，可以形成一个大致的概念。

例如，一款面向 25～40 岁孕妇的产品市场规模非常大，而一款面向 25～40 岁喜欢朋克摇滚的孕妇的产品市场规模则非常小。市场规模小会限制产品的潜在客户数量，但对于更细分的市场，较小的市场规模可能意味着卖家更容易推销产品。因此，卖家可以以更具成本效益的方式渗透该市场并占领份额。

对于大多数卖家来说，确定确切的市场规模通常是不可能的，但是，卖家可以借助以下工具粗略地评估市场规模。

- Google Trends。帮助了解市场需求的发展趋势及所在的市场区域。
- 社交媒体监听工具。如 Brand24、Buzzsumo.com、Brandwatch、Tweetdeck、Buffer 等，可以帮助卖家确定相关主题的社交聊天数量，从而提供潜在市场规模信息。
- SEO 工具。如 Google Keyword Planner、Ahrefs、SEMrush 等，可以帮助卖家更好地确定客户的搜索需求，确定与初选目标产品相关的关键词的搜索量，从而更好地评估初选目标产品的市场规模。

（2）分析市场竞争态势。

市场竞争态势主要分为市场空白、竞争不充分、过度竞争 3 种状态。分析市场竞争态势有助于卖家判断竞争形势是否对自身有利，从而形成参与竞争的策略。

若卖家是第一个进入利基市场的，则意味着发现了市场空白。市场空白的存在可能有两种原因。一是卖家进行了市场和产品创新，找到了一个存在较大需求但没有竞争者的市场，这种市场对卖家来说是真正的有利机会。二是市场不存在有效需求，之前进入市场的卖家全都失败了，卖家进入这种市场存在极大的风险。因此，当发现市场空白后，卖家仍需进行大量市场调研来判断是否存在真正的市场需求。

若市场需求量大，竞争无法有效满足市场需求，产品供不应求，则意味着市场竞争不充分。这种情况表明市场需求是经过验证的，市场风险相对较小，卖家可以选择经营跟竞争者类似的产品。

若市场需求量较大，但竞争者数量较多，产品供应过剩，则意味着市场存在过度竞争。这种情况表明此市场需求已经被验证，但卖家需要思考如何在一片红海中打造自己的品牌和产品，以区别于竞争者，找到产品的独特市场定位，以求得生存。

通过 Google 和 SimilarWeb，卖家可以发现当前竞争者。而使用 SEMrush、Ahrefs 工具，卖家可以了解代表产品市场需求的关键词的大致搜索量和竞争程度（有多少其他人/企业正在竞标这些词）。越多人出价，该关键词的价格就越高，表明市场竞争越激烈。

（3）确定产品品类市场发展前景。

产品品类市场发展前景可以分为 4 种：时尚（Fad）型、稳定（Stable）型、趋势（Trend）型和增长（Growth）型，如图 4-7 所示。

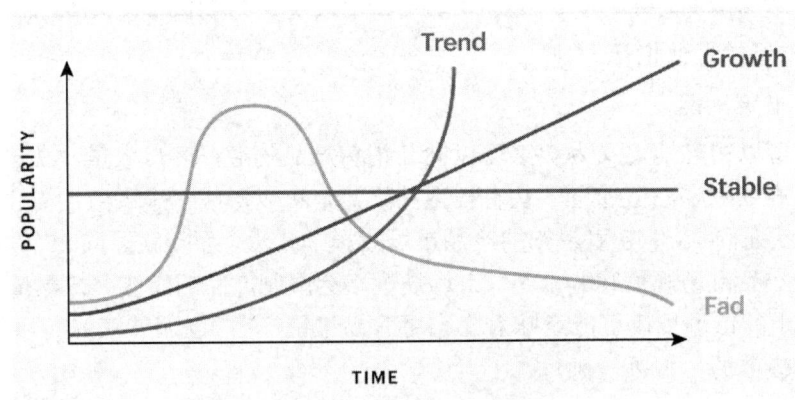

图 4-7　产品品类的 4 种市场发展前景

① 时尚型市场。

时尚型市场指的是产品会在很短时间内迅速流行起来，同时很快会从市场退出。如果卖家能够抓住进入和退出市场的时机，那么经营时尚型产品就能够获得丰厚的利润。然而，进入和退出市场的时机是很难预测的，例如，Geiger counter 是一种能够检测周围辐射水平的类似手机的电子设备，在 2011 年日本地震时曾一度被抢购一空。然而，正如图 4-8 所示的 Google 趋势图，人们对此类产品的兴趣来得快去得也快。

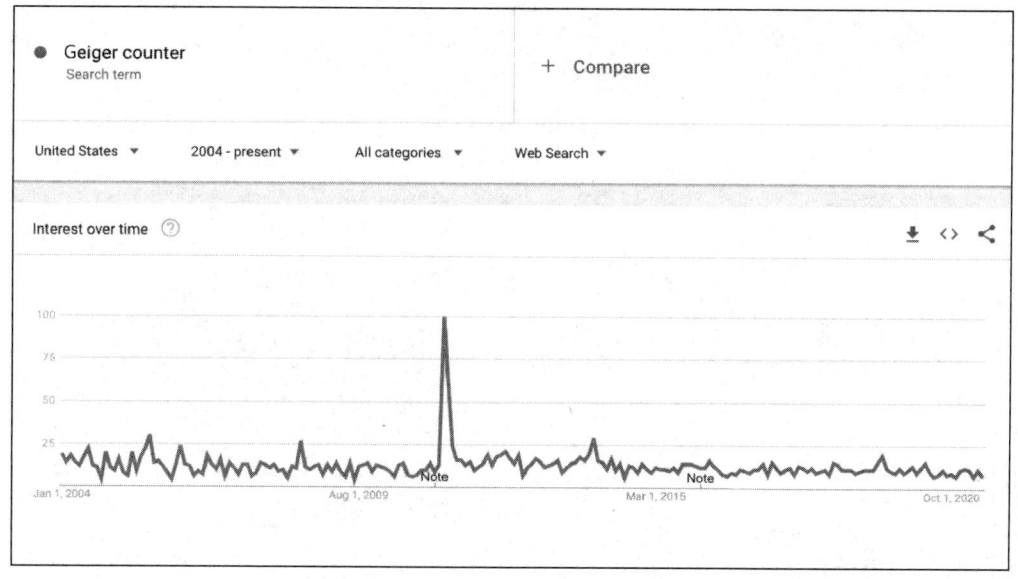

图 4-8　Geiger counter 产品的 Google 趋势图

② 趋势型市场。

趋势型指的是市场呈现长期增长势头。它的增长速度不如时尚型市场那么快，但是持续时间更长，并且通常不会快速下降。但这种趋势很难预测。例如，如图 4-9 所示，2011—2022 年奶粉（powdered milk）在印度很受欢迎，奶粉市场呈现持续攀升的趋势。但由于营养市场不断增长的态势能否延续存在较大不确定性，长期走势很难预测，这很可能被认定为趋势型市场，而不是增长型市场。

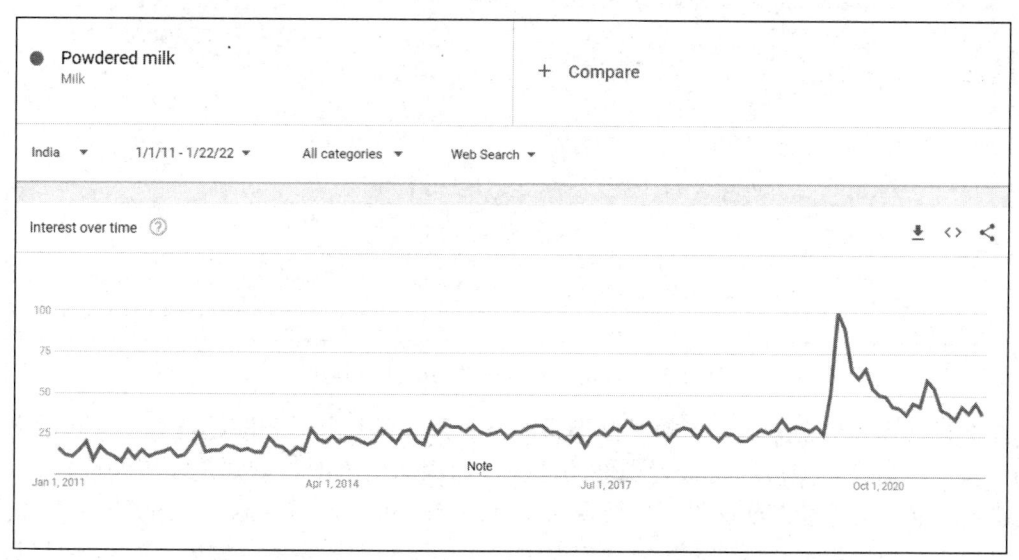

图 4-9　奶粉在印度的 Google 趋势图

③ 稳定型市场。

稳定型市场增长趋势稳定，通常具有较强的抗冲击能力，市场需求不会大起大落，会长期维持在其固有水平。例如，2013—2023 年，黄麻袋（Jute bags）这种产品在美国的市场趋势基本保持稳定（见图 4-10），这是因为市场对黄麻袋的兴趣和购买行为不会发生很大变化。

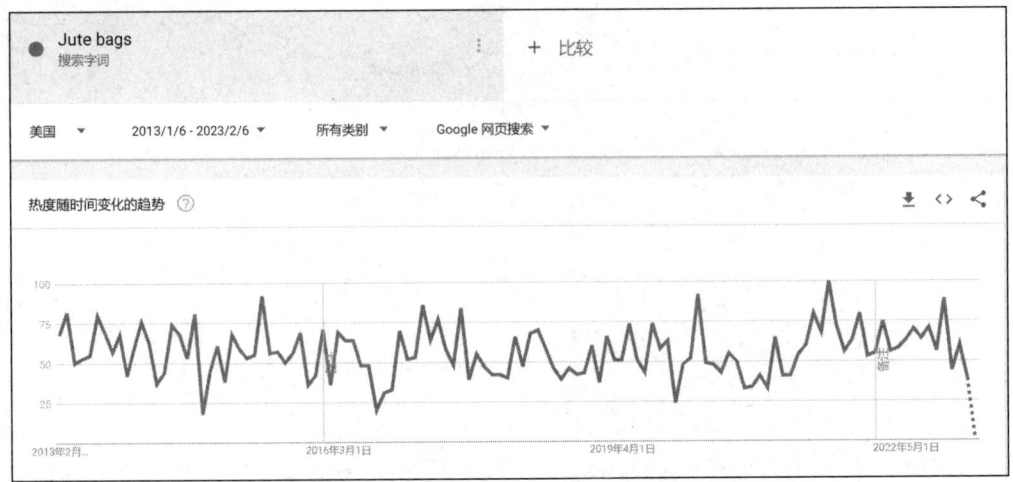

图 4-10　黄麻袋在美国的 Google 趋势图

④ 增长型市场。

增长型市场表现为持续增长，具有长期或永久的市场增长趋势。如图 4-11 所示，2013—2023 年美国电动车（Electric Vehicles）市场一直保持稳定的增长趋势。得益于电动车技术日趋成熟，政府对低碳环保的重视，以及公众对电动车的认可度不断提高等因素，美国电动车市场成为一个稳定的增长型市场。

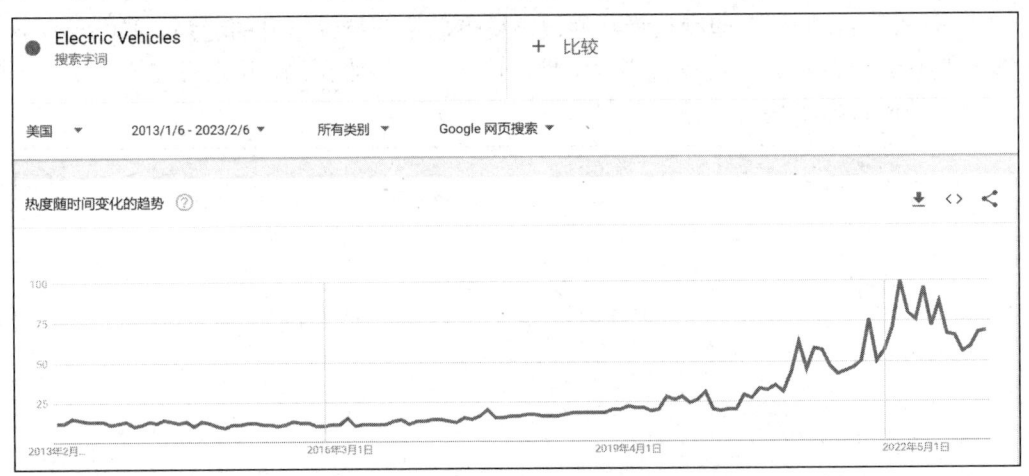

图 4-11　电动车在美国的 Google 趋势图

在选择市场发展前景时，跟随时尚型市场将冒最大的风险，跟随趋势型市场可以获得最大的收益，跟随稳定型市场是最为稳健的选择，而跟随增长型市场则是完美的选择。

确定产品品类市场发展前景的主要调研工具是 Google Trends。Google Trends 可以在流行、趋势、稳定和增长 4 种类型的市场发展前景中，给出全局性的参考。如果在 Google 趋势图中看到难以理解的峰值，卖家应该通过社交媒体等渠道进行深入的调研，以了解其背后的原因。

（4）产品在当地是否有售。

当一个产品在当地容易被找到时，客户很少会上网搜寻。然而，如果一个产品是独特的或在当地难以被找到的，那么客户更倾向于在网上寻找并购买。所以，卖家需要了解自己选择的产品在当地是否有售。最简单的方法是使用 Google 搜索该产品加上目标市场所在城市的名称。如果目标市场不是大城市，那么卖家可以尝试搜索最接近的主要城市的名称。例如，卖家可以搜索"magician deck of cards + New York"。

（5）确定产品的目标客户。

在评估初选目标产品时，暂时不需要非常精确的客户画像，但需要描述目标客户的基本类型和在线购买能力。（如果初选目标产品适合青少年，大多数青少年没有独立的支付能力。同样，如果初选目标产品适合老年人，他们使用网络的技能较差，并且可能没有在线购物的习惯。）

为了更好地了解产品的目标客户，卖家需要尽可能多地获取以下信息：地点、年龄、性别、兴趣、教育程度、收入水平、关系状况、语言、最喜欢的网站、购买动机、购买关注点等。了解以上客户特征对营销产品非常重要。

要详细了解产品的目标客户，卖家可以使用 SimilarWeb，调查在线销售类似产品的竞争者的网站，获取其访客特征。这些信息可以帮助卖家更好地确定产品的目标客户。例如，卖家正在调查的产品是便鞋（slip-on shoes），并且已经确定 Neeman's 是竞争者，那么可以在 SimilarWeb 上找到有关其受众的信息（见图 4-12 和图 4-13）。

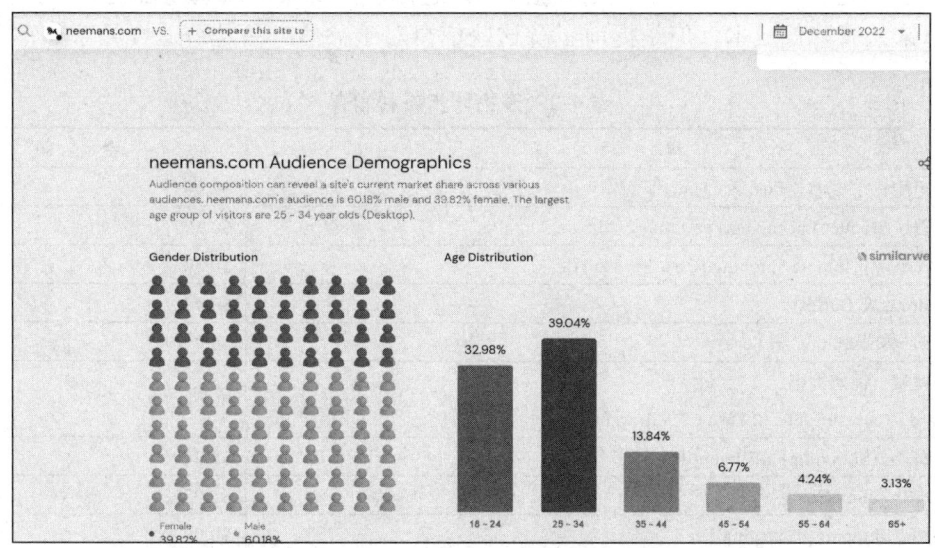

图 4-12　在 SimilarWeb 上调查竞争者网站受众人口统计信息

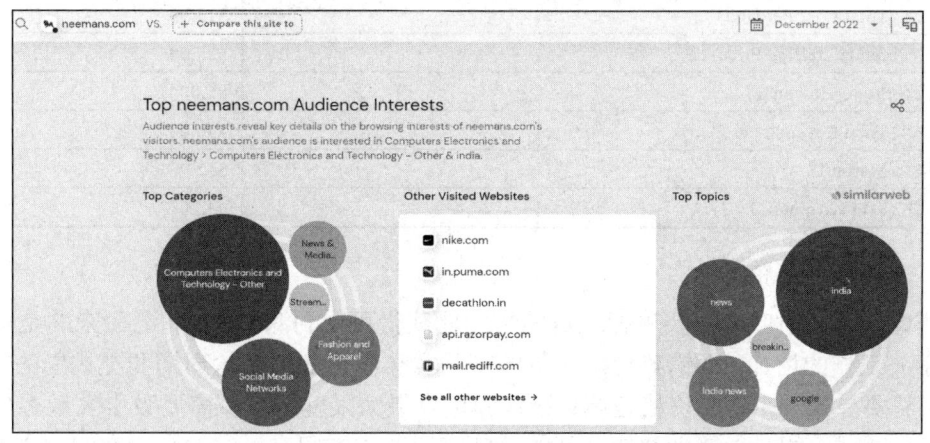

图 4-13　在 SimilarWeb 上调查竞争者网站受众偏好信息

此外，卖家还可以借助 Google Trends 了解客户的地理位置，通过可靠的客户洞察信息来源（如 PEW Research Center、Nielsen、Think With Google 等）收集尽可能多的目标客户信息，以形成更全面的目标客户认知。

确定产品的目标客户有助于卖家评估产品的适销性，并对市场需求和规模进行评估。

2．基于产品的评估指标

（1）产品毛利。

在深入调查初选目标产品之前，评估产品的毛利非常重要。当产品开始在网上销售时，很多小额费用会把利润吞噬掉，因此拥有足够的毛利能够提供必要的利润空间，以抵消这些小额费用。

例如，一款宠物计步器在美国在线平台上售价为 25.00 美元，而卖家可以在阿里巴巴上以 2 美元的价格购买到该产品。我们通过查看宠物计步器利润表（见表 4-2），可以看到小额费用是如何吞噬利润的。该产品的初始加价超过 1100%，毛利率为 92.0%，在完成所有操作后，最终边际利润率不足 100%。虽然这些只是近似值，卖家可以通过自己处理交付并减少广告支出来显著降低成本，但是提前了解这些信息对于评估产品是否适合经营非常重要。

表 4-2　宠物计步器利润表

科　目	金　额
单位采购（生产）成本 (Cost Per Unit)	$2.00
产品包装费（Product Packaging Fee）	$0.10
进口运费（单位）[Import Shipping (Cost Per Unit)]	$0.30
关税（Customs & Duties）	$0.40
购物车费用（Shopping Cart Fees）	$0.25
信用卡处理费（销售价格的 2.75%）[Credit Card Processing Fee (2.75% of Selling Price)]	$0.69
配送履行费用（Shipping Fulfillment Fee）	$3.30
配送费用（Shipping Cost）	$5.00
配送包装费（Shipping Packaging Fee）	$0.00
单位广告费用（Advertising Cost Per Unit）	$5.00
单位总成本（Total Cost Per Unit）	$17.04
预计售价（Potential Selling Price）	$25.00
配送收入（Shipping Revenue）	$5.00
单位总收入（Total Revenue Per Unit）	$30.00
边际利润额（Margin）	$12.96
边际利润率 (%) [Margin(%)]	43.20%

（2）潜在的销售价格。

销售廉价产品意味着需要进行大量销售才能获得可观利润，并且随之而来的是客户服务和其他相关工作的增加。而销售价格昂贵的产品意味着更长的销售周期和更挑剔的客户。因此，卖家需要寻找一个销售价格范围，该范围可以最大限度地减少需要吸引大量客户以获取可观利润的需求，同时能够为补偿产品的营销和运营成本留有一定的利润空间。这个价格范围因市场区域和所在电商平台的不同而不同。例如，根据经验，中国卖家在面向美国市场的亚马逊平台上，最佳选品价格范围为 20~75 美元。

如表 4-2 所示，宠物计步器的边际利润额为 12.96 美元。如果我们考虑售价为 100 美元的类似产品，即宠物计步器售价的 4 倍，相应的其他成本也会成倍增加，如表 4-3 所示。经计算，边际利润额高达 77.95 美元。这主要是因为，虽然与价格相关的可变成本乘以 4 倍，但对于具有相似属性的产品，其他一些成本（如包装和运输）基本不变。

表 4-3　产品成本利润表

科　目	金　额
单位采购（生产）成本 (Cost Per Unit)	$8.00
产品包装费 (Product Packaging Fee)	$0.10
进口运费（单位）[Import Shipping (Cost Per Unit)]	$0.30
关税 (Customs & Duties)	$1.60
购物车费用 (Shopping Cart Fees)	$1.00
信用卡处理费（销售价格的 2.75%）[Credit Card Processing Fee (2.75% of Selling Price)]	$2.75
配送履行费用 (Shipping Fulfillment Fee)	$3.30
配送费用 (Shipping Cost)	$5.00
配送包装费 (Shipping Packaging Fee)	$0
单位广告费用 (Advertising Cost Per Unit)	$5.00
单位总成本 (Total Cost Per Unit)	$27.05
预计销售价格 (Potential Selling Price)	$100.00
配送收入 (Shipping Revenue)	$5.00
单位总收入 (Total Revenue Per Unit)	$105.00
边际利润额 (Margin)	$77.95
边际利润率 (%) [Margin (%)]	74.20%

（3）能否订购。

相较于寻找新客户，向老客户销售产品更容易，成本更低。订购业务能够让老客户自动交易。

（4）产品的尺寸和重量。

产品的尺寸和重量会对销售和利润产生重大影响。许多客户希望享受免费送货服务，但如果卖家简单地将运费包含在售价中，那么这些运费会吞噬产品利润；如果将这些运费转嫁给客户，那么这些运费可能会使产品的销售转化率降低。

此外，如果卖家不采用供应商直接代发货的模式，就需要考虑从供应商处将产品运送到本公司仓库的成本，以及存储费用。如果卖家准备使用海外仓，则会产生更高的仓储成本。在运输和物流中，重量计算通常会考虑体积重，取实重和体积重这两个数字中较高的一个作为计算产品运输和物流成本的依据。对于大型和重型产品，如家具，卖家可能需要向客户收取运费，因为这类产品的运费收取标准变化较大，难以预测并计入售价中。

了解产品的尺寸和重量对销售和利润的影响将有助于卖家更准确地估算利润，从而确定经营该产品是否可行。

（5）产品在运输途中是否容易损坏。

在评估初选目标产品时，需要考虑产品的结实度和易损性，因为易损坏的产品在运输途中可能会带来许多麻烦。对于这类产品，卖家需要把更多成本投入到包装、运输保险费上，并可能会有更多的退换货。这些都会减少产品的利润，为此卖家可能需要提高售价来承担潜在的任何损失。在评估这类产品是否可行时，卖家需要考虑这个指标。

（6）产品是否具有季节性。

如果所选择的产品具有很强的季节性，卖家可能需要承受不稳定的现金流。产品可以具有一些季节性，但理想的产品应该具有全年相对稳定的现金流。

卖家可以通过使用 Google Trends 查看产品和利基市场的关键词来了解产品的季节性。如图 4-14 所示，2013—2023 年，羊毛袜（woolen socks）在印度的市场趋势图显示出季节性的波动。

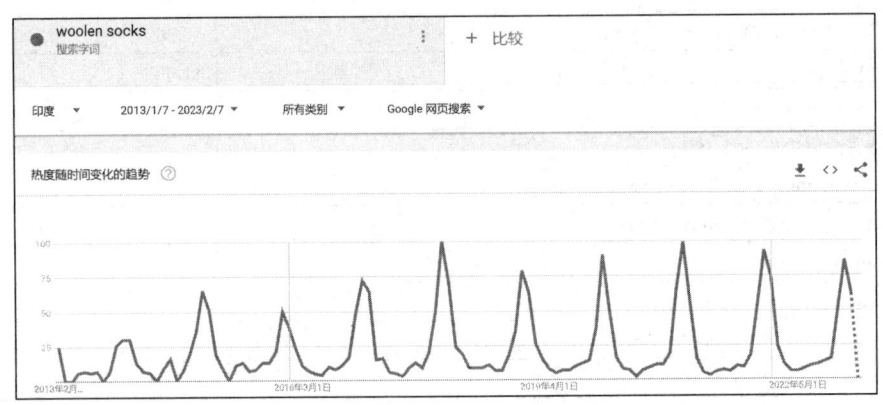

图 4-14　羊毛袜在印度的 Google 趋势图

如果选择的产品确实具有很强的季节性，那么卖家需要提前考虑如何应对这个季节性因素。应对策略可能包括在淡季向不同的国家（或地区）进行营销，或者在淡季通过大幅折扣清仓销售。所有这些成本都应该考虑在内，以确定该产品在全年周期内的可行性。

（7）产品能否激发客户的激情、减轻其痛苦或帮助其解决问题。

如果所销售的产品能够激发客户的激情、减轻其痛苦或帮助其解决问题，那么这类产品通常都有利可图。同时，卖家在销售这些产品时通常不需要投入太多的营销成本，因为这些产品的客户通常已经在积极寻找解决方案，卖家不需要进行大量的推广。

（8）产品升级换代需要多长时间。

卖家经营经常需要改变或更新的产品会存在一些风险，例如，在升级换代之前没有售完或根本没有开始销售。因此在销售需要经常进行规律性升级换代的产品之前，了解产品的升级换代周期并制订相应的计划是至关重要的。

例如，智能手机外壳是一个热门市场。然而，设计和制作一个新的外壳通常需要进行高额初始投资。对于跨境电商卖家来说，引进智能手机外壳的难点之一是要在下一代智能手机问世之前让自己经营的这种产品获得足够的曝光率和吸引力。卖家需要足够快地进行销售，否则可能会面临过时库存的问题。

如果引进需要定期升级换代的产品，那么，首先，卖家需要计算出在一个升级周期内销售多少产品才能实现收支平衡，并达到目标利润额；然后，需要根据计算结果考虑是否可以生产、采购、储存或运输那么多产品。最后，需要估计能够进行必要的销售以赚取利润的可能性。如果能够妥善解决这些问题，那么卖家经营这类产品的风险会相对较小。

（9）产品是否为易耗品或一次性用品。

易消耗或一次性的产品，使用寿命较短，因此对产品满意的客户通常会从原商家处再次购买。虽然易耗品和一次性产品为卖家提供了获得重复订单的机会，但通常需要更大的销量才能弥补成本。因此，这是评估该类产品可行性的一个重要指标。

（10）产品是否易腐烂。

经营易腐烂产品对于任何卖家而言都是一种冒险。由于易腐烂的产品需要快速交付，因此运输成本高昂。即使是具有较长保质期的易腐烂产品也有风险，因为它们会使存储和库存变得复杂，从而导致产品变质。对于食品、保健品、药物及其他任何需要冷藏或保质期较短的产品，卖家在订购存货和配送给客户时都需要特别考虑这个指标。如果产品具有易腐烂的属性，则卖家在确定该产品的理想周转周期时，尤其需要考虑这个指标，以确认经营该产品是否仍然可行。

（11）产品是否受到法律和政策限制。

如果所选产品受到法律和政策限制，就会给卖家带来许多麻烦，甚至导致严重后果。在决定选择产品之前，不仅卖家需要确保所选产品不违反相关法律和政策的规定，卖家自身还要有能力应对法律和政策限制带来的风险。例如，某些化学产品、食品和化妆品不仅受到出口国家或地区的法律和政策限制，还受到产品目的地国家或地区的法律和政策限制，甚至在一个国家内部也可能受到法律和政策限制。如果打算引进这类产品，建议卖家向海关和边境服务、食品和药品管理等部门咨询。

（12）产品是否具有可扩展性。

尽管在业务刚开始的时候很难考虑到业务的未来和发展，但在业务开始时卖家就应该考虑其可扩展性，并将其作为商业模式的一部分。例如，所选产品基于手工制作或包含难以找到的材料，卖家需要考虑当业务快速增长时如何进行扩展。扩展内容可能包括：能否将制造外包？员工数量是否会随着订单数量的增加而增加，或者能否维持一个小团队？该产品成功后，能否扩展到新市场？

如果卖家不确定产品是否具有可扩展性或至少是可持续的，那么卖家必须制订一个退出或多样化的计划，以维持持续稳定的业务运营。

为了更好地了解初选目标产品并提高成功的可能性，卖家可以使用上述指标作为指导，并根据实际情况制定初选目标产品评分表，以便根据每个指标对初选目标产品进行评分。亚马逊平台某卖家选品评分表案例如表4-4所示。

表4-4 亚马逊平台某卖家选品评分表案例

评 分 指 标	分　值
产品成本不超过500元	5
产品四季可售，无特定节日、季节	5
产品无地域性，全世界通用	5
运输不易碎，不易变形	5
复购率高，属于易耗品	5
产品通用搜索词，月搜量大于10万次	5
易操作、易使用、不需要说明书	5
可以作为礼物赠送	5

续表

评 分 指 标	分　　值
重量低于 1 磅	5
体积小于 8 英寸×8 英寸×8 英寸	5
能与别的产品组合销售、互相搭配	5
产品采购成本+运费<售价的 50%	10
在所售国家或地区有商标保护	5
同类产品在亚马逊平台好评数低于 100 个	5
不会对儿童造成安全隐患	5
可以定制化生产，有迭代更新能力	5
有能力解决现有产品差评的问题	10
40 分以下，不做；　　　　　　　　　　　　　50 分以下，看情况； 60 分以下，考虑进入产品线；　　　　　　　60 分以上，开始试销	

4.2.4　深入分析预选目标产品的市场需求与竞争产品

在对初选目标产品进行总体评估并筛选出非常具有潜力的预选目标产品和利基市场后，卖家接下来应该更深入地调查和评估潜在的市场需求和竞争产品这两个重要的因素，以进一步确认该产品的可行性，同时为后续的网络营销积累更多资料。

1．市场需求分析

需要特别注意的是，如果目标产品在市场上是一个新概念或老产品的新用途，则通过本部分介绍的方法可能会发现没有明显的市场需求。但这并不能说明其市场需求不存在或市场需求未形成，因为本部分介绍的方法是基于人们对市场上已有产品相关概念的搜索数据。如果目标产品是一个新概念，本部分介绍的方法可能并不适用。

在 4.2.3 节中"评估市场规模"这一部分介绍的方法，在进行目标产品市场需求分析调研时同样适用。深入分析预选目标产品市场需求的方法如下。

（1）查阅相关统计资料，了解行业及利基市场的需求量。

卖家可以查阅相关统计资料，了解预选目标产品所在行业及利基市场的需求量。可以使用 Statista 等工具，以确定利基市场份额。例如，在 Statista 上查询"hair care"可以找到与护发产品相关的数据，如图 4-15 所示。

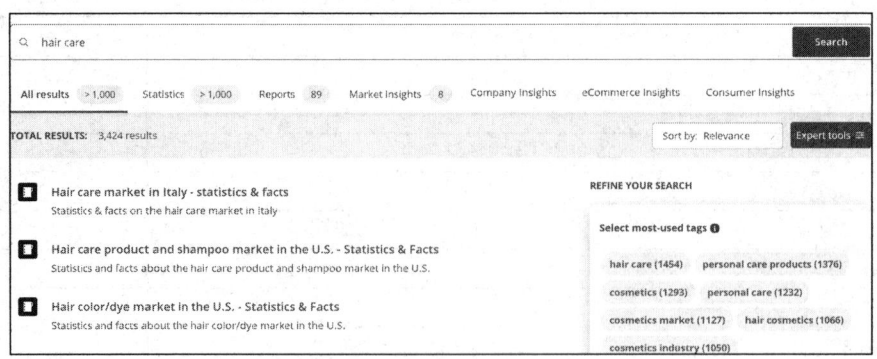

图 4-15　在 Statista 上查询"hair care"反馈的数据

继续点击其中的数据库，可以找到如下数据，如图 4-16 所示。

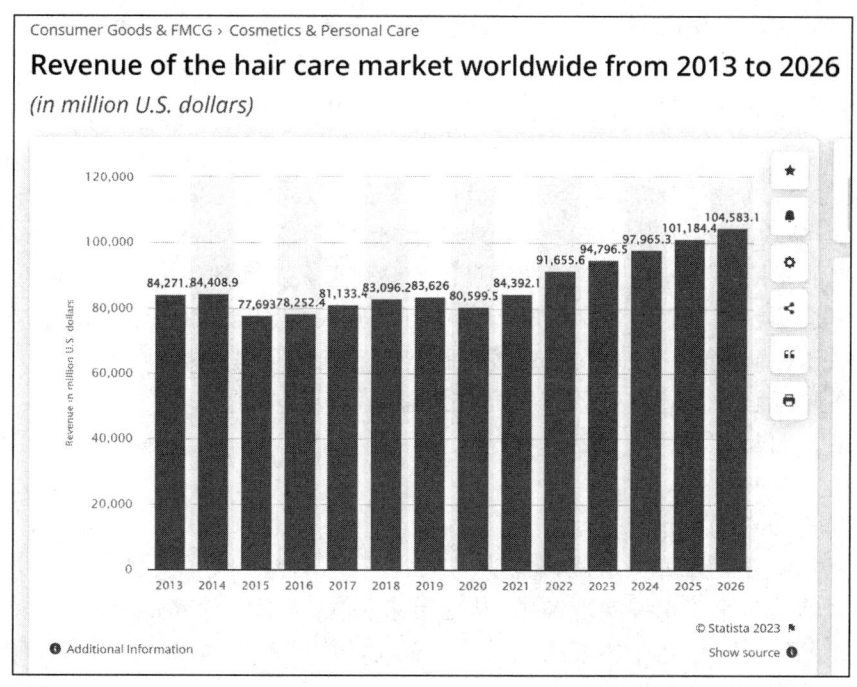

图 4-16　在 Statista 上查询 "hair care" 市场规模相关数据图表

通过查阅大量类似上图所示的与利基市场相关的数据，可以更加具体地了解护发产品利基市场的规模。

有些利基市场的统计数据在 Statista 上可能找不到，在这种情况下，可以在 Google 上搜索 "[hair care] statistics"，以查找有关利基市场统计信息的其他来源。如图 4-17 所示。

图 4-17　在 Google 上搜索 "[hair care] statistics" 查询利基市场统计信息

（2）进行关键词研究，了解利基市场规模及可行性。

关键词研究有两个作用：第一，可以通过调研代表产品利基市场需求的关键词的搜索量，评估利基市场规模；第二，可以找到那些在尽可能短的时间内，为本产品详情页找到带来最多流量和收入的搜索词。第一个作用已在"评估市场规模"中介绍过，此处重点介绍如何实现第二个作用。

如果卖家经营的是独立站，其产品详情页主要的搜索流量来源是 Google，那么卖家需要选用主要针对 Google 的搜索引擎优化工具进行关键词研究。如果卖家在亚马逊等电子商务平台运营，其主要搜索流量来源是所在平台的流量，那么卖家需要选用专门针对该平台的关键词调研工具。不管卖家采取以上哪种方式运营，其关键词研究的指导思想基本相同。

在进行关键词研究时，表现良好的关键词应该符合以下 4 个标准。

- 卖家的产品详情页能够在该搜索词结果排名中持续靠前。
- 高度针对目标客户的需求。
- 具有较好的转化率。
- 具备符合要求的搜索流量。

如果产品的主要流量来源是搜索流量，那么卖家只有找到符合上述标准的关键词，才能真正为产品详情页带来流量并实现销售，从而带来利润。即使一个产品具有巨大的市场规模，如果卖家找不到符合上述 4 个标准的关键词，就无法为产品详情页引流并实现销售。因此，卖家必须进行关键词研究并评估该产品相关关键词是否符合上述标准，以此评估产品发布后的实际需求。卖家可以使用 Ahrefs 等工具进行关键词研究，以找到最适合该产品利基市场的关键词（如果在亚马逊平台上运营，则卖家最好使用针对该平台的关键词调研工具，如 Helium10 等）。

例如，在 Ahrefs 的"Keyword Explorer"中搜索"essential oil"，在"Overview"页面中，点击"Keyword ideas"下方的"Terms match"，就可以看到大量与该产品利基市场相关的关键词，如图 4-18 所示。

图 4-18　利用 Ahrefs 进行关键词研究

卖家可以通过过滤结果来减少关键词的数量，筛选出排名靠前且具有流量潜力的关键词。卖家需要根据前文提到的 4 个表现良好的关键词标准、自身的经营情况和实力，设定具体的指标值，对关键词进行筛选。如果卖家是从零开始经营这个产品，就需要一批数量足够多的长尾关键词。这些关键词难度要较小，月搜索量不大，能更加精准地反映客户的购买意图。例如，可以将过滤器设置为 KD<10，100<Volume<250。根据客户搜索意图，关键词可以分为 4 种类型：信息性、导航性、商业性和交易性。通常，具有高购买意图的关键词属于商业性和交易性。卖家需要根据相关理论的指导，并结合自己的经验和判断，筛选出这两种类型的关键词。

（3）通过社交媒体调研产品利基市场需求。

卖家可以通过直接搜索专门针对预选目标产品利基市场的在线社区或通过社交媒体监听工具来调研产品利基市场需求。

直接搜索专门针对预选目标产品利基市场的在线社区的目的是寻找多个社区，其中有成千上万的活跃成员会深入讨论与利基市场相关的主题。

在搜索这些社区时，其中一个便捷的选择是使用 Facebook。截至 2022 年，Facebook 有超过 3.3 亿个活跃用户，每月有超过 7 亿个独立访问者，它是全球最受欢迎的社交媒体之一，其用户遍布全球各地，涵盖的年龄、地域、语言、文化和兴趣领域广泛。卖家可以在 Facebook 搜索栏输入关于产品利基市场的主题，并过滤结果，以便只显示符合要求的群组帖子，如图 4-19 所示。

图 4-19 在 Facebook 上查找与产品利基市场有关的帖子

Reddit 是一个开源社区论坛网站。根据 2022 年的数据，Reddit 拥有超过 1.2 亿个注册用户，每月有超过 2.2 亿个独特访客。它是全球最受欢迎的社区论坛之一，内容主题非常丰富，涵盖技术、娱乐、新闻、社会、健康等话题。因此，Reddit 是调研产品利基市场非常理想的社区论坛网站，如图 4-20 所示。

若要在更广泛的范围内查询有关产品利基市场的论坛和讨论区，可以在 Google 上搜索"[niche] forums"或"[niche] discussion boards"。搜索时，需将[niche]替换为卖家的利基市场。在搜索结果中，会展示针对该利基市场的论坛和讨论区，如图 4-21 所示。

图 4-20　在 Reddit 上查找与产品利基市场有关的帖子

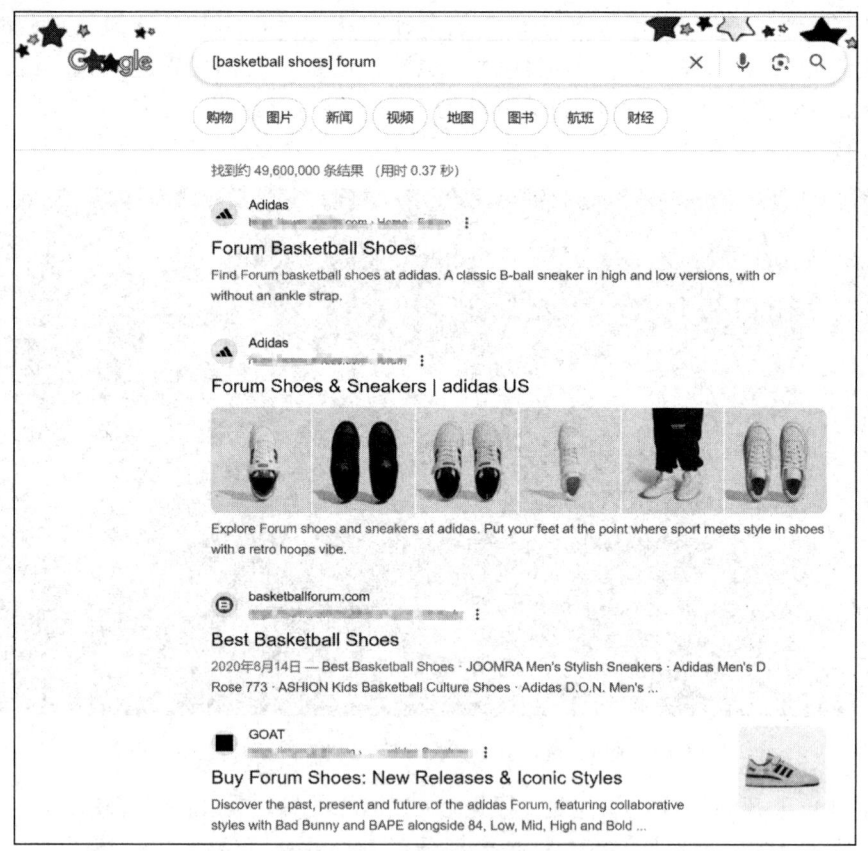

图 4-21　在 Google 上搜索专门针对产品利基市场的论坛和讨论区

卖家可以通过上述途径直接搜索与产品利基市场相关的在线社区，并打开网页评估该社区的活跃度。如果社区中有数千名成员，但每周只发布少量帖子，或者该社区可能有很多不相关的垃圾帖子，那么该社区已经名存实亡。如果卖家发现所有关于该产品利基市场的社区都不活跃，该产品未来的业绩预期就不会乐观。

通过这些社交媒体中的数据,卖家可以评估预选产品在利基市场的受欢迎程度和预期利润。因此,卖家应选择那些得到活跃社区支持、在市场份额和利益方面有上升趋势的利基市场。

卖家还可以使用社交媒体监听工具,如 Brand24、Buzzsumo.com、Brandwatch、Tweetdeck、Buffer 等,来辅助评估市场需求。通过对社交媒体上的目标产品利基市场相关的关键词进行研究,卖家可以获取目标产品关键词的话题关注总量,并可以通过点击浏览高关注量话题在社交平台的内容原文,清楚地了解每个关键词被关注的主要原因。

如图 4-22 所示,通过社交媒体监听工具监听到每天约有 150～250 人在 Twitter 上提到关于 "coconut oil for hair" 的关键词。要更清楚地了解这个关键词被关注的原因,卖家可以在 Twitter 上点击浏览帖子具体内容。用户转发的帖子和发表的评论,暗示了他们的购买意图。利用社交媒体监听工具研究产品及利基市场,卖家不仅能发现目标产品的潜在需求,还可以了解潜在客户的看法,这对于撰写产品描述及广告文案非常有帮助。

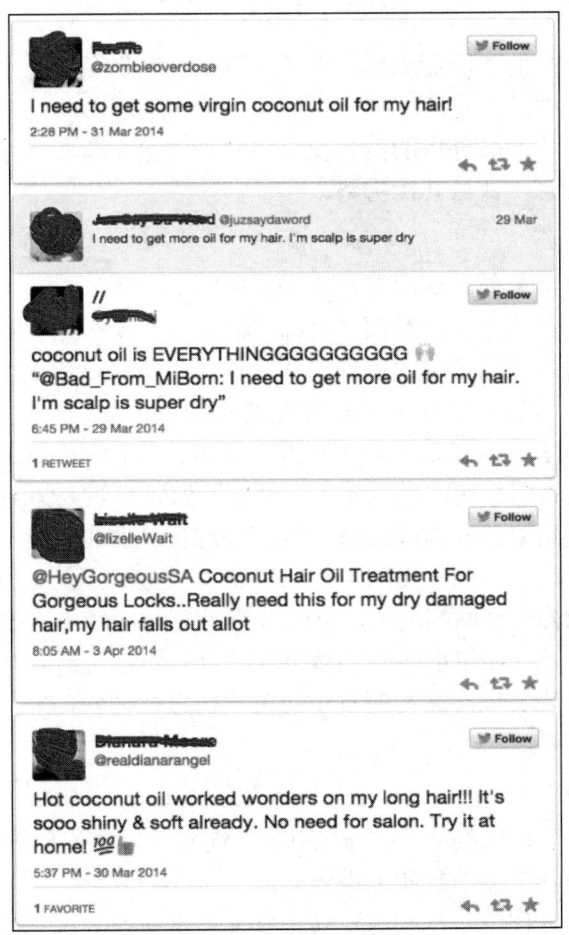

图 4-22　Twitter 关于目标产品关键词结果页面

图 4-23 显示了在社交媒体监听工具 Buzzsumo.com 中搜索关键词椰子油的结果。该工具显示,有一大部分帖子讨论 "椰子油有毒",点击查看帖子原文,介绍了椰子油是 100% 的饱和脂肪酸,如果食用后则对人体健康有害。因此,通过对椰子油进行详细调研后,可以排除将其用于食品的利基市场。

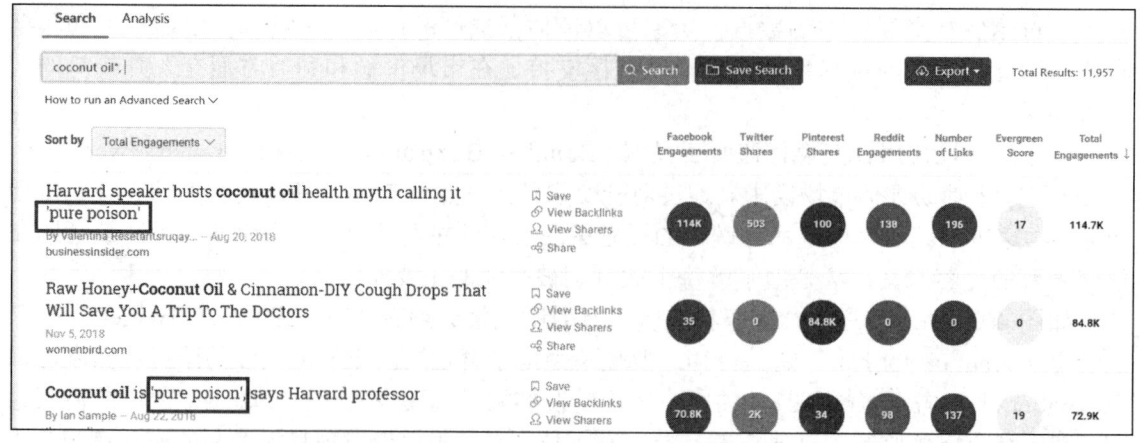

图 4-23 Buzzsumo.com 关于目标产品关键词结果页面

2．竞争产品分析

在评估预选目标产品的市场需求后，接下来需要对竞争产品进行详细分析，以决定是否及如何在一个利基市场中展开竞争。

下面我们将介绍竞争产品分析的内容及一些数据收集工具和方法，以帮助卖家收集和了解有关竞争者产品的信息，评估其优劣势。

（1）确定竞争产品。

在进行竞争产品分析之前，要确定有哪些竞争产品。

发现竞争产品最简单的方法是对预选目标产品进行 Google 搜索。对卖家来说，像潜在客户一样思考并搜索客户实际使用的关键词非常重要，也可以使用之前介绍的长尾关键词。通过 Google 搜索，了解针对目标产品和行业的关键词的竞争产品，以及哪些竞争产品在 Google 中的排名靠前，并记录下这些竞争产品。需要注意的是，在进行 Google 搜索时，要确保使用无痕浏览，并设置相应的区域范围。例如，如果想要美国的搜索结果，并且卖家在美国境外，那么可以使用 Google 高级搜索限定搜索美国区域的网址。

为了更全面地了解竞争产品，卖家可以在 Google 搜索中输入"related:竞争产品企业的网址"以获取其他类似公司网站的清单，也可以使用 SimilarWeb、SEMrush 等在线工具来发现其他竞争者及竞争产品。如果准备在跨境电商平台（如亚马逊）上经营该产品，那么卖家还应该在所在平台上对代表该产品利基市场的关键词进行搜索，以了解该平台上的竞争者及竞争产品。

（2）分析竞争产品。

分析竞争产品是竞争性市场研究的核心步骤。卖家可以通过分析竞争产品了解竞争者的产品特点、目标客户群及产品创新和改进方式。

在分析竞争产品的过程中，卖家需要回答以下基本问题。

- 竞争产品在市场中的定位是什么？它是低成本产品、高质量产品、独特功能产品，还是易用性产品或其他产品？
- 竞争者分销其产品的主要渠道是什么？其是通过零售、经纪人、特许经营、直接营销，还是通过联盟营销等方式分销？
- 竞争者是否定期对其产品打折？打折的力度是多大？

- 自身的产品与竞争产品的定价比较如何？竞争者的成本是更高还是更低？原因是什么？
- 竞争者的产品创新性如何？其多久更新一次功能？

卖家可以使用以下一些可行的技术、工具和方法进行竞争产品分析，以获得上述问题的答案。

① 调研网站。调研网站是竞争产品分析的基本方法之一。卖家可以通过访问竞争产品网站，了解产品特点、优势、缺点、定位、目标客户等信息。卖家可以关注以下方面。

竞争产品详情页。包括竞争产品描述、图片、视频、规格、价格、客户评论、帮助文章、论坛活动等。卖家可以从中发现竞争产品的功能、好处、问题、客户体验等。

折扣公告。包括促销活动、优惠券、套餐、赠品等。卖家可以从中了解竞争产品的定价策略、销售技巧、客户吸引力等。

卖家需要定期检查竞争产品的网站，以了解其最新的产品信息和营销策略。

② 体验产品。体验产品是竞争产品分析的重要方法之一。卖家可以通过购买竞争产品，了解其产品质量、服务水平、客户体验等。卖家可以关注以下方面。

竞争产品本身。包括竞争产品的外观、功能、性能、耐用性、安全性、易用性等。卖家可以从中发现竞争产品的优点、缺点、创新点、差异点等。

配送时间。包括订单处理时间、发货时间、运输时间、到货时间等。卖家可以从中发现竞争产品的物流效率、客户等待度、运输成本等。

服务水平。包括售前咨询、售中跟踪、售后支持、退换货政策、保修期限等。卖家可以从中发现竞争者的服务态度、服务质量、服务范围、服务费用等。

包装外观。包括包装材料、包装设计、包装尺寸、包装重量等。卖家可以从中发现竞争产品的包装风格、包装成本、包装环保程度、包装安全性等。

卖家需要定期购买竞争产品，以了解竞争产品的变化。

③ 调研定价策略。调研定价策略是竞争产品分析的关键方法之一。卖家可以通过研究竞争产品的价格，了解其产品价值、市场定位、利润空间、价格弹性等。卖家可以关注以下方面。

价格水平。包括竞争产品的原价、折扣价、最低价、最高价等。卖家可以从中发现竞争产品的价格区间、价格竞争力、价格优势、价格劣势等。

价格结构。包括竞争产品的基础价格、附加价格、可选价格等。卖家可以从中发现竞争产品的价格组成、价格附加值、价格选择权等。

价格因素。包括竞争产品的成本、需求、供给、竞争、季节、心理等。卖家可以从中发现竞争产品的价格影响因素、价格变动、价格策略等。

卖家可以通过以下方式和工具找到竞争产品的价格信息。

- 竞争产品的网站和折扣公告。
- 竞争产品的价格跟踪软件，如 Prisync、Price2Spy 等。
- 专门为评论产品而创建的网站，如 Consumer Reports、Best Products、OverReview 等。

④ 查看产品评论。查看产品评论是竞争产品分析的有效方法之一。卖家可以通过查看第三方评论网站上的客户反馈，了解竞争产品的评价、口碑、建议、问题等。卖家可以关注以下方面。

评论数量。包括竞争产品的总评论数、正面评论数、负面评论数、中立评论数等。卖家可以从中发现竞争产品的受欢迎程度、客户参与度、客户忠诚度等。

评论质量。包括竞争产品的评分、评级、评语、图片、视频等。卖家可以从中发现竞争产品的优点、缺点、功能、效果、客户体验等。

评论内容。包括竞争产品的好处、问题、建议、需求、期望、感受等。卖家可以从中发现竞争产品的优点、缺点、改进点、创新点、差异点等。

卖家可以通过以下方式和工具查看竞争产品评论。

- 专门为评论产品而创建的网站,如 Consumer Reports、Best Products、OveReview 等。
- 用于分享客户经验的网站,如 Google Plus Local 和 Yelp。
- 电商平台上的客户评论,如 Amazon、eBay 等。

⑤ 使用竞争情报工具。使用竞争情报工具是竞争产品分析的便捷方法之一。卖家可以通过使用一些强大的竞争情报工具,监控和分析竞争产品的各个方面,以获得高水平的营销情报。卖家可以使用以下工具。

- Crayon。它是一款提供解决方案的软件,可以帮助卖家大规模地跟踪产品和服务,可以跟踪 100 多种不同的数据类型,为卖家提供竞争产品数字足迹的全貌。
- Social Searcher。它是一种免费的在线社交媒体竞争产品分析工具,可以供卖家在 Twitter、Facebook 和 LinkedIn 等常用的社交媒体上进行实时搜索。卖家可以通过它来查看谁在主要社交媒体上提到了竞争产品,以及提及的频率。
- Talkwalker Alerts。它是一种免费在线网络监控工具,可以很好地支持竞争产品分析和研究。Talkwalker Alerts 允许卖家监控整个互联网以获取有关关键词、竞争产品或卖家想要的任何其他主题的新内容。该工具可以将提到竞争产品的每一条信息(如网站、博客、论坛、Twitter 等)用电子邮件的方式发送给卖家。

⑥ 查看讨论网站。查看讨论网站是竞争产品分析的有趣方法之一。卖家可以通过查看 Quora 和 Reddit 等讨论网站,洞察市场趋势、问题和竞争产品比较。这些网站不仅可以为卖家提供有关竞争产品的信息,还可以提供与潜在客户和现有客户互动的机会。卖家可以关注以下方面。

问题和答案。包括产品的功能、优点、缺点、比较、选择、建议等。卖家可以从中发现竞争产品的市场需求、用户偏好、竞争优势、竞争劣势等。

话题和讨论。包括竞争产品的趋势、问题、创新、反馈、感受等。卖家可以从中发现竞争竞争产品的市场动态、用户痛点、竞争机会、竞争威胁等。

人物和影响力。包括竞争产品的专家、领导者、意见领袖、忠实粉丝等。卖家可以从中发现竞争产品的市场影响、用户信任、竞争合作、竞争对抗等。

卖家可以通过以下方式和工具找到竞争产品的讨论网站。

- 直接搜索竞争产品名称或相关关键词。
- 使用 Google Alerts、Talkwalker Alerts 等工具设置关键词提醒。
- 使用 BuzzSumo、SimilarWeb 等工具分析竞争产品的网站流量和社交媒体分享。

⑦ 利用社交媒体。利用社交媒体是竞争产品分析的流行方法之一。卖家可以通过观察竞争者在 Facebook、Twitter、Instagram 等社交媒体上的活动,了解竞争产品宣传、客户互动、品牌形象等。卖家可以关注以下方面。

内容和风格。包括竞争产品的图片、视频、文字、话题、标签等。卖家可以从中发现竞争产品的内容策略、风格特点、内容质量、内容效果等。

粉丝和互动。包括竞争产品的关注者、点赞者、评论者、转发者等。卖家可以从中发现竞争产品的粉丝数量、粉丝特征、粉丝活跃度、粉丝参与度等。

反馈和评价。包括竞争产品的赞誉、批评、建议、投诉等。卖家可以从中发现竞争产品的用户满意度、用户不满点、用户需求点、用户期望点等。

卖家可以通过以下方式和工具找到竞争产品的社交媒体。

- 直接关注竞争者的社交媒体账号。
- 使用 Social Searcher、Social Mention 等工具搜索竞争产品或相关关键词。
- 使用 Sprout Social、Hootsuite 等工具监控和分析竞争者的社交媒体表现。

⑧ 阅读客户推荐和案例研究。阅读客户推荐和案例研究是竞争产品分析的深入方法之一。卖家可以通过阅读竞争产品的客户推荐和案例研究,了解竞争产品对客户的价值、影响、效果等。卖家可以关注以下方面。

客户类型。包括客户的行业、规模、地域、需求等。卖家可以从中发现竞争产品的目标市场、市场占有率、市场潜力等。

问题和解决方案。包括客户的痛点、挑战、目标、需求等,以及竞争产品如何帮助客户解决问题、实现目标、满足需求等。卖家可以从中发现竞争产品优势、产品差异、产品创新等。

结果和效益。包括客户使用竞争产品后的数据、指标、证据、评价等,以及竞争产品为客户带来的收益、改善等。

卖家可以从中发现竞争产品的效果、价值、影响等。卖家可以通过以下方式和工具找到竞争产品的客户推荐和案例研究。

- 竞争者的网站和博客。
- 专业的行业媒体和杂志。
- 专门为分享客户故事而创建的网站,如 Success Stories、Case Study Buddy 等。

⑨ 进行客户调查。进行客户调查是竞争产品分析的直接方法之一。卖家可以通过向潜在客户或现有客户发送在线问卷,收集其对竞争产品的看法、感受、评价等。卖家可以关注以下方面。

产品认知。包括客户对竞争产品的知晓度、印象、态度、信任等。卖家可以从中发现竞争品牌形象、品牌声誉、品牌忠诚度等。

产品选择。包括客户对竞争产品的购买意愿、购买频率、购买量、购买渠道等。卖家可以从中发现竞争产品的市场份额、市场增长率、市场渗透率等。

产品评价。包括客户对竞争产品的满意度、忠诚度、推荐度、转换率等。卖家可以从中发现竞争产品的质量、效果、优缺点等。

卖家可以通过以下方式和工具进行客户调查。

- 使用 SurveyMonkey、Typeform 等工具创建在线问卷。
- 使用 Google Forms、Wufoo 等工具收集和分析问卷数据。
- 使用 Mailchimp、AWeber 等工具发送问卷给客户。

⑩ 使用广告监测工具。使用广告监测工具是竞争产品分析的智能方法之一。卖家可以通过使用一些专业的广告监测工具,追踪和分析竞争产品的广告策略、广告效果、广告投入等。卖家可以使用以下工具进行竞争产品分析。

- Adbeat。它是一种竞争产品广告分析工具,可以帮助卖家发现竞争产品的广告创意、广告文案、广告网络、广告预算等。

- SpyFu。它是一种竞争产品关键词分析工具,可以帮助卖家发现竞争产品的关键词策略、关键词排名、关键词花费等。
- Moat。它是一种竞争产品品牌分析工具,可以帮助卖家发现竞争品牌广告、品牌曝光度、品牌效果等。

⑪ 使用电子邮件营销工具。使用电子邮件营销工具是竞争产品分析的高效方法之一。卖家可以通过使用一些专业的电子邮件营销工具,监控和分析竞争产品的电子邮件营销活动、电子邮件营销效果、电子邮件营销投入等。卖家可以使用以下工具进行竞争产品分析。

- MailCharts。它是一种竞争产品电子邮件分析工具,可以帮助卖家发现竞争产品的电子邮件内容、电子邮件频率、电子邮件时间、电子邮件主题等。
- Litmus。它是一种竞争产品电子邮件测试工具,可以帮助卖家测试竞争产品的电子邮件在不同的设备、浏览器、邮箱等上的显示效果和性能。
- Owletter。它是一种竞争产品电子邮件监控工具,可以帮助卖家收集和存储竞争产品的电子邮件,以便于卖家分析竞争产品的电子邮件策略、电子邮件变化、电子邮件趋势等。

4.2.5 进行市场验证

除了通过获取二手资料(即利用网上已有的数据),卖家还可以通过搜集第一手资料,验证目标产品的可行性。搜集第一手资料有助于卖家更清晰地了解目标产品的潜力。验证目标产品的方法有很多,但目的都是验证有多少人对目标产品感兴趣并有购买意向。

下面将探讨一些常用的市场验证方法。在验证目标产品可行性时,不必用到本部分介绍的所有方法,选择一种或两种方法便可以明显提高对目标产品和利基市场需求的理解。在使用适当的方法验证目标产品可行性后,卖家就可以决定是继续寻找供应商来实现产品开发,还是重新开始。

1. 进行问卷调查

为了获取与目标产品和利基市场相关的第一手资料,卖家可以进行问卷调查,这是最快捷、最经济的方法之一。

常用的问卷调查工具有:Survey Expression、eSurveysPro、Survey Gizmo、QuestionPro、Typeform 等。

为了进行有效的问卷调查,并从中获取最大的信息收益,卖家需要注意以下几个方面。

- 验证目标客户。卖家必须在开始时提出关键问题来验证目标客户。向错误的人询问产品是毫无意义的。
- 初始兴趣。卖家要确定客户是否真正喜欢目标产品,以及他们具体喜欢什么、不喜欢什么。
- 购买意向。卖家要向客户询问一些问题来评估其购买意向。许多人,特别是卖家认识的人,有时会在问卷调查的过程中表现出积极的态度。因此,卖家要测试出他们是否真的会购买该产品。

如果卖家无法识别目标客户并向其发送调查问卷,可以使用付费服务,如 Google Customer Surveys、Survata 等。这些服务将允许卖家创建调查,并代表卖家向特定的目标客户分发调查,卖家只需支付少量费用。

2. 在社交媒体上和电子邮件中进行预售

在社交媒体上和电子邮件中进行预售是验证目标产品可行性的一种非常巧妙的方法。这种方法不需要卖家投入大量资金，也不会花费其很多时间。

3. 创建众筹活动

近年来，一种非常流行的市场验证方法是在网站上创建众筹活动，如 Indigogo、Kickstarter 等。创建众筹活动不仅可以帮助卖家验证目标产品的可行性，还能提前筹集资金，使其更方便地开展业务。

众筹通常用于开发新奇、有趣或创新的产品，不适用于简单地重新销售另一个品牌的产品。与前面介绍的方法相比，在通过创建众筹活动来验证目标产品可行性时，卖家需要做很多工作。大多数众筹网站要求，卖家在创建众筹活动之前拥有目标产品的原型。

4. 创建着陆页

创建着陆页是一种简单而被广泛应用的方法，它可以让卖家了解客户的兴趣和需求。着陆页展示产品的价值主张，并收集客户的电子邮件。通过这种方法，卖家不仅可以更好地了解客户对产品的感受，还可以与潜在客户建立联系。

卖家可以使用 Shopify's prelaunch page 创建可收集电子邮箱的着陆页，常见的带有电子邮件订阅功能的着陆页构建工具有 MailChimp、Aweber 等。卖家也可以使用 Unbounce、Leadpages、Moosend、Instapage、Wix 等工具，创建多功能着陆页。

5. 开测试网店

验证目标产品可行性的最佳和最全面的方法是开测试网店。通过开测试网店并吸引流量，经过一段时间，卖家就能测试客户对目标产品的兴趣和需求。Shopify 是开测试网店的主要工具。

4.2.6 确定获取产品的方式

经过寻找、评估产品和验证产品可行性后，卖家找到了一个适合运营的产品，接下来要做的是确定获取产品的方式。

下面将介绍 4 种常见的获取产品的方式：自制、工厂代工制造、批发采购和直接代发货。每种方式都有其利弊和不确定因素。

1. 自制

自制产品是许多业余爱好者和 DIY 一族常用的方法。无论是珠宝、时装还是天然美容产品，自制都能最大限度地控制产品品质和品牌。然而，这种控制是有代价的，由于卖家需要深度参与到生产每个产品所需的所有环节，随着业务的增长和规模的扩大，自制产品就会带来极大的挑战。

自制产品的主要成本包括原材料采购、库存存储和生产产品所需的劳动时间。需要特别注意的是，并非所有产品都可以自制。自制产品的选择受卖家具备的技能和可获得资源的限制。

自制产品适合那些动手能力强的卖家，其具备独特的想法，并有足够的资源来生产产品。自制产品也适合那些希望对产品质量和品牌保持完全控制的卖家。

（1）自制的优点。

① 相对较低的启动成本。当卖家自己生产产品时，通常不需要像工厂代工制造或批发采购那样预先生产大量库存。这使得卖家可以以相对较低的成本来启动业务，对于许多电子商务卖家来说，存货占据了启动成本的大部分。

② 在品牌控制方面，自制意味着卖家可以根据市场需求打造自己的品牌，不受限制。

③ 在价格控制方面，由于拥有自己的品牌，卖家可以按照自己认为合适的方式为产品定价。

④ 在质量控制方面，当自制产品时，卖家可以严格控制产品的质量，确保产品质量符合客户的期望。

⑤ 灵活性较强。自制允许卖家随时改善质量、功能，甚至整个产品，可以为卖家响应市场需求提供最大限度的灵活性。

（2）自制的缺点。

① 减少了专注于业务营销的时间。自制产品需要大量时间进行制造，因此卖家需要投入大量时间来制造产品，从而减少了专注于业务营销的时间。

② 可扩展性低。受卖家生产能力的限制，自制产品通常难以满足业务增长对产品的需求。

③ 可经营的范围小。受卖家的技能和可用资源的限制，自制产品经营范围小。

（3）毛利。

与其他3种方式相比，由于卖家更能从产品成本及定价上控制产品，自制的毛利率通常较高。然而，卖家应该仔细考虑生产产品的时间，因为产品生产非常费时，可能会降低资金周转率，从而导致产品经营总利润急剧下降。

（4）风险。

一般来说，自制产品从财务方面来看是一个低风险的选择。因为卖家自制产品，不需要像工厂代工制造产品或批发采购那样有最小订货量（Minimum Order Quantity，MOQ）。卖家甚至可以在收到订单后生产产品，在投入过多时间、精力和金钱之前，轻松地开始业务，并验证目标产品可行性。

2．工厂代工制造

获取产品的另一种方式是找到一个工厂（制造商）代工生产产品。一般来说，中国、印度等地区代工制造的成本比欧美等地区低。寻找代工工厂的主要平台包括阿里巴巴、IndiaMart等。

工厂代工制造适合那些拥有独特产品概念、现有产品的变体（市场上没有销售）或已经验证过目标产品可行性，对产品销量有足够信心的卖家。卖家在选择工厂代工制造产品之前，需要有足够的信心，因为请工厂代工制造产品需要卖家在产品设计、样品试制和采购最小订货量这些环节上预先进行较大的财务投资。

（1）工厂代工制造的优点。

① 最低的单位产品成本。制造商通常会收取较低的单位产品成本，这使得产品的毛利率较高。

② 在品牌控制方面，请工厂代工制造产品可以让卖家不受任何限制地创建自己的品牌。

③ 在价格控制方面，由于拥有自己的品牌，卖家可以为产品设定自己的价格。

④ 在质量控制方面，与直接代发货和批发采购不同，请工厂代工制造产品可以让卖家控制最终产品的质量。

（2）工厂代工制造的缺点。

① 最小订货量。为了弥补工厂代工制造所需的设计、原型制作和初始库存订单的启动成本，制造商通常会要求卖家的第一次最小订货量达到一定数量。因此，卖家在初期阶段需承担相当可观的库存投资成本，可能高达数千乃至数万美元。

② 启动和运行的时间较长。工厂代工制造产品通常需要较长时间，包括创建原型、样品、产品改进和生产。如果卖家计划与海外制造商合作，则可能会因语言不通、文化差异和距离较远等问题影响整个生产过程。

（3）毛利。

卖家在制造产品时，其毛利率可能会因产品本身、制造商和产品数量的不同而产生很大差异。与其他方式（如批发采购或直接代发货）相比，工厂代工制造通常具有更高的毛利率潜力。

（4）风险。

工厂代工制造的风险通常是最高的，因为高回报通常伴随着高风险。卖家通常必须预先购买大量的库存，却不能保证这些产品能够按预期进行销售。制造商通常对每个订单都要求最小订货量，因此卖家通常需要从数千个产品库存开始销售。最小订货量的多少取决于产品和制造商，因此，卖家应该先与制造商协商每个订单的最小订货量。

3. 批发采购

批发采购是一种相对简单和直接的获取产品方式。通过它，卖家可以直接从制造商或分销商处以批发价购买产品（通常是其他品牌）后，以更高的价格出售。

与工厂代工制造相比，批发采购是一种低风险的商业模式，原因有很多。首先，批发采购的产品通常是已被市场验证并具有一定知名度的品牌，因此，卖家不必冒着风险投入大量时间和资金，开发可能无人问津的产品。此外，与工厂代工制造相比，卖家通常不需要投入过多的资金来购买大量的最小订货量库存产品。批发采购的产品虽然通常也有最小订货量的要求，但是这个最小订货量通常设定得相当合理，甚至可能只有1个库存单位的产品。

批发采购适合想尽快开始业务运营或销售多种产品和品牌的卖家。

（1）批发采购的优点。

① 降低库存积压风险。卖家销售的是已经建立良好声誉的品牌产品，因此，批发采购有助于降低库存积压风险。

② 在利用知名品牌的光环效应。卖家在销售已经拥有良好品牌声誉的产品的同时，可以利用知名品牌的光环效应，建立自己的品牌。

（2）批发采购的缺点。

① 难以突出产品的差异。由于销售的是已经建立良好品牌声誉的产品，这些产品通常可以在多个零售商处购买，卖家需要加倍努力使自己的产品与众不同，才能说服客户从自己处购买。

② 在价格控制方面，销售其他企业品牌产品意味着在某种程度上，卖家必须按照其规则行事。一些企业品牌会实施价格控制，防止卖家对其产品进行打折销售。这限制了卖家制定灵活的优惠措施来促进销售。

③ 在库存管理方面，在批发采购时，卖家可能会遇到购买每种产品必须达到最小订货

量的情况。这不利于最优库存管理。

④ 需要与多个供应商打交道。如果卖家经营的产品种类繁多,就需要与多个供应商打交道。这时,对供应商的管理就会变得更加困难,因为每个供应商的要求、合同和规则都不相同。

(3)毛利。

与直接代发货相比,批发采购的毛利率更高,但是不如工厂代工制造的毛利率高。批发采购是制造和直销之间的一种选择。尽管每个案例都有所不同,但是批发采购并以零售价销售的产品可以实现50%的毛利率。

(4)风险。

虽然批发采购的总体风险比工厂代工制造小,但是存在一定的存货积压风险和同质竞争风险。

4. 直接代发货

直接代发货是指卖家销售实际上并不拥有的产品。与直接代发货供应商合作不仅仅包括获取产品,还包括履行订单。直接代发货工作流程如图4-24所示。

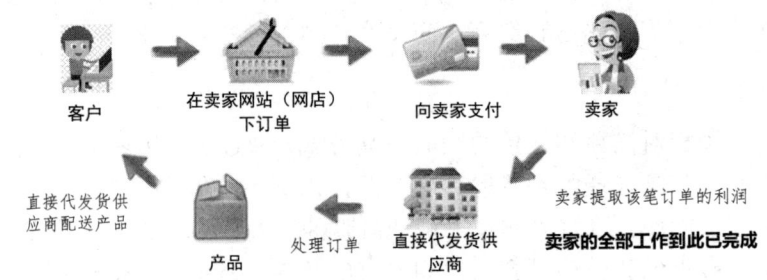

图4-24 直接代发货工作流程

直接代发货适合启动资金少、不太注重毛利率、不想持有和管理库存的创业者。对于想初步了解电商和在线营销的人,直接代发货也是一个不错的选择。

(1)直接代发货的优点。

① 启动成本低。直接代发货的最大优势是启动成本低。库存成本通常占网店预算的大部分。相较于其他方式,由于无须购买库存产品,采用直接代发货的卖家业务启动成本最低。

② 低风险。由于卖家在销售前不需要购买任何产品,因此,不存在库存积压的风险。

③ 简化销售。直接代发货供应商不仅为卖家提供产品,还履行订单。这意味着卖家可以在世界任何地方轻松管理业务,只要有一台连接互联网的计算机即可。

(2)直接代发货的缺点。

① 竞争激烈。直接代发货的门槛低,因此产品市场竞争非常激烈。

② 毛利率低。直接代发货的毛利率非常低,使得卖家很难通过付费广告推广产品。卖家必须在优质内容、客户服务等方面进行更多的投资。低毛利率也意味着卖家必须销售大量的产品才能获得丰厚的利润。

③ 延迟发货。由于卖家不直接管理库存,依赖第三方管理库存,因此,经常会出现卖家向供应商下订单,但产品已经无库存的情况,导致交货时间比卖家向客户承诺的时间长,进而影响卖家店铺的声誉。

（3）毛利。

直接代发货的毛利来自进销差价，毛利率很低，通常为 15%~20%。

（4）风险。

直接代发货的风险很低，因为卖家不需要储存产品或担心运费。但是，直接代发货存在毛利率低和竞争激烈的风险。低毛利率意味着卖家必须进行大量销售才能获利，这也降低了进行某些营销活动（如按点击付费）以吸引新客户的可行性。

大多数产品可以通过以上 4 种方式来获取。获取产品的方式很大程度上取决于卖家计划销售的产品类型。针对不同类型的产品，卖家通常可以做出如下选择。

- 如果目标产品在市场上不存在，那么卖家可以选择自制或工厂代工制造。
- 如果缺乏启动资金，那么卖家可以选择直接代发货。
- 如果想出售其他品牌的产品，那么卖家可以选择批发采购或直接代发货。
- 如果想手工生产产品，那么卖家可以选择自制。
- 如果想获得最高的利润总额，那么卖家可以选择工厂代工制造。
- 如果想最大限度地降低风险，那么卖家可以选择直接代发货。
- 如果想冒最大的风险，那么卖家可以选择工厂代工制造。
- 如果希望适度冒险，那么卖家可以选择批发采购。

4.2.7　确定产品的供应商

在确定获取产品的方式后，接下来卖家就要为所选的目标产品找到合适的供应商。不同的获取产品方式需要的供应商也各不相同，具体如下。

- 自制产品需要与采购原材料和零配件的供应商合作。
- 工厂代工制造产品需要与制造商合作。
- 通过批发采购引进产品需要与制造商或分销商进行直接沟通。
- 直接代发货需要与直接代发货供应商或分销商进行合作。

虽然每种获取产品方式需要的供应商略有不同，但在选择供应商时，卖家都需要经历以下过程：搜索、沟通、说服供应商与自己合作、谈判价格和最小订货量，以及与供应商建立关系。

本部分主要介绍如何寻找供应商并与其进行谈判。

1．供应商的概念

供应商是指任何能够为卖家提供产品和库存的企业或个人，主要包括制造商、直接代发货供应商、批发商和分销商。

通过上网搜索，卖家可以找到大量有用的供应商资源。但在选择供应商之前，卖家需要明确寻找哪种类型的供应商，以便确定后续使用哪些关键词进行搜索。

2．寻找供应商的途径

寻找供应商的途径主要有以下几种。

（1）利用搜索引擎进行深度搜索（如 Google、百度等）。

Google、百度等搜索引擎是寻找供应商的有效工具。在利用搜索引擎寻找供应商时，卖家通常只进行简单的搜索，并只看前几页的搜索结果。然而，由于许多供应商不懂搜索引擎优化规则、网站过时、信息量少等原因，有大量供应商的网站链接没有列在搜索结果的前几页上，这意味着卖家需要进行深度搜索才能找到更多的信息。

在利用搜索引擎进行深度搜索时，卖家可以参考以下方法。

- 向后多浏览搜索结果页面。
- 尝试使用多种搜索词，并对搜索词进行交替组合使用。
- 利用搜索引擎的快捷方式来提高搜索质量。

（2）供应商网站平台。

通过供应商网站平台，卖家能够找到许多优质供应商的信息。这些平台包含大量供应商的资料。下面列出了几个常用的供应商网站平台：阿里巴巴、AliExpress、IndiaMart、ThomasNet、Makers Row、DHGate、Made-in-China 等。

（3）朋友推荐、社交网络和论坛。

朋友推荐有时可能是寻找供应商的最佳方式。卖家可以通过社交网络向亲朋好友咨询，特别是在 LinkedIn 上寻找供应商时，可以获得很大的帮助。卖家可还可尝试搜索目标行业的人员，并请他们提供供应商的信息。

此外，小众利基市场的论坛也是寻找供应商的好地方。特别是 Reddit，几乎所有的利基市场都有一个子论坛板块（Subreddit），卖家在 Reddit 上几乎都能获取到一些相关信息。

当卖家联系到一个供应商时，即使该供应商不适合，也可以请他帮忙介绍其他供应商，因为供应商在这个行业中人脉更广、了解得更多，通常他们也会乐意将卖家介绍给更合适的供应商。

（4）其他途径。

股票代码。几乎所有行业都有企业上市，卖家通过查找股票代码，可以了解其供应的产品。

3. 询价

卖家可以通过询价（Request For Quote，RFQ）的方式获取供应商的信息。虽然询价过程相对简单，但是卖家需要多花几分钟来写询价电子邮件，以提高回复数量和质量。

在写询价邮件时，卖家通常需要考虑以下几个重要问题。

- 最小订货量是多少？卖家需要确保能够轻松管理和承担最小订货量。不同的产品和供应商的最小订货量不同，卖家务必提前询问。一般来说，最小订货量是可以协商的。
- 样品定价是多少？卖家通常需要查看样品后下订单，因此了解样品定价是很重要的。样品定价取决于产品和供应商，供应商可能会免费或以零售价、折扣价提供样品。
- 产品定价是多少？产品的成本是卖家关注的重要问题之一。卖家可以询问不同批量的产品定价，了解折扣水平的不同。
- 产品生产周期多长？了解生产订单所需的时间是非常重要的。生产周期的长短会影响卖家的安全库存、资金周转速度和响应紧急订单的能力等。对于某些业务，生产周期可能至关重要。
- 付款条件是什么？例如，许多供应商会要求企业预先支付订单的全部货款。由于库存是电子商务初创公司的主要成本，因此询问付款条件非常重要。卖家还可以询问后续订单的付款条件。

业务繁忙的供应商会有选择性地回复收到的询价邮件。因此，卖家向供应商发送的询价电子邮件内容应简洁明了,把重点放在双方最关心的问题上,以提高询价电子邮件的回复率。

下面提供一个卖家向供应商询价的电子邮件模板,供参考。

询价电子邮件模板范例

致:

1. A产品的最小订货量是多少?
2. A产品的定价是多少?在大批量订购的情况下,是否有数量折扣?折扣是多少?
3. 新客户的付款条件是什么?

在下单前,我们希望先订购A产品的样品。请告知样品的费用(包括运费)。

谢谢合作!

联系人:×××
电话:××××××××××
地址:××××××

XYZ公司×××先生
××××年××月××日

4. 谈判最小订货量

最小订货量取决于产品、行业、供应商及获取产品的方式。通常情况下,如果卖家选择批发采购,那么最小订货量可以是几件到几十件,有时甚至更多;如果卖家采用直接代发货,那么一般没有最低限额,因为卖家无须预先购买库存;如果卖家选择工厂代工制造,那么最小订货量限额几乎总是最高的,可以从几百到几千件不等。

如果卖家资金有限,或者只是想在开始大规模购买产品之前进行少量采购测试市场,那么最小订货量会是一个难题,但通常可以与供应商协商。

在开始谈判之前,了解供应商为什么有最小订货量是第一步。是因为在机器加工前有很多前期工作?还是因为供应商只喜欢与大客户合作?无论了解到的是什么原因,卖家都能更好地了解供应商的立场,并有助于后续谈判。

一旦更好地了解供应商的立场,卖家就可以向供应商请求较小的订货批量。让步方式如下。

- 向供应商支付更大订单的货款,但每次只能少量生产。
- 每单位产品支付更高的价格。
- 请求首次给予较低的订货批量。

4.3 跨境电商产品品类管理策略

前文已经介绍了跨境电商单个产品的选择与开发流程,除了掌握这些内容,对于经营在线店铺的卖家而言，还需要考虑产品类别的管理。本部分将介绍一些跨境电商产品品类管理的策略。

4.3.1 品类与品类管理

1. 品类

品类是指在满足消费需求时，客户认为可以相互关联或能够相互替代的一组产品或服务。

传统的品类划分通常按照产品的客观属性进行。例如，花礼网按照花材和颜色对产品进行分类（见图4-25）。这种产品分类方法简单、明晰，当客户对所需产品有明确的概念时，按照在线店铺的产品分类架构，就能够很快找到所需的产品。

为了更好地营销产品，在线店铺零售可以按照客户需求、场景和目的意愿等因素，以客户为中心，根据客户标签（心态或喜好）进行分类。以花礼网为例，其从客户需求角度对产品进行品类划分，如图4-26所示。当客户具有明确的心理需求，但缺乏产品知识，无法确定产品的具体形式时，以客户为中心的产品分类方法能够帮助客户找到解决方案。

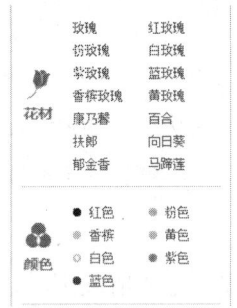
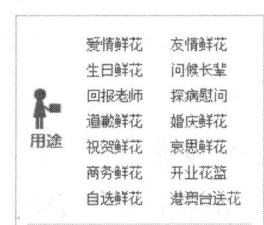

图4-25 花礼网产品分类目录　　　　图4-26 花礼网产品分类目录
　（按花材和颜色划分）　　　　　　　　（从客户需求角度划分）

在线店铺的信息组织具有灵活性，可以综合以上两种方法对产品进行分类。图4-27所示的花礼网综合使用了以上两种产品分类方法，以更好地营销产品。

图4-27 花礼网产品分类目录

2．品类管理

品类管理是指将品类视为战略业务单元加以管理和经营的过程,通过聚焦客户价值的传递来提高经营绩效。

要做好品类管理,就要了解产品组合理论中的宽度、深度、长度和关联度。产品宽度是指企业生产经营的产品线的多少;产品深度是指产品线中每一产品有多少品种;产品长度则是指企业所有产品线中产品项目的总数;产品关联度是指各产品线在最终用途、生产条件、分销渠道和其他方面相互关联的程度。

4.3.2 组合产品策略

销售量较大的跨境电商店铺,一般都会经营多种单品(Stock Keeping Unit,SKU)。面对市场上众多的产品,如何布局产品、如何组织产品也就成了这些店铺品类管理中的重要话题。

组合产品策略是指在整个产品线中,不同产品的地位和作用各不相同,卖家对不同产品进行有效的组合,能够为店铺带来最大的流量和利润,并实现长期持续的发展。

可以利用产品组合分析矩阵来指导跨境电商店铺的产品结构设计。在产品组合分析矩阵中,根据搜索量和利润率,可以将产品分成四类,如图 4-28 所示。

图 4-28 产品组合分析矩阵

明星品是一种搜索量大、利润率高的产品。卖家都希望自己的店铺里有尽可能多的明星品,但现实中,这种产品非常稀缺,特别是在跨境电商平台上,由于卖家数量呈井喷式增长,产品竞争非常激烈。即使某种产品能够吸引流量,也未必能产生高利润率。总之,要打造明星品,卖家应该从品牌入手,自建品牌或代销知名品牌。

引流品有很大的搜索量,但利润率低。在当前中国跨境市场中,3C 类产品中的手机壳销量总量很大,在亚马逊、全球速卖通等平台上的搜索量都很靠前,但价格低廉得惊人,甚至只有 1 美元。这类产品的市场可以说是经济学市场中的"完全竞争市场"。然而,这种产品非常受卖家欢迎,特别是新卖家,因为它可以为卖家带来巨大的流量,从而促进周边产品的销售。例如,苹果手机壳的搜索量很大,卖家可以尝试以零利润的价格销售该产品,在吸引流量之后,向客户推荐数据线、充电宝等周边产品。

创利品是一种利润率高但搜索量小的产品。在前面提到的苹果手机壳例子中,如果将苹果手机壳作为引流品,那么卖家可以将数据线、充电宝等周边产品作为主推的创利品。

淘汰品不仅搜索量小,而且利润率低。通常这类产品一经发现就被立即清除,以免占用企业资源。

在产品组合中,毋庸置疑,明星品应该作为核心产品,而且数量越多越好。引流品虽然达不到创造利润的目的，但是能够带来巨大的流量，因此也应该作为核心产品。对于创利品，如果与引流品高度相关，就可以将其作为核心产品；如果相关性不高，甚至不相关，就可以将其视为辅助性产品。通常来说，根据"二八原则"，一个店铺的 80%的销售额来自 20%的核心产品。

4.3.3 选品风险管理

跨境电商的选品过程存在以下风险。

1．国别区域政策风险

国别区域政策风险主要指不同国家或地区对于同样的产品实施管制政策的不同导致的风险。例如，电子烟是跨境电商中销售较好的产品之一，但是不同的国家或地区实施的管制政策不同，有些国家或地区甚至禁止销售。因此，在开发此类产品时，卖家必须了解潜在目标国家或地区的相关政策。

2．知识产权风险

知识产权包括商标权、专利权等。很多跨境电商新卖家在进行选品时，考虑的往往是仿制产品。然而，这些卖家很可能因侵犯商标权而遭到投诉，导致资金冻结甚至账户被永久性关闭。销售正品的卖家也应该防范产品中涉及的专利问题，对于未经授权的专利产品，要谨慎销售。

3．认证风险

为规范市场，各国政府对某些产品实施强制性认证要求。如欧盟的 CE 认证。如果没有相关认证，产品将面临被召回或被销毁的风险。卖家在进行选品时，需留意认证方面的政策信息。

思 考 与 练 习

1．跨境电商卖家发现优质备选产品概念的有效方法有哪些？
2．在选品的过程中，如何对备选产品清单进行筛选，找出初选目标产品和利基市场？（简要地介绍步骤及做好每个步骤的方法）
3．在跨境电商选品过程中，如何对选中的目标产品进行市场验证？
4．在跨境电商选品过程中，有哪些常见的获取产品的方式？
5．卖家在写询价电子邮件时需要考虑哪些重要问题？
6．如何根据产品组合分析矩阵进行跨境电商产品组合决策？

第 5 章 跨境电商物流与通关

【学习目标】

- 熟悉跨境电商三大国际包裹直邮物流模式和计算物流费用的方式。
- 了解海外仓的优势,以及卖家如何选择合适的海外仓运营模式。
- 掌握影响跨境电商物流渠道选择的主要因素。
- 了解跨境电商出口物流的通关模式,以及相关的物流风险。
- 熟悉跨境电商物流的包装要求,并了解如何选择合适的包装材料。

---------- 实 训 项 目 ----------

1. 任务

(1)每个团队需要调研两个不同尺寸、价值、物理特性的网购商品,并完成以下任务。

① 记录商品名称、价值及与运输相关的特性。

② 拍照,测量运输包装长、宽、高(以 cm 为单位),计算体积,称重并记录好数据。

③ 小心打开运输包装,记录运输包装材料、封装材料、填充料,并拍照。

④ 取出带销售包装的产品,测量销售包装长、宽、高(以 cm 为单位),计算体积,称重并记录好数据。

⑤ 计算运输包装比销售包装增加的重量。对产品进行运输包装后增加的重量形成感性认识,能够预估产品包装后的增重并将其作为运费计算的依据。

(2)给团队先前开发的产品匹配跨境电商物流渠道,并计算物流费用。

以团队先前开发的产品为例,预估所开发产品单件销售时或打包销售时包装后的重量。根据产品要发往的目的地国家或地区,综合考虑各种因素,初步匹配跨境电商物流渠道,并计算物流费用。

2. 要求

① 任务成果形成 PPT,思路清晰,表达简洁。

② 在团队 CEO 和物流仓管总监的协调下,以团队为单位完成并提交作业。

③ 团队派出代表在课堂上进行作业交流,介绍团队开发的产品应选择的物流渠道和物流费用的计算。

> 在跨境电商交易中，客户通过电商平台购买的境外商品，将由跨境电商物流进行配送，途中要经历海关、检验检疫、外汇、税收、货物运输等多个环节。跨境电商物流的时效性将直接影响客户的购买体验。跨境电商物流有邮政物流、商业快递、专线物流、海外仓等多种模式，通关也存在零售直邮出口、特殊区域零售出口等模式。不同的物流模式和通关模式各具优势，跨境电商卖家应根据企业的业务特点，找到匹配的物流模式和通关模式，以提升履行订单和响应市场需求的能力。

5.1 跨境电商物流概述

跨境电商物流是指卖家通过跨境电商平台向境外最终买家直接销售商品，并采用包裹形式或在最后阶段采用包裹形式进行配送的物流模式。它主要是指 B2C 出口跨境电商物流模式。在完成线上订单后，跨境电商卖家需要使用最佳的物流渠道快速将货物交付给客户，以为其提供良好的购买体验。跨境电商物流与一般国际贸易物流相比有很大的区别。本部分将介绍跨境电商物流的特征、存在的主要问题及常见的国际物流术语解释等基本知识。

5.1.1 跨境电商物流的特征

与一般国际贸易物流相比，跨境电商物流具有以下几个特征。

1．成品性

跨境电商运营的商品主要面向最终买家，通常为成品，半成品和原材料较少。而一般国际贸易物流运输和管理的商品包括多种原材料、半成品和成品。

2．广泛性

跨境电商的商品交付是以订单为单位打包的。如果某跨境电商经营的商品种类较多，则每次货物交付运输的商品种类就会很多。而在一般国际贸易物流中，由于大多数交易以大宗商品为主，因此商品种类相对较少。

3．时效性

时效性指的是快速且准确的配送。在跨境电商运营中，需要注重物流配送时效，因为时效性直接影响客户的购买体验。相比之下，一般国际贸易物流的时效性相对较差。

4．成本性

跨境电商具有"多品种、小批量、多批次、短周期"的运营模式，这决定了其物流成本比一般国际贸易物流高。一般国际贸易物流可以进行大批量的货物运输，因此物流成本相对较低。而跨境电商卖家需要更加重视节约物流成本。

5．多样性

跨境电商物流可以根据运营需要选择邮政大小包、商业快递、专线物流等多种运输方式进行综合物流管理。而一般国际贸易物流通常只需要一种运输方式。

6. 全程性

跨境电商的 B2C 属性决定了其物流基本上都需要全程运输并配送给最终买家。即使是通过亚马逊平台 FBA 物流模式，货物也需要从跨境电商卖家手中全程运输到 FBA 仓库。而一般国际贸易物流渠道通常是点到点的，如从机场到机场、从港口到港口等。

7. 清关性

跨境电商物流通常直接将货物配送给境外最终买家，买家通常不负责清关工作。因此，物流公司需要协助货物清关才能真正完成全程物流服务工作。而一般国际贸易物流所涉及的货物都有正式的出口商和进口商，在清关环节，物流公司只需做好资料和信息的沟通工作，通常不需要负责清关工作。

5.1.2　B2C 出口跨境电商物流存在的主要问题

跨境电商物流需要经过多个环节，包括"本地物流—本地清关—国际物流—目的地清关—目的地物流"，其中包括进出口报关、商检等必经环节。这使得物流时间偏长，物流风险大，物流渠道异常复杂。B2C 出口跨境电商物流主要存在以下问题。

1．物流渠道复杂、环节多

跨境电商物流属于国际物流，需要完成多个环节。很多跨境电商物流代理公司在运输货物时并非自己运作，而是采取层层转包的方式。货物经过多个中间商之后，才会到达海关或最终买家手中，这导致物流渠道复杂，货物经手人过多，物流风险增加。

2．运输及配送周期长、稳定性差

跨境电商物流的主要渠道通常为邮政小包或仓储集货，其交货期通常需要二三十天甚至更长时间，这导致运输及配送周期长且稳定性差。相比之下，当地的交货期通常为 1~3 天。通过国际 E 邮宝渠道，货物通常需要 10~15 天才能到达欧美主要地区，而到达俄罗斯等地需要至少四十五天。此外，在旺季时，物流产能严重不足、仓库爆满、物流系统瘫痪，导致交货期无限延长，长达数天、数周甚至数月的交货期等待，对境外买家是一种巨大的考验，严重影响其购物体验。同时，运输及配送周期长也增加了物流出问题的概率，削弱了跨境电商商品在境外市场的竞争优势，阻碍了跨境电商的发展。

3．物流信息系统不健全

目前，跨境电商物流信息系统还不健全，一方面物流企业跨境电商物流信息化水平不高，物流信息衔接不畅，大大影响物流效率；另一方面，跨境电商物流信息系统无法实现包裹全程追踪，商品出境后如同石沉大海，降低了客户的购买体验。跨境电商物流尤其是境外段的跟踪难度较大，特别是在一些经济发展落后或非主流语言国家或地区，买家很难查到物流信息。例如，在俄罗斯等物流发展落后的地区，即使有货运单号也不一定能查到物流信息。

4．货物破损率、丢件率高，逆向物流功能缺失，买家维权难度大

由于多种原因，跨境电商物流的货物破损率较高，这导致退换货需求增加，跨境电商退换货又往往面临各种挑战。例如，多种物流渠道如邮政小包等没有提供退换货服务；在包裹转运模式下，没有原路退货通道，收货人是转运公司，需要转运公司合作，买家才能完成退

货,但是转运公司可能不会合作;退换货需要办理报关手续,并需要分别办理出口退税、进口增值税、消费税、关税,海关还要查验货物,流程烦琐、时间较长;在包裹直邮模式下,退货的费用较高;即使在公认退货便利的海外仓模式下,退货也需要办理出口退税手续,同样流程烦琐、耗时长。无论买家采用何种方式退货,需支付的退货费用均高于正常物流成本,因为退货没有正常发货的数量折扣。对于规模不大的跨境电商卖家来说,抗风险能力一般较差,货物破损率高不仅增加了其经营风险,还影响其经营的稳定性和企业的持续发展,同时也会影响买家的购物体验和对企业的信任。目前,我国对跨境电商物流市场的监管还不够完善,存在不足,导致买家在货物损坏时难以获得合理赔偿,只能按照物流公司的规定进行索偿,难以维权。

5. 清关障碍大

跨境电商物流中,清关是必不可少的作业环节。跨境电商货物需要通过出口国海关和目的国海关两道关卡,正式清关需缴纳进出口环节税,且清关时间通常较长。不同国家或地区的海关政策存在差异,有些国家或地区海关的申报手续烦琐、时间长,费用支出也非常高。这种差异性的存在使得进口国海关在扣货查验时会直接没收、退回货物,或者要求卖家补充报关材料。对于大型跨境电商卖家而言,这种没收或退回货物的结果是难以承受的,而补充报关材料也会延误货物交货期,买家可能因此取消订单或拒绝付款。出现清关问题的主要原因包括:货物不符合进出口国监管制度规定;进口国设置贸易壁垒,有些国家或地区对每件货物都要求开箱查验,即便报关文件齐全也可能被视作造假;有些国家或地区信息技术落后,没有海关信息系统,清关只能依靠人力,效率严重低下。

6. 物流成本高

一般,跨境电商的物流成本占销售成本的三成左右,这么高的物流成本严重制约了跨境电商行业的发展。以联邦快递为例,将重500克的商品从中国运送到美国,卖家不仅需要支付307元的快递费,还需支付关税、偏远附加费和燃油附加费。一些企业还要收取快件处理费,加上退换货的逆向物流成本,跨境电商的物流成本将会是正常物流成本的3倍以上,这使得订单的利润还不够支付快递费用的情况经常出现。此外,跨境电商贸易商品需要与境外本土商品同台竞争,如果卖家将物流成本分摊到商品价格中,那么商品价格会更高。在激烈的境外市场竞争中,卖家的商品将失去竞争优势,从而影响销量。

7. 跨境电商物流企业服务水平参差不齐

目前,大型跨境电商平台和第三方物流企业的服务比较专业,运作也比较规范。但是,一些中小物流企业的服务存在许多问题。首先,一些物流企业缺乏服务和诚信意识。例如,一些企业向买家承诺使用快捷、价格昂贵的空运方式,收取空运的费用,实际上使用成本低廉但耗时长的海运方式,以获取更大的价差;有些企业的无人服务、客户服务或投诉电话在假日时形同虚设,买家无法实时掌控物流进程;还有一些企业会出现调包货物、货损拒不赔偿等情况。其次,物流作业不规范。跨境电商物流中,由于部分物流作业人员素质水平不高,培训和监管不到位等,造成暴力作业和服务不规范,因此出现货损和丢件问题。最后,物流增值服务还无法满足客户的需求。跨境电商物流需要增加更多的增值服务,如代收货款、代购保险、代理报关报检、理赔等。

5.1.3 常见的国际物流名词解释

B2C 出口跨境电商物流主要经历以下过程。卖家收到平台订单后,将货物打包发出。包裹通过各种不同的物流渠道从发件地海关以海运、陆运或空运方式到达收件地海关。国际小包通常采用空运方式。最终,包裹通过收件地当地派送渠道送到买家手上。下面按照 B2C 出口跨境电商物流主要环节,对常见国际物流名词进行梳理解释。跨境电商物流常见名词如图 5-1 所示。

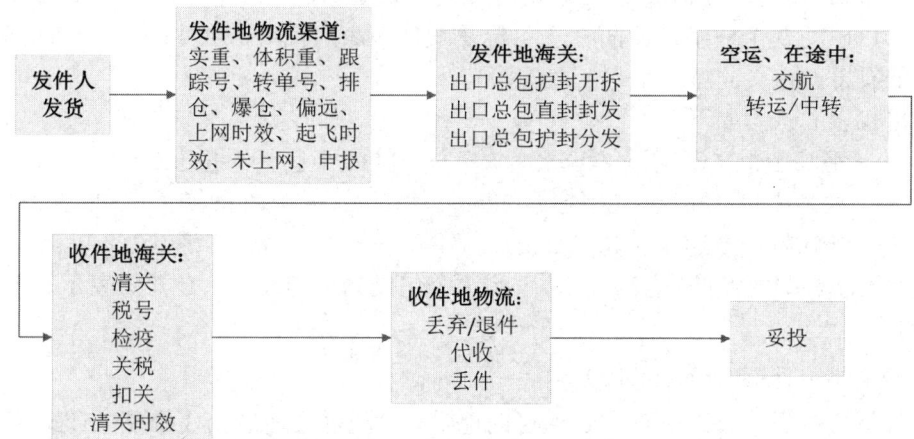

图 5-1 跨境电商物流常见名词

1. 发件地物流渠道

(1) 实重(Net Weight)。

实重是指包裹在磅秤上显示的实际重量。

(2) 体积重(Dimension Weight)。

在 EMS(Express Mail Service)和商业快递的收费方式中,除包裹的实重外,还会计算包裹的体积重。取体积重与实重中较大者作为计费重量。若体积重大于实重,则按照体积重收取运费;若实重大于体积重,则按照实重收取运费。按照体积重收费的货物称为"抛货",也称"计抛"。EMS 仅在长、宽、高三边中任一单边达到 40cm 以上(包含 40cm)时,才计算包裹的体积重。体积重的计算公式如下。

$$体积重 = 长(cm) \times 宽(cm) \times 高(cm) \div 计抛系数。$$

注:国际商业快递如 FedEx、UPS、DHL、TNT 等,计抛系数一般为 5000,EMS 和一般的专线计抛系数为 6000。

包裹计重的例子如下。

例 1:客户购买了一个手机壳和一个小音响,选择 DHL 发货,用纸箱包装,实重 0.98kg,纸箱长 13cm、宽 20cm、高 18cm。

实重:0.98 kg,按 1 kg 计算。

体积重:(13×20×18) ÷ 5000 = 0.936(kg),按 1 kg 计算。

计费重量:1 kg。

例 2:客户混合购买了手机壳和平板电脑保护套,选择 FedEx 发货,用纸箱包装,实重 1.4 kg,纸箱长 25cm、宽 20cm、高 18cm。

实重：1.4 kg，按 1.5 kg 计算。

体积重：（25×20×18）÷ 5000 = 1.8（kg），按 2 kg 计算。

计费重量：2 kg。

（3）跟踪号（Tracking Number）。

当包裹被物流渠道服务商揽收后，服务商会提供由英文字母和数字组成或仅由数字组成的一组物流信息跟踪号。通过这组跟踪号，买家可以追查包裹的最新状态。

根据万国邮政联盟（UPU）统一规定的查询号码规则，标准单号由字母及数字组成：前面 2 个字母，中间 9 个数字，后面 2 个字母是发件国家的代码，共 13 位。但是，有些国家或地区可能有自己定义的特殊单号。

首字母代表的意思如下。

"A"——平邮小包（不超过 2kg）   "R"——挂号小包（不超过 2kg）

"V"——挂号小包（保险）（不超过 2kg）   "C"——邮政大包（2kg 以上）

"L"——邮政特快专递（不超过 2kg）   "E"——邮政特快专递（2kg 以上）

以单号 EP845639197US 为例，US 表示这个包裹为美国发出，E 开头表示是 Express 的包裹（EMS）。

（4）转单号（Transfer Number）。

转单号是当航空包裹无法直接到达目的地时，可能需要经过第 3 个国家或地区，从而产生的另一组跟踪号。此外，当包裹抵达收件地后，当地的派送公司也可能分配另一组跟踪号作为转单号。在某些情况下，包裹的跟踪号可能会发生异常，此时可能需要转换成转单号。

（5）排仓（Row Positions）。

海关已经放行的货物会被航空公司根据尺寸和重量编排装载表，并送至货站进行装箱或预配。排仓通常指四大快递航班仓位不足，需要等待货物装载的情况，可能会产生排仓费用。

（6）爆仓（Blasting Warehouse）。

爆仓通常指在物流旺季，商业快递或邮政物流的包裹数量超出其承载能力，无法及时分拣和收件，导致包裹滞留在始发站或中转站，到达目的地的时间延长。爆仓与恶劣天气（如大雪、台风）、网购高峰期（如圣诞、元旦、春节、情人节等）、国际赛事的加强安检（如奥运会），以及长假期间快递公司员工休假等有关。

（7）偏远（Remote Area）。

针对商业快递发货的包裹，有些地区邮路不发达，因此，快递公司需要向买家收取额外服务费。而邮政物流（包括 EMS）发货则不会产生偏远费用。

（8）上网时效（Information Received）。

上网时效指的是邮局收到货物后，将运单数据上传到官方网站的速度。如果是直封分发的包裹，通常在 1~3 个工作日内物流信息就开始更新。如果是线上发货的包裹，仓库在收到包裹后的第 2 个工作日物流信息基本上就开始更新。如果是线下发货的包裹，超过 3~5 天物流信息仍未更新，那么卖家需要认真考虑货代处理货物的时效性，很可能货代将货物转手给其他货代导致物流信息更新滞后。当平台大促或购物旺季来临时，由于各个邮局的处理能力有限，货物堆积如山，物流信息更新会严重滞后。

（9）起飞时效（Dispatched to Overseas）。

起飞时效指的是邮局将货物送到海关查验后，等待航班起飞的时间。一般来说，前往欧美的航班较多，速度较快；而前往未开发国家或地区则需要等待较长时间。

（10）未上网（Information Failed）。

未上网指的是单号数据在官网上还未更新或暂时查询不到包裹的任何信息。

（11）申报（Claim）。

申报指的是发件人在发货时向进口国家或地区当地海关申报包裹内容、数量和金额三大要素，体现在形式发票（快递）或报关单（小包）上。海关根据这些申报信息来检查货物，可能还会对货物征收关税等税费。

2．发件地海关

（1）出口总包护封开拆（Arrival at Transit Office of Exchange）。

一般寄往外国的包裹在寄出时，根据目的地国家或地区不同，会装在邮递袋中封好，这个称为总包。海关检查合格后，包裹需要再次封装，称为护封。邮局将包裹交给海关（通常是一大袋一大袋的，每个大袋里装了很多小包裹）后，海关会拆开邮局的包裹，进行机器扫描，有时会进行抽检，检查物品是否与申报信息相符。因此，卖家必须清楚地写明物品名称，否则海关可能需要拆包检查，从而延误货物发出的时间。

（2）出口总包直封分发（Departure from Outward Office of Exchange）。

出口总包护封开拆后，一般会显示出口总包直封分发，这表示包裹已经顺利通过海关检查，并重新打包好交给航空公司，航空包裹会直接运输到目的地国家或地区，不经过任何第三方国家或地区。

（3）出口总包护封分发（Distribution From Outward Office of Exchange）。

根据不同目的地地址，将进口小包裹进行分拣，并重新封装成总包裹。

3．空运、在途中

（1）交航（Delivery to Airlines）。

交航是指发送到目的地投递站点。已经交付给机场或航空公司，显示为"交航"的包裹已上了目的地航班，下一次更新信息将显示货物已到达收件地。

（2）转运/中转（Transport/ Transit）。

航空包裹如果不能直达目的地，将会经过第三方国家或地区的转运/中转。不规范的物流操作或暴力分拣可能导致货物损坏或丢失，而多次转运可能导致货物上网时效性差。

4．收件地海关

（1）清关（Customs Clearance）。

清关即结关，是指进口、出口或转运货物进入或离开一个国家的海关关境或国境时，需要向海关申报并办理海关规定的各项手续，履行各项法规规定的义务。

（2）税号（Tax Number）。

纳税人识别号通常称为"税号"，是指税务登记证上的号码，每个企业的税号都是唯一的。在某些国家或地区，除了企业税号，还有个人税号，如巴西、澳大利亚等。巴西的税号分为个人税号（CPF）和公司税号（CNPJ）。纳税人识别号由税务部门编制，具有唯一性和永久性。对于申报金额较高的货物，可能不能使用个人税号进行报税清关。

（3）检疫（Quarantine Inspection）。

检疫是指卫生检疫、动植物检疫、商品检疫等的总称，对于电子产品，通常需要各种认证和防伪检查。

（4）关税（Custom Duty /Tax）。

关税是指国家或地区授权海关对出入关境的货物和物品征收的一种税。每个国家或地区都有一个申报关税的起征点，同时包括反倾销税和增值税。当货物申报的价值超过目的地国家或地区进口货物最高免税金额时，就必须缴纳关税。

以下是一些国家的关税起征点和组成。

英国关税起征点为 135 英镑，综合关税包括增值税、关税和清关杂费，其中，增值税和关税的计算公式分别如下。

$$增值税=（货值+运费+关税）\times 20\%$$
$$关税=货值 \times 商品税率$$

澳大利亚关税起征点为 1000 澳元，综合关税包括增值税、关税和清关杂费，其中，增值税和关税的计算公式分别如下。

$$增值税=（货值+运费+关税）\times 10\%$$
$$关税=货值 \times 税率$$

美国起征点为 800 美元，综合关税包括关税和清关杂费，其中，关税的计算公式如下。

$$关税=货值 \times 税率$$

在发货前，如果涉及税费问题，卖家需要事先确认目的地国家或地区的关税和免税额。尽管卖家不必承担关税的责任和义务，但买家可能因高昂的关税而拒绝清关，从而引发交易纠纷。

（5）扣关（Detained by Customs）。

在一些情况下，包裹会在收件国海关被查扣。例如，申报价值与实际价值不符、品名与商品不符、装箱清单不详细、收件人条件不符合（如没有进出口权）、包裹价值超过收件国免税额度（需要缴纳关税）、包裹中含有违禁品。

（6）清关时效（Arrived at Overseas）。

清关时效是指货物在海关完成正常手续并放行的时间。

5．收件地物流

（1）丢弃/退件（Abandon / Return）。

当包裹到达收件地之后，由于各种原因无法顺利妥投，就会出现被丢弃或退回的情况。在某些国家或地区，即使是丢弃，包裹也会被收取"处理费"。如果选择退件，国际邮政规定小包裹退回发件地是免费的。例如，如果新加坡邮政将包裹发往美国，退回新加坡是免费的，但是如果将这个包裹再次运回中国，则需要自行承担从新加坡到中国的运费，并且可能会产生进口关税的费用。商业快递的退件费用通常是寄件费用的 3～5 倍。因此，商业快递不应随意让客户拒签。

（2）代收（Waiting Collection）。

当包裹在收件地无法顺利妥投时，通常会在当地的物流服务中心暂存 1~3 个星期。具体时间因国家或地区而异。同时，物流服务中心会通知收件人在暂存时间结束之前自行前往领取。如果在暂存时间结束之前没有人领取，包裹可能会被丢弃或退回。

（3）丢件（Lost）。

丢件是指网上已无信息更新，邮局未回复处理结果并且客户未签收的货物。如果出现丢件情况，那么邮政会予以赔偿，但赔偿有限额（通常很多情况下并不是包裹丢失，而是收件地不支持物流信息更新）。

6. 妥投

收件人签收后就算是妥投。如果是客户原因导致未能妥投，包裹就会被丢弃或退回。

5.2　跨境电商三大国际包裹直邮物流模式

B2C 出口跨境电商物流主要包括包裹直邮和海外仓两种基本模式。包裹直邮物流模式是指，当境外买家在跨境电商平台上下单后，卖家通过包裹物流直接将商品快递给最终买家，跨境电商物流服务商提供门到门/门到仓全流程国际物流服务。而海外仓模式则以备货模式为主，跨境电商物流服务商通过将跨境电商商品运至目的地国家或地区的仓库后，若目的地国家或地区有该商品的订单，则由目的地国家或地区物流服务商通过海外仓直接发给境外买家。在跨境电商订单交易完成后，卖家要想快速地将商品送达买家手中，以提供良好的购买体验，物流渠道的选择非常重要。本部分将主要介绍跨境电商三大国际包裹直邮物流模式。

5.2.1　邮政物流

邮政物流是指将本地货物通过当地邮局直接送达境外买家手中。根据相关数据统计，邮政网络目前基本覆盖全球 200 多个国家和地区，比其他任何渠道都要广泛。这主要得益于 UPU 和卡哈拉邮政组织（KPG）。UPU 是联合国下设的政府间世界组织，旨在商定和改善国际邮政业务、发展邮政方面的国际合作，以及在能力范围内提供会员国所要求的邮政技术援助。

邮政物流成本非常低廉，具有很强的价格竞争优势。一般按克（g）计费，2kg 以内的包裹基本以函件的价格结算，大大提高了跨境电商产品综合售价的优势。UPU 会员国之间的海关清关便利，也使得邮政包裹的清关能力比商业快递要强很多，产生关税或退回的情况相对要少很多。此外，邮政组织成员之间强大的网络覆盖，也使得邮政包裹送无不达，经济发达的欧美国家或地区的物流时效很有保证。例如，从中国发往美国的邮政包裹，一般 15 天以内可以到达。

跨境电商使用的邮政物流主要包括以下几种形式。

1. 中国邮政小包(China Post Air Mail)

中国邮政小包是中国邮政提供的一项国际、境内邮政小包服务，属于邮政航空小包的范畴，是一项经济实惠的国际快递服务项目。目前，跨境电商物流的主要发货渠道仍是中国邮政小包。

（1）中国邮政小包的优势与劣势。

① 中国邮政小包的优势。

- 网络覆盖全球。中国邮政小包可送达全球 200 多个国家和地区的各个邮政网点，只要该国家或地区有邮政服务，中国邮政小包即可投递。据不完全统计，中国出口跨境电商 70%的包裹都是通过邮政系统投递的，其中，中国邮政占据了市场份额的 50%左右。
- 价格实惠。相对于其他运输方式，如 DHL、UPS、FedEx、TNT 等，中国邮政小包有着绝对的价格优势。
- 清关能力强。中国邮政小包的海关操作相比商业快递更为简单，享有"绿色通道"，因此，中国邮政小包的清关能力较强。另外，中国邮政是 UPU 的成员，其派送网络覆盖全球，送达范围非常广。
- 适应商品种类多。中国邮政小包本质上属于民用包裹，不同于商业快递，因此，该物流模式能邮寄的物品种类较多。

② 中国邮政小包的劣势。

- 时效较慢，需要 5～30 天（工作日）。中国邮政小包时效性差是其较大的劣势。
- 中国邮政小包平邮没有网上跟踪功能，且丢失无法获得赔偿，丢件率也比较高。

（2）中国邮政小包的邮寄限制。

① 中国邮政小包重量限制。邮政小包的重量限制为 2 kg（除阿富汗外）。

② 中国邮政小包体积限制。非圆筒形货物，长、宽、高总和不得超过 90cm，单边最长不得超过 60cm，最小尺寸为至少有一面的长度≥17cm，宽度≥9cm。圆筒形货物，直径的两倍加上长度总和不得超过 104cm，长度不得超过 90cm，公差不得超过 0.2cm。最小尺寸为直径的两倍加上长度总和≥17cm，长度≥10cm。

③ 中国邮政小包货物限制。寄送邮政小包时，危险品、运输风险大的物品、国家或地区规定禁止运输的物品、仿冒商品、侵权商品、动植物及其产品等均受到限制。

（3）中国邮政小包的计费规定。

中国邮政国际小包分为挂号小包和平邮小包两种，主要区别如下。

挂号小包提供物流跟踪号，能够实时跟踪包裹在大部分目的地国家或地区的状态。

平邮小包不提供查询业务，但买家能通过面单条码电话查询包裹在境内的状态。

挂号小包运费计算公式如下。

$$挂号小包运费 = 标准运费 \times 实重 \times 折扣 + 挂号费$$

平邮小包运费计算公式如下。

$$平邮小包运费 = 标准运费 \times 实重 \times 折扣$$

（4）中国邮政小包通关的注意事项。

① 由于中国邮政小包只是一种民用包裹，因此，海关对个人邮寄物品的验放原则是"自用合理数量"，即以亲友之间相互馈赠自用的正常需要量为限。为了顺利通关，不宜邮寄过多数量的商品。

② 中国海关规定，对寄往境外其他国家或地区的个人物品，每次允许出境的限值分别为人民币 800 元和 1000 元。对于超出限值部分，属于单一不可分割且确属个人需要的，可

以从宽验放。

2. EMS（Express Mail Service）

EMS 是各国邮政开办的一项特殊邮政业务。该业务在各国邮政、海关、航空等部门均享有优先处理权，能高速度、高质量地为用户传递国际紧急信函、文件资料、金融票据、商品货样等各类文件资料和物品。同时，EMS 提供多种形式的邮件跟踪查询服务。

（1）EMS 的优势与劣势。

① EMS 的优势。

- EMS 是 UPU 旗下的业务，各国均由国家或地区背景公司运营，清关能力强。特别是在俄罗斯、巴西、澳大利亚等国家，EMS 优势明显（与四大商业快递相比）。
- EMS 通常按实重计费，适合寄送体积大但重量小的货物。此外，EMS 不收取燃油附加费和偏远附加费，价格比四大商业快递更优惠。
- EMS 的速度比邮政小包快很多。
- EMS 的网络覆盖面广，可以寄达全球 210 多个国家和地区。
- EMS 的时效有保障。例如，对于日本、韩国，EMS 的妥投时间为 2～3 天，对于澳大利亚，妥投时间为 5 天，而对于欧美国家或地区，妥投时间则为 7 天。

② EMS 的劣势。

- 小件（2kg 以下）与超大件（10kg 以上）成本较高。
- 时效没有商业快递快，服务质量也不如商业快递好。

（2）EMS 的邮寄限制。

① EMS 重量限制。0.1kg ≤ 重量 ≤ 30kg，部分国家或地区不超过 10kg 或 20kg，每票快件不能超过 1 件。

② EMS 体积限制。单边≤1.5m，长+宽+高≤3m。EMS 对长、宽、高三边中任意一边达到 40cm 以上（包含 40cm）的包裹计算体积重，得出的体积重和货物实重做对比，哪个重量大取哪个值进行计费。体积重计算公式如下。

$$体积重=长（cm）×宽（cm）×高（cm）÷6000$$

③ EMS 货物限制。根据国际航空条款规定，EMS 不能邮寄或限制邮寄的货物有药品、粉末及液体、毒品、军火、易燃易爆物品，以及其他当地法律禁止邮寄的物品；纯电池和大量手机。电池作为配件可以邮寄，最好独立包装，但最终能否顺利通关，在于海关的政策。

（3）EMS 的计费规定。

① EMS 按照实重计费。对于长、宽、高三边中任意一边达到 40cm 或以上的包裹，计算体积重并进行计费。计费重量单位为 0.5kg。

② EMS 的总费用（C）计算公式如下。

$$C=（首重费用+N×续重费用）×D+4 元/件（报关费）$$

其中，N 表示续重计重单位数量。当计费重量单位为 0.5kg 时，N=重量（kg）×2-1（向上取整）。D 表示折扣率。

EMS 计重的例子如下。

厦门市辉达进出口贸易有限公司物流包装部完成订单后将体积重为 6.14kg 的包裹交付

货代处，该包裹发往美国加利福尼亚州。根据此情况计算 EMS 运费（折扣率：五二折，发往美国物品类首重费用为 240 元，续重费用为 75 元）。

答：$N=6.14×2-1=11.28$，向上取整按 12 计算。

$C=$（首重费用$+N×$续重费用）$×D+4$ 元/件（报关费）

$=(240+12×75)×0.52+4$

$=596.8$（元）

3. 中国邮政大包（China Post Air Parcel）

中国邮政大包也被称为"航空大包""中邮大包"，适合邮寄重量较重（超过 2kg）且体积较大的包裹。

（1）中国邮政大包的优势。

① 运费低廉，不计算体积重，适合发轻抛货物。与其他运输方式，如 EMS、DHL、UPS、FedEx、TNT 等相比，中国邮政大包有绝对的价格优势，没有偏远附加费。卖家采用此种发货方式可最大限度地降低成本，提升价格竞争力。

② 交寄方便，可以到达全球各地 200 多个国家和地区，只要有邮局的地方就可以到达。

③ 方便快捷，单一的运单，减少了客户的麻烦。

④ 提供包裹的追踪查询服务。包裹离开当天，用户可在中国邮政网站上查询到信息，且有全程跟踪。

⑤ 清关能力较强。如寄往俄罗斯、阿根廷和巴西，中国邮政大包的通关能力稍好一些。

⑥ 适合对时效性要求不高但重量或体积大的货物。

（2）中国邮政大包的邮寄限制。

① 中国邮政大包重量限制。$2kg≤$重量$≤30kg$，个别国家或地区的最大重量限制为 20kg。

② 中国邮政大包体积限制。单边$≤1.5m$，长度和长度以外的最大横周合计不超过 3m（此规格适用于 30kg 的货物）；单边$≤1.05m$，长度和长度以外的最大横周不超过 2m（此规格适用于 20kg 的货物）。

（3）中国邮政大包的计费规定。

中国邮政大包的总运费（C）计算公式如下。

$$C=首重 1kg 的价格＋续重 1kg 的价格×续重的数量$$

中国邮政大包在计算费用时，需注意以下几点：包裹重量不能超过 30kg，部分国家或地区不能超过 20kg；中国邮政大包需要收取 8 元/件的报关手续费；不计算体积重，也不收取偏远附加费和燃油附加费；根据退回方式收取相应的运费，邮局会为发件人提供相应的收费凭据。

5.2.2 商业快递

国际商业快递有四大巨头，分别是德国敦豪（DHL）、美国联邦快递（FedEx）、美国联合包裹（UPS）和荷兰天地（TNT）。这些国际快递服务商通过建立自己的全球网络，利用强大的信息系统和遍布世界各地的本地化服务，为跨境电商平台的海外用户提供优质的物流体验。

商业快递一般的时效为 3~5 个工作日，最快可在 48 小时内将货物送达买家手中。然而，这种优质的服务伴随着高昂的价格。商业快递的收费标准不同于邮政小包按实际重量计费，而是以 500g 为一个收费单位。因此，跨境电商卖家通常将商业快递视为批发大批量货物的最佳选择，以及对时效性要求较高的邮寄样品等物流选择。据中国电子商务研究中心监测数据显示，截至 2022 年年底，国际快递四大巨头占据了中国国际快递市场 80% 的份额。

1. 美国联邦快递（FedEx）

FedEx 是一家国际性速递集团，由 FrederickW.Smith 在 1971 年成立于美国阿肯色州小石城，总部设于美国田纳西州，主要提供隔夜快递、地面快递、重型货物运送、文件复印及物流服务。其设有庞大的环球航空及陆运网络，拥有 600 多架联邦快递飞机，是目前世界上最大的快递运输公司之一。

（1）FedEx 的优势。

FedEx 在东南亚地区的价格便宜且速度快，在中南美洲和欧洲的价格较有竞争力，在其他地区则价格昂贵。其网站信息更新快，网络覆盖全面，查询方便快捷，寄送重量为 21~99kg 的货物时具有优势。

（2）FedEx 的劣势。

FedEx 的运费较高，对托运物品的限制也比较严格。

（3）FedEx 的时效。

FedEx 通常在 2~4 个工作日内送达货物。

2. 美国联合包裹（UPS）

UPS 是目前全球最大的快递公司之一。其主要业务集中在物流发达的美国市场，约占该公司整体业务的 90%。紧随其后的是欧洲市场，近年来随着中国跨境电商业务的快速发展，亚洲市场份额也逐渐提升，成为 UPS 业务的第三大市场。UPS 的快递服务包括空运、海运和陆运，其中，美国本土陆运占了该公司整体业务的 50% 以上，空运则接近 20%，而这也是 UPS 未来发展空间最大的领域。

（1）UPS 的优势。

UPS 时效快、服务好、服务地区广，可送达全球 200 多个国家和地区，查询方便快捷，遇到问题能及时解决，并支持在线发货。在美国、加拿大和墨西哥，UPS 的时效表现优异，价格相对较低。此外，对于重量为 6~21kg 和超过 100kg 的货物，其价格较有优势。

（2）UPS 的劣势。

UPS 的运费较高，且对托运物品的限制较为严格。

（3）UPS 的时效。

通常情况下，UPS 的快递服务能在 2~4 个工作日内送达大部分地区。中国寄往美国的快递服务通常可在 48 小时内送达。

3. 德国敦豪（DHL）

DHL 是全球知名的邮递和物流集团 Deutsche Post DHL 旗下的子公司。DHL 的业务遍布全球，是全球国际化程度最高的公司之一。它提供专业的运输和物流服务，是全球最大的递送网络之一，在五大洲拥有将近 34 个销售办事处和 44 个邮件处理中心。DHL 能够提供专业化的服务，在快递、空运、海运、陆运、合同物流解决方案及国际邮递等领域都拥有出色的表现。

（1）DHL 的优势。

DHL 的递送范围广泛，查询方便，更新及时，解决问题的速度快。针对重量为 21~100 kg 的大货物，其价格有一定的优势。在欧洲地区和东南亚地区，DHL 的时效很快，价格适中。

（2）DHL 的劣势。

对于小货物，DHL 的运费较贵，不划算。此外，DHL 对托运物品的限制非常严格，拒收许多特殊商品。

（3）DHL 的时效。

一般情况下，DHL 的递送时效为 2~6 个工作日。在欧洲，一般需要 3 个工作日完成递送；在东南亚，一般需要 2 个工作日完成递送。

4．荷兰天地（TNT）

TNT 是一家总部位于荷兰的知名物流企业，覆盖全球 200 多个国家和地区，提供邮政、快递服务。其主要业务是汽车运输和提供快递发货服务，在全球拥有 100 多个仓库，总面积超过 150 万平方米，市场以欧洲为主，欧洲市场约占 85%。

（1）TNT 的优势。

TNT 在西欧国家的清关能力是四大国际快递公司中最强的。在欧洲和亚洲，其可提供高效的递送网络，对于重量在 100kg 以上的大货物，其有价格优势。

（2）TNT 的劣势。

相对于其他国际快递公司，TNT 的实力较弱，价格较贵，受理物品有许多限制，时效性相对较差。

（3）TNT 的时效。

TNT 一般需要 3~5 个工作日才能将货物送达。

5．四大商业国际快递的价格计费规定

（1）实重与体积重。

实重与体积重概念参见"5.1.3 常见的国际物流名词解释"。

（2）计费重量单位。

① 计费重量在 21kg 以下的包裹为国际小包，以每 0.5kg 为计费重量单位；

② 计费重量在 21kg（含）以上的包裹为国际大包，以每 1kg 为计费重量单位。

注：测量重量的时候，不会有零头出现，即当物品重量为 4.26kg 时，实际计费按 4.5kg 计算；当物品重量为 22.1kg 时，实际计费按 23kg 计算。

（3）首重与续重。

快递公司以第一个 0.5kg 为首重，每增加 0.5kg 为一个续重，通常首重的费用相对续重费用较高。

（4）包装费。

快递公司通常提供纸箱、气泡等包装材料并免费包装，像衣物这样的物品不需要特别细致的包装。对于一些贵重、易碎物品，快递公司会收取一定的包装费用。包装费用一般不计入折扣。

（5）通用运费计算公式。

① 当寄递物品的实重大于体积重时，运费按照实重标准收取，计算方法如下。

$$运费 = 首重运费 + N \times 单位续重运费$$

其中，N 为续重单位数量，当计费重量单位为 0.5kg 时，N 的值为：重量（kg）×2-1。

例如，对于重量为 6 kg 的货物，按照首重费用为 56 元、续重费用为 12 元计算，其运费总额为 188 元[56＋(6×2-1)×12]。

② 当需寄递物品实重小于体积重时，运费需要按照体积重标准收取，具体的计算公式如下。

对于规则形状的物品，其体积重为（单位：kg）：长（cm）×宽（cm）×高（cm）÷5000。

对于不规则形状的物品，其体积重为（单位：kg）：最长（cm）×最宽（cm）×最高（cm）÷5000。

计算出体积重后，按照①中的公式计算运费。

③ 部分国际快递公司会额外收取燃油附加费，例如，本月的燃油附加费为 15%，此时需要在运费计算结果上加上运费×15%。燃油附加费一般会与运费一起享受打折优惠。

（6）总费用。

国际快递的总费用包括运费、燃油附加费、包装费及其他附加费用。

总费用计算公式如下。

$$总费用 = （运费 + 燃油附加费）\times 折扣 + 包装费 + 其他附加费用$$

5.2.3 专线物流

专线物流是指国际物流服务商先通过航空包舱方式将货物运输到固定的国家或地区，然后通过自身在目的地国家或地区的派送网络或第三方物流服务商来完成派送的物流模式。目前，市面上常见的专线物流包括美国专线、欧洲专线、澳大利亚专线、俄罗斯专线、中东专线、南美专线和南非专线等。

1．专线物流的优势

① 速度快。相比邮政小包，专线物流的速度更快。

② 运输费用低廉。例如，敦煌网的 e-ulink 海外专线，将重量为 0.5 kg 的货物出口到美国的价格仅为 63.28 元，远低于邮政小包计费标准。

③ 手续简便。卖家可以直接在平台下单、付费，统一安排发货。

④ 清关能力强。大多数开通专线物流的企业清关能力强且便捷。第三方物流公司的海外专线在物流配送方面更具专业性，如俄速通（XRU）的俄罗斯专线。

2．专线物流的劣势

① 覆盖范围窄。目前，专线物流主要覆盖美国、欧洲国家、俄罗斯等。

② 可能出现运送延迟。境外终端市场配送业务基本上由海外邮政企业负责，企业无法控制其物流过程。

③ 有寄送物品种类限制。专线物流限制寄送喷雾容器、彩票、液体及粉末、军火、易燃物品、有毒物品；禁止寄送酒精类饮品、药物、烟火及爆炸品、弹药、其他仿制品或未经授权产品等。

④ 售后服务较差。目前，大多数境外专线公司不接受退货。

5.3 海外仓

随着中国跨境电商行业逐步稳定增长，市场规模不断扩大，用户的跨境网购习惯逐渐养成。然而，跨境电商通过包裹直邮配送商品时，仍然存在配送慢、难追踪、清关慢、易破损、易丢包、难退换等问题。设立海外仓是解决包裹配送成本高、配送周期长等问题的不错的解决方案。海外仓已经成为跨境电商快速响应客户需求、降低物流成本、改善客户服务、提升在境外市场竞争力的关键。

5.3.1 海外仓的基本概念

海外仓又称为海外仓储，它指的是跨境电商卖家在海外预先建设或租赁仓库，通过空运、海运、陆运或国际多式联运的方式将货物预先运达仓库。当接到买家订单时，直接从海外仓进行货物分拣、包装、发货和配送。海外仓的建设可以让出口卖家将商品批量发送至境外仓库，实现该国订单的本地配送。

海外仓模式的运送流程如图 5-2 所示，包括头程运输、仓储管理和本地配送。

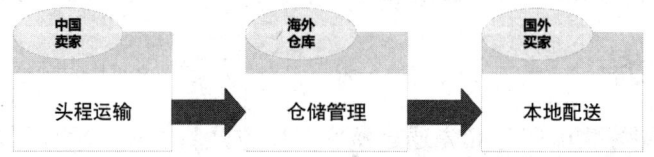

图 5-2 海外仓模式运送流程

头程运输。中国卖家通过海运、空运、陆运或国际多式联运将商品大批量运送至海外仓库，过程中包括报关、保险等环节，集中运输可节约成本和时间。

仓储管理。中国卖家借助物流信息系统对运送至海外仓库中的商品进行归类存放和管理，实时更新库存量，并在库存量低于最佳库存量时提醒补货。此外，卖家还会对存货采取一定的保护措施，以免商品被毁坏或变质。

本地配送。海外仓储中心根据订单信息，通过当地邮政或快递将商品配送给买家。

5.3.2 海外仓的优势与劣势

1. 海外仓的优势

（1）配送时效提高。

跨境电商卖家将商品提前送到销售国所在的海外仓，当接到买家订单时，可直接从买家所在国发货。这种物流速度比包裹直邮快得多，既提升了配送速度，又增强了买家的购物体验，同时减少了因物流时效问题而出现的纠纷和退款。

（2）购物体验感提升。

包裹直邮退换货难一直困扰着卖家，海外仓的出现很好地解决了这个问题。海外仓退换货方便快速，不仅提升了售后服务水平，还增强了买家的购物体验，同时有利于培养回头客和提升复购率。

（3）物流成本降低。

海外仓采用货物集发的方式，在淡季物流运费低时提前备货，能节省较多物流费用。

（4）避免排仓爆仓。

物流旺季不仅会出现各渠道涨价的问题，还经常出现排仓、爆仓的问题。这是包裹直邮难以解决的问题，但采用海外仓能很好地避免这类问题。淡季备货，旺季销售，完全避免了排仓、爆仓问题的出现。

（5）市场拓展。

许多注重物流体验的买家在网购时会优先选择本地发货的卖家。海外仓模式下不仅物流速度快，售后服务也高效，这对提升店铺好评率和商品曝光率有很大帮助，也可以助力跨境卖家更好地拓展境外市场。

2．海外仓的劣势

（1）仓储成本增加。

虽然海外仓通过错峰集发货物降低了物流费用，但货物到达海外仓后会产生仓储费用，进而增加仓储成本。

（2）库存压力加大。

如果选品和市场预测出现差错，就容易造成大量货物滞销，堆积在仓库。货物在境外处理难度加大，进而影响其他商品布局。

（3）资金周转困难。

提前将商品送至海外仓需要大量的备货、物流、仓储资金。一旦某个环节出问题，就容易导致卖家资金周转困难。

（4）境外可控性较差。

当地政策、社会因素、风土人情等一系列因素都可能对海外仓造成不可控的影响。有时货物在当地仓库会被查扣，给跨境电商卖家带来非常大的影响。

（5）受服务商运营能力影响大。

海外仓服务商只要在某个环节上出现问题就可能导致货物派送延误，甚至造成仓库被查扣的情况。

（6）选品要求更严格。

卖家在选择海外仓的商品时，除了要保证质量，还要预估好当地需求。对于经营商品种类繁多的卖家，囤放存货本身就是一个麻烦的问题。如果选品不当，就会造成较大损失。

（7）仓管数据监控要求高。

采用海外仓模式后，卖家需随时监控商品出入仓和上下架的详细数据，避免出现货物丢失或数据对不上的情况。

5.3.3 海外仓的运营模式

海外仓主要有自建海外仓、电商平台海外仓和第三方海外仓3种运营模式。

1．自建海外仓

自建海外仓指的是跨境电商卖家在境外自行建立的海外仓，自己完成头程运输、通关、报税、海外仓储、拣货、终端配送等一系列业务活动。选择自建海外仓的卖家通常从事跨境电商行业多年，有雄厚的资金实力，在境外有一定的市场份额，出口量达到了一定规模。这些卖家选择自建海外仓主要是因为第三方海外仓服务水平不能满足其个性化需求，质量参差不齐。另外，电商平台海外仓也有诸多限制条件，所以很多卖家不得不选择不受限制的自建海外仓模式，为买家提供更优质的服务。

随着跨境电商快速发展，自建海外仓的数量也在上升。据《2021海外仓蓝皮书》显示，2021年有38.25%的卖家选择自建海外仓，相比2020年增长了17.5%。由于自建海外仓需要有一定市场份额做支撑，因此目前自建海外仓的企业相对集中分布在跨境电商发展成熟的境外市场。

自建海外仓具有以下特点。

（1）灵活性强。

卖家既可以根据境外市场的规模、买家的消费习惯等因素，在目标市场所在国家或地区建立符合自身经营需求的海外仓；又可以自主确定海外仓的规模、地址、经营模式，不受第三方对商品种类、体积等方面的限制。

（2）便于本土化经营。

由于电子商务的性质和跨国交易的属性，在跨境电商模式下，买家可能会对跨境电商卖家提供的商品产生信任问题。但如果跨境电商卖家在当地建立了海外仓，就会给当地买家释放一种信号：这家企业是真实存在的，且实力较强、经营稳定。这有助于增强买家网购的信心，使其放心购买。

卖家可以依靠海外仓展开国际化运营，尽可能雇佣当地员工完成翻译、供应链、支付、客服、技术等辅助工作。由于他们更加了解当地的法律、文化，不仅可以利用当地优势资源进行本土化营销、本土化发货，还能起到免费为企业宣传的作用。

此外，卖家自建海外仓可以更清晰地发现市场需求，依此制定符合当地特色的经营战略，并根据当地市场需求变化及时进行调整。

（3）有利于树立品牌形象。

自建海外仓模式下，卖家可以与当地的物流公司、翻译公司、咨询公司、供应链管理公司等提供服务资源的企业合作,从而避免沟通交流障碍,降低文化冲突带来的额外成本,提升自身的知名度,增强企业的国际竞争力。

(4)经营管理要求高。

自建海外仓涉及法律、税收、文化、国际化运营等多方面,这就要求跨境电商卖家不仅应该了解目标市场所在地的基础设施水平、服务水平、信息技术水平等,也应该了解其政治环境、经济环境、法律环境、文化习俗、消费层次等。还需要配备相应素质的复合型人才及有经验、有能力的跨国经营管理团队。

(5)建仓成本高,经营风险大。

中国的跨境电商卖家普遍选择在美国、英国、德国、澳大利亚等发达国家或地区自建海外仓,而在这些国家或地区自建海外仓不仅人工成本比境内高,仓库租赁费用也较高。根据资料,中国仓库工人的最低成本约为 3 美元/小时,而在美国,最低成本高达 15 美元/小时,整整是境内的 5 倍。一个美国仓库一年的工人工资将近 36,000 美元。德国的海外仓年租金为 60~100 美元/平方米,美国的海外仓年租金为 100~120 美元/平方米,英国的海外仓年租金为 100~125 美元/平方米,澳大利亚的海外仓年租金直达 130 美元/平方米,且费用还未包含水、电等杂费。

自建海外仓就像在境外建立一家新公司,卖家需要面临境外经营的多种风险,如政治风险、经济风险等。此外,如果海外仓的出货量达不到一定规模,就不能将建仓成本、经营成本分摊到足够多的单位商品上,进而导致卖家出现亏损,最后得不偿失。

2. 电商平台海外仓

以亚马逊海外仓(Fullfillment By Amazon,FBA)为例,FBA 是由亚马逊提供一系列的物流辅助服务,其中涉及仓储、拣货打包、派送、收款、客服与退货处理等。出口跨境电商卖家把商品挂到亚马逊上进行销售,将所销售商品直接送到亚马逊在进口国当地市场的仓库中。一旦进口国买家在亚马逊上确认购买该商品,即由亚马逊的物流配送系统自动完成后续的发货、送货等具体物流操作。据调研,亚马逊有超过 50%的卖家在使用 FBA。

FBA 具有以下特点。

(1)投入低、风险小。

亚马逊基于强大的跨境配送网络、全球云仓体系,已经成为全球最大的海外仓运营商,也是最早开始建立海外仓的企业。其海外仓遍布全球,有非常成熟的仓储管理和配送体系,所以卖家需承担的风险较小。卖家在使用 FBA 时前期不需要大规模固定投入,也不需要配备专业仓储管理人员,更不用为选择海外仓服务商而进行调研,而且在短时间内就可以投入使用。

(2)操作简单。

FBA 会为卖家提供仓储管理、配送、办理退货等一系列辅助服务,因此,卖家只需将准备好的货物发往指定地点,不需要亲自管理整个物流配送流程。这对于没有经验的卖家而言无疑是很好的选择。

（3）灵活性较低。

跨境电商卖家使用 FBA 的前提条件是借助亚马逊平台销售货物，而且 FBA 对商品的尺寸、重量、类别有一定程度的限制。所以，如果卖家打算使用 FBA，最好选择体积小、单品价值高、有质量保证的商品。

（4）仓储成本较高。

FBA 的费用包括两部分：配送费用和月度库存仓储费。如果卖家有长时间滞留在 FBA 的货物，可能需要向亚马逊缴纳高昂的费用。亚马逊每年会进行两次清查活动，分别在 2 月和 5 月，清查在仓库滞留的商品。滞留时间为 6~12 个月的商品，每立方英尺收费 11.3 美元；滞留时间为 12 个月以上的商品，每立方英尺收费 22.5 美元。

（5）有助于商品推广。

选择 FBA 后，亚马逊平台会通过提高卖家商品的 Listing 排名、帮助其抢夺购物车等方式增加卖家商品的曝光次数。例如，买家搜索关键词后优先推送的一定是使用 FBA 的商品。曝光次数的增加，不仅会提高卖家的产品销量和收益，还可以节省商家自行打广告的成本。

3. 第三方海外仓

第三方海外仓模式是融合了 FBA 和自建海外仓的一种模式，它是指由第三方物流企业建设并运营的海外仓库，并且可以以此为基础为跨境电商卖家提供报关、报检、仓储管理、商品分类、运输及配送等服务的海外仓模式。也就是说出口跨境电商卖家将整个物流、仓储过程外包给独立第三方。据调查，跨境电商卖家中有 65% 已使用第三方海外仓。第三方海外仓在海外的分布相对集中在欧美等发达国家或地区，同时新兴市场的第三方海外仓也在快速发展，包括西班牙、日本、中东国家、南美国家等。

第三方海外仓具有以下特点。

（1）建仓成本较低。

使用第三方海外仓不仅有助于减少跨境电商卖家前期的固定投资，还可以大幅度地降低运营资本的投入。这样不仅减少了机会成本带来的损失，还降低了由于经营决策失误而带来的风险。根据美国供应链及采购协会的研究结果，使用第三方海外仓会使卖家降低约 13% 的资本成本。此外，使用第三方海外仓还会提升客户购物满意度、完善供应链管理，由此带来成本降低及竞争力加强。

（2）市场份额低，发展潜力大。

与欧美等发达国家或地区相比，中国跨境电商卖家采用第三方海外仓模式进行跨国配送的市场份额较低。据《2021 海外仓蓝皮书》显示，中国跨境电商卖家中，有 42% 的卖家使用第三方海外仓，而在欧美等发达国家或地区，这一比例高达 80% 以上。然而，这也说明中国第三方海外仓还有巨大的发展潜力，随着跨境电商的快速增长，第三方海外仓的需求也将持续扩大。

（3）服务质量、仓储地址依赖于第三方。

跨境电商卖家无论选择哪家第三方海外仓，都必须依赖于其已有的物流网络和经营管理能力。第三方海外仓的物流覆盖网络、物流节点、仓储选址及物流服务和管理水平将直接影响出口跨境电商卖家海外仓战略实施的最终经济效益。虽然大部分第三方海外仓能够提供优质的物流服务，但还是有少量企业所提供的服务不能达到标准。

跨境电商卖家在确定第三方海外仓之前需要进行大量的调研。如果选择了不合适的第三方海外仓，那么会造成卖家提供的售后服务无法满足客户需求，从而对品牌造成负面影响。而如果能够找到一家合适的第三方海外仓进行合作，那么不仅卖家能够圆满地完成物流任务，还能够在资金流、信息流、技术流层面产生进口国额外的溢出效应。

4．3 种海外仓运营模式对比

电商平台海外仓（如 FBA）、第三方海外仓和自建海外仓 3 种运营模式各有优劣势。如表 5-1 所示，在选择海外仓模式时，卖家应根据自身需求，扬长避短，最大限度地发挥海外仓的作用。

表 5-1　电商平台海外仓（以 FBA 为例）、第三方海外仓与自建海外仓比较

差　　异	电商平台海外仓（FBA 为例）	第三方海外仓	自建海外仓
选品范围	对选品的尺寸、重量、类别有一定程度的限制，选品偏向于体积小、利润高、质量好的商品。选品范围主要包括服装、鞋子、箱包、珠宝、玩具、家居用品、电子产品等	对选品的尺寸、重量、类别没有太多限制，选品范围比 FBA 更广，适应大体积、重量大的商品。选品范围可以根据卖家的需求和市场情况进行调整，如汽车配件、家具、园艺用品等	没有什么范围要求，卖家完全可以根据自身需求而定。选品范围可以涵盖任何合法的商品，但是需要考虑商品的销量、利润、库存周转率、风险等因素，以保证海外仓的运营效率和成本控制
入仓要求	入仓要求最为严格，每个商品要求有亚马逊规定的 Product Label，外箱不仅也要有对应标签，还要有对应的装箱信息。另外，对外箱及卡板的尺寸和重量都有相应的要求，否则不能正常入库	只要贴上商品标签就能扫码入库，有些海外仓还会在上架前提供整理、组装商品的服务	可以对到仓的商品进行灵活调整管理，提供更多个性化服务
头程服务	不会为卖家提供头程清关服务	部分第三方海外仓会给卖家提供头程清关服务，甚至还会有包含代缴税金、派送到仓的一条龙服务	可以直接使用自身的海外仓公司作为进口商进行清关
仓库分配	默认是分仓	一般会将货物放在同一个仓库集中管理	一般会将货物放在同一个仓库集中管理
使用权限	只能接收亚马逊卖家的商品，其他平台卖家只能通过亚马逊账户里的多渠道配送功能进行发货	只要是可以接收的商品，无论在哪里售卖，卖家都可以使用	只要是可以接收的商品，无论在哪里售卖，卖家都可以使用
仓储成本	如果订单量大的话，使用 FBA 比第三方海外仓的成本会高一些；亚马逊卖家可以通过提高商品单价来分摊仓储成本	成本适中；卖家可以通过降低商品价格来获取客户	一般当日均订单量在 1,000 单以上时，就成本而言，自建海外仓开始有优势。卖家可以通过个性化服务等赢得客户

续表

差异	电商平台海外仓（FBA 为例）	第三方海外仓	自建海外仓
销售推广	亚马逊会通过各种方式增加卖家商品的曝光次数，如提高卖家商品的 Listing 排名、帮助卖家抢夺购物车等，从而提高卖家的收益与产品销量	卖家需要自己进行站内外推广来增加销售业绩	卖家需要自己进行站内外推广来增加销售业绩
差评处理	由 FBA 所导致的任何中差评，都可以由亚马逊删除，亚马逊卖家无须操心	很难删除由于物流配送等问题而留下的中差评	很难删除由于物流配送等问题而留下的中差评
退货支持	支持买家无条件退换货；对退回的商品不会再进行任何的鉴定，也不会收取买家任何的费用；不再二次销售；退货率高；销毁商品会向卖家收费	对于退回来的商品，如果不是质量问题的话，那么可以替卖家更换标签或重新包装，再次进行销售，以减少卖家的损失	可以替卖家更换标签或重新包装，再次进行销售；还可以进行返修等工作
存放风险	其安全与亚马逊账号安全相关联，如果卖家在亚马逊销售的商品出了问题，那么放在 FBA 的对应商品也会被暂时冻结、不可售	无冻结商品风险	无冻结商品风险
总结	最成熟，同时各方面的限制条件也多，风险也相对要大，对商品的销售推广作用最大	位于两者之间，比 FBA 的限制和风险相对小些，比自建海外仓的成本投入相对低些	最可控，同时需要卖家处理的本土人力、物力等各方面问题也最多，投入的资金成本也相对要高

5.3.4 海外仓的选品决策

在进行海外仓选品决策时，卖家应能判断出什么类型的商品适合使用海外仓，并对海外仓费用进行计算。

1．海外仓选品定位

随着跨境电商的发展，本地化服务的进一步升级，以及本地化体验的良好口碑的形成，海外仓越来越成为跨境电商的必然选择。那么，到底什么类型的商品适合使用海外仓呢？下面介绍海外仓的选品定位。

① 尺寸、重量大的商品。此类商品的尺寸和重量都已经超出了小包规格的限制，如果选择包裹直邮的话，那么费用太过高昂。而使用海外仓可以弥补这一劣势。

② 单价、利润高的商品。相对于包裹直邮，海外仓的本地配送服务可以将丢包率、破损率控制在一个相对较低的水平。对于卖家而言，海外仓可以降低高价值商品的意外损失率。

③ 高人气商品。这类商品由于受到本地市场的热捧，货物周转速度会大大加快，货物积仓风险降低，而卖家也能更快地回笼资金。

2．海外仓费用计算

在选出适合使用海外仓的商品后，卖家还需要对海外仓商品费用进行计算。

海外仓费用主要包括头程费用、处理费、仓储费、尾程运费和关税/增值税/杂费。其中，头程费用的产生方式包括空运、海运散货、海运整柜和当地拖车；处理费包括入库费用和出库费用；仓储费有淡季和旺季之分；尾程运费的产生渠道有自有物流、第三方快递（如FedEx、UPS等）或当地邮政物流等。

在明确了海外仓的费用构成后，卖家便可以对商品进行基础定价。海外仓商品成本主要由以下几个部分构成。

成本1：商品的采购成本和商品的境内运费。

成本2：商品的到仓成本。包括运费、仓储费、处理费、当地派送物流费用、关税等。

成本3：平台扣点和计提损失。

通过上述成本分析，卖家可以得出商品的基础定价应该为成本1、成本2、成本3、预期利润之和。

5.4 跨境电商物流渠道的选择

跨境电商物流渠道各有优劣势。在选择跨境电商物流渠道时，应综合考虑各物流渠道的特点、跨境电商物流渠道选择的基本原则和影响跨境电商物流渠道选择的主要因素。在总体经营目标的指导下，找到最合适的跨境电商物流渠道。

5.4.1 跨境电商物流渠道的特点

各种跨境电商物流渠道的优势与劣势在前文有所介绍。表5-2对跨境电商各物流渠道进行了对比。

表5-2 跨境电商各物流渠道对比

比较维度	邮政物流			商业快递	专线物流	海外仓
	邮政小包	邮政大包	EMS			
运费	最便宜	比EMS稍低	相对于商业快递便宜	最贵	相对较低	一般
时效	最慢	较慢	一般	最快	快	灵活
运输网络覆盖	运输网络覆盖广，得益于国家或地区邮政建设			运输网络覆盖不及邮政系统	仅限特定区域	本土配送，可灵活选择
通关情况	通关能力强（可以利用UPU和KPG的合作机制，实现邮件的互换和转运，以及享受一些特殊的快速通关渠道，从而提高清关的效率和成功率）			无特殊通关渠道，需逐件过检，美国商品进口货值不超过800美元免征关税	多为一般货物贸易清关	批量货物清关，部分商品可能落入加征关税清单
适应对象	价值小、时效无要求的轻、小物品	重量较重、尺寸较大，对时效要求不高的物品	对时效有一定要求的贵重物品	对时效要求高的贵重物品	可集中通关的大规模货物	卖家针对市场需求大量备货的货物

5.4.2 跨境电商物流渠道选择的基本原则

1. 以买家的物流需求为出发点

跨境电商卖家在选择物流渠道时，除了要考虑买家的物流需求，还需最大限度地降低成本。按照物流的二律背反理论，高水平的物流服务意味着高成本。在物流服务水平和成本之间取得平衡，应以买家满意为导向。买家满意与否，与物流服务水平高低没有必然关系，但与其得到的服务与预期是否相符紧密相关。若买家得到的物流服务与其预期一致，则满意；反之，则不满意。所以，要使买家满意，就要明确买家需要什么，一切应从跨境电商买家的物流需求出发。若买家对时间要求不高，卖家则无须选择快捷、成本高昂的商业快递；相反，若买家对时间要求很高，速度与交货时间则将成为卖家在选择物流渠道时考虑的主要因素，如有必要即便成本再高也得选。

2. 系统性原则

系统性原则又叫整体性原则，它是指把决策对象视作一个整体，以决策对象整体目标优化为准绳，协调系统中各部分的相互关系，使整体达到最佳状态。在决策时，卖家应以系统的总目标来协调各个小系统目标，追求整体最优而不是局部最优。跨境电商物流需求有多种目标，如快速、安全、成本低、价格稳定等。在选择跨境电商物流渠道时，卖家要采用系统性思维和方法，把影响物流渠道选择的各个要素和诉求目标作为一个整体进行考虑，权衡利弊选出最佳物流渠道。在选择物流渠道时，不能一味要求成本低，需保证物流的质量。有的卖家不遵循系统性原则，选择价格最低的物流渠道，找非专业、不规范的物流公司，结果，选择的物流渠道不但速度慢、经常丢件、承诺的服务无法兑现，而且无法顺利交付货物。

3. 战略性原则

跨境电商物流渠道的选择应与卖家长远、全局性的战略目标一致，符合卖家在跨境电商市场的战略抉择。为了打开市场、提高市场占有率、提升产品或品牌竞争力，卖家需要为买家提供高水平的物流服务。高水平的物流服务意味着高成本，会降低利润，但为了企业长远发展，暂时的高成本和利润牺牲是值得的。物流渠道选择获得的效果必须与企业战略方向一致。

4. 经济性原则

经济性原则是指以最低代价获取最优效果为标准评估公共关系方案。即在满足买家物流需求的前提下，尽量选择物流成本最低的物流渠道。例如，同为快递，EMS 在交货期、服务水平、安全性等方面都不如四大国际商业快递，但 EMS 的价格优势非常明显，可成为中高端服务的经济性选择。

5. 把选择权留给买家

买家的情况和需求千差万别，跨境电商卖家不可能全部考虑到。为真正做到以买家的物流需求为出发点，可以把物流渠道的选择权交给买家。因为买家综合考虑各项因素后做出的选择，更能满足其物流需求与预期。

5.4.3　影响物流渠道选择的主要因素

影响跨境电商物流渠道选择的因素主要包括商品属性、物流网络覆盖范围、物流渠道清关能力、客户需求、交（货）期、交易频率、交易规模和企业经济实力等。

1．商品属性

商品的物理属性、化学属性和经济属性都会影响物流渠道的选择。商品的物理属性包括体积、重量和密度等；化学属性包括危险品的爆炸性、毒性等；经济属性包括货物价值大小、品质高低、性能好坏和包装档次等。有许多物流渠道对寄送货物有条件限制，限定了商品属性，如不能超过一定重量，不能运输危险品、粉末状商品和低价值货物等。商品属性直接限定了可选择的物流渠道，是卖家在选择物流渠道时应考虑的第一因素。

2．物流网络覆盖范围

各物流渠道有自身定位和经营范围，其网络覆盖面是不一样的。有的物流网络覆盖范围广泛，几乎可以通达全球任何一个地方；有的物流网络覆盖范围狭窄，仅覆盖少部分国家或地区。卖家选择的物流渠道必须覆盖目标市场，否则货物无法送达。物流网络覆盖范围是影响物流渠道选择的决定性因素之一。

3．物流渠道清关能力

跨境电商属于国际贸易，必然涉及报关和商品检验，这要求物流渠道能顺利实现进出口货物通关。由于各种跨境电商物流渠道的通关能力存在明显差异，因此，卖家不能选择不适合物流标的通关的物流渠道，如食品在海外专线不能顺利通关。物流渠道清关能力也是影响物流渠道选择的决定性因素之一。

4．客户需求

物流宗旨是使买家满意，因而跨境电商卖家在选择物流渠道时必须从买家的需求出发，以其需求为中心。即使是同一种商品、同样的物流任务，不同收入水平、不同时间成本的买家的需求也可能不一样。所以，客户需求是影响物流渠道选择的一个重要因素。

5．交（货）期

交（货）期是影响物流渠道选择的另一个重要因素。交货快慢是买家关注的重点，交（货）期是衡量物流服务水平的关键指标，也是影响客户满意度和客户购物体验感的重要因素。各物流渠道的交（货）期差异较大，正常情况下，最快的一两天，最慢的二三十天。卖家在选择物流渠道时要考虑交（货）期能否满足买家的需求。交（货）期必须与各物流渠道的物流时间长短相联系，以保证按时交货。

6．交易频率

交易频率既决定了物流服务需求的次数，又基本确定了物流服务模式及与物流企业的合作方式。各物流渠道运作模式不同，适合不同交易频率的物流服务需求。从经济性角度考虑，当物流服务需求次数少时，卖家可以选择委托或外包物流服务。例如，偶尔用车而不是经常性用车，则无须买车，可选择打车、租车等方式；反之，业务频率高，物流服务需求次数多，使用物流资源、物流系统的频率高,"买车"将是最佳选择。卖家可以选择少数几家物流企业,与其建立长期稳定的合作关系,从而获得更有保障的服务和优惠价格。当然,自建物流系统也是一种选择。

7. 交易规模

物流具有规模效应,物流量大则物流成本低,物流量小则物流成本高。各物流渠道对单件货物重量限制不一,适合不同货物批量的情况。例如,邮政小包、国际 E 邮宝单件货物限重在 2kg 以下,只适合小批量、零星、散货,不适合大批量货物。因此,卖家在选择物流渠道时必须考虑跨境电商的交易规模。

8. 企业经济实力

企业经济实力是影响物流渠道选择的因素之一。有些跨境电商物流渠道门槛比较高,投入大。例如,海外仓建设成本高,要求企业具备较强的经济实力。

以上八大因素中,商品属性、物流网络覆盖范围和物流渠道清关能力是影响跨境电商物流渠道选择的决定性因素;客户需求和交(货)期是影响跨境电商物流渠道选择的重要因素;交易频率、交易规模及企业经济实力也会影响跨境电商物流渠道的选择。

5.5 通关物流

跨境电商商品在物流运输过程中要经过出口国海关和进口国海关。不同国家或地区的海关对商品的通关有着不同的规定和流程。在跨境电商物流运输规划过程中,卖家要了解各个国家和地区的海关通关规则,避免违反某个国家或地区的规定而受到处罚,也要寻求自身利益的最大化。

5.5.1 进出境货物与进出境物品

《中华人民共和国海关法》(简称《海关法》)第八条规定:"进出境运输工具、货物、物品,必须通过设立海关的地点进境或者出境。"海关将通关监管对象分为进出境运输工具、进出境货物和进出境物品,与跨境电商密切相关的是进出境货物与进出境物品。《海关法》第三章、第四章分别规定了针对二者不同的海关监管。

进出境货物与进出境物品有以下不同之处。

从性质来看,进出境货物具有贸易性质,货物进出境是为了销售,如 B2B 模式下的传统大宗商品贸易;而进出境物品不具有贸易性质,物品进出境是为了本人自用、馈赠亲友,而非为了出售或出租,如旅客从境外携带进境的奢侈品。

从数量来看,进出境货物数量较大;而进出境物品以合理、自用的数量为限,超出数量限制则会被海关认定为进出境货物。例如,旅客去美国旅游顺便买了一双耐克鞋,海关认定属于合理、自用的数量范围,因此按进出境物品类别对其进行通关监管。但如果旅客买了数十个手表入关,那么显然已经超出了海关认定的合理、自用的数量范围,海关将按照进出境货物类别对其进行通关监管。

从外汇来看，进出境货物是购进或售出的商品，因此有对应的外汇收入或外汇支出；而进出境物品不属于商品，因此没有对应的外汇收入或外汇支出。从事货物进出口的企业需凭报关单等通关材料向银行申请进行购付汇和收结汇，由银行审核贸易的真实性并一一核销；而进出境物品无须报关单等通关材料，不需要外汇监管。

从税收来看，进出境货物征税内容包括关税、增值税和消费税；而进出境物品仅在进境环节征收进口税。进出境货物的税率通常高于同类进出境物品，但有特殊情况。例如，名牌包当作为物品进境时，进口税率为 25%；而当作为货物进境时，名牌包的进口税率则为 19.78%，即关税 6%加增值税[13.78%=(1+0.06)×13%]。

从行政许可来看，国家或地区对部分限制进出境货物进行许可证管理；除出境携带的文物外，一般进出境物品不涉及行政许可问题。

综上所述，进出境货物与进出境物品的区分主要考虑性质、数量、外汇及税收等综合因素。海关在实际案件中区分贸易与非贸易、自用与非自用时，具有一定的自由裁量权。

5.5.2 跨境电商零售出口海关监管模式

跨境电商出口需要经过出口国海关和目的国海关的监管。各国海关对进出口实物进行了"货物"和"物品"的划分，将两者按照"是否具有贸易性质"进行区分，并适用不同的监管方式。货物通常按照一般贸易方式（代码为 0110）进行监管，监管较为严格，通常为"一关三检"。海关根据货物征收关税、增值税、消费税，商品需申请商品检验、动植物检疫和卫生检疫。这种方式主要适用于 B2B 跨境电商。而物品则通常按照行邮方式进行监管，监管相对宽松。原则上需按各国法律要求主动申报，按章缴纳"行邮税"。这种方式适用于 B2C 跨境电商，但要求"合理、自用的数量"，超出范围则会被视为"货物"。

目的国海关具体通关规则和流程各不相同，在开展跨境电商零售出口业务时，卖家要对目的国进口海关通关规则有具体的了解。

我国针对跨境电商零售出口海关规定了以下 3 种监管模式。

1．零售直邮出口

零售直邮出口的海关监管代码为"9610"。跨境电商卖家与海关联网开放数据，或者通过国际贸易"单一窗口"或跨境电商通关服务平台传输数据。境外买家通过出口跨境电商平台发送订单后，跨境电商卖家将交易、支付、物流"三单信息"实时传输给海关"单一窗口"或跨境电商通关服务平台。信息比对一致后，海关放行，商品以邮件、快件方式运送出境。在放行后的汇总申报阶段，零售直邮出口因所在地区不同，适用不同的汇总方式。跨境电商综合试验区内的海关采用"简化申报，清单核放，汇总统计"方式通关。跨境电商卖家依据《中华人民共和国海关跨境电子商务零售进出口商品申报清单》（以下简称《申报清单》），经清关放行后，仅需汇总统计，无须再形成《中华人民共和国海关出口货物报关单》向海关申报。而综合试验区之外的其他海关，仍然采用"清单核放，汇总申报"的方式通关。跨境电子商务零售商品出口后，跨境电子商务企业或其代理人应当于每月 15 日前（当月 15 日是法定节假日或法定休息日的，顺延至其后的第一个工作日），将上月结关的《申报清单》依据清单表头同一收发货人、同一运输方式、同一生产销售单位、同一运抵国、同一出境关别，以及清单表体同一最终目的国、同一 10 位海关商品编码、同一币制的规则进行归并，汇总形成《报关单》（简称《报关单》）向海关申报，并依据《报关单》的随附单证办理结汇、退税。零售直邮出口业务流程如图 5-3 所示。

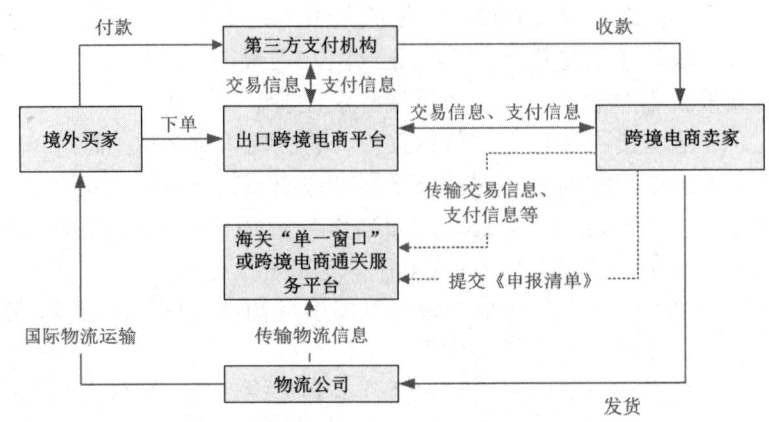

图 5-3　零售直邮出口业务流程

2. 特殊区域零售出口

特殊区域零售出口的海关监管代码为"1210",也称为"保税出口",俗称"备货模式"。根据货物出口时的状态和销售环节的不同,特殊区域零售出口可分为 1210 特殊区域零售出口和 1210 特殊区域出口海外仓零售两种形式。

具体而言,1210 特殊区域零售出口是指企业将商品批量出口至区域(中心),海关对其实行账册管理。境外买家通过出口跨境电商平台购买商品后,卖家通过跨境物流将商品送至境外买家手中。1210 特殊区域出口海外仓零售是指企业将商品批量出口至区域(中心),海关对其实行账册管理。企业在区域(中心)内完成理货、拼箱后,将商品批量出口至海外仓。通过电子商务平台完成零售后,卖家将商品从海外仓送至境外买家手中。

从海关监管的角度,1210 特殊区域零售出口申报分为两个阶段。

第一阶段是从申报报关单进入特殊监管区域。货物通过海关"单一窗口"按照一般贸易方式入区进入跨境电商出口账册。

第二阶段是从特殊监管区域申报实际离境。其中分为：海外仓模式,即依旧以申报报关单的方式,通过"单一窗口"按照货物进入海外仓,贸易方式为 1210；清单模式,即通过海关"单一窗口"或跨境电商通关服务平台提交《申报清单》,可不提交《报关单》,海关用"跨境电商出口统一版系统"进行监管。

1210 特殊区域零售出口(常称传统模式)与 1210 特殊区域出口海外仓零售(常称海外仓模式)相比,主要的差别在于,在传统模式下,商品在送达境外买家之前被存放于经海关批准设立的专门存放保税货物及其他未办结海关手续货物的区域(中心)内；而在海外仓模式下,商品在送达境外买家之前将被存放在海外仓库。1210 特殊区域零售出口与 1210 特殊区域出口海外仓零售的业务流程分别如图 5-4 和图 5-5 所示。

跨境电商特殊区域零售出口的主要优势有以下四点。

一是便利的"入区即退税"(保税区除外)政策。货物申报入区后,即可用二线入区的《报关单》办理退税。这可以让卖家实现提前快速退税,订单产生后再分包裹、分批运往境外。相对于原碎片化订单,这有效降低了企业退税成本与整体物流费用,提升了通关时效,企业资金运用效率也随之提高。

二是区域(中心)为跨境电商卖家测试新品及退换货带来便利。区域(中心)是跨境电商卖家境外销售的"缓冲带"。如果区内备货的保税商品销量不理想,那么经内销补税,仍可快速流回境内处理,减小损失。

三是货物可批量入区及集货运输出口,有效降低了企业物流成本。特殊区域出口充分利用"统一报关分批出口"优势,满足了跨境出口订单碎片化、多元化的要求。同时解决了传统跨境小包出口结汇、退税、数据统计难等问题,提升了贸易效率。

四是畅通跨境电商出口退货渠道。退换货可直接在特殊区域内完成。退运回国的货物可以直接在特殊区域内重新打包销售,提高了作业效率。保障跨境商品"出得去,退得回",解决了企业后顾之忧。

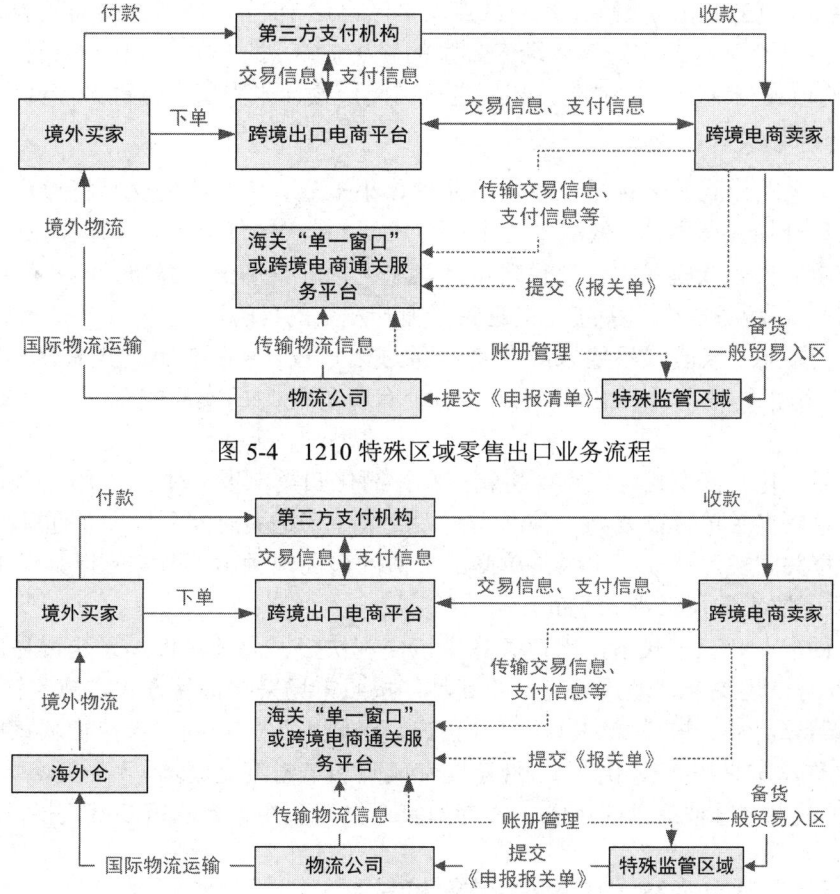

图 5-4　1210 特殊区域零售出口业务流程

图 5-5　1210 特殊区域出口海外仓零售业务流程

3. 1039 市场采购

(1) 1039 市场采购的特点。

1039 市场采购是指由符合条件的卖家在经国家商务主管等部门认定的市场集聚区内采购商品,单票报关单商品货值 15 万美元以下(含 15 万美元),并在采购地办理出口商品通关手续的贸易方式。其设立的最初目的是推进小商品市场贸易的健康发展,具有严格的商品限定、区域限定、主体限定及通关地限定的特点。

① 商品限定。经 1039 市场采购模式出口的商品,必须是受贸易主管部门管制的、在市场聚集区内采购的、非国家禁止限制出口的、使用非现金结算的、经市场采购商品认定体系

确认的商品。

② 区域限定。1039 市场采购模式出口的商品，仅限于经海关总署公告认定的市场采购聚集区内。

③ 主体限定。从事市场采购贸易的供货商和外贸代理商必须在限定的市场采购聚集区内办理备案。非指定的市场聚集区内备案的经营主体，不能适用 1039 市场采购模式。

④ 通关地限定。以 1039 市场采购模式出口的货物必须在指定口岸办理出口通关手续。例如，广州花都皮革皮具市场以 1039 市场采购模式出口的，目前只能在花都海关和机场海关办理通关。

到目前为止，1039 市场采购模式的试点聚集区已达 14 个，所涉及的商品领域多集中在皮革皮具、服装箱包、灯饰家纺等劳动密集型的轻工业产品。试点规模的不断扩大，反映出 1039 市场采购模式有利于中国制造类商品走出国门，预计未来试点将进一步推广。

（2）1039 市场采购的优势。

1039 市场采购模式是一种适应市场多品种、小批量、多批次的交易特点，为中小微外贸企业提供的一种便捷、合规、低成本的出口方式。该模式的优势主要体现在以下几个方面。

① 免征增值税。该模式实行免税政策，卖家无须开具增值税发票，也不用办理出口退税，这样既节省了税务成本和手续，也避免了虚开发票的风险。

② 准入门槛低。该模式不要求经营者具备进出口权，只需在市场集聚区内注册备案，就可以通过市场采购贸易方式出口商品，为没有贸易能力的卖家提供了一个参与外贸的机会。

③ 通关便利化。该模式允许组柜拼箱，实行简化归类申报，对超过 10 种商品的，可按"章"归类、单票报关单只需要列一种商品，大大缩短了通关时间和提高了通关效率。

④ 扩大报关限额。该模式将报关单商品货值的最高限额由 5 万美元提升至 15 万美元，为出口商提供了更大的灵活性和空间。

⑤ 关务秒审。在该模式下，出口关务审核便利快捷，海关对市场采购贸易出口商品实行简化查验，对市场综合管理系统确认的商品，按照市场采购贸易方式实施监管。

⑥ 跨境结算灵活。该模式突破了"谁出口，谁收汇"的限制，支持货款直接到国内人民币账户，允许卖家采用人民币结算，规避汇率风险和节省汇兑成本，不用开离岸账户收款；同时也避免了国内账号被冻结的风险，因为国家会核查整个平台的贸易真实性。

5.5.3 跨境电商 B2B 出口海关监管模式

跨境电商 B2B 出口主要指境内企业通过国际物流将货物运送至境外企业或海外仓，并通过跨境电商平台完成交易的贸易形式。跨境电商 B2B 出口分为两种模式：一种是跨境电商 B2B 直接出口，海关监管方式代码为"9710"，适用于跨境电商 B2B 直接出口的货物；另外一种是跨境电商出口海外仓，海关监管方式代码为"9810"，适用于跨境电商出口海外仓的货物。

1. 跨境电商 B2B 直接出口

跨境电商 B2B 直接出口是指境内卖家通过跨境电商 B2B 平台与境外买家（企业）达成交易，通过国际物流将货物直接出口送达境外买家（企业）的贸易方式。

跨境电商 B2B 直接出口流程如图 5-6 所示。

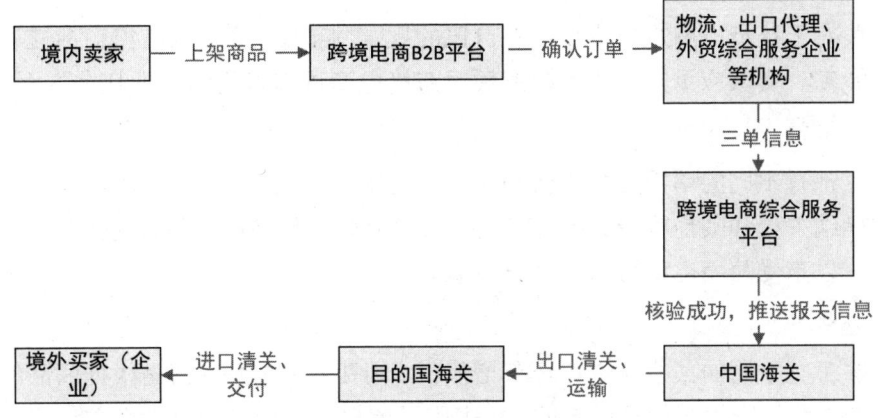

图 5-6　跨境电商 B2B 直接出口流程

2．跨境电商出口海外仓

跨境电商出口海外仓是指境内卖家先将出口货物通过国际物流送达海外仓，在通过 B2B 出口跨境电商实现交易后再从海外仓送达境外买家（企业或个人）的贸易方式。

跨境电商出口海外仓流程如图 5-7 所示。

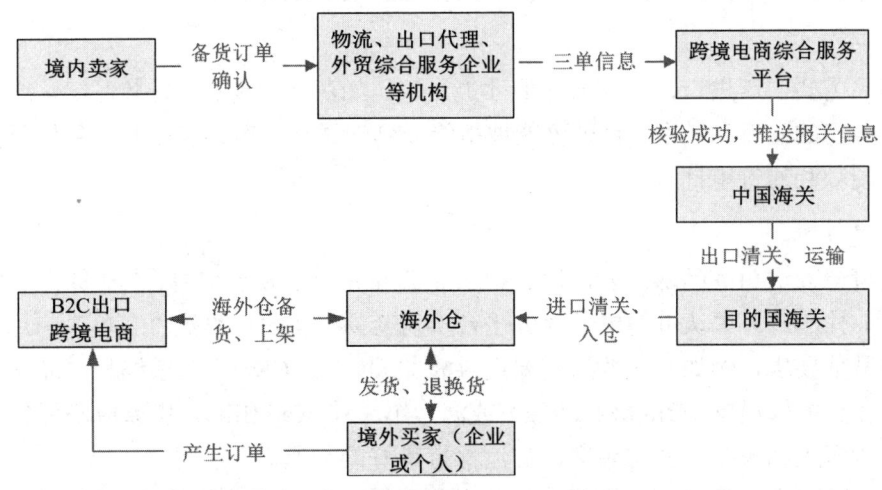

图 5-7　跨境电商出口海外仓流程

根据规定，采用 9710、9810 模式出口的跨境电商卖家可享受以下便利。

① 单票金额低于 5,000 元且不涉证、不涉检、不涉税的货物，企业可报送申报清单，系统校验通过后自动推送至"跨境电商出口统一版系统"申报；对于单票金额超过 5,000 元或涉证、涉检、涉税的货物，企业应通过 H2018 通关管理系统申报。

② "跨境电商出口统一版系统"申报清单不再汇总申报报关单或备案清单。其中，不涉及出口退税的，可按照 6 位 HS 编码简化申报。

③ 跨境电商 B2B 出口货物适用全国通关一体化，企业可以选择向属地海关进行申报，货物在口岸地海关进行验放，海关对跨境电商 B2B 出口货物可优先安排查验，在物流、海关查验方面也可享受较大便利。

5.5.4 各国海关对进口货物的规定

各国海关对于跨境电商进口货物都有自己的规定,跨境电商卖家在出口前应咨询当地的海关和贸易专家。卖家应重点调研各国海关对跨境电商进口货物的以下几个方面的规定。

(1)进口限额。

每个国家都有不同的单次交易限值和年度交易限值,超过这些限值的商品需要按照一般贸易的方式缴纳关税和其他税费。卖家应根据自己的商品价格和销量,选择合适的目标市场和运输方式,以享受跨境电商进口的优惠政策。

(2)进口税率。

每个国家都有不同的关税和进口环节增值税、消费税的税率,其是根据商品的海关编码(NCM 或 HTS)和原产地等因素而定的。卖家应了解自己的商品所属的海关编码和适用的税率,以合理计算成本和利润,并向买家提供准确的报价。

(3)进口清单。

每个国家都有自己的跨境电子商务零售进口商品清单,只有在清单上的商品才能享受跨境电商进口的优惠政策,不在清单上的商品需要按照一般贸易的方式进口。卖家应及时关注各国海关发布的最新进口商品清单,以免因清单变更而影响进口。

(4)进口许可。

某些商品需要申请进口许可证或注册才能进口,如药品、食品、化妆品等。这些商品需要经过相关部门的检查和批准,否则可能被拒绝或延误进口。卖家应提前准备好所需的文件和证明,以便顺利通过审批。

(5)进口报关。

所有跨境电商进口商品都需要向海关提供正确和完整的发票信息,包括货物数量、价值、重量等信息,并通过海关认可的电子商务平台实现交易、支付、物流"三单"信息比对。某些国家还有其他要求,例如,俄罗斯需要提供海关编码(NCM)、发票编号、品牌、序列号等;巴西不接受电放提单(Bill of Lading)或海运单(Seaway Bill)。卖家应确保自己的发票信息符合各国海关的规定,并与买家、物流保持良好的沟通。

表 5-3 是根据俄罗斯、巴西、美国三国海关对跨境电商进口货物的规定制作的一张表格,供参考。

表 5-3 俄罗斯、巴西、美国三国海关对跨境电商进口货物的规定

国家	进口限额	进口税率	进口清单	进口许可	进口报关
俄罗斯	单次交易限值 200 欧元	关税 0~30%,增值税 18%	无特定清单	药品、食品、化妆品等需要 Roszdravnadzor 或其他机构审批	需提供 NCM、发票编号、品牌、序列号等信息
巴西	单次交易限值 50 美元	关税 0~35%,增值税和消费税按法定应纳税额的 70%征收	有跨境电子商务零售进口商品清单	药品、食品、保健品、化妆品等需要 Anvisa、MAPA 或 INMETRO 等机构审批	不接受电放提单或海运单

续表

国家	进口限额	进口税率	进口清单	进口许可	进口报关
美国	单次交易限值 800 美元	关税 0~25%，增值税和消费税因州和地区而异	无特定清单	玩具、食品、药品等需要 CPSC、FDA 或其他机构审批	需提供货物数量、价值、重量等信息

5.5.5 常见的海关清关问题

1．海关扣关

海关扣关是指跨境电商交易订单的货物由于海关要求所涉及的原因而被进口国海关扣留，买家未收到货物。海关要求所涉及的原因包括但不限于以下原因。

① 进口国限制订单货物的进口。
② 关税过高，买家不愿意清关。
③ 订单货物属于假货、仿货、违禁品，直接被进口国海关销毁。
④ 货物申报价值与实际价值不符，导致买家须在进口国支付处罚金。
⑤ 卖家无法出具进口国需要的卖家应提供的相关文件。
⑥ 买家无法出具进口国需要的买家应提供的相关文件。

货物被进口国海关扣留时，常见的物流状态为：Handed over to customs（EMS）；Clearance delay（DHL）；Dougne（法国，会显示妥投，但是签收人是 Dougne）。

跨境电商平台一般在接到纠纷裁决之日起 2 个工作日内，会提醒买家或卖家在 7 天内提供海关扣关原因信息及证据，根据信息和证据确定责任并进行裁决。卖家在货物发出之后要及时关注物流情况，当出现异常时需要与买家和物流公司保持沟通，及时了解扣关原因，并尽可能提供相关信息及证据。

2．清关不利

巴西、俄罗斯、印度尼西亚、阿根廷等国家清关会出现不同程度的延误。卖家需要在买家下单之后发货之前将这种情况跟买家说明，达成一致再发货。

由于巴西的清关速度很慢，因此推荐卖家用 EMS。如果用 DHL 等商业快递，卖家就需要提供 CNPJ 或 CPF。如果没有，清关速度会很慢，而且货物很大可能会被退回。

对于印度尼西亚，尽量发重量在 10kg 以下的单票货。如果必须发超过 10kg 的货物，那么需要提前跟买家说明。

3．快件退回是否产生关税

当快件被退回时，卖家可以自己或通过快递把货物当时出口的申报方式、被退回的原因等相关情况提供给海关，海关将会根据所提供的情况，按照相关的规定认定是否产生关税。

4．买家拒绝支付关税

由于目的国关税的产生存在较大的不确定因素，因此卖家在发货前要尽量与买家协商一致，如产生关税将由何方负担，避免因货物清关问题产生纠纷。

关税如产生（尤其是金额较高的惩罚性关税），买家则可能会拒绝支付较高的关税，导致货物被退回或被扣在海关。如果买家因货物被扣关而投诉没有收到货,那么跨境电商平台会根据实际情况做出判断,所以,卖家要尽量保留物流出具的买家不清关证明,以作为纠纷裁决的有效举证。

5.6 跨境电商物流包装管理

跨境电商平台交易具有订单金额小、频率高、分散化的特征。适合跨境电商的国际物流以快递类发货方式居多,多数以克(g)或 0.5kg 为单位进行计费。国际物流的成本和配送质量直接影响商品和服务的竞争优势。因此,在物流运输过程中,对商品进行恰当包装,以提高商品和服务质量、控制成本至关重要。在进行跨境电商物流包装时,一方面要控制重量;另一方面要降低破损率,对商品进行恰当的保护。

5.6.1 常见的包装材料

国际物流常见的包装材料主要包括气泡信封、气泡膜、瓦楞纸箱、胶纸、包装袋、快递袋、珍珠棉、泡沫箱、气柱袋和木架等。

1. 气泡信封

气泡信封不同于一般的信封,它是专门结合跨境电商货物运输特性而研发出的一种轻便型包装材料。普通的气泡信封有两层,外层是白色、黄色或棕黄色牛皮纸,内层是黏附在外层牛皮纸内壁的气泡膜,如图 5-8 所示。气泡信封自带封口胶,使用非常方便。可以说,气泡信封是发小件货物必不可少的包装材料之一。

图 5-8 普通的气泡信封

2. 气泡膜

气泡膜是发大件货物不可或缺的包装材料。常见的气泡膜可以分为单层气泡膜和双层气泡膜。根据气泡直径大小,又可以分为小颗粒气泡膜和大颗粒气泡膜。

根据气泡膜用料,可以分为全新料气泡膜和再生料气泡膜。全新料气泡膜表面光滑、透明、有质感,但价格稍高;再生料气泡膜表面稍显粗糙,透明度和质感稍差,但价格较低。根据包装经验和客户反馈来看,推荐使用全新料气泡膜。

气泡膜售价按 kg 计算,也可以按照宽度和长度计算,整卷卖。普通气泡膜如图 5-9 所示。

图 5-9　普通气泡膜

3. 瓦楞纸箱

瓦楞纸箱,按隔层数量一般可分为三层、五层或七层,比较常见的是三层纸箱和五层纸箱。按纸皮强度可分为高强度纸箱和一般强度纸箱,通常发货使用一般强度纸箱,便宜且易切割。一般强度纸箱如图 5-10 所示。

图 5-10　一般强度纸箱

4. 胶纸

胶纸也称胶带、透明胶,是平时打包使用量最大的包装材料之一。如果没有胶纸,出货的工作就没有办法正常进行。胶纸一般分为透明胶纸、黄色胶纸、印刷胶纸和特殊胶纸。

基于跨境电商货物需要通关的特殊性考虑,同时又基于目的国宗教信仰、风俗文化等因素的考量,推荐卖家使用透明胶纸和黄色胶纸。透明胶纸如图 5-11 所示。

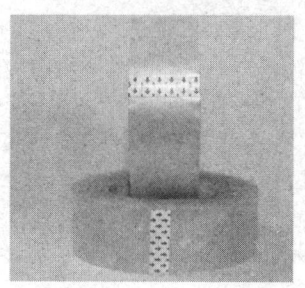

图 5-11　透明胶纸

(1)透明胶纸主要用在以下场景中。
- 在用气泡信封自带封口胶封口之后,再用透明胶纸覆盖一层(可以让买家在收件时检查货物是否被拆开)。
- 覆盖普通打印机打印出来的地址标签。
- 覆盖手工贴到包裹上的挂号条码。
- 覆盖部分小包的报关签条(如香港小包的绿色不自粘报关签条)。

- 覆盖外箱客户标记（部分客户会要求卖家把自己的标记用记号笔写在外箱上，用透明胶纸覆盖一层可起到防水的作用）。

使用透明胶纸的注意事项如下。

- 在使用透明胶纸覆盖挂号条码时，一定要贴平整，避免中间留下气泡影响扫描枪扫描结果。
- 在打包外纸箱时，一般情况下不使用透明胶纸，除非纸箱非常规整（如干净无 Logo 或只带物流公司的 Logo）。

（2）黄色胶纸主要用在以下场景中。

- 部分商品用气泡膜包裹两层之后就可以直接发货，此时，应用黄色胶纸整体覆盖一圈，一是防水，二是增加强度。
- 覆盖一般强度纸箱外包装，可起到防水的作用。
- 覆盖切割过后的纸箱的外包装，这样既防水，又增加强度。
- 覆盖重复利用的纸箱的外包装，这样不仅可以遮住原先纸箱外面可能存在的 Logo，还能起到防水、增加强度的作用。

使用黄色胶纸的注意事项如下。

- 黄色胶纸一般不用在对气泡信封封口上。
- 当用黄色胶纸打包时，应避免覆盖如地址标签之类的重要信息。

5．包装袋

包装袋是指带封口胶的塑料袋，它可以直接用于包装衣服等不用担心被压、被摔的商品，也可以用于包裹气柱袋等。

包装袋有大有小，不同规格的包装袋价格也不一样，如图 5-12 所示。包装袋的特点是防水、防划伤，能够较好地保护内装商品。需要注意的是，在包装袋表面贴各类标签时，一定注意贴平整，如果在贴标签的时候，包装袋表面留有内陷空隙，则很有可能会在运输过程中被扯动变形而导致标签被撕破。

图 5-12　包装袋

6．快递袋

快递袋是指物流公司提供的带有物流公司 Logo 的包装袋，快递袋较包装袋做工更为精良，而且快递袋的背面通常都有一个层叠式的不封口塑料袋，用于装形式发票。快递袋的规格比较少，通常只有大小两种规格，且一般情况下，装快递袋的包裹不计体积重。

在使用快递袋进行包装时需要注意：一般物流公司都不允许折叠快递袋，只允许在封口处直接封口，而不需要考虑剩余空间及内件是否会晃动。这么做，一方面是为了提高作业效率，另一方面是为了避免因折叠而丢失形式发票。快递袋如图 5-13 所示。

图 5-13　快递袋

7．珍珠棉

珍珠棉是近年来兴起的一种新型包装材料，主要用于在部分场合替代气泡膜。珍珠棉的特点是轻、容易切割，不会像气泡膜那样因为气泡破裂而失去保护作用。

珍珠棉一般按卷采购，采购回来之后，卖家根据实际需要切割成不同大小，以方便打包。由于珍珠棉有一定的强度和韧性，因此不能像气泡膜那样严丝合缝地包裹住商品。珍珠棉如图 5-14 所示。

图 5-14　珍珠棉

8．泡沫箱

泡沫箱是一种不常用的包装材料，却是 3C 类电子产品的必备包装材料，主要用于包装手机、手表、钢化玻璃膜等带屏幕或极易受到外力碰撞影响的商品。

跨境电商使用的泡沫箱一般是小泡沫箱，其长、宽、高都在 20cm 之内。这类泡沫箱质地很轻，却非常坚硬，通常由矩形箱体和带有内凸起的箱盖组成，如图 5-15 所示。商品放进泡沫箱之后，需要用黄色胶纸等覆盖泡沫箱，并在最外层贴条码和地址标签等。

图 5-15　泡沫箱

9．气柱袋

气柱袋是用于发运带大屏幕电子产品的必备包装材料，需要配合充气机或打气筒使用。

气柱袋的原始形态是一个一体化的扁平塑料，充气之后，变成一个中间是空的、周围有若干个独立气柱、底部密封、上端开口的特殊气囊，如图 5-16 所示。

图 5-16　气柱袋

气柱袋可以很好地弥补气泡膜强度不够、气泡容易破裂等的缺陷，尤其适用于发运平板电脑、手机、GPS 导航仪等带屏幕的商品。

使用气柱袋的注意事项如下。
- 不要充气过量，否则容易充爆或让气柱袋接近破裂的临界点。
- 不要往气柱袋里面装尖锐的物件，容易引起气柱袋破裂。
- 气柱袋外面需要套一层包装袋。

10．木架

木架是一种极为少用的包装材料，主要用在陶瓷制品、竹木制品的外包装上，木架常见于海运。

木架可以承受外压力，从而使内部商品几乎不会受到外力冲击，最大限度地保护商品。但是，由于各国海关对原木进口的管制，使用原木木架的包裹需要提供木架的熏蒸证书。木架如图 5-17 所示。

图 5-17　木架

5.6.2　包装注意事项

包装需要注意控制体积重和遵循包装要求。

1．控制体积重

在跨境电商物流中，有时候商品的体积重会大于实重，这就是所谓的"超体积"。超体积会增加运输成本，所以，卖家会在保证商品安全的情况下，尽可能地压缩包装体积。一种常用的方法是压缩包装纸箱的大小，使之刚好适合商品的形状。具体操作步骤如下。

- 选择一个稍大于商品的纸箱，将商品放入其中，留下一些空隙。
- 用美工刀沿着纸箱的边缘切割，去掉多余的部分，使纸箱的高度降低。
- 如果一次切割不够，可以重复上述步骤，直到纸箱的体积最小化。
- 如果纸箱的长度或宽度也过大，可以将纸箱切成两半，用胶带将两半拼接起来，形成一个更紧凑的纸箱。

在整个过程中，要注意保护商品的安全，避免其被划伤或压坏。

2．遵循包装要求

常见的包装要求如下。

- 不能晃动。即打包好之后，拿在手上摇晃几下，要保证里面的物品不可以晃动。
- 上下、前后、左右接触均不会毁坏。此要求针对纸箱包装。纸箱包装往往伴随着切割，切割完拼起来之后，要求各个面强度相似，不能出现某一个面强度明显降低的情况，从而导致内件损坏。
- 封口。即在使用气泡信封包装时，最好在用气泡信封自带的封口胶封口之后，覆盖一层透明胶纸，一方面可以防水，另一方面可以让买家在收到包裹的时候检查其是否被拆开过。
- 条码处平整不能有气泡。即在手工贴挂号条码后，需要在条码上覆盖一层透明胶纸，要贴得平整，中间不能有气泡，避免影响扫描枪扫描。
- 不要节省包装材料。在使用纸箱包装时，尽量使用高强度的。节省包装材料往往会带来售后麻烦。打包时，宁可增加重量，也不能节省包装材料。

5.6.3　常见的包装技巧

在跨境电商物流中，懂得如何快速、正确地进行商品包装，可以达到事半功倍的效果。常见的包装技巧如下。

（1）包装箱尺寸很重要。

过大的箱子会造成运费的增加及填充物的浪费。大小合适的箱子可以减少商品与箱子之间的碰撞。挑选到适合的箱子后，试着用不同的方式将商品装箱。

例如，使用坚固的纸箱装箱，确认装箱后是否超出重量的限制，并用废纸、聚苯乙烯的填充物或硬纸板将空隙填满，以固定商品，避免其在运输过程中因为移动而发生碰撞。封箱前在箱内上方放入一片厚纸板，并留下足够的空间来封箱。

（2）选用品质好的包装材质。

比起聚苯乙烯只能承受一次的冲撞，聚乙烯和聚氨基甲酸酯更耐用。因为这些包装材质不仅薄、力度强，还可以消耗较少的量来达到包装的效果，从而节省运费。

易碎的商品一定要使用聚苯乙烯填充粒子或气泡纸来包装。必要时可以使用双层包装。如果两个商品同时装在一个箱子里，那么务必在包装后的商品中间填充泡棉（如珍珠棉），避免商品在移动中碰撞。最后在箱子的外面一定要贴上"易碎"的标志。

（3）迎合节日营销包装。

对每个人来说，收到损毁的商品是一件非常令人懊恼的事，尤其是节日礼物或生日礼物损毁，更是让买家难以接受。所以，在特殊节日出售的商品，卖家不仅要保证商品能够按时送达，还要确保买家收到时是完好无损的，且要迎合不同的节日特点，进行创意包装。

卖家最好多花点心思将商品包装得更加精致。有时对细节的重视会让卖家对卖家的服务更加满意。

（4）适应各种环境的包装。

包裹很有可能会被操作人员进行野蛮装卸，所以，卖家最好自行设计一个实验，在任何可能的环境下，来测试包装是否能效地保护商品。

不论寄送什么样的商品，一定要确保包装完好并能够防水。包裹被雨水浸泡、因为包裹重量增加以至于买家在收到货时必须加付超重费用等情况，都有可能导致卖家收到差评。

思考与练习

1. 与一般国际贸易物流相比，跨境电商物流具有哪些特征？
2. 简述邮政小包的优势与劣势。
3. 简述 EMS 的优势与劣势。
4. 简述商业快递的优势与劣势。
5. 简述海外仓模式的运送流程。
6. 海外仓的优势与劣势分别有哪些？
7. 海外仓的运营模式有哪些？如何选择海外仓的运营模式？
8. 在选择跨境电商物流渠道时要考虑的主要因素有哪些？
9. 进出境货物与进出境物品有哪些区别？
10. 我国针对跨境电商零售出口海关规定的监管模式有哪几种？
11. 计算题。

主营时尚配件产品的跨境电商卖家张先生，近日接到金额为 20 美元的全球速卖通订单（20 副耳坠，产品规格 25g/副），张先生为了能让顾客尽快收到商品，决定使用 EMS 将货物发往英国，货代给出的折扣为四七折。请据此计算在该笔订单中张先生预计需要支付给货代的运费。（英国物品类首重 280 元，续重 75 元）

第6章 跨境电商产品定价与发布

【学习目标】

- 理解跨境电商产品定价目标。
- 熟悉影响跨境电商产品定价的主要因素。
- 掌握跨境电商产品价格的构成和产品价格制定公式。
- 了解跨境电商产品定价的基本策略和补充策略。
- 熟悉主要 B2C 出口跨境电商平台的产品发布流程。

---------- 实 训 项 目 ----------

1. 任务

以团队为单位,详细描述影响团队开发的产品定价因素,并为产品确定包邮价格。具体任务如下。

① 通过使用产品价格制定公式来计算团队开发产品的价格。

② 综合考虑各种影响产品定价的因素,形成产品定价策略,确定最终价格。

2. 要求

① 任务成果形成 PPT,思路清晰,表达简洁。

② 在团队 CEO 和产品开发总监的协调下,以团队为单位完成并提交作业。

③ 团队派出代表在课堂上进行交流,重点介绍影响团队开发的产品定价因素、产品定价策略、定价计算、具体定价。

> 产品价格可以体现产品的价值、直接反映店铺经营定位,也会影响营销方式、产品销量和利润。在充分了解影响产品定价因素和明确产品价格的构成基础上,结合产品定价策略,可以为产品制定一个恰当的价格。产品价格确定后,再加上选品管理和物流方案所明确的信息,卖家已经获取了在跨境电商平台上发布产品所需的全部关键信息,这时便可以在所选定的跨境电商平台上发布产品。

6.1 产品定价

产品价格是营销中最活跃的因素。成功的定价需要考虑产品成本、客户对产品价值的感知和其他因素，如定价目标、市场竞争和营销策略等。一般来说，产品成本决定了产品价格的最低水平，若低于这个价格卖家则无法盈利；而客户对产品价值的感知决定了产品的最高定价，若高于这个价格，客户则会认为价格不合理，拒绝购买；其他因素决定了产品价格在最高和最低这个区间的具体位置。

6.1.1 产品定价目标

卖家通过制定产品价格，以达到一定的目的，这就是产品定价目标。跨境电商卖家在为产品定价时，必须明确自己的目标。不同的卖家、产品、市场和时期，有不同的营销目标，所以卖家需要采取不同的定价策略。通常卖家的产品定价目标不是单一的，而是多元的。以下是一些常见的产品定价目标。

1．维持卖家生存

当卖家经营不善，或者市场竞争激烈、客户需求有变化，导致产品销售困难、库存积压、资金周转困难，甚至面临破产风险时，卖家可能会为产品定低价，以快速清理库存，回收资金。这种产品定价目标只能当作短期应急措施，不能作为长期目标，否则卖家难以生存。

2．追求当前利润最大化

卖家追求当前利润最大化，不考虑长期效益。这种产品定价目标的实现需要一定的条件，即产品声誉好，在目标市场上有竞争优势。如果没有这个条件，那么卖家还是应该以长期目标为主。

3．保持和提高市场占有率

市场占有率反映了卖家经营状况和产品竞争力，对卖家的生存和发展很重要。卖家只有保持和提高市场占有率，才能生存和发展。因此，这是一个十分重要的产品定价目标。为了实现这个目标，卖家可能会实行低价策略，来吸引更多的客户。

4．应付或抑制竞争

有些卖家为了阻止竞争者进入自己的目标市场，会将产品价格定得很低。这种产品定价目标一般适用于实力雄厚的大卖家。中小卖家在市场竞争激烈时，一般会以市场为导向，根据市场价格来定价，从而缓和竞争关系、稳定市场。

5．树立卖家品牌形象

有些卖家的产品定价目标是"优质优价"，以高价来保证产品的高质量，从而树立自己的品牌形象。

6.1.2 影响产品定价的主要因素

要确定最佳价格，通常需要考虑多个因素，主要包括以下几个方面。

1．产品单位成本

产品单位成本包括产品的研发、制造、存储、原材料、运输成本及税费等。产品单位成本直接影响产品的定价,通常情况下,产品单位成本是成交价格的最低限度。产品单位成本可以按以下公式计算。

$$产品单位成本 = \frac{固定成本 + 单位变动成本 \times 销量}{销量} = \frac{固定成本}{销量} + 单位变动成本$$

从这个公式可以看出,固定成本可以分摊到所有可销售的产品中,因此,单位变动成本是价格的真实底线。

2．定价目标

产品定价在实现卖家不同层次的目标中发挥着重要作用。卖家可以通过制定价格吸引新客户或留住现有客户;可以将价格定得较低,以阻止竞争者进入市场或跟随竞争者定价来稳定市场;可以通过定价来争取中间商的支持并保持其忠诚度;可以暂时降低价格,使某种品牌产品热销;一种产品的价格还可以促进产品线上其他产品的销售。

3．资金周转

如果卖家需要快速周转资金,就会将价格定在对客户最具吸引力的水平上,以便尽快回收资金,维持自身的生存和发展。

4．供需情况

供需情况对产品定价也有很大影响,主要包括市场产品供求关系和需求价格弹性两个方面。

（1）市场产品供求关系。

产品价格是在一定的市场供求状况下形成的。某种产品的供应状况反映其供给总量与需求总量之间的关系。如果市场上某种产品的供求基本保持平衡,该产品的价格就会趋于稳定;如果供过于求,其价格就会下降;如果供不应求,其价格就会上涨。

（2）需求价格弹性。

需求价格弹性是指需求量对价格变化的反应敏感程度。通常用需求价格弹性系数表示,计算公式如下。

$$需求价格弹性系数 = \frac{产品需求量变动的百分比}{价格变动的百分比}$$

当需求价格弹性系数>1 时,说明产品需求量变动的百分比大于价格变动的百分比,称为强弹性需求或富有弹性。此时,降低产品价格会使销售收入增加,而提高产品价格会使销售收入减少。

当需求价格弹性系数<1 时,说明产品需求量变动的百分比小于价格变动的百分比,称为弱弹性需求或无弹性需求。此时,提高产品价格会使销售收入增加,而降低价格会使销售收入减少。

当需求价格弹性系数=1 时,说明产品需求量变动的百分比与价格变动的百分比是一致的,称为单一弹性。此时,价格变动与需求变动一致,以保持价格相对稳定为宜。

5．市场竞争环境

市场竞争环境可以分为 4 种模式:完全竞争市场、完全垄断市场、垄断竞争市场和寡头垄断市场。不同的市场竞争环境对产品定价会产生不同的影响。

（1）完全竞争市场。

完全竞争市场是指市场上不存在任何垄断势力，买卖双方可以完全自由地从事各种经济活动。完全竞争市场具有以下特点。

① 有许多买家和卖家，各自的产品购销量均有限。
② 买家和卖家都可以完全自由地参与交易活动，对市场信息有充分的了解。
③ 产品的成交价格和数量是在多次交易中自然确定的。
④ 各种生产要素都能自由流动。

（2）完全垄断市场。

完全垄断市场是指市场上某种产品的销售完全由一个卖方单独控制。完全垄断市场具有以下特点。

① 产品极其缺乏弹性或完全无弹性。
② 产品的专用性很强且无替代品。
③ 卖家是独一无二的。
④ 交易的价格和数量完全由垄断者决定。

（3）垄断竞争市场。

垄断竞争市场是介于完全竞争市场与完全垄断市场之间的市场环境。垄断竞争市场具有以下特点。

① 有许多买家和卖家。
② 不同卖家所提供的产品存在差异。
③ 少数卖家在一定时间内处于优势地位。
④ 买卖双方在市场活动中都受到一定限制。

（4）寡头垄断市场。

寡头垄断市场是指市场上少数几个大卖家控制并操纵着某种产品的生产和销售。在寡头垄断市场中，产品价格不是由市场供求状况决定的，而是由大卖家以其共同利益为基础通过协议和契约来决定的。

6．品牌形象

当卖家专注于高端市场，提供高质量的产品或服务时，产品价格与成本可能基本无关，过低的价格甚至可能会损害品牌形象、影响销售情况。

7．促销策略

各种形式的促销策略都会影响产品最终定价。

6.1.3 产品价格的构成

产品价格的制定直接影响了产品详情页在跨境电商平台中的排名和点击率，以及客户的购买决策。所以，制定合理的产品价格非常重要。

1．产品价格的直接构成因素

跨境电商产品价格直接由以下几个因素构成。

① 生产成本或产品进价。如果是生产型/制造型卖家，产品价格的直接构成因素之一就是生产成本；如果是商贸型卖家，产品价格的直接构成因素之一就是进价。

② 运费。它是跨境电商零售流通费用的主要部分。

③ 平台佣金。平台佣金是跨境电商平台为卖家提供交易服务而收取的费用，一般按照订单成交金额的一定比例计算。不同平台和不同类目的佣金比率可能不同。

④ 税金。跨境电商零售过程中涉及的税金，主要有关税、消费税、增值税等。不同国家或地区、不同产品的税率不同，税金征收方式也可能不同。

⑤ 产品目标利润。它是指卖家期望从该产品中获取的利润。

⑥ 促销活动价格折扣。跨境电商卖家在为产品定价时，要考虑市场促销活动的影响，为产品价格预留适当的折扣空间。

根据以上因素，产品价格的计算公式如下。

产品价格＝生产成本或产品进价＋运费＋平台佣金＋税金＋产品目标利润＋
促销活动价格折扣

2．产品价格制定公式

跨境电商企业在制定产品价格时，通常是在生产成本的基础上，考虑产品目标利润率、平台佣金率、税率、促销折扣减免率等因素制定价格。跨境电商出口零售的卖家还要根据汇率，把本国货币价格转换为买家所在国的货币价格。

综上所述，可以得出跨境电商出口零售卖家的产品定价计算公式（见式6-1）。

$$产品定价（实收金额）＝\frac{生产成本}{1-产品目标利润率} \tag{6-1}$$

式中，产品定价表示卖家想要获得的净收入（实收金额）。如果还要考虑其他因素，如平台佣金、海关和税务部门的税收、产品促销给客户的减免和汇率等，那么包邮和不包邮的最终产品定价公式分别如式6-2和式6-3所示（以美元定价为例）。

（1）包邮产品价格制定。

$$产品销售定价（USD）=(产品进价+国际运费)\div(1-产品目标利润率)\div(1-平台佣金率)\div(1-促销折扣减免率)\div美元汇率 \tag{6-2}$$

（2）不包邮产品价格制定。

$$产品销售定价（USD）= 产品进价\div(1-产品目标利润率)\div(1-平台佣金率)\div(1-促销折扣减免率)\div美元汇率 \tag{6-3}$$

注意：由于不同国家或地区、不同产品的税率和征收方式各不相同，因此公式中没有直接包含税收这一因素。另外，其他费用也会影响产品定价。在实践中，卖家可以通过提高产品目标利润率来"吸收"这些费用。

以上的定价公式是基于成本导向的。在实际操作中，卖家可以通过调整目标利润率和促销折扣减免率来考虑市场竞争环境、供需情况、品牌形象、促销策略等影响产品定价的因素。

计算产品销售定价的例子如下。

广州某跨境电商公司计划引进一款品牌型号为 eufy BoostIQ RoboVac 11S（Slim）的扫地机器人。在阿里巴巴批发市场的进价为155元/件，该产品净重为1.6kg。该公司期望获得40%的产品利润率。某平台的佣金率为8%，该公司计划在产品发布成功后打8折销售，并使用 EMS 包邮服务销往美国，运费为236.5元。在仅考虑跨境产品价格的直接构成因素（不考虑各种税金)的情况下,试计算该产品销售定价(保留1位小数,假设美元汇率为7.0)。

答:产品销售定价(USD)=(产品进价+国际运费)÷(1-产品目标利润率)÷(1-平台佣金率)÷(1-促销折扣减免率)÷美元汇率

$$=(155+236.5)÷(1-0.4)÷(1-0.08)÷(1-0.2)÷7.0$$
$$=126.6(美元)$$

6.1.4　3种基本定价策略

下面介绍跨境电商的3种基本定价策略,卖家通常选择其中一种作为定价基础,并结合其他定价策略进行调整,以制定最有利于销售的产品价格。

1. 成本加成定价

成本加成定价是以产品单位成本(包括产品进价或生产成本、运费和仓储费用等)为基本依据,再加上目标利润来确定价格的方法。这是卖家最常用的,也是最基本的定价策略之一。在计算成本时,除了考虑单位变动成本,卖家还需考虑每月分摊的固定成本,如厂房、设备等。

例如,如果一件产品的总成本为1000美元,卖家期望获得10%的产品利润率,那么卖家应该制定的产品价格为1111.1美元[1000÷(1-10%)]。

成本加成定价的优点在于以成本控制为重点,计算方法简单易懂,当大卖家需上传大量产品目录时,管理非常简便。

成本加成定价的缺点:没有考虑市场需求,导致卖家无法按预期价格销售产品;没有考虑市场环境竞争因素,存在产品定价在市场竞争中失败的风险;从长远来看,可能会有利润空间不足的风险,这是因为成本加成定价策略没有留出足够的利润空间来抵消批量折扣、规模经济和其他可能影响盈利能力的因素的影响。

总的来说,这种定价策略非常适合小卖家,便于新手管理其产品定价。

2. 基于竞争定价

基于竞争定价是指卖家通过研究竞争者的生产条件、服务状况、价格水平等因素,依据自身的竞争实力,参考成本和供求状况来确定产品价格。在这种定价策略下,卖家可以选择随行就市定价或根据产品差别定价。

基于竞争定价的优点如下。

- 增加市场份额。卖家可以制定有竞争力的价格,以确保增加市场份额并获得更多的客户。
- 增加销量。如果产品的价格与竞争者保持一致,卖家就可以更快地增加产品销量。
- 提高客户忠诚度。如果客户认为卖家以低于竞争者的价格提供相同或相似的产品,选择卖家产品的可能性就更大。
- 节省成本。基于竞争定价可以让卖家降低获得客户的成本和提高产品销量。

基于竞争定价的缺点如下。

- 降低利润率。如果卖家试图让产品价格与竞争者的相匹配,那么可能要接受较低的利润率。
- 引发价格战。如果竞争者也试图让产品价格与卖家的相匹配,那么可能引发价格战。
- 降低差异化能力。当卖家专注于保持低价时,使品牌脱颖而出就更具挑战性。

- 有限的定价权。有竞争力的定价策略会限制卖家提高价格的能力,即使产品的成本增加了,也是如此。

这种定价策略总体上运作良好。需要注意的是,卖家必须掌握市场波动和竞争者的动向。因此,卖家有必要进行持续的市场调查,以防止竞争力被削弱。

3. 基于价值定价

从本质上讲,基于价值定价是根据市场的价格承受能力和客户对产品价值的感知,来设定产品的价格。客户对产品价值的感知通常决定了客户愿意为获取产品支付的最高限额。采用这种定价策略的卖家必须针对产品细分市场和产品价位,提供高质量的产品。

基于价值定价的优点如下。

- 使产品价格与客户感知的价值保持一致,可以让客户觉得自己得到了一个公平的交易价格。
- 增加产品的感知价值,从而增加销售额和提高利润率。
- 通过突出产品提供的独特价值,将卖家的产品与竞争者的产品区分开来。
- 建立忠诚的客户群。如果客户觉得物有所值,就更有可能重复购买。

基于价值定价的缺点如下。

- 确定产品的感知价值可能很困难,因此,卖家更难设定合适的价格。
- 向目标客户传达产品的价值并不容易,因此,卖家很难证明设定的价格合理。
- 基于价值定价是风险较高的定价策略之一,因为客户可能更愿意避免为产品的感知价值支付更高的价格。
- 产品的实际价值可能难以衡量,因此,卖家很难知道价格是否合理。

这种定价策略非常适用于高端产品或奢侈品,也适用于卖家品牌中品质最好的产品。但是,当采用这种定价策略时,卖家必须了解客户对产品价值的感知。对于经营一些差异化程度较低的产品卖家来说,使用基于价值定价的策略可能是不可行的。

6.1.5 跨境电商产品定价的补充策略

跨境电商卖家在选择一种基本定价策略作为定价基础时,还需要综合考虑各种因素,结合一些定价补充策略,对定价进行调整,以形成能更好地促进销售的最终产品价格。根据实践经验,跨境电商产品定价的补充策略主要有以下几种。

1. 撇脂定价

撇脂定价是指在新产品推出市场时,卖家先定一个很高的价格,吸引那些对新产品有强烈需求和购买能力的客户,然后逐步降低价格,扩大市场份额。这种定价策略适用于那些具有新颖性和独特性的产品,卖家可以通过营销活动来提高产品的知名度和吸引力。例如,一些新款的智能手机在上市时的价格很高,但随着时间的推移,卖家会逐渐降低价格,以吸引更多的客户。

撇脂定价的优点:高需求产品可以利用热门话题而定价;全新的技术产品可以从该策略中获利;季节性产品在季节性销售期间可以利用客户需求的变化而定价。

撇脂定价的缺点:该策略适用于需要不断更新的产品;客户可能会推迟购买,直到价格下降;保质期短的日常用品无法从该策略中获益。

总的来说,撇脂定价对提高季节性产品销量非常有效。例如,卖家在冬季以全价销售冬装,而在夏季大幅降价销售。由此,一些客户可能会推迟到淡季才做出购买决定。

2. 亏损引流定价

亏本引流定价是指卖家利用低价亏本销售某种商品,吸引客户进入店铺,成功吸引到流量后,引导客户以正常价格购买店铺中的其他商品。

亏本促销定价的优点:这种策略非常适合吸引新客户,增加交易数量,以清理滞销库存。

亏本促销定价的缺点:亏本销售项目本身不产生任何利润,不能保证客户会进行额外购买。

3. 动态定价

动态定价是指卖家根据供需情况、市场竞争环境、客户行为、一天中的不同时间、季节、库存量,甚至天气等各种因素不断改变定价,如图6-1所示。

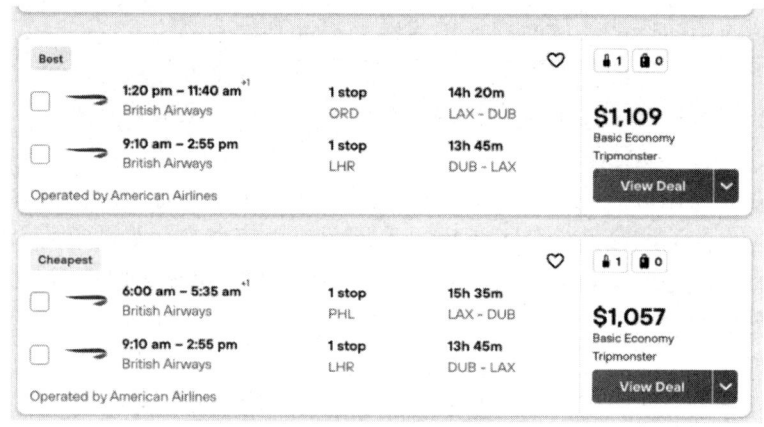

图6-1 动态定价示例

航班票价取决于目的地、时间、游客人数和可用座位数等。航空公司通过算法检测到有大量旅客在搜索特定航班信息,决定调高相应机票价格。

动态定价的优点如下。

- 提高盈利能力。卖家根据相关因素实时调整价格,对需求量大的产品制定更高的价格,而对需求量小的产品制定更低的价格来增加利润。
- 提高竞争力。动态定价可以通过匹配或击败竞争者的价格来让产品保持竞争力。
- 增强客户体验。卖家可根据个人客户的购买历史或浏览行为为其提供个性化的价格,增强客户的购物体验。

动态定价的缺点如下。

- 可能存在价格歧视。向不同的客户收取不同的价格可能会导致卖家被指控存在价格歧视。这可能是一个敏感问题,可能会损害品牌的声誉。
- 复杂性和成本更高。动态定价是成本更高和更复杂的定价策略之一,需要借助复杂的技术和数据分析来实现。
- 客户信任度下降。不断调整价格会让一些客户觉得自己被利用了,可能会降低客户对品牌的信心和忠诚度。
- 法律限制。一些法规可能禁止或限制使用动态定价。如果卖家想在特定国家或地区实施此策略,那么请务必咨询法律团队。

动态定价是一种非常有效的跨境电商产品定价策略，但卖家必须在提高盈利能力和提升客户满意度之间取得适当的平衡。

4．溢价定价

溢价定价是指卖家在不考虑市场价格承受能力的情况下，收取尽可能高的价格。这种定价策略主要适用于珠宝、设计师服装、鞋子、高端跑车或其他奢侈品等。客户购买这类产品的目的是追求产品的高品质和社会地位的表达。

溢价定价的优点是，可以瞄准客户，获取极高的利润率，也可以培养非凡的品牌忠诚度。

溢价定价的缺点是，需要高度针对性的营销，销量可能相对较低，卖家的产品必须是同类中最好的，才能证明其价格的合理性。

如果品牌产品的目标客户是市场上富有的购物者，溢价定价将有助于该品牌获得他们的关注。但是，该品牌的产品必须达到目标客户的预期效果。

5．锚定价格

锚定价格是指给客户提供一个参考或比较价格，以向客户展示其可获得的优惠。一种常见的做法是显示"原价 10 元，现价 5 元"。锚定价格示例如图 6-2 所示。

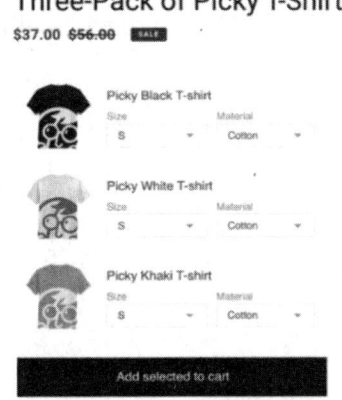

图 6-2　锚定价格示例

锚定价格是一种利用心理机制的定价策略，可以使客户直观感受到在交易中获得多少优惠。该策略在提供折扣和特别优惠时非常有效。

锚定价格的优点：可以以百分比或优惠金额的形式，直观地向客户展示在交易中节省了多少；通过利用客户害怕错过的心理，促进了销售转化，增强了客户的购买欲，提升了客户满意度。

锚定价格的缺点：如果锚定价格和成交价之间的差距过大，就可能会导致买家对产品价值的感知降低；过度使用锚定价格可能会让客户认为这仅仅是一个交易的噱头或在交易中存在虚标锚定价格的行为。

总之，卖家需要合理运用锚定价格策略，避免过度依赖锚定价格来促销，从而达到刺激销售和提供特别优惠的目的。如果卖家设定的价格不经常变化，这种定价策略的效果就会非常好。

6．导入性定价

导入性定价指的是以特别低的价格先推出新产品，然后逐步提高价格。一般，一些科技公司和免费试用订阅服务会采用这种定价策略，以吸引客户尝试新产品，导入性定价示例如图 6-3 所示。

图 6-3　导入性定价示例

导入性定价的优点是，能够刺激新产品的销售，并可以利用客户害怕错过的心理。

导入性定价的缺点是，客户可能没有紧迫感，随着产品价格的提高，销量可能会下降，并且初始利润率可能低于预期。

对于需要培育市场，使产品逐渐受欢迎的情况，导入性定价策略非常有效。在采用该策略时，卖家要注意在市场能够承受的范围内逐步提高价格。

7．捆绑定价

捆绑定价是一种将多件产品组合在一起制定一个价格的定价策略，这种策略非常有效。购买多件产品会降低产品的单位价格，捆绑定价示例如图 6-4 所示。

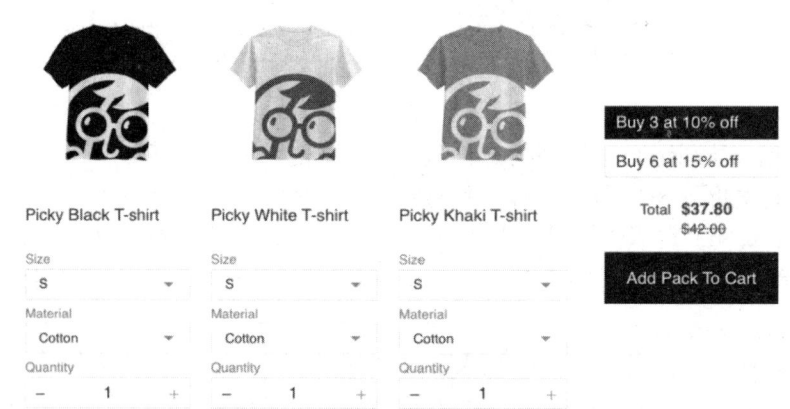

图 6-4　捆绑定价示例

捆绑定价的优点包括促进整体销售和收入，有利于清理库存，以及促进向客户追加销售。

捆绑定的缺点：随着时间的推移，采用这种策略可能会降低利润率，并且客户可能不会全价购买单个产品。此外，捆绑不相关的产品可能会使客户感到困惑。

总之，捆绑定价几乎适用于任何类型的产品，但卖家必须确保捆绑销售不会侵蚀产品的利润。

8．折扣定价

折扣定价是一种非常有效的定价策略，可用于刺激销售。当销售放缓或需要清理库存时，卖家通常会使用此种定价策略。折扣可表示为百分比或折扣金额，但卖家应避免过度折扣，因为太大的折扣会让客户怀疑产品质量或虚标原价。

在实际营销过程中，跨境电商产品可采用的折扣定价策略，主要包括以下几种形式。

（1）数量折扣策略。

根据客户购买产品的数量，给予不同折扣。购买量越多，折扣越大。在实际应用中，卖家可采取累计和非累计数量折扣策略。

（2）现金折扣。

对于赊销产品，为鼓励客户提前付款，可在定价时给予一定的现金折扣。

此外，还有促销折扣、季节折扣等。为了鼓励中间商在淡季进货或刺激客户在淡季购买产品，可采取季节折扣策略。

折扣定价的优点：可以促进销售；让客户感觉划算；尽管利润率较低，但可以增加销售额和收入。

折扣定价的缺点：过度折扣可能会导致客户不再全价购买产品；对畅销产品打折可能会降低销量；利润可能会随着时间的推移而减少。

限时抢购等特殊活动中的折扣定价策略可以提升品牌销量和引起轰动。但是如果卖家过度使用折扣定价策略，滥用折扣最终可能会导致客户对产品失去兴趣。

9．心理定价

心理定价是一种利用客户思维和行为特征来设定吸引其购买产品的价格策略。一个典型的例子是在价格中使用 9 作为尾数，例如，支付 10 元与支付 9.95 元，在客户的心理感觉上会产生较大的区别。

这种定价策略可以通过利用客户害怕错过心理、强调产品稀缺性、捆绑交易等策略来影响客户行为，并增加销量。最终，卖家根据客户的情绪反应调整产品价格。

心理定价的优点如下。

- 增加感知价值。通过使用该策略，卖家可以让客户认为产品是有价值的。
- 增加销售额。奇数定价或限时优惠等心理定价策略可以增强客户的购买紧迫感，从而在短期内增加销售额。
- 提高利润率。通过调整价格可以使客户产生某种情绪反应，从而增加收入并提高转化率。

心理定价的缺点如下。

- 被认为具有欺骗性。一些客户可能会感到被误导并对卖家失去信任，认为这种策略具有欺骗性。
- 并非对所有产品都适用。某些产品可能不适用心理定价策略。
- 更难实施。实施心理定价策略往往是一个复杂的过程，需要卖家对客户的心理和行为有很好的了解。

心理定价策略最好用在针对特定产品的限时促销活动中。同时，以合乎道德的方式使用心理定价策略也很重要。

6.2 产品发布

不同跨境电商平台的产品发布操作方法各有不同,但一般需要完成以下步骤:进入上传产品页面;选择产品类目;填写产品基本属性;设计产品标题和选择关键词;上传产品图片;填写销售信息,如产品定价等;制作产品详情页;设置产品包装及运费信息。产品发布和管理是商家的高频操作,而产品详情页的内容与产品转化成交息息相关。下面以亚马逊为例,介绍如何创建产品详情页及跨境电商产品的发布流程。

6.2.1 亚马逊产品详情页相关概念

当客户在亚马逊上购买产品时,价格、评级和产品特点等产品详细信息会显示在产品详情页(Product Detail Page)上,也称为亚马逊列表(Amazon Listing)。

这些产品详细信息由亚马逊的卖家或供应商提供,客户可以根据这些信息对产品进行评估。如果有多个卖家提供相同的产品,亚马逊就会将来自不同卖家的报价数据合并到一个产品详情页上,避免客户重复阅读信息。产品详情页的所有权属于亚马逊,销售同一种产品的卖家可以在产品详情页上添加自己的报价信息。如果发现已创建的产品详情页信息有误,该产品的卖家可以请求对产品详情页进行审核。拥有注册商标的卖家在亚马逊上进行品牌登记后,可以更多地控制使用其品牌名称的亚马逊产品详情页。

了解产品详情页的构成要素及结构,可以帮助卖家创建更具吸引力和转化效果更好的产品详情页。图 6-5 展示了亚马逊产品详情页的基本结构。

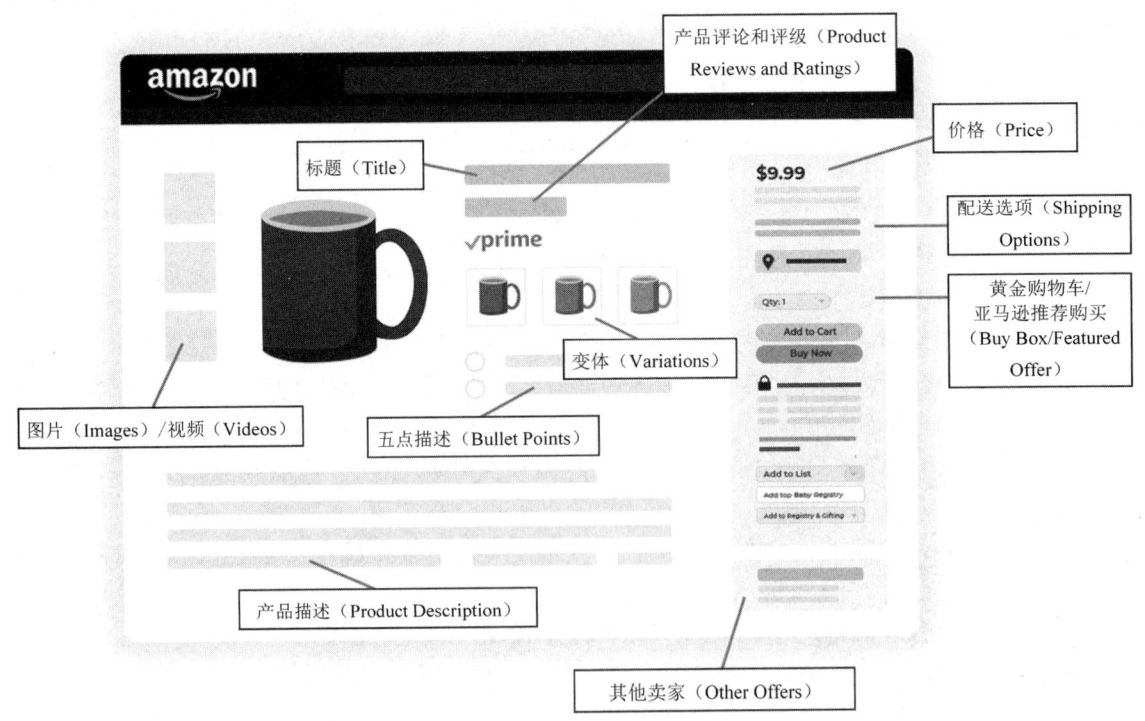

图 6-5 亚马逊产品详情页的基本结构

表 6-1 列举了创建亚马逊产品详情页的关键要素。

表 6-1 创建亚马逊产品详情页的关键要素

构成要素	解释
标题（Title）	产品的标题是客户在搜索产品时率先看到的重要内容之一。一个好的亚马逊产品标题应以产品名称开头，并包含热门关键词以突出其功能和特点。通常情况下，标题长度不应超过 200 个字符（包括空格）
五点描述（Bullet Points）	大多数产品类别允许卖家在产品详情页中使用最多 5 个要点来突出产品的主要功能。每个要点的长度通常不应超过 200 个字符。亚马逊建议保持五点描述的总长度在 1,000 个字符以下，以提高产品详情页的可读性和可搜索性
产品描述(Product Description)	产品描述是向客户提供更详细的产品概述的重要方式。在撰写产品描述时，卖家需要保证内容简洁和真实性，并侧重于产品的独特属性及产品的功能和优点。通常情况下，产品描述不宜超过 2,000 个字符
图片（Images）	每个产品详情页至少需要 1 张产品图片，建议提供 6 张图片以更好地展示产品。其中，第 1 张图片是主图，也是客户在搜索结果中看到的图片，必须在白色背景上展示要销售的产品，并且产品应该充满图片框。其他 5 张图片是辅图，可以用来强调产品的特定功能、应用场景等
视频（Videos）	在详情页中添加产品视频是向客户展示产品功能和优势的一种有力方式。视频内容必须遵守亚马逊的社区准则。推荐使用.mov 和.mp4 格式的视频，分辨率不超过 1080p，文件大小不超过 5GB。一个视频可以在多个关联 ASIN 的产品详情页上显示
搜索词（Search Terms）	在亚马逊上，后端关键词通常被称为 "搜索词"。卖家可以将这些搜索词添加到产品列表中的 "generic_keywords" 或 "search terms" 字段中，以使亚马逊的搜索算法将其产品详情页定位在更多的客户搜索结果中。由于搜索词对客户不可见，因此，它们通常包含与产品相关的相关术语、品牌名称、型号等信息。搜索词的字符限制通常是 250 个字符或更少，卖家应该仔细选择和使用搜索词以确保受众覆盖率和搜索效果最大化
A+内容（A+ Content）	A+内容是供应商和卖家在亚马逊上注册品牌后可以使用的功能。使用 A+内容后，卖家可以通过自定义段落标题、图像，独特的布局，项目符号功能列表和产品比较图表等来增强产品描述。此外，卖家还可以通过轮播展示、指向其他产品的链接、指向卖家的亚马逊品牌商店的链接及图片、文本卡片来提供额外的品牌内容。 优质的 A+内容可以改善客户体验并提高品牌知名度
变体（Variations）	亚马逊使用不可购买的父产品在可购买的子产品之间建立关系。如果某个产品有不同的尺寸、颜色、口味或气味等变体，这些变体将被视为可购买的子产品，并将在亚马逊的产品详情页上显示为变体。这些变体都将被链接到一个不可购买的父产品，以帮助客户找到所需的变体
价格（Price）	产品的价格在亚马逊详情页的右侧显示。如果卖家与其他竞争者销售相同的 ASIN，更改价格则可能会影响其赢得黄金购物车的能力。此外，价格也是亚马逊客户考虑购买产品的一个重要因素。因此，如果卖家的产品价格明显高于竞争者的价格，而没有明确的理由，那么搜索该产品的客户不太可能会点击进入该产品详情页
黄金购物车/亚马逊推荐购买（Buy Box/Featured Offer）	黄金购物车，也被称为亚马逊推荐购买，显示在产品详情页的顶部附近。客户可以选择立即购买或将产品添加到购物车中。如果卖家销售的 ASIN 也被其他竞争者列出，那么赢得黄金购物车意味着卖家的报价信息将显示在该产品详情页上

续表

构成要素	解 释
其他卖家（Other Offers）	当同一产品被多个卖家销售时，亚马逊会在"其他卖家"中显示所有卖家的报价信息。这些卖家可能会提供不同的价格、配送选项等。如果卖家销售自有品牌产品，那么应当留意其他试图出售该产品的卖家
配送选项（Shipping Options）	客户在产品详情页上可以看到配送选项。符合亚马逊 Prime 条件的商品往往更受客户欢迎，因为亚马逊客户喜欢卖家提供可预期的快速免费送货服务。 许多卖家利用亚马逊 FBA 计划来快速履行订单。如果卖家自己或与第三方物流公司合作履行订单，那么应该建立适当的流程来快速交付产品以保持竞争力。在所有条件相同的情况下，如果竞争者能以更快的速度配送相同的产品，那么会导致卖家失去销售市场
产品评论和评级（Product Reviews and Ratings）	亚马逊的搜索结果页面和每个产品详情页的右上角会显示星级评分。这个评分是之前客户对该产品的平均评分。客户通常会查看总体星级评分来比较产品。星级评分的范围是一到五颗星，其中五星是最高评级。 产品详情页底部提供了详细的产品评论和评级。任何人都可以留下评论，包括亚马逊更重视的已验证的购买评论，这些评论是由从亚马逊购买商品的人留下的；还有 Vine 评论，这些评论是由 Amazon Vine 评论计划成员提供的。评论者可以提供书面评论、照片或视频，以及星级评分。 亚马逊上的产品评论和评级对产品的搜索排名有很大的影响。卖家的星级评分在广告和搜索结果中，与产品标题、价格和配送选项一样，非常引人注目
卖家反馈评分（Seller Feedback Score）	作为卖家，反馈评分对于其在亚马逊上的成功销售至关重要，但其不会在产品详情页的明显位置显示。客户可以通过点击退货政策上方的"销售方"超链接或将鼠标悬停在"亚马逊上的其他卖家"上来访问卖家反馈评分。 客户可以提供与其订单体验相关的反馈评级和评论，这是亚马逊账户整体健康状况的一个关键指标。亚马逊期望第三方卖家提供卓越的客户体验。如果出现多个负面的反馈评级，就会严重影响卖家在亚马逊上的销售能力。因此，如果客户报告了所购买产品的问题，卖家就需要花时间进行故障排除，并尽可能防止该问题再次发生
畅销品排名（Best Sellers Rank）	畅销品排名会在产品详情页的产品信息部分展示。畅销品排名是针对每个相关类别和子类别的，因此，适当列出产品非常重要
客户问答（Customer Questions and Answers）	客户可以在产品详情页上直接提出与产品有关的问题。其他客户可以分享他们的经验，卖家也可以监控并及时回答任何新问题（如果适当的话）。例如，客户提出卖家应该能够提供有关产品尺寸、颜色等方面的详细信息问题。卖家收到这样的问题后，就应确保产品详情页上的内容可以为其他购物者提供有关产品尺寸、颜色等方面的详细信息。 客户问答还有助于提高详情页的搜索排名。热门关键词通常出现在这一部分，增加了与产品相关的主题的整体关键词密度。及时回答客户的问题表明卖家对客户体验的承诺，并有利于提高产品搜索结果排名

6.2.2 在亚马逊上创建产品详情页的基本步骤

产品详情页是卖家在亚马逊上展示产品和吸引客户购买的重要渠道。所以，有效地创建产品详情页对于卖家在亚马逊上获得成功至关重要。下面将介绍在亚马逊上创建产品详情页的基本步骤，并详细说明如何设置卖家的第一个亚马逊产品详情页及确定产品详情页上的关键要素，从而吸引客户进行购买。

1．添加产品

登录"Seller Central"，前往"Inventory > Add a Product"，如图 6-6 所示。

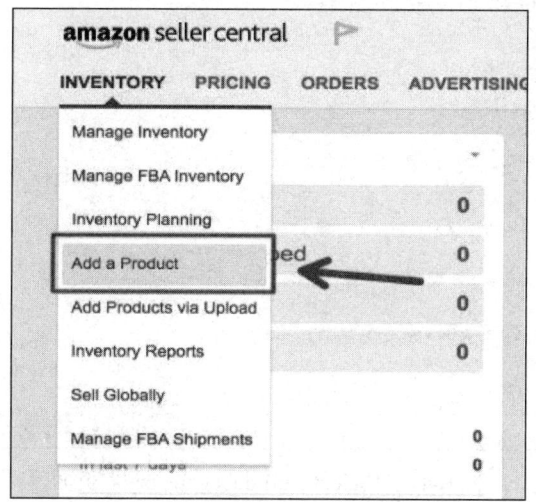

图 6-6　亚马逊卖家中心"Add a Product"

在"Add New Products"页面上，有 3 种添加新产品的方式，如图 6-7 所示。

① 通过搜索产品 ID 或名称添加已在亚马逊上销售的新产品。

② 添加尚未在亚马逊上销售的新产品。

③ 通过批量上传的方式一次上传多个产品。

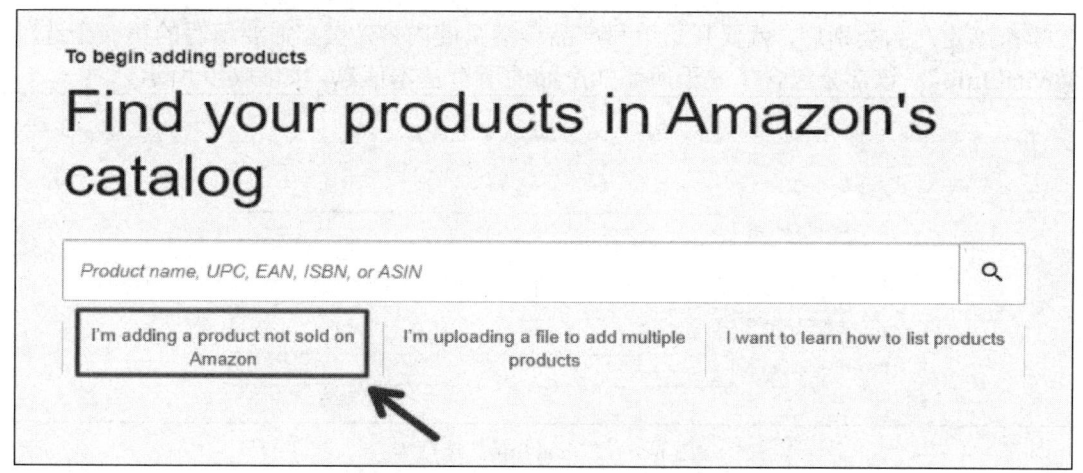

图 6-7　"Add New Products"页面

由于大多数卖家都会销售自己的产品（即尚未在亚马逊上销售的新产品），因此，本书重点介绍如何使用方式 2 创建产品详情页。

2．确定产品类别

完成"添加产品"这一步后，下一步是为产品分配一个类别。卖家可以通过以下两种方式找到产品类别：使用搜索功能和手动浏览类别。如图 6-8 所示。

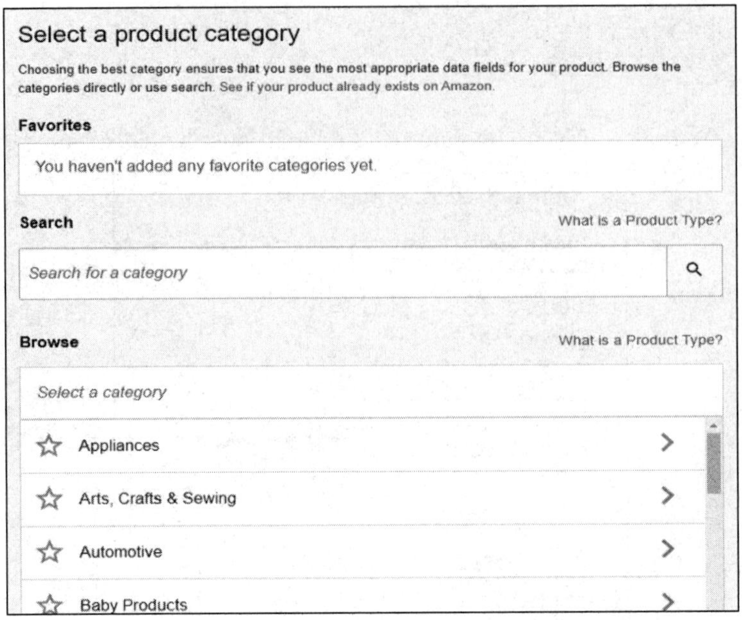

图6-8 "Select a product category"页面

通常，使用搜索功能查找产品类别比较简单快捷。在搜索栏中输入产品名称后，卖家会得到一堆不同的结果，其中一些非常相似。如果卖家不确定要选择哪个类别，那么可以先去查看竞争产品属于哪个类别，然后选择大多数竞争产品所在的类别。当然，如果卖家确定要选择某个类别，那就选择这个类别。

3．填写重要信息

卖家确定产品类别后，就要开始填写产品详情页的内容。卖家需要填写的第一个选项卡是"Vital Info"，该部分包含了关于所添加产品的所有基本信息，如图6-9所示。

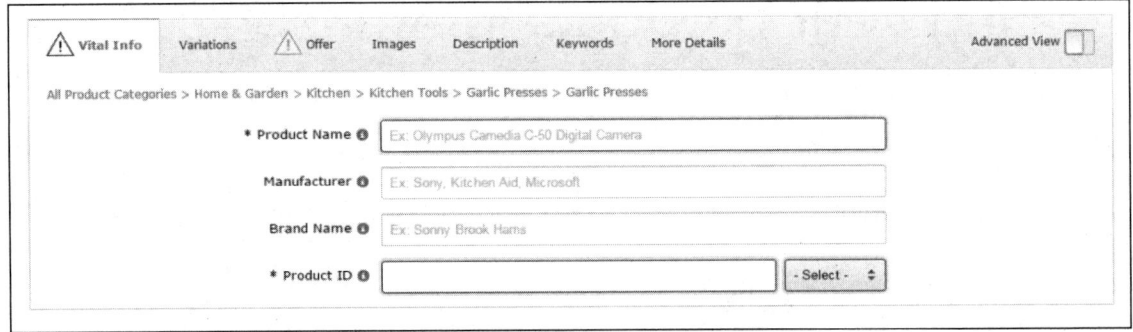

图6-9 "Vital Info"选项卡

下面介绍"Vital Info"选项卡中的每个主要字段。

（1）产品名称（Product Name）。

在搜索结果中，产品名称将是客户看到的第一个信息。因此，产品名称需要具有吸引人的特点，要包含尽可能多的相关关键词，并能在可读性和可搜索性之间取得平衡。

（2）制造商（Manufacturer）。

输入产品的生产厂家名称。例如，如果卖家的商品是一款手机，可以输入华为、苹果等作为制造商。

（3）品牌名称（Brand Name）。

输入产品所属的品牌名称。如果该产品的品牌没有在亚马逊上注册，卖家需要向亚马逊提供一些证明材料，如该产品的图片和带有品牌标识的包装。在亚马逊上注册品牌可以增加产品详情页对客户的吸引力，并提升转化率。

（4）产品编号（Product ID）。

卖家要在此处输入产品的唯一条形码编号。大多数产品都需要一个 GTIN（全球贸易标识符号），但是有些产品可能有资格获得豁免，具体取决于产品类别。卖家可以查看亚马逊有关豁免的政策来了解哪些产品符合 GTIN 的豁免条件。

（5）其他产品信息。

不同产品类别需要填写的其他产品信息也会有所不同。例如，颜色、形状等是可选项，但是卖家最好全部填写以提供更多的产品信息，进而才有可能提高产品在搜索结果中的自然排名。

4．添加变体

如果卖家销售的是同一种产品的不同款式，如不同的尺寸、数量或颜色，这时，卖家就需要添加变体。"添加变体"具体操作如下。

点击"Variations"下拉菜单，并选择要添加的变体类型，如图 6-10 所示。

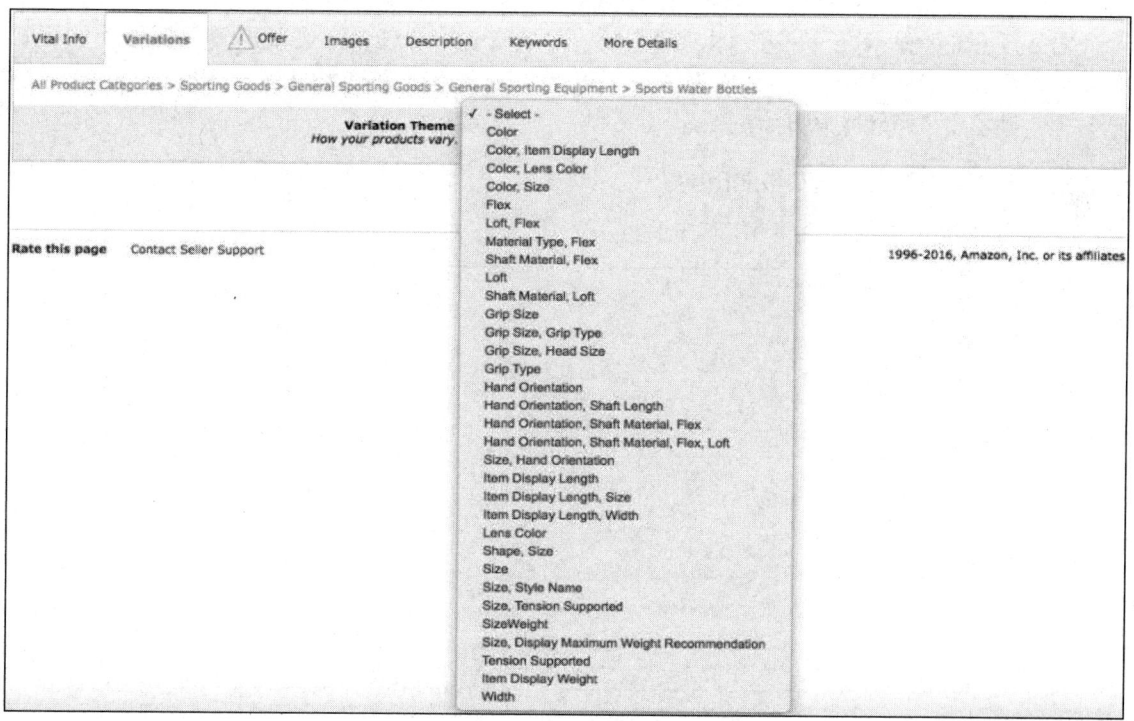

图 6-10　"Variations"选择页面

例如，选择"Color"选项后，将会有更多字段供卖家指定要添加的每个变体的名称，如图 6-11 所示。

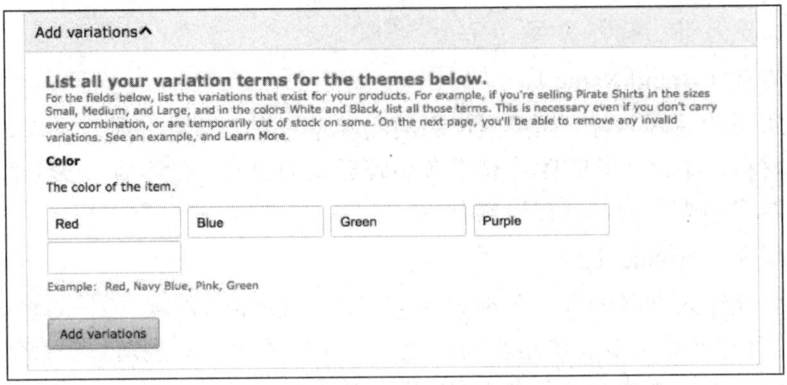

图 6-11 添加"variation terms"页面

添加变体名称后,为每个变体填写信息,即可完成变体的添加,如图 6-12 所示。

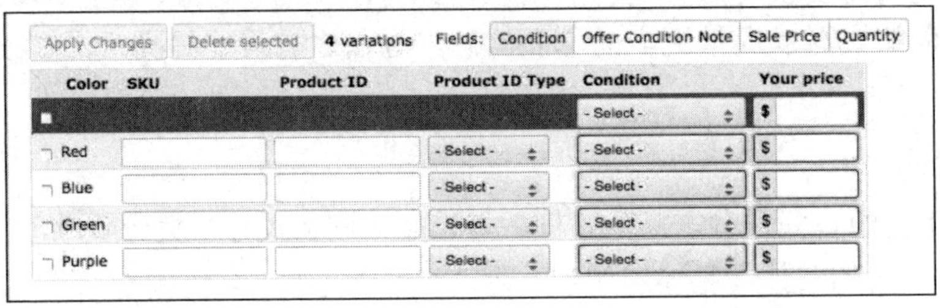

图 6-12 为每个"variation Flelds"填写信息页面

需要注意的是,对于每个变体,都需要一个唯一的 UPC/GTIN 条形码。例如,如果卖家销售 6 种不同颜色的产品,则需要 6 个不同的条形码。但是,如果该产品符合 GTIN 的豁免条件,那么无须提供额外的条形码。

5. 填写报价选项卡(Offer Tab)

填写报价选项卡,如图 6-13 所示。

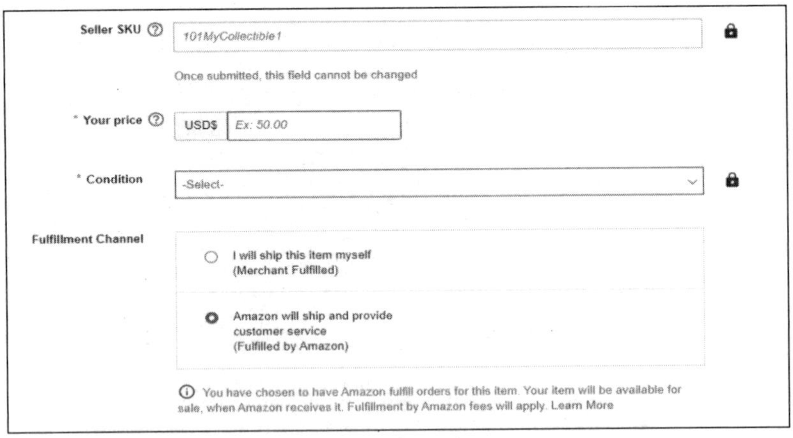

图 6-13 填写"Offer Tab"页面

报价选项卡页面主要包括如下几个字段。

(1)产品价格(Your price)。

卖家可以在这里设置售价及各种成交价格形式(此字段将在产品详情页创建完后显示)。

当卖家首次推出产品时，最好设置一个有竞争力的价格，注意定价不要太高，但也不要太低，因为定价太低可能被视为便宜或低质量产品。

在完成并保存产品详情页创建后，返回此选项卡，卖家将看到更多可以设置产品价格的字段。

- 制造商建议零售价（Manufacturer's suggested retail price）。这通常不是客户愿意支付的价格。从理论上讲，这应该是出售该产品的最高价格。在产品详情页发布后，将显示为原价（List Price），起到"锚定价格"的作用，让客户可以进行价格对比，并让其觉得这是一笔划算的交易。
- 销售价格（Sale Price）。这是客户将要实际支付的成交价格。

设置好这两个字段后，将创建一个划线价格，其下面会显示产品的销售价格，如图6-14所示。

需要注意的是，对于某些类别的产品详情页，价格显示可能与图6-14所示不同。

（2）卖家SKU（Seller SKU）。

如果卖家没有填写"卖家SKU"，亚马逊会自动生成一个。

（3）状况（Condition）。

选择产品的状况，如new、used、like new等。

（4）履行（Fulfillment Channel）。

卖家可以在此处输入库存的履行方式，如FBA（亚马逊履行）或FBM（卖家履行）。

图6-14 原价与销售价格显示示例

6．输入合规（Compliance）数据

在"输入合规数据"选项卡中，卖家可以提供有关产品的任何电池信息（如果适用），并上传任何安全数据表或注意警告，如加州65号提案。

需要注意的是，该选项卡对于某些类别是不可见的，因为它与产品无关。

7．上传图片（Images）

上传图片，如图6-15所示。

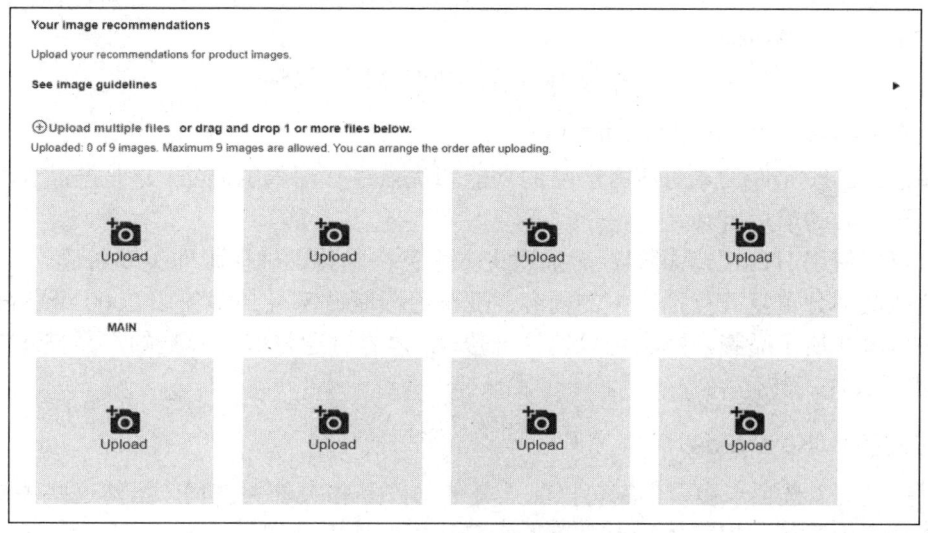

图6-15 上传图片页面

大多数产品类别允许上传最多 10 张图片。如果上传的图片是父子关系的变体，那么卖家需要找到标题为"SWATCH"的图像槽，这将是产品详情页的变体预览中显示的图像。

8．描述（Description）

在创建完产品详情页后，卖家可以填写描述（Description）选项卡（仅在创建产品详情页后出现）。描述选项卡包含了产品详情页的主要内容，分为"主要产品特性"和"产品描述"两个部分。

（1）主要产品特性（Bullet Points）。

主要产品特性基本上是出现在产品详情页顶部的五点描述（Bullet Points），如图 6-16 所示。

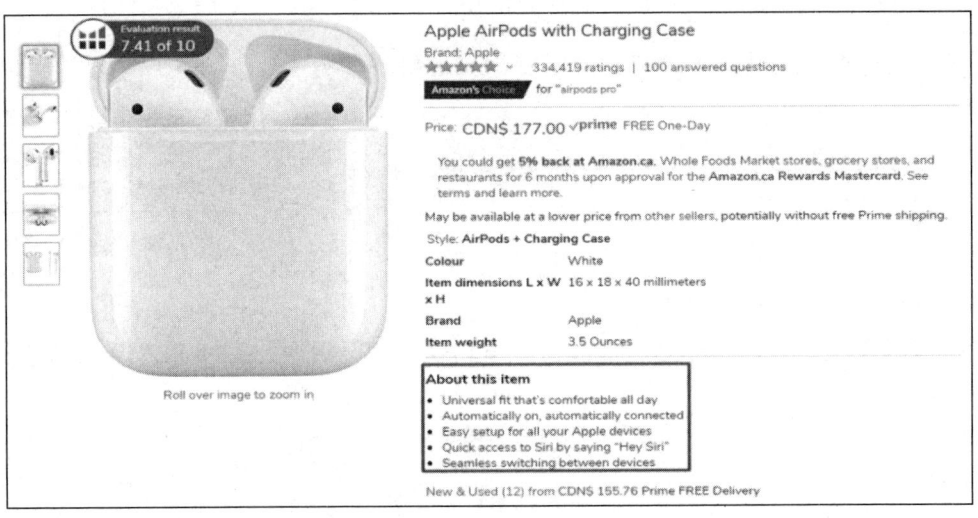

图 6-16　产品详情页五点描述位置示例

在撰写五点描述时，需要注意以下两个要点。

- 亚马逊搜索算法会检查此部分是否有关键词，以确定产品详情页的产品排名。因此，卖家要确保在五点描述中加入尽可能多的相关关键词，同时要保证可读性，否则客户可能会离开该页面。
- 每个要点描述控制在 150 个字符左右，确保简短、易懂。

（2）产品描述（Product Description）。

产品描述字段允许卖家对所有产品的功能和优点进行深入的总结，这是产品详情页中说服客户购买产品的最后机会。

卖家可以使用 HTML 编辑器，对描述文本进行格式化，确保版面美观易读。一般来说，尽量避免在此部分重复五点描述中的内容。亚马逊限制此部分最多使用 2000 个字符。

如果卖家注册了品牌，那么可以选择上传 A+内容，这将取代标准的产品描述。优秀的 A+内容能极大提高转化率。

9．关键词（Keywords）

在"关键词"选项卡中，卖家可以输入其他与产品相关的关键词，虽然这些关键词不会在产品详情页中显示，但可以让亚马逊搜索算法更好地识别和排名产品。

通常卖家会将主要的、高流量的、高相关性的关键词放在标题和描述中,而将其他相关关键词在此处添加。关键词选项卡要尽可能填满。

10．更多细节（More Details）

"更多细节"选项卡仅供卖家填写关于产品更多的详细信息,主要包括卖家可能需要填写的可选字段,具体取决于产品类型。卖家只需要查看每个字段并尽可能完整地填写。有些字段可能与产品不相关,可以不填写。

思考与练习

1．简述产品定价目标。
2．影响产品定价的主要因素有哪些？
3．简述 3 种基本定价策略。
4．简述跨境电商产品定价的补充策略。
5．简述亚马逊产品详情页的基本结构。
6．简述在亚马逊上创建产品详情页的基本步骤。
7．计算题。

某公司打算引进一款品牌为 Vstarcam 720P IP C7824WIP 的摄像头,线上市场的产品进价为 100 元/件,净重为 0.3kg,产品目标利润率为 30%。在某平台上销售该摄像头并拟定八折销售,该平台佣金率为 8%。请据此信息完成以下计算。

（1）如果选择使用 EMS 包邮销售到美国,EMS 提供五折折扣,请计算产品销售定价。（发往美国的标准资费为首重 0.5kg240 元,续重 0.5kg75 元,报关费为 4 元,不打折；美元汇率为 7）

（2）如果选择使用中国邮政小包（无折扣）包邮销售到美国,请计算产品销售定价。（发往美国的资费标准为 90.5 元/kg；挂号费为 8 元,不打折；美元汇率为 7）

第 7 章　跨境电商产品详情页优化

【学习目标】

- 掌握跨境电商产品详情页优化的相关概念。
- 理解跨境电商产品描述文案总体设计与优化的理论基础。
- 掌握主流跨境电商平台亚马逊产品详情页优化的流程与方法。

------------------------ 实 训 项 目 ------------------------

1. 任务

以团队为单位，选择亚马逊或其他跨境电商平台，为团队开发的产品创建并优化详情页。具体任务如下。

① 获取并整理关键词。通过平台内外的多种途径，收集相关关键词，创建 Excel 词表，并进行分类和筛选。

② 设置标题。

③ 设置产品属性。

④ 设置产品关键词。

⑤ 设置详情页产品描述文案（参照亚马逊或其他跨境电商平台的产品详情页排版）。

2. 要求

① 任务①～④要展示其设置和优化的过程和方法。任务⑤要按照一个总体逻辑，设计和撰写产品描述文案的各个部分。

② 任务成果形成以下 3 个文档。

- PPT。思路清晰，表达简洁，展示其设置和优化的过程和方法；PPT 演示时长不超过 10 分钟。
- Excel 词表。记录任务①的成果。
- Word 版产品详情页文档。呈现任务⑤的成果。

③ 在团队 CEO 的协调下，以团队为单位完成并提交作业。

建议按照以下分工创建并优化产品详情页。

- CEO（整体协调）。
- 产品管理总监（卖点挖掘、营销定位、产品属性、关键词）。

- 物流仓管总监（物流方式适配、物流费用核算）。
- 知识产权与法务总监（经营规则和知识产权风险规避）。
- 平台运营总监（产品发布、促销策略、关键词）。
- 客户关系管理总监（客诉预测）。
- 人力资源总监（人力资源、后勤保障）。

> 在第三方跨境电商平台上，有大量卖家销售类似的竞争产品。每个卖家都面临着如何实现更多销售的问题，其中包括如何让更多目标客户看到自己的产品详情页，并且在客户找到产品详情页后，如何说服他们购买。通过产品详情页优化，卖家可以更好地解决这两个问题。一个经过优化的产品详情页不仅可以更容易地被客户找到，还可以让访问该产品详情页的客户相信他们应该购买这个产品。

7.1 产品详情页优化概述

产品详情页（Product Details Page）是展示特定产品完整信息的网页，包括产品图像、关键特征、详细信息（如尺寸、描述、评论、视频、运费和其他相关信息）。在在线购物中，产品详情页对于购买过程至关重要，因为它可以帮助潜在客户做出购买决策。

优化产品详情页可以提高转化率，激发客户消费欲望，消除客户的消费疑虑，促进下单，并传达企业品牌信息，实现从流量到有效流量再到忠实流量的转化。在竞争激烈的市场中，产品详情页也是卖家进行市场定位、营销、服务客户并与之互动的基本媒介单元。

在平台规则下发布的产品会生成初始的详情页。为了获取更好的业绩，卖家应根据产品的经营环境、平台规则、运营指标、营销策略、竞争形势和客户反馈等信息，及时调整并优化产品详情页的各种构成要素。

产品详情页优化是通过调整各种构成要素，增加产品详情页的曝光量、点击率和提高其转化率，从而获得更多订单的一种方法。

7.1.1 产品详情页优化的总目标

产品详情页优化的总目标是增加产品详情页的曝光量、点击率和提高其转化率。

1. 曝光量

曝光量是指单位时间内产品信息被展示给客户的次数。在各大跨境电商平台中，产品被展示的途径主要包括如下几种。

- 在客户进行关键词搜索的结果中展示。
- 在客户按产品类目浏览时展示。
- 在热销产品排名中展示。

- 通过平台广告进行展示。
- 通过关联营销展示。

2．点击率

点击率是指产品详情页内容链接被点击的次数在产品详情页标题信息被浏览次数中所占的比例。

在各大跨境电商平台中，产品详情页通过各种途径被曝光后，客户通常会被平台所提供的产品排名、标题、主图、价格、评论数量及等级、销量等信息所吸引，从而点击产品链接进入产品详情页。

3．转化率

转化率是指产品成功交易的数量与详情页链接点击的数量之比。在点击产品链接进入产品详情页的客户中，一部分客户会被产品描述文案打动，从而完成交易。所以，在优化产品详情页时，卖家需要考虑如何提高产品描述文案的质量，以提高转化率。

7.1.2　产品详情页的作用

产品详情页的作用主要包括以下几个方面。
- 展示产品。通过展示产品的图片和视频，可以让客户直观地了解产品的外观和特点。
- 介绍产品。在产品详情页中介绍产品的属性、卖点、优势等，可以让客户更全面地了解产品。
- 增加入口。产品详情页可以促销产品，吸引客户进入店铺或查看其他产品，开展关联营销，提高成交率和促进二次消费。
- 树立品牌形象。通过优质的产品详情页设计，可以提升产品的品质感，增强客户的信任度和激发其购买欲望，有利于树立品牌形象。
- 减轻卖家沟通负担。一个良好的产品详情页会引导客户完成自主购物，减少客户的疑问和减轻卖家的沟通负担。

7.2　产品描述文案优化

产品描述文案是营销文本，用于解释产品的特点、功能和优势，以促使客户购买。优化产品描述文案的目的是更好地说服客户购买，提高购买转化率。在不同的跨境电商平台上，产品描述文案的优化都要根据客户的心理和行为规律，对文案的总体逻辑和各构成要素进行改进。

产品描述文案对于潜在客户做出购买决策至关重要。据调查，87%的客户认为产品描述文案极为重要或非常重要。所以，优化产品描述文案是跨境电商平台提高销售业绩的重要手段。下面将介绍产品描述文案优化的相关概念、写作步骤和优化效果评价指标。

7.2.1 产品描述文案优化的相关概念

1. 跨境电商产品描述文案的作用

在撰写产品描述文案之前,卖家需要明确产品描述文案的作用,以确保最大限度地发挥其效用。产品描述文案主要具有以下 4 个作用。

① 介绍。介绍产品的信息,让客户了解产品的结构、关键特征、技术结构、尺寸、颜色等。

② 评估。提供信息,帮助客户快速评估"这个产品是否适合像我这样的人"。

③ 说服。提供令人信服的、以客户为中心的理由来支持目标客户对产品的购买选择。

④ 曝光。以自然的方式使用 SEO 关键词和搜索词,使产品详情页链接在通用搜索引擎(如 Google)或第三方跨境电商平台(如亚马逊)的搜索结果页中显示。

2. 产品描述文案撰写的逻辑框架

撰写产品描述文案的最终目标是获得更多的销售额或转化更多的客户。跨境电商卖家可以借鉴一些经过验证的销售文案撰写的逻辑框架来高效地实现这个目标。下面介绍几种经典的产品描述文案撰写的逻辑框架。

(1) AIDCA。

AIDCA 逻辑框架可以用于任何类型的产品描述文案,它包含了以转化为中心的有效销售页面的基本要素。

① 注意力(Attention)。

吸引客户的注意力是产品描述文案中最重要的部分。如果无法完成这一步,那么卖家出售任何东西的机会都为零。

为了吸引客户的注意力,卖家需要明确产品描述文案是在与谁对话。可以通过询问以下几个问题来了解目标客户。

- 目标客户最关心什么?
- 是什么让他们夜不能寐?
- 他们讨厌什么?

一旦卖家能回答这些问题,通常就很容易提出如下引人注意的陈述。

"Healthy cereal that tastes too good to be true" ——Magic Spoon

"Even grown-ups sleep like babies on a Sunday mattress" —— Sunday Rest

② 兴趣(Interest)。

吸引客户的注意力后,下一个目标就是让他们继续阅读。通过激发兴趣可以保持客户继续阅读的动力。激发兴趣的一个好方法是提出一个问题或提出如下可以激发客户继续思考的统计数据,使他们继续关注该产品描述文案。

"Ditch your 500-year-old toothbrush and get a 21st century clean with the brush adults love and kids want to use." —— AutoBrush

③ 欲望(Desire)。

让目标客户渴望购买卖家的产品的有效方法是将产品特点转化为能给对客户带来的好处。卖家在撰写产品描述文案时,不要只描述产品的特点,而要让客户想象拥有该产品会如何改善他们的生活。

例如，某维生素提供的补充剂可以改善婴儿的健康状况。该产品的卖家强调补充剂中的欧米伽 3 和维生素 B12 将有助于宝宝的大脑发育，维生素 K 则可以帮助宝宝骨骼发育更强壮。将产品的特点或属性转化为能给客户带来的具体的好处，让客户更容易确定购买产品后他们的生活将得到改善。

④ 信心（Conviction）。

在向目标客户推销产品或服务时，信任是至关重要的，尤其是从未接触过该产品或卖家的客户。为了增强客户购买时的信心，卖家可以采取多种措施，如提供退款保证、社会证明、客户评论和意见领袖推荐等。在这些措施下，客户就可以明确知道如果产品不适合自己，就能得到退款；如果看到与自己相似的人留下评论或推荐产品，客户就会更有动力去购买。

⑤ 行动（Action）。

在完成以上步骤之后，让目标客户采取期望行动就变得比较容易。在撰写产品描述文案时，卖家需要明确指出需要客户采取什么样的行动，如留下电子邮件、咨询客服、加入购物车、收藏、立即购买或一键分享等。为了更好地促进客户采取行动，卖家应该使用明确、简洁和有吸引力的语言对产品进行描述，同时让客户感到使用卖家的产品对他们的生活有明显的好处。

（2）4Ps。

4Ps 是一种非常适合向那些经历过痛苦或怀有热切愿望的客户销售产品的逻辑框架。如果卖家能深刻理解客户的痛苦和愿望，就可以尝试使用这种逻辑框架。

具体而言，4 Ps 包括以下 4 个部分。

① 图片（Picture）。用图片描绘一个生动的故事或场景，其中包含潜在客户的痛点或理想的未来；让客户能够很容易地将自己融入其中。

② 承诺（Promise）。解释为什么卖家的产品能够解决潜在客户的痛苦或让未来充满希望。

③ 证明（Prove）。通过证明卖家将兑现的承诺（如客户推荐、退款保证等）来缓解客户的疑虑。

④ 推动（Push）。推动潜在客户以清晰简洁的方式采取行动。

图 7-1 给出了一个 4Ps 文案示例。Skull Crusher Coffee 是一个独特的咖啡品牌，在其产品详情页上，卖家使用 4Ps 逻辑框架来解释其明星产品如何帮助客户消除疲劳。首先，卖家使用图片和标题口号"再也不睡了！"来指出一个痛点——我们大多数人经常会感到"太累"。然后，卖家承诺该产品能帮助客户避免这种情况，让客户能够利用那些大多数人无法利用的时间。该产品的证据是它含有 350 毫克咖啡因，比普通黑咖啡多 3 倍，被称为"世界上最强的咖啡"。

图 7-1　4Ps 文案示例

这种逻辑框架非常简单但有效，最后以一个明确的 CTA（立即购买）来完成。

（3）FAB。

FAB 代表特点、优势和好处。此逻辑框架能较有效地打动潜在客户，因为它使理性诉求和感性诉求得到了较好的结合。当事实、统计数据与客户的情感诉求和想象力相结合时，这种组合几乎是无法抗拒的。

① 特点（Features）。

特点是产品的实际特征，包括尺寸、重量、材料、性能、附件、组件、速度、电机功率等。特点是产品的客观可验证属性。

② 优势（Advantages）。

优势是产品与类似产品的比较结果。优势通常被写为更好、更快、更强等比较术语。几乎每个特点都对应一个优势。

③ 好处（Benefits）。

好处描述了产品如何解决客户的问题，或者以某种方式改善他们的生活。通过描述使用产品会给客户带来的感受，使产品显得更具人性化。

FAB 逻辑框架几乎可以用于任何产品描述文案，下面是该逻辑框架应用的一些例子。

- "该产品由不锈钢制成（特点），因此，更易于清洁（优势），让您的家看起来一尘不染（好处）。"
- "它有一个 100 马力的发动机（特点），提供更多动力以应对更艰巨的任务（优势），并为您节省完成每项任务的时间（好处）。"
- "我们的报税准备易于使用（特点），因此，您可以更快地完成报税（优势），并更快地获得退款（好处）。"

（4）明星故事解决方案（SSS）。

明星故事解决方案是一种适用于向购买过程中具有很强心理焦虑倾向的客户销售产品的逻辑框架。该逻辑框架通过故事来帮助客户与故事中的"角色"建立联系，有助于弱化销售宣传，并引导客户做出购买决策。

该逻辑框架包括以下 3 个部分。

① 介绍故事的明星（Star）。明星是指客户或与其相似的虚构角色。

以下是一些明星角色塑造的例子。

- "我是_____，曾经被困在一个看不到前景的工作中，不知道如何出人头地。"
- "这个人过去每天要花几个小时做简单的清洁工作。"
- "20 年前，我面临着人生中最大的挑战。"

② 讲述明星的故事（Story）。谈论明星的痛点，以及他为什么必须做出改变；关注角色的愿望、欲望和需求，确保一切都与真正的客户联系起来。

以下是一些讲述明星故事的例子。

- "我有一份体面的工作，但有 3 个孩子、抵押贷款和汽车贷款，这使我仍然无法维持生计。"

- "他们尝试了一个又一个产品,并使用了所有最新技术,但情况仍然变得更糟。"
- "我去看医生、吃药、去水疗中心,甚至做了手术,但还是有问题。"

③ 提出帮助明星成就大事的解决方案(Solution)。解释为什么卖家的产品是明星问题的解决方案或他将成就大事的方式。

提出帮助明星成就大事的解决方案的例子如下。

- "然后我尝试了_____,突然一切都变了。"
- "最后,我了解了_____,并意识到如何解决我的问题。"
- "直到我使用了_____,我才发现了一些有用的东西。"

以上介绍了几种常用的有助于提高产品详情页转化率的文案撰写逻辑框架。跨境电商卖家在撰写产品描述文案时,应根据产品的特点、客户心理及营销需要,选择合适的逻辑框架。

7.2.2 产品描述文案优化的步骤

撰写一份高转化率的产品描述文案,除了要充分理解产品描述文案的作用及逻辑框架,还需要遵循一些成熟的写作步骤。下面详细介绍产品描述文案优化的 6 个步骤,并提供相关示例进行解释。

第 1 步:明确产品描述文案的受众——产品的潜在客户。

通常卖家无法将一个产品卖给所有人,因此在产品描述文案中卖家需要专注于与自己产品的潜在客户沟通或营销。如果之前还没有定义过产品的潜在客户,那么在优化产品描述文案之前,卖家可以找出以下问题的答案。

① 谁是最能从这个产品中受益的人?
② 该产品将为潜在客户解决哪些问题?或者解决哪些痛点?
③ 拥有这个产品能满足客户什么期望?
④ 主要潜在客户在做出购买决定时会有哪些疑虑?
⑤ 潜在客户为什么要从卖家这里购买而不是从竞争者那里购买?
⑥ 潜在客户会用什么词或短语来谈论产品?

以天然除臭剂产品为例,上述问题的答案分别如下。

- 对含有化学物质的除臭剂感到厌烦的人。
- 保持无臭味时长超过 5 分钟。
- 感觉更健康、更有责任感(对自己的身体和环境);感觉不那么脏和臭。
- 其他天然除臭剂产品似乎不起作用,或者在成分上造假。
- 与竞争者的产品相比,卖家的除臭剂确实有效。
- "天然""清新""香味""自信"。

了解潜在客户对上述问题的答案后,卖家可以像 Schmidt 的除臭剂一样撰写出令人信服的产品描述文案,如图 7-2 所示。

跨境电商卖家应为每个产品描述文案选择一个目标角色。因为不同产品适合不同的潜在客户,所以在产品描述文案中卖家应明确谁可以从该产品中受益,并与这个独特的角色进行对话。

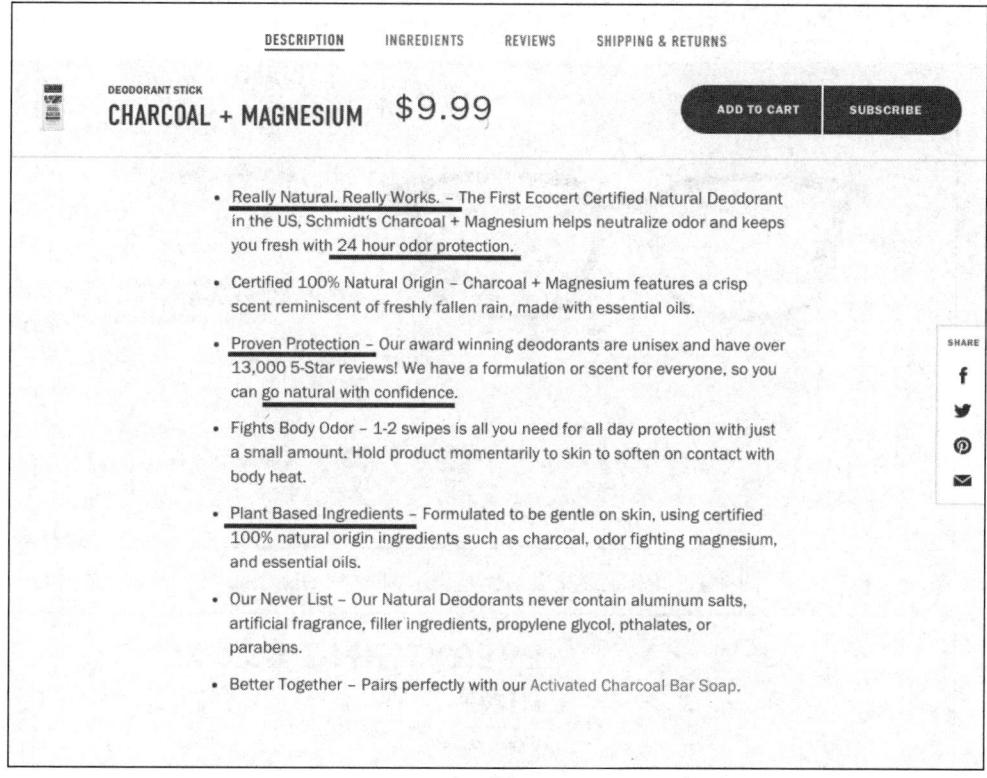

图 7-2 产品描述文案示例

第 2 步：确定用来与潜在客户对话的产品描述文案基调。

就像在线下商店，零售店员可以用多种方式与客户交谈一样，产品描述文案也可以通过多种不同方式与产品详情页的访客对话。卖家要确定哪种写作基调最有说服力，以与潜在客户进行有效交流。

卖家产品描述文案的基调可以是前卫而幽默的，如 Cards Against Humanity（见图 7-3），也可以是内敛和精致的，如 Felix Gray（见图 7-4），还可以是热情友好的，如 Jeni's ice cream（见图 7-5）。

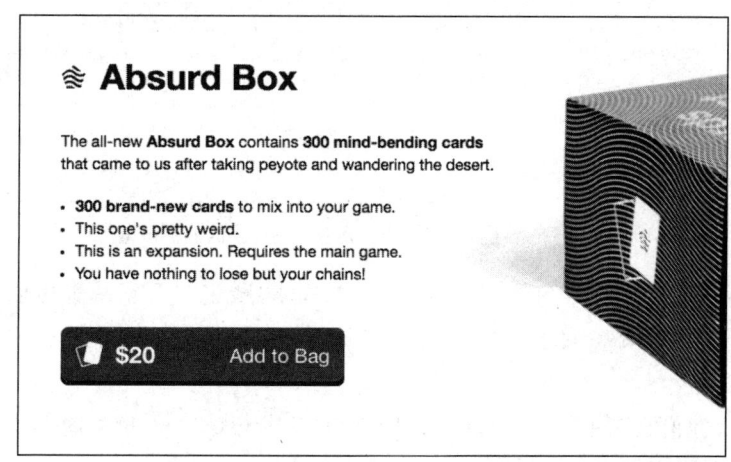

图 7-3 产品描述文案基调示例——Cards Against Humanity

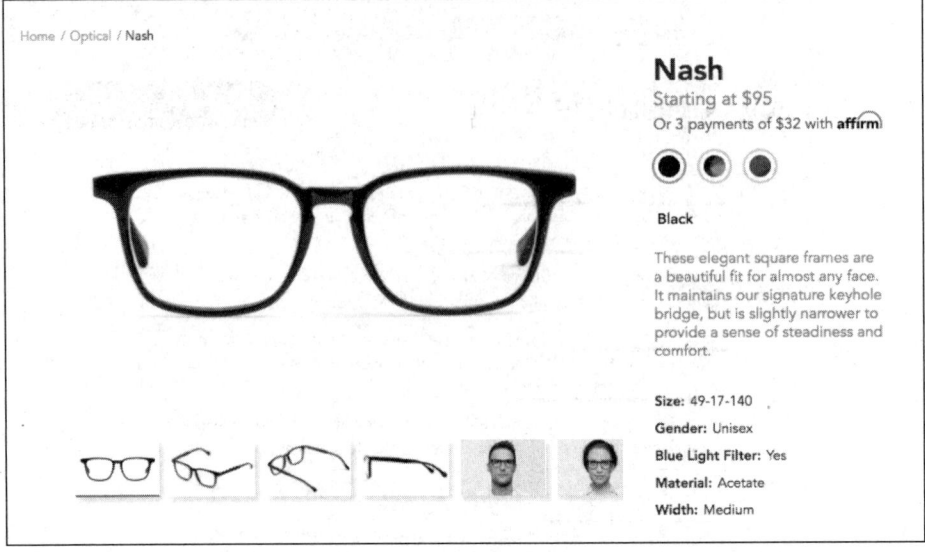

图 7-4　产品描述文案写作基调示例——Felix Gray

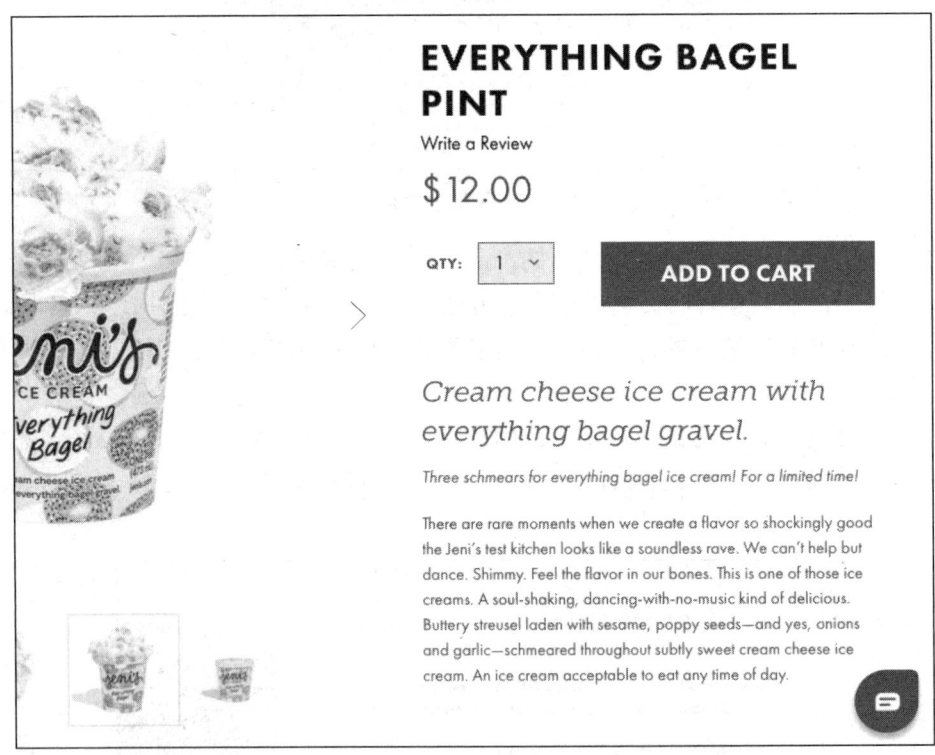

图 7-5　产品描述文案基调示例——Jeni's ice cream.

以上仅为产品描述文案写作基调的几个举例。在实践中,卖家几乎可以为每个产品的描述文案选择一个写作基调。所选的产品描述文案写作基调是否"合适",取决于以下两个关键因素。

- 潜在客户。他们在寻找或需要该产品时的情绪状态是怎样的?他们用什么样的语言来描述或搜索该产品?

- 产品的品牌。卖家想给客户留下什么样的印象？如何给客户留下这种印象？

尽管每种产品可能都有自己的目标客户，但卖家不希望对每种产品采用完全不同的写作基调。每种产品的描述文案基调与该产品的品牌保持一致有助于建立和保持信任。

卖家可以根据以下问题来了解潜在客户和产品的品牌，从而确定产品描述文案的写作基调。

- 当潜在客户发现该产品时，他们会有哪些想法和感受？
- 潜在客户在评论、搜索该类产品或与其他客户针对该类产品进行对话时使用什么样的语气和语言？
- 一个高绩效的销售人员会采用什么样的语气来与该产品的最佳潜在客户交流？
- 卖家的公司形象是什么？品牌形象是轻松幽默的，还是高级而严肃的，或是其他？
- 该产品与竞争产品的区别是什么？
- 在为公司撰写的各种文章中，应该体现哪些共同的价值观？

卖家需要让产品描述文案基调与品牌保持一致，以建立和保持信任。卖家可以特别关注以下两种产品描述文案基调。

- "怀旧"的作用是强大的，卖家可以探索如何在文案中对"回忆"进行描述，调动客户积极的情绪。
- 幽默可以缓解潜在客户购买产品的压力，只要它适用于该产品品牌，就可以让潜在客户开怀大笑，给其留下积极、持久的印象。

第3步：关注解决方案而不是产品规格。

大多数公司之间的竞争都是围绕产品质量而展开的，而不是客户在使用产品后的结果质量。在客户使用产品后的结果质量方面竞争，则意味着较少的直接竞争者，甚至在同一产品类别中也是如此。

目标客户关注的不是产品本身，而是通过使用产品实现的目的。他们更加关心购买该产品后会带来什么样的感受。卖家可以在产品描述文案中帮助潜在客户了解产品是如何解决问题的。卖家可以通过如下方法将产品特点和相关信息与潜在客户购买该产品时所看重的好处联系起来。

- 通过认同潜在客户的需求来激励他们。
- 帮助潜在客户想象他们可以通过使用该产品实现的目标。
- 帮助潜在客户想象拥有该产品后的各种变化。
- 使用感官来解释客户使用产品的感受，通过五大感官（视觉、听觉、味觉、触觉、嗅觉）发掘使用该产品后客户的感受。
- 帮助潜在客户想象目前的需求是如何通过使用该产品得到满足的。
- 在提出解决方案之前，强调潜在客户所面临的问题。
- 只有当潜在客户对自己的问题有清晰的认知时，才会购买产品来解决这个问题。因此，卖家需要激发潜在客户对问题的差距和严重性的认知，以促进其购买该产品。

以 Welly 为例（见图7-6），该卖家在产品文案描述中突出了问题（棘手的手部伤口），以及其产品如何解决相关需求（不会滑落的超长创可贴），以说服潜在客户。该卖家不是用

"一罐24个弹性绷带"这样的产品特点来引导客户购买,而是聚焦于解决客户"手指受伤时,包扎在指头上的绷带容易一次次滑落"的问题,通过使用该产品来找到完美绷带,这样"为无法包扎的手部伤口寻找完美绷带的日子就一去不复返了"。

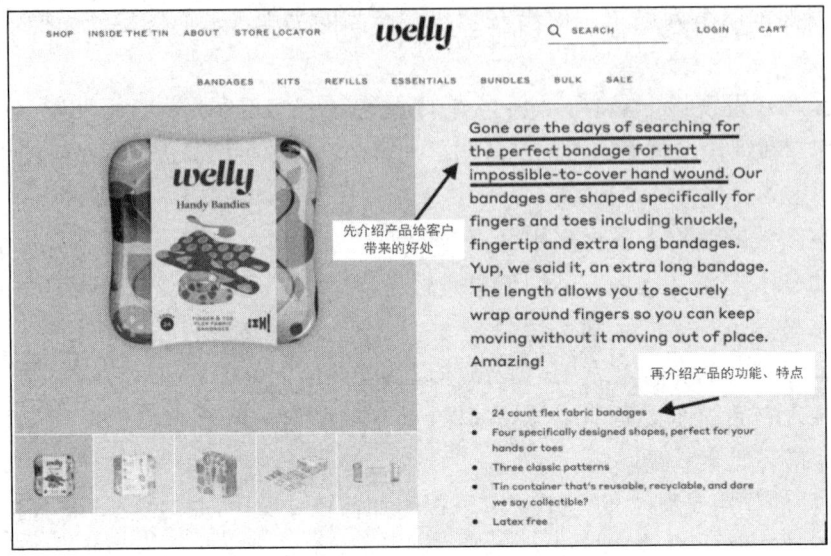

图 7-6　关注解决方案的产品描述文案示例

第4步:构建易于阅读、有效且高效的产品描述文案的逻辑框架。

一旦明确了产品描述文案要突出的好处,卖家就需要思考如何构建产品描述文案的逻辑框架,以便让潜在客户能够轻松理解和接受产品。在构建产品描述文案的逻辑框架时,卖家需要考虑以下几个方面。

(1)详略程度。

产品描述文案的详略程度是一个重要问题。如果提供过多的信息,客户可能就会感到不知所措;相反,如果描述过于简单,可能就无法满足客户对产品细节信息的需求。最佳的产品描述文案详略程度应该是,在传递信息的同时,保持简洁明了,避免冗长,确保高效传达信息。

(2)易于阅读。

产品描述文案应该结构化,以便访客能够快速浏览。段落划分应充分突出该产品给潜在客户带来的好处。使用项目符号、短段落、相关标题、创意图片、短视频等方法通常有助于提高产品描述文案可读性并使其更易于理解。

(3)产品描述文案的逻辑框架。

"7.2.1 产品描述文案优化的相关概念"这一部分介绍了产品描述文案撰写的逻辑框架。卖家可以根据实际情况选用合适的逻辑框架作为产品描述文案的基本结构。例如,有些卖家根据情况决定采用以下逻辑框架。

- 介绍产品。
- 设置问题。
- 以有说服力的方式描述解决方案。
- 以号召性用语结束(让潜在客户更容易成为客户)。

例如，Caraway 在炊具套装中很好地利用了上述逻辑框架，如图 7-7 所示。

图 7-7　逻辑框架选择示例

第 5 步：以与客户直接交流的方式写作。

采用与客户直接交流的方式写作是创作有说服力的优秀产品描述文案的关键技巧。在撰写产品描述文案时，卖家应针对第 1 步中确定的潜在客户进行。使用第二人称"You"（见图 7-8），仿佛正在与产品的目标客户进行直接对话。

图 7-8　写作时使用第二人称"You"示例

要提高产品描述文案的说服力并提高产品详情页的转化率，卖家可以参考以下建议。
- 保持句子简短并突出重点。
- 与潜在客户建立情感联系。
- 突出客户使用产品后的感受。
- 了解潜在客户面临的困难。
- 表达对客户痛苦的同情，并强调产品如何减轻痛苦。

- 呈现一种令客户向往的生活方式。

图 7-9 中的 Youth to the People 产品描述文案凸显了客户使用该产品后的感受（如明亮、精神焕发），以及期待（如皮肤看起来神奇）。

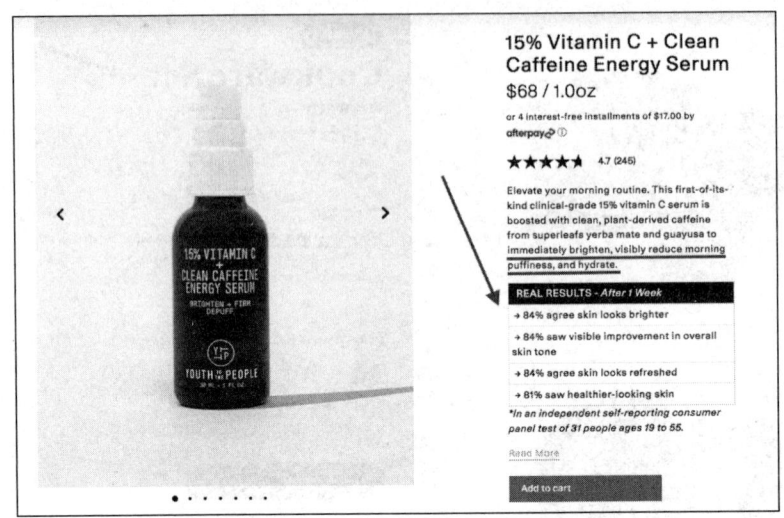

图 7-9　具有说服力的产品描述文案示例

第 6 步：利用优化检查清单完善产品描述文案。

在完成产品描述文案初稿后，卖家可以借助优化检查清单对卖点等关键部分、语法和搜索引擎优化等细节进行检查和完善。以下是帮助卖家检查产品描述文案初稿的一些重要问题。

- 是否使用了描述性且引人注目的标题？
- 产品描述在潜在客户面前是否栩栩如生？
- 是否突出了产品能够带来的惊喜或非常规优势？
- 是否以客户关心的利益和解决痛点的方案为主导，而非以功能为主导？
- 是否采用了潜在客户熟悉的语言，并与产品品牌基调相一致？（避免使用专业术语、令人困惑的缩略语或陈词滥调。）
- 是否利用标题、项目符号、图标、视频等方式使产品描述文案更简洁明了？
- 是否包含了社会证明——有无相关的影响者、技术或品牌可参考，以增强可信度？
- 在标题、副标题或描述段落中，是否自然地使用了相关的通用搜索引擎和产品发布平台 SEO 关键词？（注意不要为了 SEO 过度使用关键词而忽视客户体验。产品描述的首要目的是吸引和说服潜在客户，其次才是 SEO。）

在检查完产品描述文案初稿的重要事项后，还需通过以下细节问题进行检查并完善。

- 是否使用了能唤起信任和让客户有安全感的积极词汇？
- 句子是否以动词开头，而非被动陈述？
- 是否运用了将来时和现在时时态，让客户感觉自己是主人？
- 是否包含相关提示以预测和防止客户退货？
- 是否使用"懒惰"的写作词汇，如 actually, literally, honestly, just, nice, sorry, that, very, kind of, maybe？
- 是否利用了像 Grammarly 这样的免费工具检查语法准确性？

- 是否使用了夸张词汇，如 market-leading, breakthrough, innovative, stunning, ultimate, revolutionary？
- 是否有重复文本？使用 copyscape.com 等工具确保未重复自己或其他网站的文本。勿复制制造商的产品描述。Google 会奖励有价值的内容，而非克隆副本。

7.2.3 产品描述文案优化效果评价指标

完成优化并发布产品详情页的产品描述文案后，卖家需要使用适当的关键绩效指标（Key Performance Indicators，KPI）来衡量其业绩表现，并利用这些数据辅助决策。卖家通常需要使用 6 个评价指标来跟踪和衡量产品详情页的业绩表现，以确保能够随着时间的推移不断提高业绩。

1．加入购物车比率（Add-to-cart Rate）

加入购物车比率显示点击"加入购物车"或"购买"按钮并将产品加入购物车的产品详情页访客的百分比。它的计算方法如式 7-1 所示。

$$加入购物车比率 = \frac{加入购物车会话数}{该产品详情页会话数} \times 100\% \qquad (7\text{-}1)$$

该指标能够帮助卖家了解产品详情页是否吸引住了正确的客户，以及访客是否知道一旦自己访问该产品详情页，需要做什么。同时，加入购物车比率也可以用于解释产品及其价位是否与客户期望相一致。

2．转化率（Conversion Rate）

转化率指标可以帮助卖家了解产品详情页将访客转化为客户的有效性。该指标是通过将特定时期内成交人数除以该产品详情页访客总数来计算的，计算方法如式 7-2 所示。

$$转化率 = \frac{成交人数}{该产品详情页访客总数} \times 100\% \qquad (7\text{-}2)$$

3．平均订单价值（Average Order Value，AOV）

平均订单价值显示了客户在该网站每个订单平均花费的货币金额。该指标可以帮助卖家了解其客户的价值，以及可以在客户获取上投入多少成本。该指标是通过将网站所产生的总销售收入除以给定时期内的订单总数来计算的，计算方法如式 7-3 所示。

$$平均订单价值 = \frac{总销售收入}{订单总数} \times 100\% \qquad (7\text{-}3)$$

平均订单价值还能够帮助卖家改进定价，以及在寻求获得更多客户时，知晓应重点关注哪些营销渠道，以做出更加明智的决策。

4．购物车放弃率（Cart Abandonment Rate）

购物车放弃率表示在会话期间将产品添加到购物车，并在未完成购买的情况下离开网站的访客的百分比。计算方法如式 7-4 所示。

$$购物车放弃率 = \left(1 - \frac{完成购买访客数}{创建购物车访客数}\right) \times 100\% \qquad (7\text{-}4)$$

根据 Baymard Institute 的数据，电子商务行业的平均购物车放弃率为 58.6%（2022 年数据），图 7-10 显示了客户在加入购物车后和结账时放弃购买的原因。

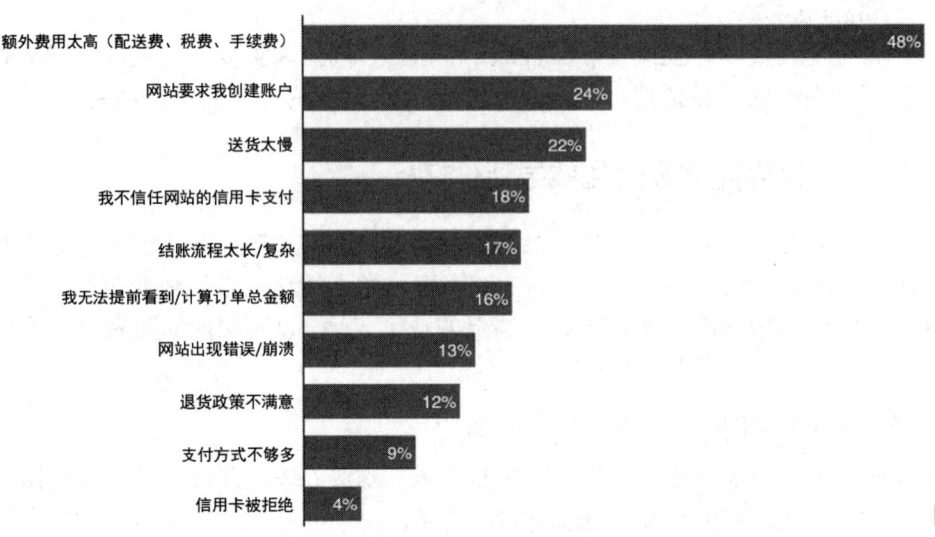

图 7-10　在加入购物车后和结账时放弃购买的原因

客户放弃购买的原因有很多，如额外费用太高、结账流程太长或支付方式不够多等。卖家跟踪购物车放弃率能够做出明智的决定，以优化产品详情页和整个结账流程。

5. 跳出率（Bounce Rate）

跳出率表示离开卖家网站的访客的百分比，这些访客除了访问他们最初登录的页面，没有访问任何其他卖家网站的页面，跳出网站与继续访问示意图如图 7-11 所示。

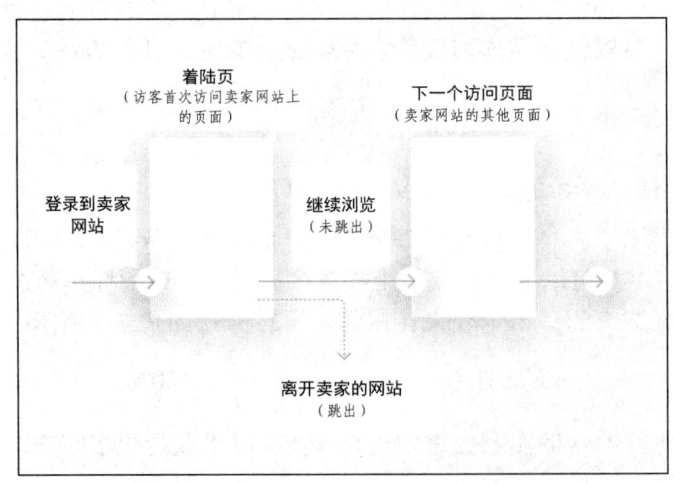

图 7-11　跳出网站与继续访问示意图

该指标的计算方法是将没有通过着陆页继续访问该网站其他网页的访客数量除以网站着陆页访客总数。计算方法如式 7-5 所示。

$$跳出率 = \frac{只浏览了单个着陆页的访客数}{着陆页访客总数} \times 100\% \qquad (7\text{-}5)$$

高跳出率通常表明产品存在深层次的潜在问题。如果某产品详情页的跳出率很高，则可能意味着该产品或其定价未达到客户的期望，或者某些事情使客户难以将产品加入购物车并购买。跟踪产品详情页的跳出率,卖家可以发现很多关于客户体验的问题,如网页加载速度缓慢、导航困难或缺乏适合移动设备的设计。

6. 平均页面访问时长（Average Time Spent on Page）

页面访问时长显示访客在特定页面上花费的时间。该指标可以帮助卖家了解产品详情页内容是否能够吸引和留住访客,以及它是否能够满足访客的需求。平均页面访问时长计算如式 7-6 所示。

$$平均页面访问时长 = \frac{访客在页面上花费的总时间}{在特定时间段内访问过该页面的访客数量} \quad (7\text{-}6)$$

卖家要密切关注平均页面访问时长指标,以了解访客对网站的兴趣与参与度交互。

一般来说,较长的平均页面访问时长意味着客户对该产品详情页感兴趣,是一件好事,但也可能是由于页面设计不清晰或产品信息准备不充分,访客不知道如何下单或犹豫是否购买该产品,因此卖家需要仔细分析平均页面访问时长,以发现问题并优化产品详情页。

7.3 亚马逊产品详情页优化

产品详情页是卖家在跨境电商平台上展示和推广产品的重要工具。为了增加产品详情页的曝光量、点击率和提高其转化率,卖家需要从以下两个角度进行优化。

第一,从 SEO 角度进行优化。这是因为平台上的大部分流量来自客户通过关键词搜索寻找产品。卖家要想在平台上获得更多的流量,就需要让产品详情页在客户搜索相关关键词时出现在搜索结果中,并且排名靠前。搜索结果的排名主要取决于平台的搜索结果推荐算法和运营规则。

第二,从客户角度进行优化。对于卖家来说,卖家设置产品详情页的各个部分旨在吸引客户注意力、点击和购买,从而提高产品详情页的点击率和转化率。这需要卖家遵循产品详情页优化的相关理论和方法。

7.2 节已经介绍了面向客户的产品描述文案优化的理论和方法。而面向平台的 SEO,卖家需要根据平台的搜索结果推荐算法和运营规则进行。由于不同平台的商业模式和运营理念不同,它们的搜索结果推荐算法和运营规则也有所差异。因此,没有一种通用的 SEO 方法适用于所有平台。本章将重点介绍亚马逊平台产品详情页优化的理论和方法,希望卖家能够举一反三。

7.3.1 亚马逊 A9 算法

在 2022 年的会员日（Prime Day）,亚马逊平台售出了超过 3 亿件商品。这么庞大的产品目录需要一个非常复杂的分类系统,以确保客户能够快速找到自己想要的产品,这就是亚马逊 A9 算法发挥作用的地方。了解亚马逊 A9 算法的工作原理对于掌握亚马逊的 SEO 至关重要。

1. 亚马逊 A9 算法的概念

亚马逊 A9 算法是为亚马逊搜索引擎提供支持的系统,决定针对特定搜索词向客户展示哪些产品。亚马逊的主要目标是向客户展示与他们最相关的产品，即购买可能性最大的产品。如果客户正在寻找白色 iPhone 充电器，但在平台搜索结果中只看到黑色 Android 充电器的详情页，那么他们购买的可能性将接近于零。这就是为什么客户永远不可能在搜索结果页面的靠前位置找到这样的产品。

2. 亚马逊 A9 算法与通用搜索引擎的对比

为了更好地理解亚马逊 A9 算法的工作原理，卖家可以将它与其他通用搜索引擎（如 Google、Bing 等）进行比较。亚马逊 A9 算法与其他通用搜索引擎的不同之处在于，客户的搜索目的存在很大的区别。

当客户在 Google 等通用搜索引擎中输入"iPhone"时，卖家并不能明确该客户在寻找什么。客户可能想要购买 iPhone，也可能只是在寻找有关 iPhone 的信息或在演示文稿中需要使用 iPhone 的图像。通常，客户使用 Google 等通用搜索引擎的目的主要有以下几种。

- 了解信息。客户正在寻找相关信息或问题的答案（如什么是亚马逊 SEO）。
- 交易。客户想要进行购买（如购买 iPhone）。
- 导航。客户想访问某个网站（如 Facebook 登录）。
- 寻找地理位置。客户想要去某个地方。

而在亚马逊上进行搜索，客户的目的通常只有一个：购物。

3. 亚马逊 A9 算法的工作原理

每月有数亿次搜索查询在亚马逊上执行，针对每一次搜索，亚马逊需要在几毫秒内决定在数以亿计的产品中哪个应排名第 1、第 2 等。亚马逊平台在进行搜索结果排名决策时，需要考虑一些关键因素。

客户、卖家聚集在亚马逊平台上，客户使用亚马逊最主要的目的是找到满意的产品或服务，卖家通过销售赚取利润，而亚马逊平台则通过创造更多销售机会赚取佣金，如图 7-12 所示。客户、卖家和亚马逊都有一个共同目的，即达成交易。掌握亚马逊 A9 算法的工作原理对于了解亚马逊的 SEO 至关重要。

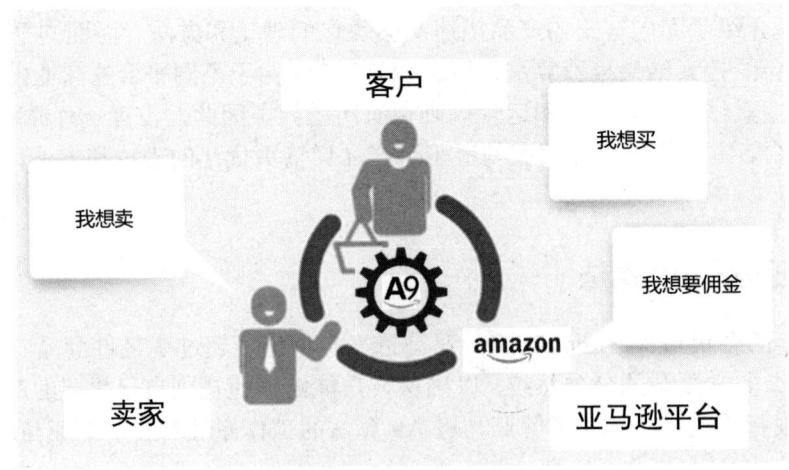

图 7-12　亚马逊平台目标

亚马逊的目标是构建一种增加交易数量的算法。针对每一次搜索查询，亚马逊的目标是将客户最有可能购买的产品排在搜索结果的第 1 位,第 2 个最有可能购买的产品排在第 2 位,依次类推。因此,亚马逊 A9 算法主要目标是向客户展示与他们最相关的产品,即购买可能性最大的产品。亚马逊根据购买可能性对产品搜索结果进行排名。

4. 亚马逊 A9 算法的排名因素

亚马逊 A9 算法最重要的排名因素主要可以分为以下三类。

- 相关性。
- 业绩表现。
- 吸引力。

这三类因素相互影响,卖家不应孤立看待。例如,良好的评论会增加产品的吸引力,进而推动转化,从而影响业绩表现。亚马逊 A9 算法最重要的排名因素关系如图 7-13 所示。

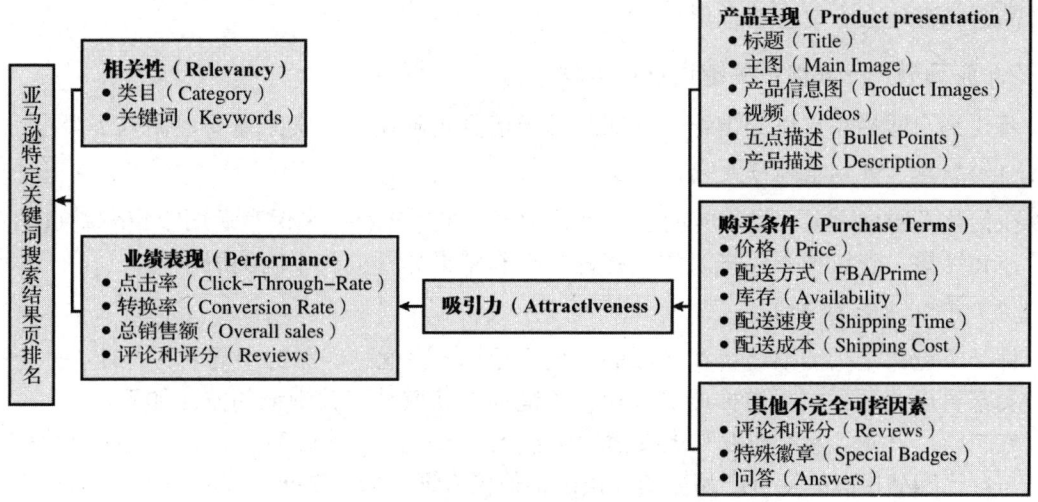

图 7-13　亚马逊 A9 算法最重要的排名因素关系图

下面分别介绍亚马逊 A9 算法 3 个排名因素及其优化方法。

7.3.2　相关性优化

下面介绍影响亚马逊搜索结果排名的第 1 个因素:相关性。亚马逊的最终目标是向客户展示与他们最相关的产品。因此,卖家的目标是找出潜在客户在搜索自己销售的产品时会使用的关键词,并进行关键词优化。

1. 关键词优化相关概念

亚马逊关键词是顾客在亚马逊平台上搜索产品或服务时使用的搜索词。这些关键词对于卖家的目标客户能否找到其产品详情页至关重要。

亚马逊关键词研究是亚马逊 SEO 的重要组成部分。它可以帮助卖家找到自己产品的相关关键词。相关关键词指的是客户在亚马逊上搜索卖家产品时用到的所有搜索词。一个产品的相关关键词可能有很多。例如,亚马逊上一款尿布包产品(ASIN:B08Q3QXK183)的相关关键词有 3,620 个,这是用 Helium10 的 Cerebro 工具反查研究得到的结果。研究表明,只有当卖家的产品详情页出现在特定关键词搜索结果的第 1 页时,才有较大可能性被客户点击。在众多相关关键词中,有些关键词比其他关键词更有价值。通常,一个产品的90%的销售额来自3~4个关键词。因此,关键词研究的一个主要目标是找出那些能让产品详情页排在特定关键词搜索结果第1页的高价值关键词,数量大概为5个。

高价值关键词需要满足以下3个标准。

① 能让产品详情页排在特定关键词搜索结果第1页。只有位于搜索结果第1页的产品详情页才能得到有效的曝光。

② 具有较高的搜索量。只有搜索量足够高,才能带来理想的销售额。

③ 高度相关且具体描述目标产品。这样的关键词能提高点击率和转化率。

例如,"water bottle"这个词虽然比"steel insulated water bottle"搜索量多5倍,但实际带来的销售额较少,因为它太宽泛了。搜索"water bottle"的客户需要的水壶款式差异很大,可能会搜索到数十种不同款式的水壶,所以"steel insulated water bottle"这类更具体描述目标产品的关键词会有更好的效果。

2. 亚马逊产品详情页关键词优化流程

要找到合适的高价值关键词,并在产品详情页正确使用,卖家需要遵循以下流程。

(1)创建关键词主电子表格。

在优化关键词之前,卖家应创建一个关键词主电子表格,来保存后面收集和筛选的关键词数据和结果。建议把不同来源的关键词数据和结果分开放在不同的表单里。

(2)获取种子关键词。

种子关键词是指能描述目标产品的关键词短语,也就是产品的不同名称。有了种子关键词,卖家可以通过不同渠道扩展更多相关关键词。获取种子关键词的方法如下。

方法一:首先,卖家在亚马逊搜索栏中输入已知的产品核心词,然后,复制自然排名靠前且与自己产品相似的竞争产品标题,找出其他核心词。以"Diaper bag"为例,目标产品如图7-14所示。

图7-14 目标产品示例

在亚马逊搜索栏中搜索"Diaper bag",搜索结果页面如图7-15所示。示例标题方框内的关键词可以作为目标产品的其他种子关键词。

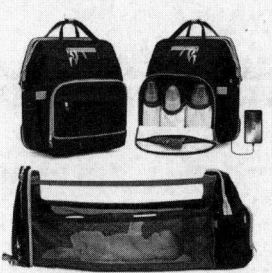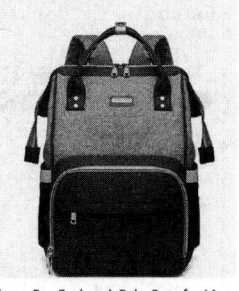

图 7-15 亚马逊"Diaper bag"关键词搜索结果页面（部分）

方法二：卖家可以通过使用 Helium10 的 Cerebro 工具，反查得到 5~10 个与目标产品最相似的竞争产品的关键词，从中挑选出搜索量最高且最能准确描述目标产品的其他种子关键词。

一般来说，种子关键词的数量不超过 5 个。所选择的种子关键词之间应该有较大差异，同时尽量较宽泛但能准确描述产品。

在大多数情况下，卖家可以通过研究亚马逊平台上类似竞争产品的标题来获取种子关键词。如果上架的产品是全新利基市场或全新产品，没有竞争产品，卖家就可以通过查看 Google、eBay、相关社交媒体或仅凭常识来猜测种子关键词。

（3）通过多种渠道获取大量相关关键词。

有了种子关键词后，卖家就可以通过各种渠道获取大量相关关键词。把通过不同渠道获取的相关关键词数据分开放在关键词主电子表格的不同表单里。为了方便后期筛选关键词，卖家要尽量利用各渠道的筛选功能，按一定标准及时筛选，保证最后放在关键词主电子表格里的优质关键词数量每个渠道不超过 50 个，所有渠道加起来不超过 200 个。

建立了关键词主电子表格后，可以使用软件工具检查收集到的关键词是否值得使用，以确保找到高价值关键词。

下面是发现和优化产品详情页相关关键词的基本渠道。通常需要逐个尝试，以确保覆盖所有可能的相关关键词。卖家也许从前两个渠道中获取了 80%的相关关键词，但通过其他渠道得到的剩下 20%的相关关键词可能是最能突出产品详情页差异化优势的高价值关键词。

① 反向 ASIN 搜索。

首先，通过种子关键词在亚马逊搜索栏进行搜索，找到排名靠前且与目标产品类似的 5~10 个不同品牌的竞争产品，记录这些产品的 ASIN。然后，复制并粘贴这些产品的 ASIN，在 Helium 10 Cerebro（付费）或 SONAR（免费）工具中进行反向 ASIN 搜索。下面以 Helium 10 Cerebro 工具为例介绍反向 ASIN 搜索相关关键词的方法，如图 7-16 所示。

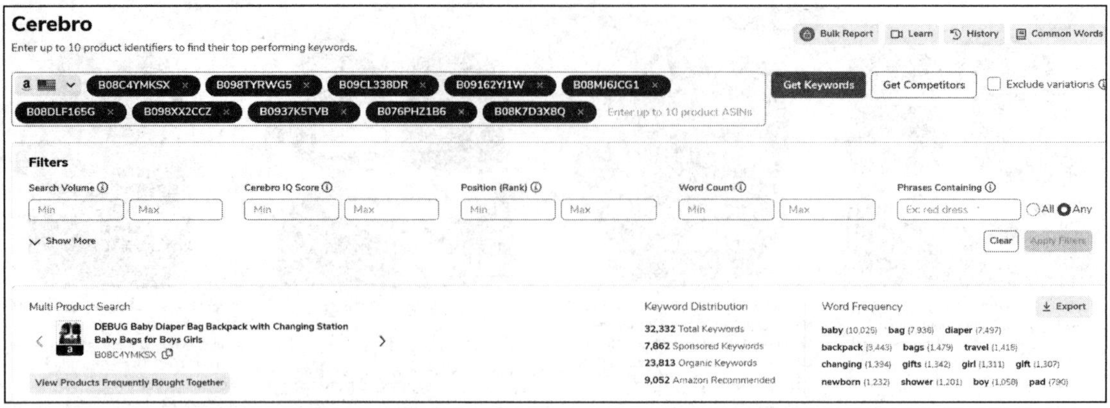

图 7-16 利用 Helium 10 Cerebro 工具进行反向 ASIN 搜索相关关键词

在通过反向 ASIN 搜索相关关键词选择竞争产品时，需遵循以下几个标准。
- 相关性。竞争产品要与目标产品高度类似，代表这些产品面向类似的目标客户需求，使用类似的相关关键词进行查询。
- 月销售额。选择的竞争产品月销售额在同类产品中排名要靠前，代表竞争产品的详情页相关关键词选择非常符合目标客户查询的需要。
- 不同品牌。选用不同品牌的产品，以确保通过反向 ASIN 搜索到的相关关键词更具代表性。

在将 5~10 个竞争产品的 ASIN 输入到 Helium 10 Cerebro 中反查相关关键词时，会返回大量结果，如图 7-16 所示，返回了 32,332 条相关关键词。为了缩小范围，需要设置一些标准以过滤掉次要的相关关键词，以保留最重要的 50 个左右的相关关键词。设置过滤关键词的标准因产品或返回相关关键词的数量而异，通常卖家可以使用以下几个过滤器设置关键词过滤标准。

- 字数（Word Count）。它指的是返回的相关关键词短语中的关键词数量。通常要剔除返回结果中基本的单字关键词。例如，可以将字数过滤器设置为"至少为 2"。
- 搜索量（Search Volume）。它指的是返回的相关关键词每月在亚马逊上被搜索的估计次数。通常要找到搜索次数较多的相关关键词。在设置此过滤器时，卖家可以把自己不能接受的低搜索量相关关键词排除掉。例如，可以将搜索量过滤器设置为"至少为 500"。
- 高级排名过滤器 1/2（Advanced Rank Filter 1/2）。在此，卖家可以设定希望在某个相关关键词的自然排名范围内出现的 ASIN 数量。
- 高级排名过滤器 2/2（Advanced Rank Filter 2/2）。在此，卖家可以设定在某个相关关键词下希望查询的 ASIN 的自然排名范围。两个高级排名过滤器要同时使用，反映经过滤留下的相关关键词是对主要竞争者很重要的相关关键词。例如，可将高级排名过滤器 1/2 设置为"至少 6 个 ASIN"取得排名，将高级排名过滤器 2/2 设置为"最少为 1，最多为 30（在第一页有排名）"。
- Cerebro IQ Score。它表示的是基于估计搜索量与竞争产品数量之比的得分。高分意味着与竞争者数量相比，搜索量相对较高，在此关键词搜索结果排名靠前的机会越大；低分则相反。在设置此过滤器时，卖家可以把不能接受的搜索量低但排名靠前的相关关键词排除掉。例如，可以将 Cerebro IQ Score 过滤器设置为"至少为 500"。

通过设置这些过滤器，可以有效地缩小相关关键词范围，提高相关关键词质量，从而更好地优化产品详情页。

在对反向 ASIN 搜索相关关键词结果进行筛选时，卖家可以参照上文提到的标准设置过滤器（见图 7-17），并根据筛选结果和自己的期望，调整过滤器的取值或过滤器的选择，以确保能够找到 50 个左右有一定搜索量、最具代表性（相关）和有较好排名的相关关键词。

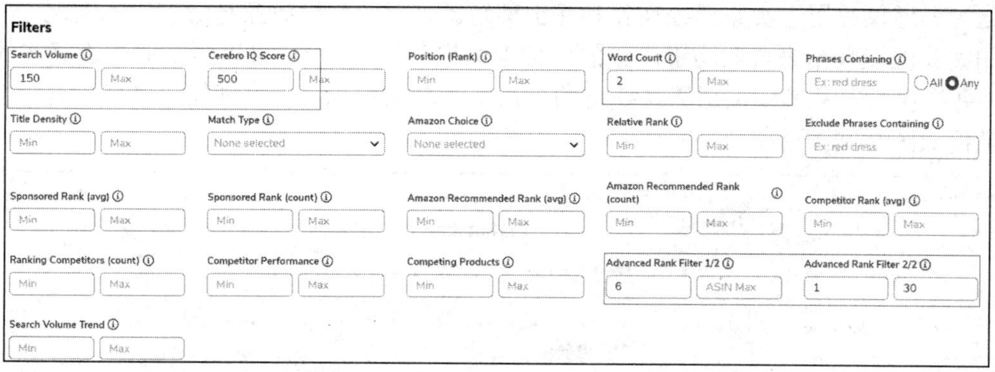

图 7-17　Helium 10 Cerebro 过滤器设置

在反向 ASIN 搜索的结果中，Helium 10 Cerebro 还提供一个非常重要的词频数据分析结果（见图 7-18），这个词频数据分析结果对于后续产品详情页编写及优化有非常重要的参考价值，因此，卖家要下载 Helium 10 Cerebro 竞争产品反查关键词词频数据分析结果，并保存到关键词主电子表格中。

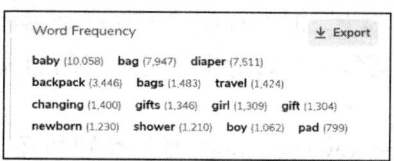

图 7-18　Helium 10 Cerebro 反向 ASIN 搜索的词频数据分析结果示例

② 监视竞争者的后端关键词。

亚马逊关键词选项卡下有 5 个要编辑的后端关键词（见图 7-19）。其中搜索词和主题词可分别包含字符总数不超过 250 个，这些关键词在产品详情页中不可见，因此一些卖家使用它来放置最好的关键词。这些关键词被战略性地放置在产品详情页的"后端"部分，在瞄准潜在客户方面发挥着至关重要的作用，同时也提高了广告活动的有效性。了解和正确使用这些后端关键词对于产品详情页的优化至关重要。

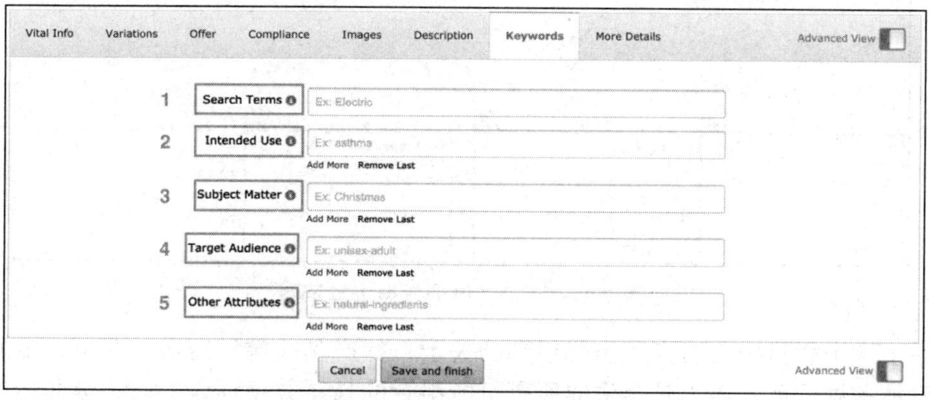

图 7-19　亚马逊后端关键词

卖家可以利用 ZonGuru 的 Keywords Spotlight 在线工具来提取竞争者的后端关键词,为产品详情页带来尽可能多的流量。

③ 从亚马逊"搜索词报告"中挖掘数据。

这种渠道仅适用于卖家已经在亚马逊上架这款产品,并投放亚马逊广告的情况。一些较好的相关关键词数据来自亚马逊广告的"搜索词报告",因为它可以展示亚马逊真实的搜索数据,并提供卖家从其他渠道无法获得的点击率和转换率指标。从亚马逊"搜索词报告"中挖掘数据如图 7-20 所示。

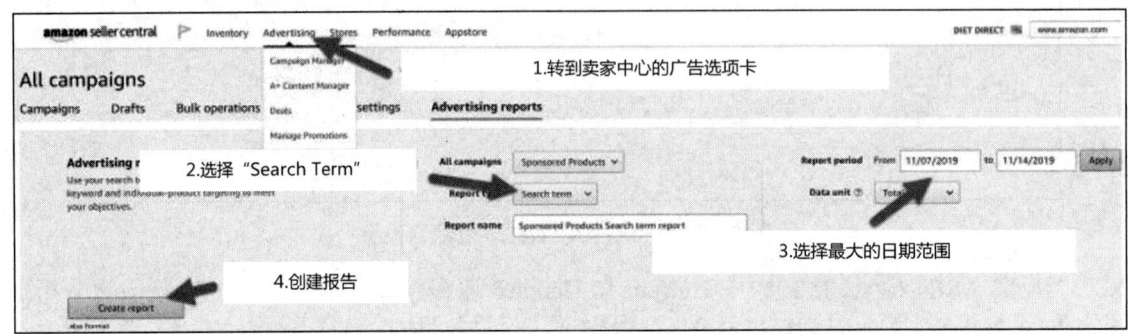

图 7-20　从亚马逊"搜索词报告"中挖掘数据

④ 手动拓展关键词。

各种关键词工具功能非常强大,但没有任何工具可以完全模拟人类的大脑,甚至不能近似模拟。卖家需要静下来想一想每一个可能指代目标产品的关键词,并把这些关键词添加到一个能拓展它们的工具中。

https://www.found.co.uk/ppc-keyword-tool/ 是一个可以用于辅助卖家手动拓展关键词的免费工具。如图 7-21 所示。

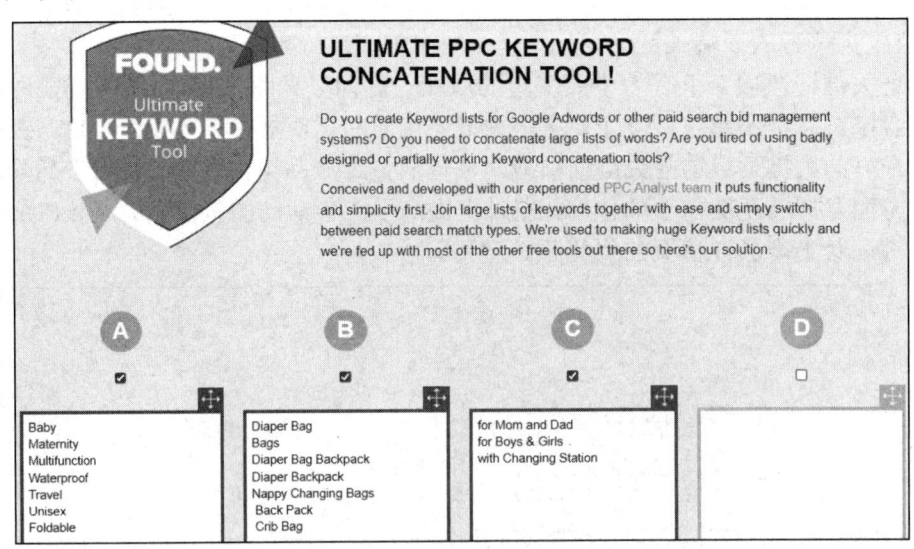

图 7-21　手动关键词拓展工具示例

在最多 4 个栏目中,卖家写出能想到的关于目标产品关键词短语的开头、中间和结尾的所有可能关键词后,该工具会生成所有可能组合的长尾关键词。手动关键词拓展结果如图 7-22 所示。

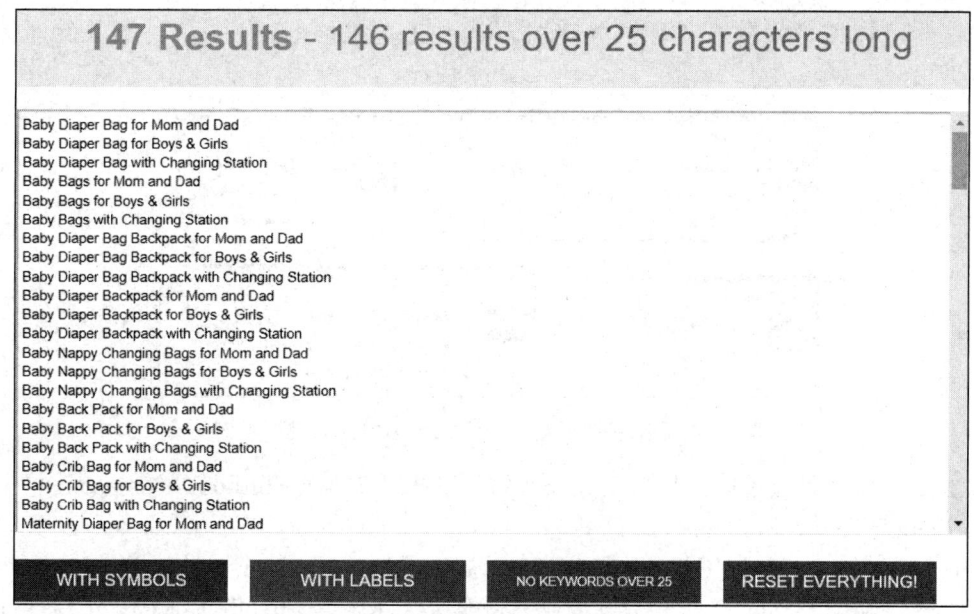

图 7-22 手动关键词拓展结果示例

该工具将为卖家神奇地创建这些单词的所有可能组合。这是创建竞争者可能缺少的主要长尾关键词的好方法。长尾关键词的搜索量较低，但转化率较高。

⑤ 同义词库。

有些词有奇怪的相似词，客户可能会使用，卖家可以通过同义词库去发现。

Thesaurus.com 是一个发现同义词的免费工具（见图 7-23）。卖家可以先通过该工具发现产品的同义词，再通过其他亚马逊关键词工具，发现与该同义词相关的长尾关键词。

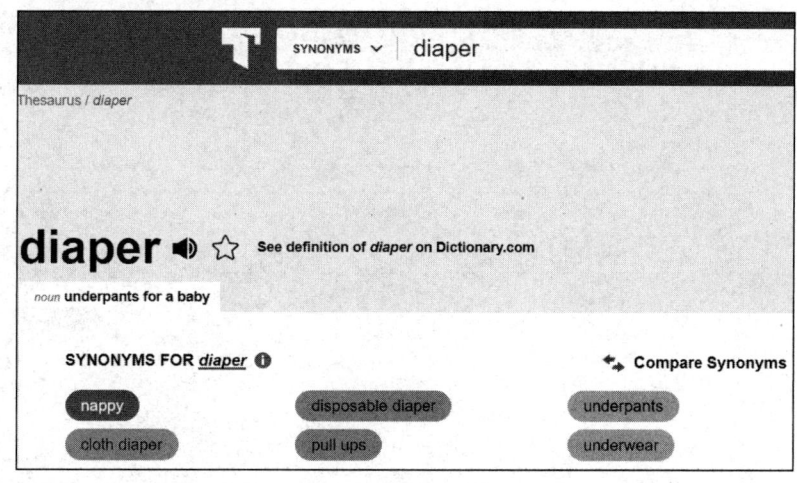

图 7-23 Thesaurus.com 发现同义词示例

⑥ 亚马逊搜索栏自动建议关键词。

当卖家开始在亚马逊搜索栏中输入搜索内容时，搜索栏下拉框会根据热门搜索提供搜索建议关键词。执行此操作时，卖家需打开一个无痕浏览窗口，以便亚马逊在提供搜索建议关键词时不会考虑卖家本人过去的搜索和购买历史。

要获取更多亚马逊搜索栏自动建议关键词可以参照以下方法。

方法一：在搜索栏输入"种子关键词 a""种子关键词 b"……"种子关键词 z"，如图 7-24 所示。

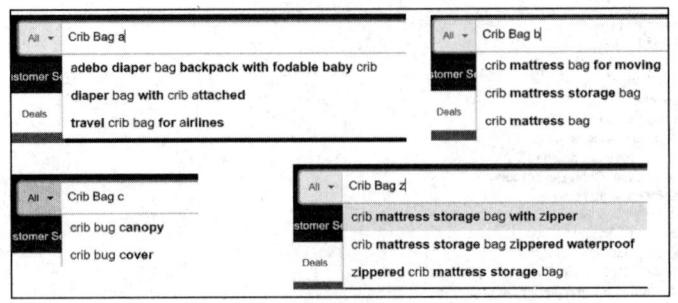

图 7-24 手动获取亚马逊搜索栏自动建议关键词示例

方法二：利用亚马逊搜索栏自动建议关键词获取工具 keywordtool.io/amazon。

⑦ Google Keyword Planner。

Google 是世界上最大的搜索引擎之一，Google Keyword Planner 是其提供的一个免费的关键词工具。利用 Google SEO 可以为亚马逊带来大量流量，因此针对 Google 流量进行优化最终可以以免费的外部 Google 搜索流量的形式进行亚马逊 SEO 优化。

卖家在使用 Google Keyword Planner 获取关键词时要注意，获取到的这些关键词与亚马逊产品详情页不一定高度相关。在 Google 上进行搜索的人不一定有"购买意图"，如"fidget spinners"是排名最高的搜索，其中许多人可能只是想观看视频或查找定义。

在亚马逊上进行搜索的人的目的是买东西，所以请注意 Google 和亚马逊关键词数据的不同之处。卖家只需通过 Google Keyword Planner 进行 3~5 次基本搜索，就可能发现其他卖家尚未看到的有趣内容。Google Keyword Planner 获取关键词示例如图 7-25 所示。

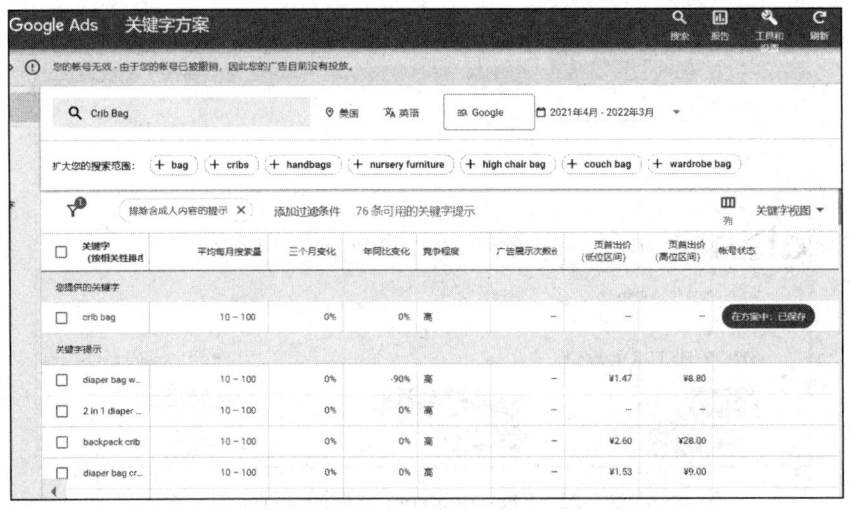

图 7-25 Google Keyword Planner 获取关键词示例

如果无法使用谷歌关键词规划师，卖家也可以使用 Google SEO 的第三方工具，如 Ahrefs、SEMrush、Moz 等，来获取 Google 搜索的关键词。

⑧ 使用 Helium10 的 Magnet 工具获取关键词。

Magnet 是 Helium 10 套件中的一个功能强大的关键词研究工具。它可以利用卖家的目标产品种子关键词拓展出尽可能多的相关关键词,以便应用于产品详情页。如图 7-26 所示。

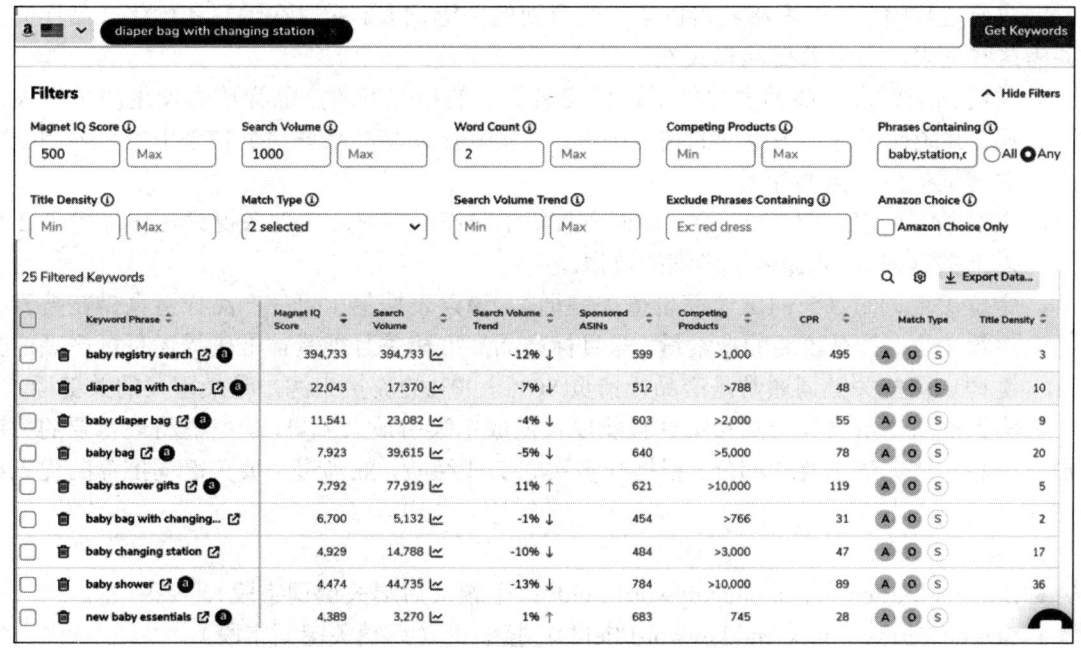

图 7-26　使用 Magnet 获取并筛选关键词示例

Magnet 搜索得到关键词有 3 个来源,一个是自然搜索(Organic Search),一个是亚马逊推荐(Amazon Recommended),另一个是智能填充(Smart Complete)。这 3 个来源所代表的意思分别如下。

- 自然搜索是指通过搜索该关键词可能得到与种子关键词相关的结果。
- 亚马逊推荐是指亚马逊推荐的用于广告投放的相关关键词。
- 智能填充类似亚马逊搜索栏的智能下拉框功能,但是智能下拉框功能只能最多显示 8 个词组,而智能填充则可以显示更多(上百个)。

卖家通过此渠道会获取数量庞大的相关关键词,可以参照设置 Cerebro 过滤器的方法筛选关键词,保留 50 个左右的重要关键词,并将其保存到关键词主电子表格中。

(4)合并通过各种渠道获取的所有关键词,并通过 Magnet 获取关键词数据,筛选保留 200 个重要关键词。

将通过各渠道获取的关键词汇总至一张 Excel 表格中,去重并整理,通常可得到约 200 个重要关键词。将这些关键词放入 Magnet 进行分析,获取相关数据,并保存至主关键词电子表格中,以便在编写产品详情页时参考。

(5)精选能在搜索结果第 1 页排名的 5～10 个高价值关键词。

通常,3～4 个关键词可贡献特定产品 90% 的销售额。因此,关键词研究的主要目的之一是找到那些能使产品详情页位于搜索结果第 1 页、具有高价值的 5～10 个关键词。这些关键词将放置在详情页对于亚马逊 SEO 最重要的部分,并作为亚马逊 PPC 广告及用于站外引流。

挑选的这 5～10 个定位关键词,需满足"1.关键词优化相关概念"中界定的高价值关键词的 3 个标准。

（6）亚马逊关键词匹配。

完成前述步骤后，卖家将获得以下 3 张重要的关键词表。卖家在编写和优化产品详情页时参考这些词表，可显著提高相关性。

- 关键词词频表。该词表搜集了销售排名靠前的相似竞争产品详情页使用的单个关键词，并统计了每个关键词的使用频率，为卖家在编写产品详情页时采用单个最相关的关键词提供了重要参考。
- 重要关键词表（约 200 个）。该词表收集了与产品高度相关的关键词短语（包含 2 个以上关键词），并提供了详细的数据。
- 定位关键词表（5～10 个高价值关键词）。该词表搜集了可使产品详情页排在搜索结果第 1 页、具有较高的搜索量、与目标产品高度相关且能具体准确描述目标产品的关键词。这些关键词通常是产品详情页 80%～90%的流量来源，是最重要的关键词。

为确保产品详情页具有高相关性且能以较低成本吸引最大流量，卖家需将最重要的关键词放在产品详情页最重要的部分。根据众多卖家实践经验，亚马逊重要关键词推荐的优先级顺序如下。

- Title（标题）。
- Subject Matter（back end keyword field）：主题（后端关键词字段）。
- Search Terms（back end keyword field）：搜索词（后端关键词字段）。
- Bullet Points（五点描述）。
- Product Description（产品描述）。

7.3.3 业绩表现优化

除了相关性因素，业绩表现因素对亚马逊 SEO 成功和整体排名同样有较大的影响。

影响亚马逊 SEO 最重要的业绩表现因素主要如下。

- 点击率（Click-through-rate）。它是指在搜索结果页面中客户看到产品详情页并点击的百分比。例如，1000 人访问搜索结果页面，其中 100 人点击产品详情页，那么该产品详情页的点击率为 10%。
- 转化率（Conversion rate）。它是指产品详情页访客最终购买产品的百分比，即访问转化为销售的比例。例如，100 人查看产品详情页，其中 8 人购买产品，那么转化率为 8%。
- 销售数量（Sales numbers）。它表示产品的销售绝对数量。
- 评论（Reviews）。产品详情页的评论数量和质量也会影响排名。评论越多、评级越高，产品详情页的搜索结果排名就越靠前。评论既是业绩表现因素（从算法角度），也是吸引力因素（从客户角度，后续详述）。

这 4 个业绩表现因素对亚马逊 SEO 影响的共同点是，它们都依赖于产品详情页对客户的吸引力。产品详情页越有吸引力，搜索结果排名越靠前，点击率就越高。产品详情页的内容、评论和报价越吸引人，转化率就越高，越能产生销售机会。因此，业绩表现优化需通过提升产品详情页的吸引力来实现。

7.3.4 吸引力优化

产品详情页的吸引力是业绩表现因素中的一个子因素，属于间接排名因素。只有当产品详情页具有吸引力时，客户才会点击产品详情页并购买该产品，从而影响重要的业绩指标，如点击率和转化率。

一般来说，要使产品详情页具有吸引力，卖家应清楚了解以下问题。
- 产品的客户是谁？
- 他们的问题和需求分别是什么？
- 他们的生活方式是什么？

理想情况下，在选品工作流程中，卖家已经考虑了这些问题。在编写和优化产品详情页时，卖家应根据客户角色特征来设计，迎合需求，并展示产品如何满足客户需求或解决问题。

吸引力因素可分为3个子类别：产品呈现、购买条件和其他不完全可控因素。具体构成要素如图7-13所示。下面分别介绍优化吸引力因素各子类别的方法。

1. 产品呈现因素优化

产品呈现因素包括卖家可以直接影响的，使产品本身具有吸引力的所有元素。亚马逊产品呈现因素具体包括标题（Title）、主图（Main Image）、产品信息图（Product Images）、视频（Videos）、五点描述（Bullet Points）和产品描述（Product Description）等。

（1）标题优化。

当客户在亚马逊上搜索产品时，首先看到的是每个产品顶部的标题。产品标题通常包含产品描述，以帮助客户确定该产品是否适合自己。

好的产品标题在增加产品详情页曝光量和引导潜在客户点击该产品详情页方面起着重要作用。

① 标题的结构。

亚马逊产品标题通常长度不超过200个字符，主要包含如下内容。
- 主要关键词。
- 品牌名称。
- 产品特性，如颜色、材料。

此外，对于许多产品来说，标题还包含如下内容。
- 尺寸，如煎锅的直径。
- 重量，如哑铃。
- 容量，如水瓶。
- 数量，如牙签。

如果仍然有剩余字符，那么卖家应该使用这些字符来强调产品的好处和独特卖点（Unique Selling Proposition，USP）。亚马逊产品详情页典型标题结构如图7-27所示。

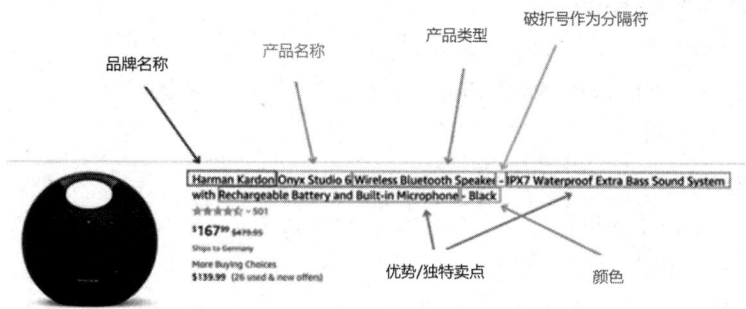

图7-27 亚马逊产品详情页典型标题结构示例

② 标题编写指南。

参照以下建议，卖家可以编写出一个优秀的产品详情页标题。

- 遵循亚马逊官方标题编写要求中列出的各产品类别字符推荐长度。
- 避免包含促销短语和误导性承诺，如"100%满意保证""畅销品""全球免费送货"等。
- 切勿使用特殊字符，如{、~、!、*、\$、?、_、~、{、}、#、<、>、|、*、;、^、¬、¦等。
- 添加能识别所销售产品的信息，如"雨靴""露营帐篷"。
- 产品标题需简短明了，建议长度为80~200个字符。
- 不要在标题中全部使用大写字母。
- 除介词（如with、in、on等）、冠词（如a、an等）和连词（如or、for、and等）外，每个单词的首字母需大写。
- 使用数字替代文字，如用5代替Five等。
- 避免使用ASCII字符，如"©""®"等。
- 分隔信息时使用分隔符"-"或斜杠"/"。
- 必要时使用计量缩写，如kg（千克）、mm（毫米）等。
- 在产品子ASIN（非父ASIN）的商品标题中包含尺寸和颜色变化。

③ 标题的功能。

标题的主要功能是提高产品详情页的可搜索性。在搜索结果页中，突显客户能从标题中了解到的卖点（为客户带来的独特利益）会产生更大影响，增加点击机会。

将更多重要相关关键词插入到产品标题中可提高产品详情页的可搜索性，但堆砌过多关键词可能降低标题的可读性，从而降低点击率。因此，好的标题需在可搜索性和可读性之间达到适当平衡。通常卖家需在保证可读性的基础上，尽可能提高标题的可搜索性，避免为了提高可搜索性而在标题中堆砌过多关键词，导致杂乱无章。

④ 关键词铰链。

关键词铰链是指一个字符串中包含多个关键词的词组。关键词铰链可用一串关键词同时对多个关键词进行排名。

关键词铰链示例："8" High Carbon Stainless Steel Chef's Knife。

该例子直接包含以下关键词。

"Chef's Knife"

"Steel Chef's Knife"

"Stainless Steel Chef's Knife"

"High Carbon Stainless Steel Chef's Knife"

"8""High Carbon Stainless Steel Chef's Knife"

间接包含以下关键词。

"8""Stainless Steel Chef's Knife"

"High Carbon Chef's Knife"

"8""Chef's Knife 8"

因此，如果卖家在产品标题中添加"8" High Carbon Stainless Steel Chef's Knife，该产品

详情页将针对类似或包含类似术语的搜索词进行排名。

通过关键词铰链扩展了产品详情页标题的主要关键词后,可以使用"-"分隔添加其他关键词,这些关键词会抑制最初的长关键词的流动。

使用分隔符的标题示例如下。

Heliccook High Carbon German Stainless Steel Kitchen Knife "8" Chef Knife - Ergonomic Wooden Handle - Durable, Extra Sharp, Safe, Light Duty - Perfect Chef's Gift - Gift Box Included.

(2)主图优化。

亚马逊产品主图是客户在搜索结果页和详情页中看到的第 1 张图片,是产品详情页中最重要的图片。热图研究表明,在搜索结果页面上,客户首先关注的是主图,仅在主图被认为相关时才查看标题。出色的主图将获得更多点击并带来更多销售机会。

亚马逊针对产品主图有一些限制规则,具体要求如下。

- 主图必须采用白色背景(与亚马逊搜索页和产品详情页面融为一体的白色——RGB 值为 255、255、255)。
- 产品必须填充 85%或更多的图像区域。
- 主图必须是实际商品的专业照片(不能是图形、插图、实物模型或占位图片)。在主图中,不得展示无关配件或可能令客户产生困惑的道具。
- 主图中的商品上方或背景中不得有文字、徽标、边框、色块、水印或其他图形。
- 主图不得包含单个商品的多角度视图。
- 主图必须完整展示待售商品。商品图片不得紧贴图片框边缘或被图片框边缘遮挡,珠宝首饰(如项链)除外。
- 主图展示的商品必须去除外包装。包装箱、包装袋或包装盒不应显示在主图中,除非它们是重要的商品特征。
- 主图不得展示处于坐姿、跪姿、靠姿或躺卧姿的人体模特;但建议使用辅助技术(轮椅、假体等)表达各种移动性。
- 多件服装和配饰的主图必须采用平面拍摄形式(非模特展示)。
- 无论人体模型是何种外观(透明、纯色、肉色、框架或衣架),服装、配饰的主图都不得展示人体模型的任何部位。
- 主图展示的女装和男装必须由真人模特穿着。
- 儿童和婴幼儿服装的所有图片必须采用平面拍摄形式(非模特展示)。
- 主图展示的鞋靴必须是单只,呈 45 度角朝左摆放。

让产品主图在搜索结果页中脱颖而出是一项挑战。卖家需要在遵守平台主图限制规则的前提下,充分发挥创意,提高产品详情页的点击率。以下是一些产品主图优化的策略。

① 标记主图。

在主图产品包装上设计适当的标记,能显著提高产品详情页点击率。如图 7-28 所示,只在主图产品包装上添加客户想知道的小标签——25g 蛋白质,其关键词搜索结果中产品详情页的点击率就从 9.34%上升到 17.46%。

图 7-28　标记主图示例

② 使用模型。

使用模型能让客户直观地感受到购买此产品将如何改变他们的生活，或者展示一些只有从这里购买才能获得的独特优势。如图 7-29 所示，使用一个模型后，其关键词搜索结果中的产品详情页的点击率就从 10.1% 上升至 19.54%。

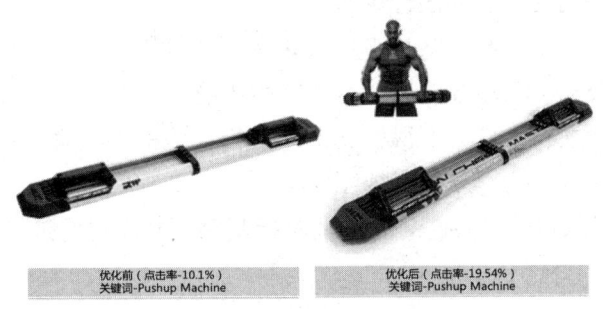

图 7-29　使用模型主图示例

③ 持续改进主图。

卖家可能认为目前其产品主图设计得很好，但总是在想办法改进它，以使其发挥出更佳的效果。持续改进主图意味着卖家要不断改进、定期更新主图，以免被那些更了解客户的竞争者甩在后面。

图 7-30 是一张遵循亚马逊主图限制规则的、优秀的主图，但它还可以变得更好。

图 7-30 经过 3D 渲染图像，添加壁纸，并增加独特卖点，如图 7-31 所示，就显得非常有吸引力。

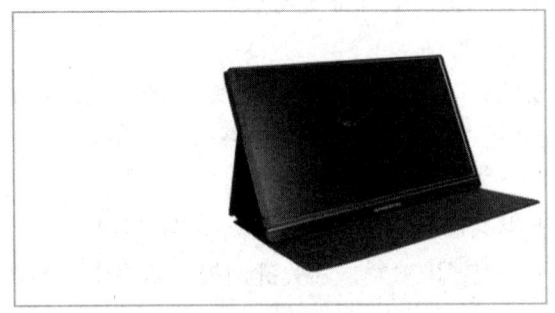

图 7-30　优秀主图示例

图 7-31　持续改进主图示例 1

图 7-31 还可以经过进一步改进,如图 7-32 所示,就会脱颖而出了。

图 7-32　持续改进主图示例 2

④ 包含特写镜头。

包含特写镜头的主图能够更清晰地向客户展示细节,从而获得更高的点击率。如图 7-33 所示,通过网上投票测试,大多数人选择了包含特写镜头的主图,原因是他们能够更清楚地看到产品细节。

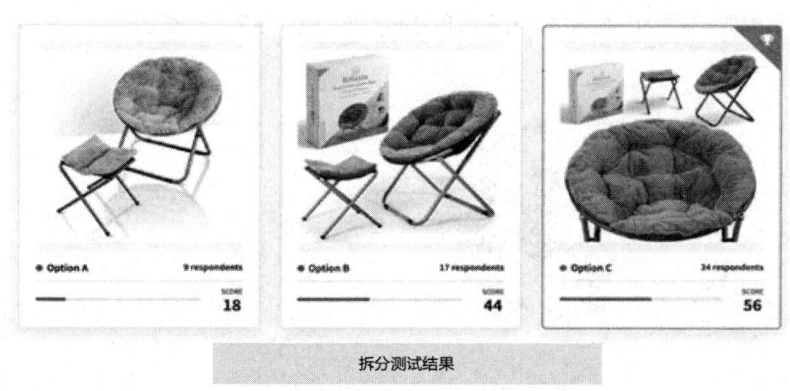

图 7-33　包含特写镜头主图示例

⑤ 多角度展示产品。

让客户通过主图了解产品的最佳方式是从多个角度展示产品。这将使客户对购买更有信心,因为他们从中看到了产品的优势,展示产品的角度越多越好。如图 7-34 所示,通过多角度展示产品,更好地突出了具有多种功能或复杂形状的产品的优势。

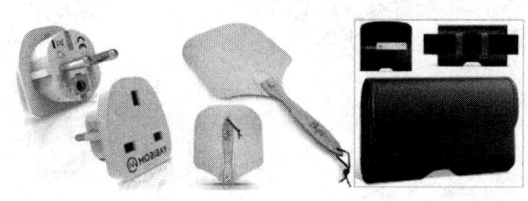

图 7-34　多角度展示产品主图示例

⑥ 添加颜色。

如果主图中展示的产品没有颜色或更多的尺寸，就会看起来很单调，对客户没有吸引力。在原本单色的背景中加入不同的色调或色相，会非常有创意，也会给产品带来新的生命，如图 7-35 所示。

图 7-35　添加颜色主图示例

⑦ 展示包装。

如果产品有定制包装或礼品盒，在产品主图中展示它是提高产品详情页点击率的一个好办法。如果该产品包装设计得很精致，通常可以收取更高的价格。好的包装能给客户一种产品优质的感觉，也是一个让产品脱颖而出的好方法，如图 7-36 所示。

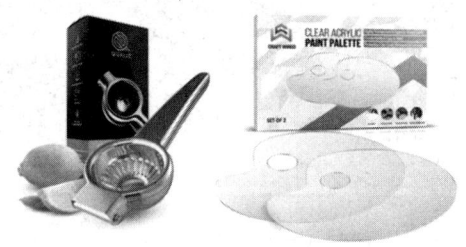

图 7-36　展示包装主图示例

⑧ 3D 渲染。

3D 渲染是指用软件从模型生成图像的过程。制作产品主图，不能忽略 3D 渲染。如图 7-37 所示，3D 渲染是反光、透明或塑料产品的最佳展示方案之一。

图 7-37　3D 渲染主图示例

⑨ 显示所有内容。

假设所售产品是多件成套销售，那么在产品主图中就要将所有内容展示出来，但是需要进行很好的排列。如图 7-38 所示，卖家可以设置具有吸引力的主题图像来展示产品的所有组件。

图 7-38　显示所有内容主图示例

⑩ 展示实际使用中的产品。

单纯的产品图片展示不足以解释该产品是什么或能做什么。在主图中展示实际使用中的产品，能直观地说明产品的作用及能帮助客户解决什么样的问题，也更容易吸引潜在客户的注意力。

图 7-39 所示的产品是一个手机、相机镜头套件。如果没有手机，就很难理解该产品的功能。图 7-40 所示的产品是一个显示器立体支架，非常明显，它是为显示器与薄型笔记本电脑设计的。

图 7-39　展示实际使用中的产品主图示例 1　　图 7-40　展示实际使用中的产品主图示例 2

（3）产品信息图优化。

客户无法亲身触摸和体验产品，主要依赖产品图片对产品形成全方位的认知。在亚马逊大多数类别中，产品详情页上有 7 个位置展示产品。顶部是主图，其余 6 个位置可以用来放置产品的其他图片、信息图和视频。视频会被自动放在第 7 个插槽上，顺序不能改变（见图 7-41）。

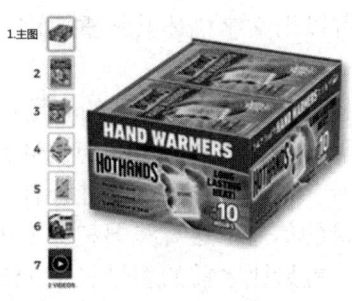

图 7-41　亚马逊产品信息图排列顺序示例

以下统计数据可以揭示产品信息图的重要性。
- 63%的客户表示好的图片比产品描述更重要。
- 65%的人是视觉学习者。
- 在网上商店，客户认为产品的形象比产品更重要。
- 一般人只阅读网页的 20%，但会查看每张图片。
- 53%的客户认为图片比评分或评论更重要。

产品主图出现在搜索结果中，卖家需在遵守亚马逊平台官方规则的前提下，充分发挥创意吸引客户点击。产品其他信息图片要展示产品功能和独特卖点，向潜在客户展示该产品优于其他产品的原因，创造更多销售机会，提升详情页的转化率。

以下几点建议有助于卖家优化产品信息图。

① 展示人物生活方式。

生活方式图片反映目标客户某种理想的生活方式，有助于销售适合目标客户生活方式的产品。无论是冲浪者风格、经典的 20 世纪 50 年代狂人风格，还是运动休闲风格，只要是展示人物生活方式的产品信息图都可以帮助客户想象拥有该产品带来的变化。图 7-42 是一张展示人物生活方式的产品信息图。产品被放在中心位置，展示了一位在阳光明媚的一天参加户外运动的女性。这样的图片有助于客户想象自己在使用该产品时的场景，从而促进产品的销售。

图 7-42　展示人物生活方式的产品信息图示例

② 图文结合。

在产品信息图中，可以使用文字。通过在图片中适量使用文字，可以突出该产品的重要功能和优势。在产品信息图中，卖家可以用文字介绍产品的大小、尺寸、重量，列出产品的材质以展示其质量和坚固性，还可以用文字描述其他重要信息。在产品信息图中使用文字能直观地显示产品主要特征（要点）。

图 7-43 所示的草坪椅图片提供了很多关于产品的有用信息。它从不同角度展示了草坪椅，展示了附带的储物袋，展现了草坪椅的紧凑性和便携性。同时，它还显示了尺寸，这很重要，因为同一种尺寸并不适合所有人。客户可以通过查看尺寸，了解这款草坪椅是否适合自己。图片右上角提供了关于重量的信息，这对美国和加拿大等市场很有帮助。此外，客户还可以看到这款草坪椅经过升级，重量比之前的型号轻了 15%。需要注意的是，在图文结合的产品信息图中，不要过度使用文字，要保持简洁、突出重点。添加过多文字会让客户感到厌烦，且图片可能不被亚马逊平台认可。

第 7 章　跨境电商产品详情页优化

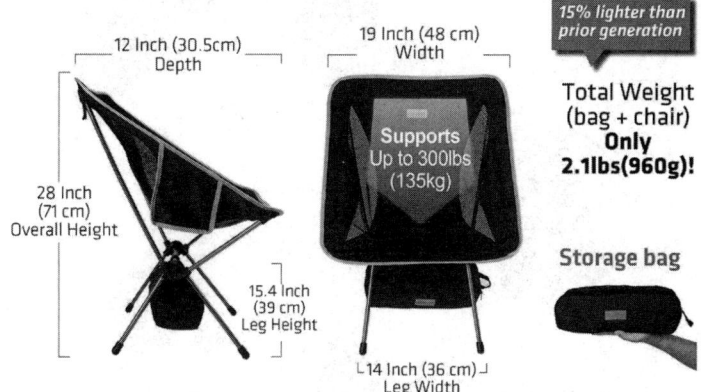

图 7-43　图文结合产品信息图示例

③ 放大客户关注的细节。

尽管亚马逊允许客户放大图片观察产品,但放大后的产品细节可能仍不够清晰。卖家可以对客户关注的产品细节进行特写拍摄,展示诸如质地、材料质量、与其他物品相比的尺寸,当然,也可以从一个新的角度进行产品展示。产品信息图不仅展示了电脑桌的几个特点,还放大了这些特点,使客户对电脑桌的质地及厚度能够有很好的了解,如图 7-44 所示。

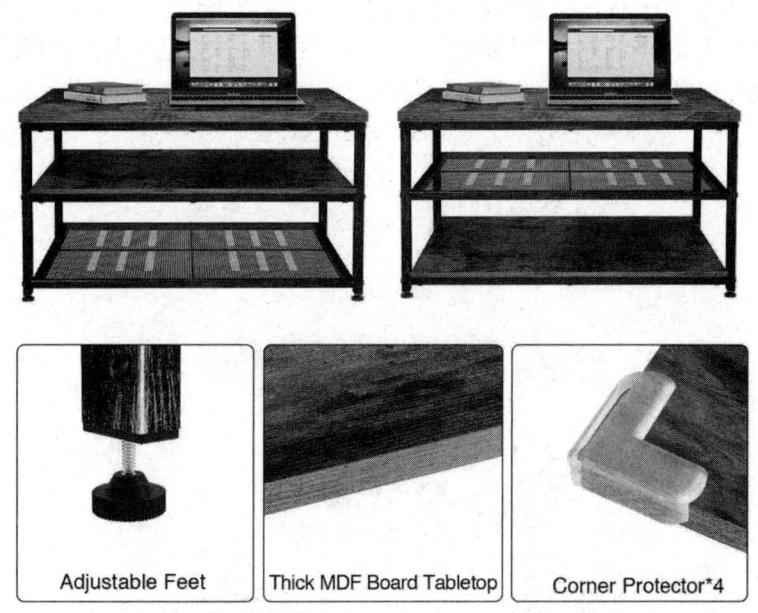

图 7-44　放大客户关注的细节产品信息图示例

④ 制作教学型产品信息图。

对于使用复杂的产品,可以附上一张展示如何使用产品的图片。如果产品需要组装,请附上简单的组装说明。这些细节可以帮助客户做出购买决定。卖家通过教学型产品信息图向客户展示了这款伞自动开合功能的工作原理,如图 7-45 所示。同时,该图片展示了打开和关闭雨伞的按钮位置及样子。这类教学型产品信息图能提高产品详情页的转化率。

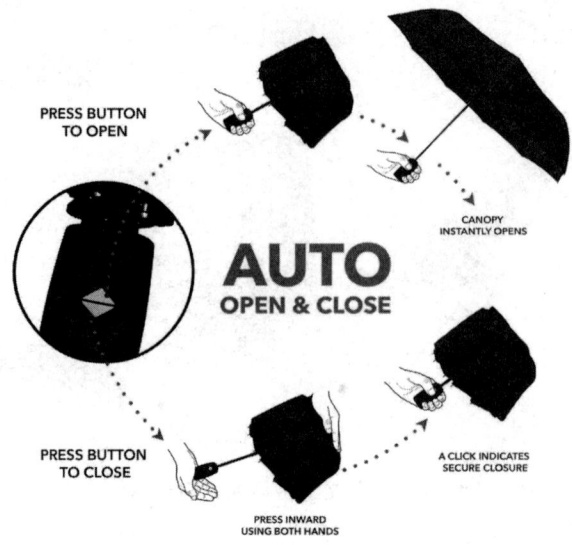

图 7-45 教学型产品信息图示例

⑤ 与竞争产品比较

在产品信息图中,将卖家产品的主要功能与竞争产品进行对比,能很好地展示为什么卖家的产品优于竞争产品,并为客户提供决策所需的信息。图 7-46 是一款空气压缩机泵的产品信息图,在图中将卖家的产品(在左边)的独特功能与竞争产品(在右边)的功能进行比较。图中显示,卖家的产品具有更好的金属连接器、金属马达、升级的保险丝和大的 LCD 显示屏,这些都优于竞争产品。该产品信息图还提供了每个功能的图片,帮助客户清楚地看到哪些独特功能是升级的、是优于竞争产品的,使客户更倾向于购买该产品。

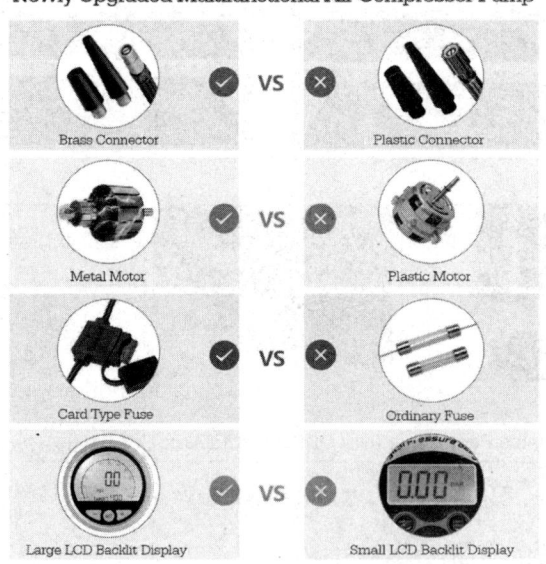

图 7-46 与竞争产品比较产品信息图示例

⑥ 展示产品最佳评论。

如果产品受客户喜爱,那么可以在产品信息图中展示产品最佳评论让每个潜在客户都快速看到这些反馈。图 7-47 是一个展示产品最佳评论的产品信息图的例子。

图 7-47　展示产品最佳评论的产品信息图示例

（4）视频优化。

优秀的视频能够突显产品特点和优势，展示其用途，帮助客户做出购买决策并提高销售额。以下数据可以揭示视频的重要性。

- 96%的客户在做出在线购买决定时发现视频很有帮助。
- 79%的在线客户仅通过查看图片和视频获取产品信息，不阅读产品详情页上的文字。
- 合适的产品视频可以将转化率提高到80%以上。

此外，视频还可以清晰地说明产品提供和不提供的内容，以减少负面评论，因为客户不太可能购买不符合他们需求的产品。

亚马逊产品详情页常见的视频类型包括以下几种。

① 解说视频。

解说视频非常适合展示旨在解决特定问题的产品。解说视频应清晰地说明目标客户所面临的问题、该产品如何解决问题，以及为何客户应该选择该产品而非市场上的其他产品。卖家可运用动画（黑板、信息图表、3D 动态图形、卡通人物或产品模拟）、真实物体、真人或这些元素的组合来解释产品如何发挥作用。

② 产品展示视频。

产品展示视频强调卖家提供的产品的主要功能和优点，常用于宣传家具、电器或珠宝等商品。高效的产品展示视频应提供产品的完整视图，采用白色背景有助于客户清晰地看到所展示的产品。在产品展示视频中，卖家还可加入动画文字，以强调产品的主要功能。

③ 操作方法视频。

操作方法视频与产品展示视频相似，通常也在白色背景下展示产品。产品展示视频和操作方法视频的唯一区别在于操作方法视频向人们展示的是如何正确使用或组装产品。

④ 品牌故事视频。

在品牌故事视频中，卖家可以分享品牌的使命、愿景和核心价值观，还可以介绍产品业务的简要历史、创立背景及经营挑战。这类视频富有体验性，可以让客户感受到自己是品牌故事的一部分。品牌故事视频有助于卖家与客户建立情感联系，提高客户参与度，并建立信任和忠诚度。

⑤ 比较视频。

比较视频展示了卖家产品与竞争产品之间的对比。需注意的是，视频中不得提及竞争者的名称，可使用谨慎措辞，如"我们的 vs.他们的"。若卖家产品能解决竞争产品无法解决的特定问题，那么使用此类视频效果尤佳。

⑥ 生活方式视频。

生活方式视频展示目标客户在使用该产品时的场景，让目标客户了解如何享受该产品，并设想自己在使用它时的情境。在制作此类视频时，了解目标客户及其需求至关重要。此类视频旨在建立目标客户与产品之间的联系，帮助他们想象使用该产品后将如何改善生活。

（5）五点描述优化。

亚马逊五点描述以项目符号形式高度概括产品特点，便于客户快速阅读和理解。这些要点强调了产品的规格、尺寸、颜色等客户关注的特性。

五点描述有两个主要作用：一方面，五点描述是放置最重要关键词的位置，提高产品详情页的可搜索性；另一方面，五点描述内容对提高产品详情页转化率非常重要，客户快速浏览五点描述后，可以判断出产品是否适合自己。

在撰写五点描述时，卖家应优先考虑有说服力的写作，而非尽可能多地填充关键词。对五点描述而言，通过有说服力的文案提高产品详情页转化率更为重要。

在撰写五点描述时，卖家需注意以下写作要点。

- 每个要点为 150～170 个字符。超过 170 个字符阅读困难，客户可能跳过；少于 150 个字符信息不足，客户可能错过关键词索引机会。
- 每个要点仅专注于一个强调产品价值的利益点（功能价值）。避免一个要点中包含多个利益点，以免让客户感到困惑。五个要点分别传递一个利益点，效果更好。
- 采用"利益点+产品特征"的结构。将利益点作为要点标题，大写并添加项目符号。产品特征解释如何为客户创造利益。例如，针对"钢制厨师刀"产品，一条五点描述按此结构可写成：CHOP PRECISELY WITHOUT SLIPPING—The ergonomically crafted handle perfectly conforms to adult hands。这条五点描述清晰地描述了这款"钢制厨师刀"的特点是符合人体工程学的手柄，可以帮助客户解决的问题是能更精确地切菜，并防止刀打滑。

五点描述通常包括以下主要内容。

- 列出产品最重要、最独特的功能价值。
- 展示产品如何解决类似产品无法解决的问题。
- 消除潜在客户对产品的疑虑。例如，客户担心钢刀生锈，可添加"无锈保证"要点。
- 展示产品与竞争产品的差异和优势。
- 列出卖家提供的其他增值服务，如说明性电子书、保修或其他有助于转化访客的信息。

图 7-48 是一款厨师刀产品的五点描述示例。

- YOU WILL BE CUTTING LIKE A PRO – The chef's knife comes with a matching chef knife sharpener, keeping your blade sharp at all times for EFFORTLESS CUTTING.
- RATHER SAFE THAN SORRY – The accompanying kitchen knife sheath means that your chefs knife is kept safe when not in use. Avoid any nasty accidents.
- BY YOUR SIDE FOR YEARS TO COME – We only manufacture large kitchen knife products made of premium grade stainless steel, meaning our chefs knives are extremely DURABLE AND DEPENDABLE.
- CLEAN WITH EASE - Cleaning kitchen knives can be a tedious task. Not with our newly designed knives. Each knife is individually coated with an 'easy-clean' finish to MINIMIZE CLEANING TIME.
- 100% MONEY BACK GUARANTEE - If you're not 100% satisfied, please reach out to us so that we can make it up to you. 30 day money-back guarantee.

图 7-48　厨师刀产品的五点描述示例

（6）产品描述优化。

产品描述位于产品详情页下方，客户需向下滚动查看。若他们这么做，说明已对产品产生兴趣。优质且有说服力的产品描述，可以消除客户可能还有的疑虑，最终说服他们购买产品。

产品描述可长达 2000 个字符。相较于标题或五点描述，产品描述对搜索结果排名影响较小，但应包含关键词。

产品描述有两个目标：一是放置未使用的重要关键词，提高产品详情页的可搜索性；二是提供详细信息，说服客户购买，提高转化率。

在撰写产品描述时，卖家应添加标题和扩展段落，以便于客户阅读。标题可以帮助客户快速识别出他们最感兴趣的领域，增加可读性。用未使用的重要关键词作标题，标题之后应该添加一个能体现产品优势的功能特征来验证这种说法。

产品描述可讲述品牌产品，触发客户购物情绪。因为客户更倾向于购买与自身喜好、体验、需求产生共鸣的产品。通过讲述品牌故事，告知客户是什么让卖家的产品与众不同，以及为什么他们应该选择该产品而不是其他产品。

品牌注册卖家可创建 A+内容的产品描述，使产品脱颖而出。A+内容允许卖家添加更多图像和图形，以丰富产品描述，使产品详情页更具吸引力。

2. 购买条件优化

影响客户做出购买决策的另一个重要因素是产品购买条件，其通过影响业绩表现，从而间接影响亚马逊 SEO 的成功。

产品购买条件包括所有构成要素，如价格（Price）、配送方式（FBA/Prime）、库存（Availability）、配送速度（Shipping Time）、配送费用（Shipping Cost）、退货政策（Return Policy）等，如图 7-49 所示。

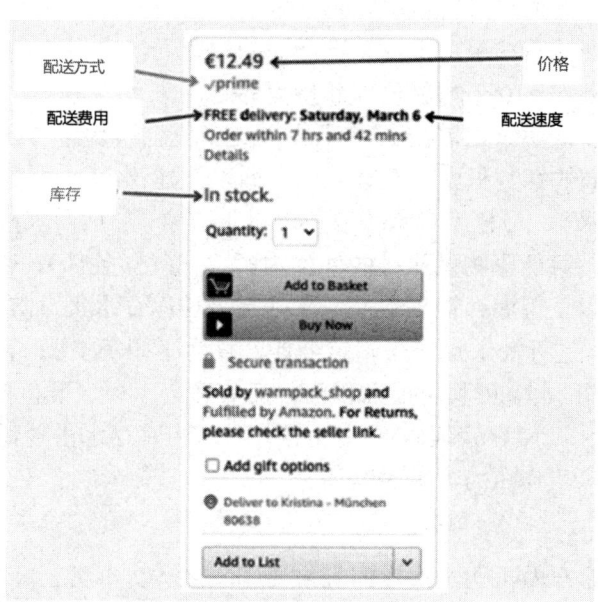

图 7-49　产品购买条件示意图

（1）价格。

在浏览搜索结果页和产品详情页时，客户主要是为了找到性价比最高的产品。

如果在无正当理由情况下卖家产品的标价高于竞争者的，客户就会选择购买竞争者的产品。这将影响产品详情页的点击率和转化率，从而影响亚马逊 SEO 效果。

卖家需要调研竞争者的产品价格，并将标价保持在相似范围内。如果产品标价高于其他产品，那么卖家应在标题中说明与其他产品相比该产品提供的附加价值。

（2）配送方式。

亚马逊 Prime 服务的主要优势是为符合条件的商品提供两天送达、免费送货服务。在某些城市，符合条件的订单甚至可以当日送达。卖家可以通过加入"Seller Fulfilled Prime"来获得 Prime 徽章，但亚马逊并不接受所有卖家加入此计划，卖家通常会面临漫长的等待期。带有 Prime 徽章的产品详情页的点击率往往高于没有 Prime 徽章的产品详情页。要加入"Seller Fulfilled Prime"，卖家在物流配送上需要选择 FBA。

如果卖家目前正在采用 FBM 方式，那么可以考虑切换到 FBA 或同时进行 FBM 和 FBA，以提高产品详情页在亚马逊上的整体 SEO。

（3）库存。

在运营任何业务中，供应链管理是最具挑战性的部分之一。卖家既要为畅销商品保留库存，又要将滞销商品数量保持在最低限度。

在亚马逊上，缺货会导致产品详情页的可搜索性降为 0。如果详情页中的产品没有库存，该产品就不会出现在自然搜索或 PPC 搜索结果中。

缺货的其他负面影响如下。

- 零销售。
- 亚马逊热销品排名（BSR）下降。
- 缺货期间，产品详情页的转化率降为 0%。
- 竞争产品很快在搜索结果页中占据该产品的位置。
- 亚马逊可能需要 5~10 天才能处理和接受库存。
- 若缺货时间过长，卖家则需在 PPC 上投入更多资金恢复排名。

为避免缺货和过高的存货积压，卖家可以遵循以下建议。

- 确定最佳库存水平。最佳库存水平取决于以下因素，包括需求预测、供应季节性波动、促销广告活动、可能影响供应链的外部因素（如气候条件）、供应链合作伙伴的可靠性等。卖家可以使用库存管理软件，来确定最佳库存水平，防止缺货。
- 进行需求预测。进行需求预测与确定最佳库存水平同等重要。需求预测使卖家可以预测订购量和时间。卖家可利用报告和分析工具确定库存水平和补充周期，以防止缺货。
- 库存流程自动化。库存管理软件会自动重新订购库存水平较低或已达再订货点的库存，能减轻卖家工作压力，减少差错。

（4）配送速度。

配送速度是影响客户做出购买决定的最重要因素之一。事实上，若交货速度不够快，近 25% 的在线客户会取消购买。亚马逊客户非常看重商品配送速度。为保持高转化率，卖家应确保快速交货（最好不超过 3 天），尤其当产品易替代且竞争者能提供更好配送选择时，更要保证配送速度。

（5）配送费用和退货政策。

为使产品具有竞争力且保持较高产品详情页点击率、转化率和总销售额，卖家应提供免费配送、退货服务。配送费用由卖家承担，应从一开始纳入产品成本计算和定价中。

据调查，83%的在线客户表示，免费送货是他们做出购买决定的最重要标准之一。这同样适用于退货政策。超过 50%的在线客户希望卖家提供免费退货服务，以防购买的产品不符合他们的预期。

3．其他不完全可控因素优化

影响产品详情页吸引力的还包括评论和评分（Reviews）、特殊徽章（Special Badges）、问答（Answers）等一些不完全可控因素。卖家可采取措施以改善产品在这些方面的表现。

（1）评论和评分。

亚马逊评论和评分对客户做出购买决定具有极大影响。客户会关注产品详情页的评分等级和评论数量。

评分等级是客户对产品的满意程度的量化指标，一般为 1 星到 5 星，5 星表示最满意，1 星表示最不满意。评分等级是所有客户评分的平均值，反映了产品的整体质量和性能。评分等级越高，说明产品越受客户欢迎和信赖，越有利于促进销售。

评论数量是客户对产品的主观评价的总数，包括正面和负面的评论。评论数量反映了产品的关注度和口碑，也是客户购买前参考的重要信息。评论数量越多，说明产品越受关注，也越能吸引更多的潜在客户。

确保产品满足（甚至超过）客户期望且质量优良是获得正面评价的根本方法。卖家可利用反馈管理工具，增加评论数量和积极反馈，通过自动化流程保护或提高产品详情页的评分等级。

若客户对产品或配送服务有不良体验，卖家则应提供优质售后服务进行弥补，尽可能满足客户需求。面对不满意的客户，卖家通常应提供退款、更换货或其他补偿。关怀和友好的客户服务可使客户将 1 星评价改为 5 星评价，提高评分等级。

在不违反亚马逊评论指南的情况下，有以下几种增加评论数量的方法。

- 请求评论。卖家可以中立地联系客户请求评论，但仅要求正面评价是违反亚马逊评论指南的。请求评论的方式包括：①亚马逊产品插页，即卖家在发货前添加到包裹中的印刷营销材料；②通过亚马逊反馈管理工具设置自动电子邮件，从购买过产品的客户那里获取评论。
- 加入 Amazon Vine 计划。Amazon Vine 是亚马逊的产品评论和评分计划，旨在为客户提供诚实和公正的评论和评分。如果产品质量较好，卖家可通过此方式快速获得好评和高分。
- 提供优质的服务和产品。如果卖家提供优质的甚至超出客户预期的产品或服务，那么将更容易获得积极评论。

亚马逊会定期检查卖家产品评论是否违反了评论指南，违反规定的卖家可能会被暂停平台业务。以下是亚马逊评论指南禁止的一些活动示例。

- 发布对自己产品的评论和评分。

- 要求家人或朋友针对自己的产品发表评论和评分。
- 提供经济奖励或折扣以换取评论和评分。
- 向评论者提供退款以使其更改或删除他们的负面评论和低分（因为卖家不能自己删除亚马逊评论和评分）。
- 仅要求正面评价和高分，如在产品包装中插入卡片。

（2）特殊徽章。

影响客户做出购买决策的重要因素还包括畅销品徽章（Best Seller Badge）和亚马逊精选徽章（Amazon's Choice Badge）（见图7-50）。亚马逊客户往往非常信任这些徽章。与没有徽章的产品详情页相比，带有此类徽章的产品详情页通常具有更高的点击率和更高的转化率。

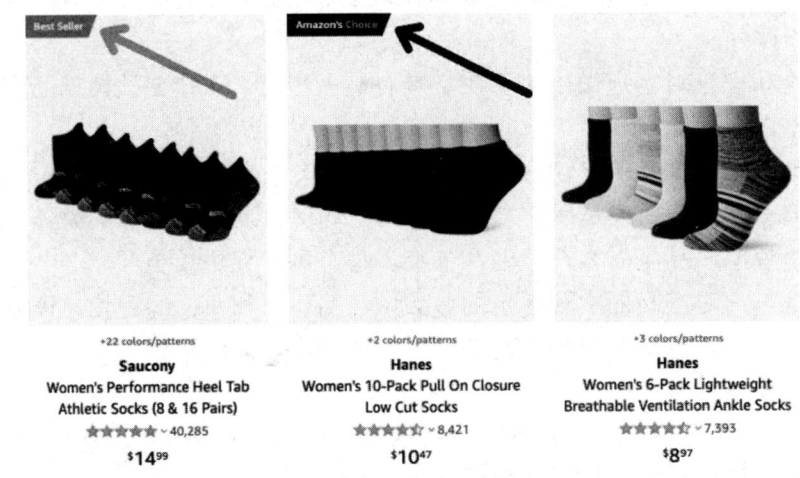

图7-50　亚马逊特殊徽章示例

如果卖家的产品在特定产品（子）类别（如"Women's Athletic Socks"或"Women's No Show & Liner Socks"类别）中获得的订单最多，则该产品详情页将获得畅销品徽章。当客户搜索不太具体的产品时，搜索结果页可能会显示多个畅销品，因为搜索结果包含许多不同子类别的产品。

亚马逊精选徽章授予的是与关键词最匹配的产品。这意味着对于每一个搜索词，在其搜索结果页上，只有一个带有亚马逊精选徽章的详情页。

（3）问答。

如果卖家推出新产品，那么请务必回答所有出现的问题。因为卖家最了解自己的产品，能够清楚地回答客户的问题。若卖家不回复，其他客户则可能会发布错误答案，进而对销售产生负面影响。

问题和答案未编入索引，与关键词无关，而是确保卖家能主动防御错误答案。

思考与练习

1. 什么是产品详情页？产品详情页优化的总目标有哪些？

2. 产品描述文案的作用是什么？产品描述文案撰写的经典逻辑框架有哪些？
3. 简述产品描述文案优化的步骤。
4. 产品描述文案优化效果评价指标有哪些？
5. 简述亚马逊 A9 算法的概念及亚马逊 A9 算法最重要的排名因素。
6. 简述亚马逊产品详情页关键词优化流程。
7. 简述影响亚马逊 SEO 最重要的业绩表现因素。
8. 简述亚马逊产品标题的结构及功能。
9. 简述亚马逊产品主图优化的主要策略。
10. 亚马逊卖家如何创建高转化率的产品信息图？
11. 简述亚马逊产品详情页常见的产品视频类型。
12. 简述卖家在撰写五点描述时要注意的写作要点。

第 8 章　跨境电商法律法规

【学习目标】

- 了解跨境电商相关法律法规的类型。
- 熟悉知识产权的特征及类型。
- 掌握跨境电商知识产权侵权类型与应对投诉策略。
- 了解海关对知识产权的保护措施。

实 训 项 目

1. 任务

每个团队要根据自己公司的选品和运营策略，调研跨境电商相关的法律法规。调研的内容如下。

① 目标国对所选产品的准入规则和合规要求。

② 跨境电商运营各环节涉及的法律法规。

③ 所选产品相关的知识产权情况。

在调研的基础上，指出公司面临的法律法规问题和应对策略。

2. 要求

① 任务成果用 PPT 呈现，思路清晰，表达简洁。

② 在团队 CEO 和知识产权与法务部总监的协调下，以团队为单位完成并提交作业。

③ 团队派出代表在课堂上进行演示交流。

跨境电商作为一种国际贸易形式，具有贸易属性，卖家需遵守贸易主体、贸易规范、贸易监管、贸易合同、知识产权、跨境运输、产品质量和消费者权益等方面的法律法规。在通关过程中，跨境电商需接受海关监管，遵循通关、商检、外汇和税收等法规。同时，在跨境电商中，卖家需要遵守电子商务主体（登记、准入、认定）、电子商务合同（签名、认证）、电子商务支付、知识产权、安全隐私和消费者权益保护等方面的法律法规。此外，作为电子商务平台卖家，还需遵守所在平台的规则。

8.1 跨境电商法律法规概述

8.1.1 跨境电商法律法规类型

1. 传统领域的法律法规

跨境电商作为一种商业经济行为，涉及消费服务领域和知识产权领域。与跨境电商相关的传统领域的法律包括《中华人民共和国消费者权益保护法》、《民法典》、《中华人民共和国产品质量法》、《中华人民共和国反垄断法》、《中华人民共和国价格法》、《中华人民共和国食品安全法》、《中华人民共和国反不正当竞争法》、《中华人民共和国商标法》（简称《商标法》）、《中华人民共和国专利法》（简称《专利法》）和《中华人民共和国著作权法》（简称《著作权法》）等，这些法律旨在保护消费者和卖家权益。表8-1展示了上述法律对跨境电商活动的主要影响。

表8-1 部分传统领域的法律对跨境电商活动的影响

名称	制定机关	受影响的电子商务活动	文件原文
《中华人民共和国消费者权益保护法》	全国人大常务委员会	消费者安全权、知情权、公平交易权、选择权、求偿权相关的电子商务活动等	附件8.1
《民法典》	全国人大常务委员会	电子合同、个人信息保护、数据和网络虚拟财产、网络侵权、数字遗产等	附件8.2
《中华人民共和国产品质量法》	全国人大常务委员会	电子商务产品质量监管	附件8.3
《中华人民共和国反垄断法》	全国人大常务委员会	互联网领域中的垄断协议、滥用市场支配地位、经营者集中、行政垄断等	附件8.4
《中华人民共和国价格法》	全国人大常务委员会	电子商务商品和服务价格制定	附件8.5
《中华人民共和国食品安全法》	全国人大常务委员会	电子商务食品质量监管	附件8.6

续表

名　称	制 定 机 关	受影响的电子商务活动	文 件 原 文
《中华人民共和国反不正当竞争法》	全国人大常务委员会	互联网领域中的仿冒混淆行为、虚假宣传行为、新型不正当竞争行为	附件 8.7
《中华人民共和国商标法》	全国人大常务委员会	商标注册申请、续展、变更、转让和使用许可，使用管理、专用权的保护等	附件 8.8
《中华人民共和国专利法》	全国人大常务委员会	专利申请、管理、许可、保护等	附件 8.9
《中华人民共和国著作权法》	全国人大常务委员会	著作权归属、保护、限制，著作权使用许可和转让，出版、表演、录音、录像和播放等著作权规定	附件 8.10

2. 电子商务相关法律法规

电子商务在我国发展已久，模式相对成熟，相关环境较完善。因此，电子商务相关法律立法也逐渐提上日程。一些法律草案、管理办法和规定相继出台，影响跨境电商的法律环境。我国电子商务相关法律法规目前主要集中在网络安全和支付方面，包括《中华人民共和国电子签名法》，于 2019 年修订；《中华人民共和国网络安全法》自 2017 年 6 月 1 日起施行；《中华人民共和国电子商务法》（简称《电子商务法》）于 2019 年 1 月 1 日正式实施。其他关于网络、支付方面的法律主要是一些政策和规章。

《电子商务法》是针对电子商务的专门立法，它是政府调整企业和个人通过信息网络以数据电文为交易手段所产生的商事交易关系，以及与这种商事交易关系密切相关的社会关系、政府管理关系的法律规范总称。其以促进发展、规范秩序、维护权益为立法指导思想，坚持问题导向，对电子商务经营的主体责任、交易与服务安全、数据信息保护、消费者权益维护，以及市场秩序、公平竞争等内容都进行了规范。

附件 8.11

附件 8.12

附件 8.13

3. 境外电子商务相关法律法规

为了适应电子商务的发展，各国家（地区）相继制定了相关法律法规。

联合国国际贸易法委员会先后通过《电子商务示范法》《电子签名示范法》《联合国国际合同使用电子通信公约》等，为各国家（地区）电子商务立法提供了一整套国际通行规则。美国制定了《统一电子交易法》《电子签名法》等，德国颁发了《电子签名框架条件法》《电子签名条例》等。

（1）欧盟在电子商务领域的相关立法。

欧盟为促进内部市场的一体化，制定了《欧洲电子商务行动方案》和《电子商务指令》，协调了成员国的信息社会服务法律，规范了服务提供者、电子合同、中间服务提供者责任和纠纷解决等方面。《电子商务指令》是欧盟电子商务立法的核心和基础，于 2000 年 6 月 8 日通过，要求成员国在 18 个月内将其制定成本国法律。

欧盟成员国根据自身情况，参照《电子商务指令》，制定或修改了与电子商务相关的法律，如《电子签名法》、《数据保护指令》、《版权法》改革、《电子通信行业个人数据处理与个人隐私保护指令》等，以保护电子商务主体、合同、支付、数据、知识产权和消费者权益等方面。《电子签名法》于 1999 年 12 月 13 日通过，为电子签名提供了统一的法律框架，确保其在跨境交易中的效力和互认。

欧盟在跨境支付、物流、税收等方面，也出台了一些法律和政策，如《第一银行指令》、《第二银行指令》、《欧洲电子商务发展统一包装配送市场绿皮书》、《全球电子商务的几个税收政策问题》报告等，以解决跨境电子商务中的金融监管、物流配送、重复征税等问题。《第一银行指令》和《第二银行指令》为欧盟内部的银行业务提供了单一许可证制度，简化了跨境支付的程序。

（2）美国在电子商务领域的相关立法。

美国在电子商务及相关方面的法律较为健全，这些法律包括《电子资金划拨法》《金融服务现代化法》《统一货币服务法案》《统一电子交易法》《电子签名法》等。

此外，美国的《全球电子商务政策框架》是跨境电商领域的重要文件。为推动跨境电商发展，美国制定了《互联网商务标准》《网上电子支付安全标准》等，强调了安全可靠的支付系统的重要性。

在物流行业方面，美国在法律上放宽了准入限制，并推动其向自由市场体系发展。相关法律包括《协议费率法》《汽车承运人规章制度改革和现代化法案》《斯泰格斯铁路法》《机场航空通道改善法》《卡车运输行业规章制度改革法案》等。

在信息安全方面，美国提出了《网络用户隐私权利法案》《国家网络空间可信身份国家战略》，并与欧盟签订了《隐私权保护安全港协议》。

在交易纠纷处理方面，美国支持境内与全球形成统一的商务法律框架。各州采纳了统一的商务法规，支持在电子商务中使用国际合同，并明确了电子合同的规则与范式、履行合同的标准、电子书写有效的条件，以及电子签名的可接受度。美国还尝试构建跨境电商纠纷网上解决机制。

在税收方面，美国发布了《全球化电子商务的几个税收政策问题》报告，对跨境电商全球关税设计进行了框架性构想。

（3）亚太地区在电子商务领域的相关立法。

亚太地区在电子商务领域的法律条款具有参考价值。部分国家的法律如下。

韩国：制定了《电子交易基本法》《电子署名法》《电子金融贸易基本法》《个人信息保护法》《网络信息服务业促进法》《信息、通信网络、信息安全促进法》等。

日本：制定了《电子签名与认证服务法》《电子商务与信息交易准则》，修订了《著作权法》《专利法》《外观设计法》《商标法》等一系列法律相关条款。

新加坡：制定了《电子交易法》《互联网操作规则》《行业内容操作守则》，并修改了《版权法》，以强化对数字领域版权的保护。

马来西亚：《电子签名法》。

澳大利亚：《电子交易法》《支付系统监管法》《电子资金划拨指导法》。

各国的立法从不同角度规范和推动了电子商务行业的发展。例如，韩国通过制定相关法律，营造了稳定的网络金融环境。又如，澳大利亚在支付领域颁发法律，规范了电子支付金融机构及其业务。

在电子商务信息安全与知识产权保护方面，各国立法也给予了有力的保障。

8.1.2　跨境电商交易环节的法律

跨境电商交易环节可能出现许多问题，这些问题与法律相关，需要依法解决以推动跨境电商发展。

（1）跨境电商平台责任。

跨境电商平台作为跨境电商交易的核心环节，其责任和义务至关重要。作为交易活动的主体，跨境电商平台需承担主体责任。平台不仅要负责对经营者进行资格审查、登记和公示，还需与卖家签订合同或协议，明确双方在进入和退出平台、商品和服务质量安全、消费者权益保护等方面的权利、义务和责任。

跨境电商平台应建立完善的管理规章制度，包括交易规则、交易安全保障、消费者权益保护、不良信息处理等。平台需加强对经营者发布的商品与服务信息的监控，对违反法律法规的行为及时采取措施制止，并在必要时停止提供平台服务。

此外，平台还应承担商品专用权、企业名称权保护、商业秘密与消费者个人信息保护、消费者权益保护、制止违法行为、协助查处违法行为、交易信息保存及向工商行政管理部门报送统计资料等责任。同时，平台还需考虑境外商家入驻、网站服务器和数据中心选择等问题。

（2）消费者权益保护。

消费者权益包括安全保障权、知悉真情权、自主选择权、公平交易权、获得赔偿权、知识获取权、依法结社权、维护尊严权、监督批评权等。虽然跨境电商活动中部分消费者权益得到体现，但受限于跨境电商特征，投诉与补偿难以实现。例如，境内七天无理由退换货规定在跨境电商中难以执行，跨境交易纠纷处理也面临困难，影响消费者的购物体验。

跨境电商交易应参照消费者所在国家（地区）的服务标准，提供权益保护。然而，跨境电商消费者权益受损特征为发生率高、案件数量多、涉及范围广泛、涉及金额少和消费者处弱势地位，使消费者不倾向于选择司法救济来维护自身权益。随着审判级别提高和期限延长，维权成本也会增加，降低了消费者维权积极性和主动性。

跨境电商发展初期，快速发展导致的如商品标签、成分不符合标准和仿制商品等问题，成为消费者权益保护中的难题。

（3）跨境物流。

跨境物流因复杂性会产生诸多法律问题，涉及合同签订与履行、商品运输安全、时间与成本矛盾、退换货纠纷、信息安全与保护等，跨境运输及退换货物流问题尤为突出。尽管我国制定了《铁路法》《民用航空法》《海商法》《消费者权益保护法》《反不正当竞争法》等法律法规，但仍无法满足跨境物流业发展需求。现有法规存在规范不完整、可操作性不强等问题，限制了跨境物流行业的良性有序发展。

由于跨境电商退换货流程比境内更复杂，物流时间长、痕迹无法查询、成本有时超过商品价值，成为消费者投诉重点，因此，建立与完善适合跨境电商退换货物流的法律体系成为重点工作。

（4）跨境支付。

跨境支付涉及跨境第三方支付与跨境人民币支付两种方式。跨境第三方支付依据国家外汇管理局发布的《支付机构跨境电子商务外汇支付业务试点指导意见》，消费者用本国货币在跨境电商平台购买商品，经试点支付机构将其转换为外币支付给卖家。跨境人民币支付则根据中国人民银行的《关于金融支持中国（上海）自由贸易试验区建设的意见》和中国人民银行上海总部的《关于上海市支付机构开展跨境人民币支付业务的实施意见》，将人民币跨境结算作为跨境电商商品交易结算方式，省去币种兑换环节，缩短支付周期，降低汇率差额损失。

为推动跨境电商发展，中国人民银行和外汇管理局积极响应国务院关于促进跨境电商健康快速发展的文件，鼓励有条件的支付机构办理跨境支付业务，支持跨境支付市场发展。中央银行和外汇管理局依法对支付机构实行监管核查，防范与跨境支付相关的外汇风险。然而，在外汇管理法律体系、反洗钱法律体系、监管政策协调性、跨境消费者权益保护与跨境支付国际法律制度等方面，现行法律、法规、规章仍存在不足和风险隐患。

境内金融监管与境外金融监管之间是冲突与合作的法律关系。各国家（地区）在电子支付法律（法规）体系与监管模式方面各有差异，从维护本国（地区）支付体系安全与消费者权益保护角度出发，在发生跨境支付纠纷时可能产生利益冲突和法律适用性问题。为解决国际纠纷、打击跨国洗钱等违法行为，各国家（地区）加强了跨境电子支付方面的合作监管力度，尝试建立跨境合作监管长效机制。

跨境维权具有较强的专业性，维权成本高。由于境内消费者、第三方支付机构与境外商户之间存在语言差异和习惯差异，因此当跨境电子支付纠纷发生时各方之间难以进行有效沟通。此外，各国家（地区）跨境法律的实用性问题较为显著。跨境消费者对交易方所在国家（地区）的法律（法规）政策和仲裁调解程序不熟悉，维权时间长，成本高。

（5）通关与跨境商检。

在通关方面，跨境电商主要依据《中华人民共和国海关法》《中华人民共和国海关对进出境快件监管办法》等法律法规。此外，我国还尝试建立了"负面清单"管理模式。负面清单是指在外资市场准入（设立）阶段不适用国民待遇原则的特别管理措施规定。"负面清单"制度属于黑名单，遵循"除非法律禁止，否则就是允许"的解释逻辑，体现了法无禁止即自由的法律理念。为推动跨境电商发展，我国近年来实施了一系列通关相关政策。这些政策包括增列海关监管方式代码"1210"和"9610"，对电子商务出口经营主体分类，建立适应电子商务出口的新型海关监管模式并进行专项统计，建立跨境电商清单管理制度，构建跨境电商风险监控和质量追溯体系，以及创新跨境电商检验检疫监管模式等。

在跨境商检方面，主要依据"四法三条例"，即《中华人民共和国进出口商品检验法》《中华人民共和国进出口商品检验法实施条例》《中华人民共和国进出境动植物检疫法》《中华人民共和国进出境动植物检疫法实施条例》《中华人民共和国国境卫生检疫法》《中华人民共和国国境卫生检疫法实施细则》《中华人民共和国食品卫生法》。此外，还有《进出境邮寄物检疫管理办法》等。然而，这些法律条例较为陈旧，与跨境电商产生的检验检疫需求仍存在一定差距。

（6）税收。

跨境电商在纳税主体、课税对象、归属关系、课税标准、缴纳程序等方面面临新问题和挑战。由于具有全球性、无国界性、高技术性和电子商务属性，因此跨境电商成为企业避税的温床，并为国际避税提供了空前的土壤。跨境电商引发了国际税收管辖冲突，导致重复征税，加剧了偷税、漏税和避税现象。随着《关于跨境电子商务零售进口税收政策的通知》政策的发布，跨境电商行邮税已取消，跨境电商在税收上与普通贸易相同。但普通贸易主要为实体经济形式，而跨境电商属于网络虚拟经济形式，这在一定程度上加剧了灰色清关现象。海关在征税方面也面临巨大挑战。

（7）信息安全。

信息安全问题随网络发展而产生。跨境电商依赖网络，因此不可避免地面临信息安全问题。这些问题包括跨境电商交易数据安全、网络安全，以及消费者隐私安全、支付和金融安全等。例如，信用卡安全问题已成为网络安全监管的重点。此外，信息收集和使用也是《消费者权益保护法》的重要条款。

8.2 知识产权

近年来，跨境电商以每年超过20%的速度增长。随着贸易规模的快速扩大，亚马逊、全球速卖通等平台上商标、版权、外观专利和发明专利等侵权投诉案件频发。因此，在上架运营新产品时，许多卖家需要对是否存在相关侵权问题进行审查。同时，卖家也应善用知识产权规则来保护自身合法权益，实现企业的长期发展。本部分主要关注商标、专利和著作权等知识产权问题。

8.2.1 知识产权的特征

知识产权（Intellectual Property Rights），也称为"智力成果权"或"无形财产权"，是人们对自己的创造性智力活动成果依法享有的权利。通常，知识产权是国家（地区）赋予创作者在一定时期内的专有权或独占权（Exclusive Right）。知识产权具有以下特点。

（1）无形性。

知识产权本质上是一种无形财产，其客体为智力成果或知识产品。这种无形财产或无形精神财富是创造性智力劳动的成果，与房屋、汽车等有形财产一样，受到国家（地区）的法律保护，并具有价值和使用价值。

（2）专有性。

专有性是指独占性或垄断性。除非权利人同意或法律规定，任何非权利人不得享有或使用该权利。

（3）地域性。

地域性意味着知识产权仅在确认和保护的地域内有效。除非签订国际公约或双边互惠协议，某个国家（地区）法律保护的权利仅在该国家（地区）范围内有效。因此，知识产权既具有地域性，在一定条件下又具有国际性。

（4）时间性。

时间性是指各项知识产权在法律保护下具有一定的有效期。各国法律对知识产权保护期限的长短不完全相同。只有在参加国际协定或进行国际申请时，某项知识产权才有统一的保护期限。

在跨境电商中，知识产权已成为传递品牌信赖度的标识。买家主要通过专利、商标、版权来识别消费产品的信息、可靠度及性价比。在无法亲眼看见商品的情况下，绝大多数买家主要通过知识产权评估异国卖家的信誉度和商品的品质。因此，知识产权（特别是商标）在跨境电商中显得尤为重要，其价值分量相应增加。

8.2.2 跨境电商中知识产权的类型

在谈论知识产权时，需要先明确其类型，并根据不同类型明确其保护内容。通常我们接触的知识产权类型主要包括商标权、专利权和著作权等（见图8-1）。跨境电商作为一种利用电子数据处理技术进行贸易活动的电子化商务运作模式，其核心是"数据信息"，这些数据信息的内容主要包括文字、图形、声音、影像、计算机程序等作品，分别涉及不同类型的知识产权，如商标权、专利权、著作权等。

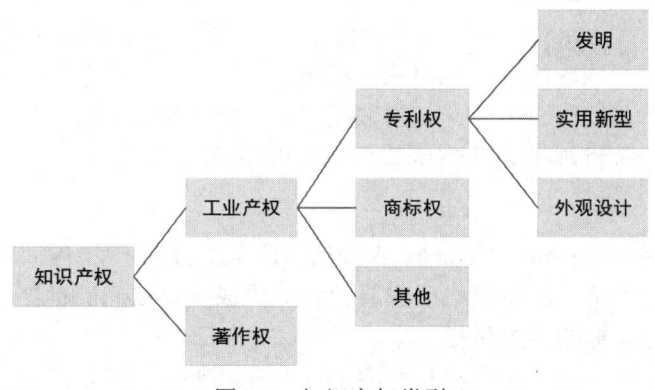

图 8-1 知识产权类型

1．商标权

商标是一种法律标志，用于区别不同的商品或服务提供者，也是品牌的法律保障。商标可以由文字、图形、字母、数字、声音、三维标志、颜色等的任意组合构成。《商标法》第三条规定，"经商标局核准注册的商标为注册商标，包括商品商标、服务商标和集体商标、证明商标；商标注册人享有商标专用权，受法律保护。"注册商标可以防止他人恶意侵犯自身的品牌、商品和服务。《商标法》第八条规定，"任何能够将自然人、法人或者其他组织的商品与他人的商品区别开的标志，包括文字、图形、字母、数字、三维标志、颜色组合和声音等，以及上述要素的组合，均可以作为商标申请注册。"因此，商品的外形、颜色、公司名称、标识、个人姓名、肖像等，只要具有显著特征，就可以申请注册商标。商标分为注册商标和未注册商标两种。《商标法》第四条规定,"自然人、法人或者其他组织在生产经营活动中,对其商品或者服务需要取得商标专用权的,应当向商标局申请商标注册。"未注册商标没有法律保护,可能会被他人注册相同或类似的商标,从而导致使用者被禁止使用。只有经过商标局审查、核准和公告的商标,才能成为注册商标,享有独占使用权和法律保护。《商标法》第十六条规定,"商标中有商品的地理标志,而该商品并非来源于该标志所标示的地区,误导公众的,不予注册并禁止使用;但是,已经善意取得注册的继续有效。"这说明,商标具有地域性,只在注册的国家或地区受到保护。如果想在其他国家或地区获得保护,则需要在当地申请注册商标。

商标的顺利注册需要经过多个步骤,包括商标选定或设计、商标查询、注册申请、获得受理通知书、初审公告(进入公告期)、核准注册及获得商标注册证。

对于出口跨境电商卖家而言,为维护其商品标志在目的国的权益,需要进行商标国际注册。商标国际注册是指向境外国家或地区申请注册商标的过程。目前,中国企业可以通过以下 3 种途径申请商标国际注册:① 马德里商标国际注册,即通过国家商标局同时向部分或全部成员方提出注册申请;② 依据《巴黎公约》或双边协议或对等原则,申请人单独向某个国家或地区提出注册申请;③ 通过地区性公约组织提交申请,以获得该组织成员方的商标保护,如欧盟、非洲知识产权组织等。

(1)马德里商标国际注册。

马德里商标国际注册是根据《商标国际注册马德里协定》(以下简称《马德里协定》)或《商标国际注册马德里协定有关议定书》(以下简称《马德里议定书》)的规定,在马德里联盟成员国间进行的商标注册。相对于单独去境外注册,马德里商标国际注册具有覆盖范围广、办理手续方便快捷、费用相对低廉的优点。马德里联盟由《马德里协定》和《马德里议定书》所适用的国家(地区)或政府间组织组成,截至 2023 年 4 月,马德里联盟共有 108 个缔约方,覆盖 124 个国家和地区。中国、美国、德国、法国、英国、意大利、日本、韩国、俄罗斯、澳大利亚、瑞士等世界主要经济体都是马德里联盟成员国。

(2)欧盟商标。

欧盟商标(European Union Trade Mark, EUTM)与欧盟各国境内商标平行运行,互不冲突,但已在欧盟成员国境内注册或申请注册的商标构成反对欧盟商标注册的在先权利,反之亦然。可注册为欧盟商标的标志包括文字、图形、三维标志、颜色、声音,但需具备显著性,能客观清晰地表示,并不得与在先权利冲突。纯粹描述产品或服务特征的标志无法注册为欧盟商标。欧盟知识产权局(EUIPO)将商标分为个人商标(Individual Mark)、集体商标(Collective Mark)和证明商标(Certification Mark),与我国类似。欧盟注册商标权利人在欧盟所有成员国中享有商标专有使用权。注册商标有效期为 10 年,可无限续展。权利人可发出停止函要求侵权方停止侵权,也可在任何欧盟成员国境内提起民事诉讼。任何一个欧盟成员国法院发出的命令在全部欧盟成员国境内都具有强制执行力。欧盟各成员国负责根据其境内法,采取商标刑事犯罪调查起诉及海关执法措施。

2. 专利权

专利权是发明创造人或其权利受让人对特定发明创造在一定期限内依法享有的独占实施权,具体表现为制造、使用、销售、进口其专利产品,或者使用其专利方法及使用、销售、进口依照该专利方法直接获得产品。境内专利申请有 3 种类型：发明、实用新型和外观设计。发明是指针对产品、方法或其改进所提出的新技术方案。实用新型是指对产品的形状、构造或其结合提出的实用的新技术方案。外观设计是指根据产品的形状、图案或其结合，以及色彩与形状、图案的结合所做出的富有美感并适于工业应用的新设计。只有满足专利条件并获得授权后，才能拥有专利权。在中国，发明专利的保护期限为 20 年，实用新型专利和外观设计专利的保护期限均为 10 年。在保护期限届满或专利权中途丧失后，其他人可无偿使用该专利技术。

跨境电商企业可通过以下途径进行专利国际申请，以维护自己的正当权益。

（1）《巴黎公约》途径。

《巴黎公约》途径是指首次在本国家提出专利申请后，申请人根据《巴黎公约》的规定，在 12 个月内（对于发明或实用新型）或 6 个月内（对于外观设计），向外国专利主管部门提出申请，并要求享有优先权。主要的申请流程包括准备提交材料、向中国国家知识产权局提交专利申请和向境外专利主管部门提出专利申请。

通过《巴黎公约》途径进行专利国际申请的优缺点分别如下。

① 优点。

- 简单、快捷。
- 适用广泛（发明、实用新型、外观设计这 3 种类型的专利申请均适用）。

如果向少于 4 个外国或地区申请专利，那么通过《巴黎公约》途径更为便捷高效。

② 缺点。

- 时间短。申请人必须在首次提交专利申请后的 12 个月内或 6 个月内向境外专利主管部门提出专利申请，因时间紧迫而可能错失在外国或地区获得专利权的机会。
- 准备不充分。在 12 个月内或 6 个月内，申请人通常还不知道其专利申请相对于现有技术的状况和获得专利权的可能性，难以确定是否有必要在目标国家或地区取得专利权。
- 工作繁重。申请人需要在 12 个月内或 6 个月内分别办理各国的申请手续、完成申请文件的各种语言文本的翻译工作，并选择需要委托的各国专利代理机构或律师，工作量较大。
- 费用较高。申请人需要支付各国的申请费、审查费及翻译费等官费，同时需支付各国专利代理机构或律师的代理费用。

（2）PCT 途径。

PCT（Patent Cooperation Treaty）途径是一种申请专利的方式，它允许申请人根据《专利合作条约》，只提交一份国际申请，就可以在多个国家或地区寻求专利保护。申请人需要遵守本国和目标国家或地区的专利法规，同时向本国的专利局（中国的专利局是国家知识产权局）递交国际申请。该途径享有同一申请日（优先权日），申请人可以在申请日起 30 个月内向欲获得专利的国家或地区提交专利申请。截至 2023 年 4 月，PCT 已有 156 个缔约国。每件 PCT 国际申请（个别的除外）都会经过国际检索程序，这个程序是封闭式进行的，不接受非明显错误的修改文件。

PCT 国际申请分为两个阶段，即国际阶段和国家（地区）阶段。国际阶段包括申请的提出、国际检索和国际公布，如申请人要求还包括初步审查程序。是否授予专利权的工作是在国家（地区）阶段由被指定/选定的各个国家（地区）专利主管部门完成的。该途径的优点是可以在较长的时间内在多个国家（地区）保留权利，为申请人提供了更多的时间和机会进行技术、市场等方面的评估和探索。同时，PCT 国际申请可以在国际阶段集中处理多个国家（地区）的申请手续，大大减少了工作量和费用。PCT 专利国际申请流程如图 8-2 所示。

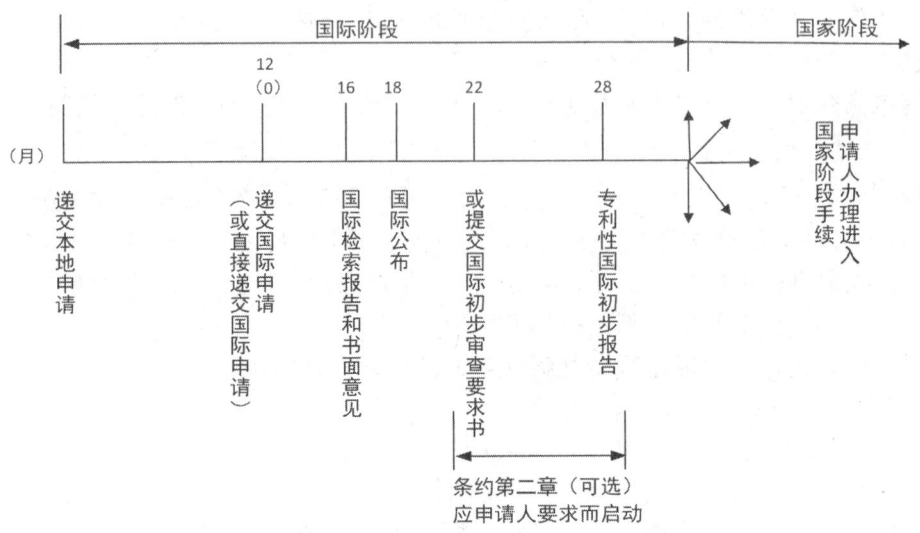

图 8-2　PCT 专利国际申请流程

通过 PCT 途径进行专利国际申请具有以下优势。

- 简化申请程序。申请人可以使用自己熟悉的语言，将申请直接递交到本国知识产权局。
- 推迟决策时间。申请人在首次提出申请后的 30 个月内办理进入各个国家或地区的手续。
- 专利性的评价。申请人根据检索报告，初步评估专利申请的新颖性和创造性。
- 延迟费用的支出，准备时间充裕。申请人有 30 个月的时间主动办理进入境外国家或地区的手续。
- 完善申请文件。申请人可根据国际检索报告和国际初步报告，修改和完善申请文件。

3. 著作权

著作权是自然人、法人或其他组织对文学、艺术和科学作品依法享有的财产权利和精神权利的总称，它包括以下形式的作品：文字、口述、音乐、戏剧、曲艺、舞蹈、杂技、美术、建筑、摄影、电影、工程设计图、产品设计图、地图、示意图等图形和模型作品，以及计算机软件等。

著作权法保护作品的范围包括著作权和邻接权。著作权产生于作品创作完成之日起，权利自然取得。著作权包括著作人格权和著作财产权两类。其中，著作人格权包括发表权、署名权、修改权、保护作品完整权；著作财产权包括复制权、发行权、出租权、展览权、表演权、放映权、广播权、信息网络传播权、摄制权、改编权、翻译权、汇编权，以及其他著作权人享有的权利。需要说明的是，著作权保护的是思想的表达形式，而不是思想本身。因此，算法、数学方法、技术或机器的设计等不属于著作权保护的范围。

在跨境电商中，著作权保护的范围非常广泛，包括但不限于美术作品、摄影作品、产品设计图、示意图等图形作品，模型作品，艺术作品，计算机软件等。由于网络的开放性和便捷性，跨境电商中的著作权侵权现象也十分普遍。因此，在跨境电商中，卖家要充分意识到著作权的重要性，并采取必要的措施来保护自己的著作权，避免被侵权带来的风险和损失。

8.2.3 跨境电商中知识产权的侵权类型

在传统的国际贸易活动中，境外买家大多采取大批量订货的方式，进口商通常在进口商品前主动进行知识产权调查和风险防范，进行知识产权的把关。境内出口商虽然没有过多关注知识产权问题，但很少面临知识产权侵权风险。然而，在跨境电商中，卖家以中小企业为主，甚至有很多自然人。其往往缺乏有关知识产权方面的专业知识，面对的境外买家也具有不特定性，因此常遇到知识产权问题。目前，知识产权方面的纠纷构成了电子商务的主要问题。在电子商务产业高速发展的形势下，侵犯知识产权的行为不断发生，严重影响中国商家的国际形象和跨境电商产业的长足健康发展。因此，跨境电商卖家要了解跨境电商知识产权侵权的常见类型，以避免侵权纠纷。

1．商标权侵权

为避免商标侵权，跨境电商卖家应该了解相关法律法规，并在商品上标注正确的商标信息，保护自身权益，同时避免使用侵权商品或侵权商标，避免被他人指控商标侵权。

《商标法》第五十七条、《中华人民共和国商标法实施条例》（简称《实施条例》）第八章、《最高人民法院关于审理商标民事纠纷案件适用法律若干问题的解释》（简称《解释》）第一条规定了侵权行为的几种表现形式。具体内容如下。

（1）假冒行为。

《商标法》第五十七条第（二）项规定："未经商标注册人的许可，在同一种商品上使用与其注册商标近似的商标，或者在类似商品上使用与其注册商标相同或者近似的商标，容易导致混淆的。"

（2）销售侵犯商标权的商品。

这类侵权行为的主体是商品经销商，无论行为人主观上是否有过错，只要实施了销售侵犯注册商标专用权的商品的行为，都构成侵权。《商标法》第六十四规定："销售不知道是侵犯注册商标专用权的商品，能证明该商品是自己合法取得的并说明提供者的，不承担赔偿责任。"

（3）伪造、擅自制造他人注册商标标识或者销售伪造、擅自制造的注册商标标识。

参见《商标法》第五十七条第（四）项规定。

（4）未经商标注册人同意，更换其注册商标并将该更换商标的商品又投入市场，这种行为又称为反向假冒行为、撤换商标行为。

参见《商标法》第五十七条第（五）项规定。

（5）给他人的注册商标专用权造成其他损害的行为，包括以下几类。

① 在同一种或者类似商品上，将与他人注册商标相同或近似的标志作为商品名称或者商品装潢使用，误导公众的。参见《商标法》第七十六条规定。

② 故意为侵犯他人注册商标专用权行为提供仓储、运输、邮寄、隐匿等便利条件的。

参见《商标法》第七十五条规定。

③ 将与他人注册商标相同或相近似的文字作为企业的字号在相同或类似商品上突出使用，容易使相关公众产生误认的。参见《解释》第一条第（一）项规定。

④ 复制、模仿或翻译他人注册的驰名商标，或者其主要部分在不相同或不相类似商品上作为商标使用，误导公众，致使该驰名商标注册人的利益可能受到损害的。参见《解释》第一条第（二）项规定。

⑤ 将与他人注册商标相同或相近似的文字注册为域名，并且通过该域名进行相关商品交易的电子商务，容易使相关公众产生误认的。参见《解释》第一条第（三）项规定。

在跨境电商中，商标权侵权常见的类型包括以下几种。

- 盗用商标。侵权人未经商标权人许可，在商品或服务上使用商标的行为，包括使用与商标相同或相似的商标、商标的组成要素或商标近似的标识。
- 侵犯商标权利。侵权人未经商标权人许可，在相同或类似的商品或服务上使用与其注册商标相同或相似的商标，或者其他妨碍商标权人使用其注册商标的行为。
- 创立擦边球品牌。侵权人为了借用某个品牌的知名度，刻意采用与该品牌相近或类似的商标，或者在商品包装、宣传广告等方面采用与该品牌类似的设计风格，从而让消费者产生误认，以谋取非法利益。
- 反向拼音商标。侵权人采用反向拼音、谐音等方式，在相同或相似的商品或服务上使用商标，以达到与正常商标相似的效果，误导消费者购买。
- 其他商标侵权行为。包括利用商标权人未注册的商标、仿冒知名商标等行为。

在实践中，跨境电商常见的商标侵权的具体情形如下所述。

- 在第三方跨境电商平台或自己的独立网站上使用的商品图片、文字描述、关键词、属性、店铺名称等中出现与他人注册商标相同或相似的商标。
- 将他人注册的商标用于产品包装或产品设计中。

例如，迪士尼企业公司著名的商标"Mickey Mouse"（米老鼠或米奇老鼠）除了注册文字商标，还注册了图形商标（见图8-3）。凡是在产品图片、产品描述及其他文字中出现"Mickey Mouse"或类似标志的都可能涉及侵权。

图 8-3 米老鼠的图形商标

2. 专利权侵权

专利权侵权主要包括发明专利侵权、实用新型侵权和外观设计侵权。电子商务属于商品流通领域，电子商务中销售的商品或服务如果包含知识产权内容，则存在知识产权风险。专利制度并非一成不变，而是随着科学技术的发展不断变化。

在电子商务活动中，专利权侵权首先表现为专利产品的"制造、许诺销售、销售、进口"行为是否合法。《专利法》第十一条规定："除本法另有规定的以外，任何单位或者个人未经专利权人许可,都不得实施其专利,即不得为生产经营目的制造、使用、许诺销售、销售、进口其专利产品,或者使用其专利方法以及使用许诺销售、销售、进口依照该专利方法直接获得的产品。外观设计专利权被授予后,任何单位或者个人未经专利权人许可,都不得实施其专利,即不得为生产经营目的制造、许诺销售、销售、进口其外观设计专利产品。"

其次是电子商务中销售假冒专利产品的行为。根据《中华人民共和国专利法实施细则》第八十四条的规定,假冒专利的行为包括:"(一)在未被授予专利权的产品或者其包装上标注专利标识,专利权被宣告无效后或者终止后继续在产品或者其包装上标注专利标识,或者未经许可在产品或者产品包装上标注他人的专利号;(二)销售第(一)项所述产品;(三)在产品说明书等材料中将未被授予专利权的技术或者设计称为专利技术或者专利设计,将专利申请称为专利,或者未经许可使用他人的专利号,使公众将所涉及的技术或者设计误认为是专利技术或者专利设计;(四)伪造或者变造专利证书、专利文件或者专利申请文件;(五)其他使公众混淆,将未被授予专利权的技术或者设计误认为是专利技术或者专利设计的行为。专利权终止前依法在专利产品、依照专利方法直接获得的产品或者其包装上标注专利标识,在专利权终止后许诺销售、销售该产品的,不属于假冒专利行为。"其中,第(二)、(三)、(四)、(五)项所述行为在电子商务中都较为常见。

最后是关于电子商务中商业方法专利的问题。商业方法专利是指用于商业运营、政府管理、企业管理或财务资料报表的生成等,能够使资料在经过处理后有显著改变或完成运算操作的装置及对应的方法,或者用于改变货物或服务提供的资料处理或运算操作的装置及对应的方法。由于智力活动的规则和方法不在专利保护的客体之内,因此,纯粹的商业方法的可专利性较低。设计商业方法专利通常要求在商业规则和方法的基础上,融入技术方案。在电子商务中,由于存在商业方法专利,因此,计算机软件和网页功能设置也可能涉及专利权侵权。

3. 著作权侵权

著作权是指自然人、法人或其他组织依法享有的文学、艺术和科学作品的财产权利和精神权利的总称。著作权包括发表权、署名权、修改权、保护作品完整权、复制权、发行权、出租权、展览权、表演权、放映权、广播权、信息网络传播权、摄制权、改编权、翻译权、汇编权等权利。著作权保护的核心是保障著作权人拥有控制作品传播和使用的权利。传统传播技术下,著作权人对作品的控制包括复制权、发行权和广播权等。然而,在电子商务环境下,著作权人面临作品失控的威胁。电子商务中的著作权侵权包括直接侵权和间接侵权。直接侵权是指未经作者或其他著作权人许可,以任何方式复制、出版、发行、改编、翻译、广播、表演、展出、摄制影片等,构成对著作权的侵犯。关于互联网服务提供商(ISP)由于其服务者的侵权行为,和其计算机系统在提供服务过程中的自动复制而被牵涉的侵权责任问题,尚属于争论的范畴,还需要在法律规定上进一步明确。间接侵权是指ISP承担用户侵权行为的侵权责任。

在涉及电子商务著作权侵权问题时,需要特别注意ISP侵权问题和链接侵权问题。ISP根据提供服务的不同可分为网络内容服务商和网络中介服务商两大类。网络内容服务商提供网页服务,未经著作权人许可传播的内容构成对著作权的侵犯。而网络中介服务商的基本特征是按用户选择传输或接收信息,其本身并不组织或筛选所传播的信息,因此在著作权保护法律体系中具有与网络内容提供商不同的法律地位,其承担的侵权责任问题更加复杂。目前法律上还没有明确规定 ISP 应当承担的责任大小。除了传统作品形式，随着技术发展还催生了计算机软件、数据库、多媒体等著作权客体，其中，计算机软件已经被纳入著作权保护体系。《著作权法》《中华人民共和国计算机软件保护条例》《计算机软件著作权登记办法》等法律文件均为计算机软件提供了法律保护。

8.2.4　收到电商知识产权投诉的应对策略

《电子商务法》中有专门针对知识产权侵权的保护条款。条款内容如下。

"第四十一条　电子商务平台经营者应当建立知识产权保护规则，与知识产权权利人加强合作，依法保护知识产权。

"第四十二条　知识产权权利人认为其知识产权受到侵害的，有权通知电子商务平台经营者采取删除、屏蔽、断开链接、终止交易和服务等必要措施。通知应当包括构成侵权的初步证据。

"电子商务平台经营者接到通知后，应当及时采取必要措施，并将该通知转送平台内经营者；未及时采取必要措施的，对损害的扩大部分与平台内经营者承担连带责任。

"因通知错误造成平台内经营者损害的，依法承担民事责任。恶意发出错误通知，造成平台内经营者损失的，加倍承担赔偿责任。

"第四十三条　平台内经营者接到转送的通知后，可以向电子商务平台经营者提交不存在侵权行为的声明。声明应当包括不存在侵权行为的初步证据。

"电子商务平台经营者接到声明后，应当将该声明转送发出通知的知识产权权利人，并告知其可以向有关主管部门投诉或者向人民法院起诉。电子商务平台经营者在转送声明到达知识产权权利人后十五日内，未收到权利人已经投诉或者起诉通知的，应当及时终止所采取的措施。"

"第四十五条　电子商务平台经营者知道或者应当知道平台内经营者侵犯知识产权的，应当采取删除、屏蔽、断开链接、终止交易和服务等必要措施；未采取必要措施的，与侵权人承担连带责任。"

"第八十四条　电子商务平台经营者违反本法第四十二条、第四十五条规定，对平台内经营者实施侵犯知识产权行为未依法采取必要措施的，由有关知识产权行政部门责令限期改正；逾期不改正的，处五万元以上五十万元以下的罚款；情节严重的，处五十万元以上二百万元以下的罚款。

"第八十五条　电子商务经营者违反本法规定，销售的商品或者提供的服务不符合保障人身、财产安全的要求，实施虚假或者引人误解的商业宣传等不正当竞争行为，滥用市场支配地位，或者实施侵犯知识产权、侵害消费者权益等行为的，依照有关法律的规定处罚。"

电商企业在平台上经常面临知识产权侵权投诉与申诉，尤其商标侵权案件较多。下面结合阿里巴巴知识产权系统的案例，提出应对策略。

1. 了解投诉方知识产权情况

在阿里巴巴知识产权系统中回应投诉需分如下两步。

第一步：了解投诉方及其专利情况，了解被投诉产品或服务情况。

根据投诉方提供的知识产权编号，在相关网站上查询专利详细信息。主要查询途径如下。

- 中国国家知识产权局。
- 美国专利商标局。
- 欧盟发明专利查询、欧盟外观专利查询。
- 世界知识产权组织（WIPO）。
- 我国香港特别行政区发明专利查询、我国香港特别行政区外观专利查询。

通过查询，了解商标权利人、涉及被投诉产品或服务的商品或服务项目名称、商标是否有效，以及许可转让等情况。

第二步：判断被投诉产品或服务是否侵权，决定是否异议投诉。

① 若认为侵权，则与投诉方联系协商撤诉，或者请专业律师处理。

② 若认为不侵权，则可请律师在知识产权保护系统中发起反通知，说明不侵权理由；或者与投诉方联系，若对方同意撤诉，可请投诉方通过知识产权系统进行撤诉操作。

2. 发起反通知操作步骤

① 点击"被投诉管理"中"历史被投诉记录"，查看案件情况。

② 勾选投诉记录，点击"发起反通知"。

③ 在"发起反通知"页面填写反通知表单。

④ 说明发起反通知的基本理由并附带凭证。

3. 发起反通知

（1）针对商标投诉。

针对商标投诉，可从以下3个方面发起反通知并附上相关资料。

① 若被投诉产品系购自商标权人或其授权代理商，则需提供进货凭证，如合同、发票等。若从授权代理商处购买，则需同时提供进货凭证及商标权人授权代理商销售的有效授权书。

② 若被投诉方有销售授权，则需提供商标权人授权被投诉方销售的有效授权书。

③ 若注册商标专用权的保护范围未涵盖被投诉产品，则需详述被投诉产品与商标注册类别不同或相似、被投诉产品上的商标与投诉商标不同或相似，或者不在驰名商标跨类保护范围等原因。

（2）针对专利投诉。

① 指出被投诉产品与专利存在差异。针对外观设计专利投诉，可指出被投诉产品与外观设计专利视图的视觉差异。针对实用新型专利和发明专利投诉，可针对投诉人主张的独立权利要求，指出被投诉产品缺少某个技术特征，或者被投诉产品在某个技术与专利技术方案中相应技术特征的不同之处。

② 线上公开资料。需提供淘宝网、天猫、阿里巴巴中文站后台交易截图及订单编号；专利申请日前在阿里巴巴国际站发布的产品链接（产品最后修改时间须在专利申请日前）；专利申请日前在境内外公开的专利资料，需提供专利信息截图，并确保被投诉产品与在先专利一致。

③ 线下公开资料。需提供销售产品的交易凭证，如买卖双方合同，同时提交与交易凭证相关的第三方资料，如发票、报关单；产品认证报告；报刊、书籍相关页面照片；电视、电影、广告等公众媒体中出现产品的画面资料。专利申请日前在境内外未公开的专利资料，

需提供专利信息及专利权人的合法授权证明。

④ 合法的授权、购买渠道。需提供进货凭证，如合同、发票等。若从专利权人授权代理商处购买，则需同时提供进货凭证及专利权人授权代理商销售的有效授权书。

⑤ 其他不侵权的情况。需提供无效宣告请求审查决定书、确认不侵权诉讼判决书或行政机关出具的是否侵权认定书。

《专利权评价报告》是由国家知识产权局对相关实用新型或外观设计进行检索、分析和评价后做出的，作为审理、处理专利侵权纠纷的证据。《专利权评价报告》中的"三性"是指新颖性、创造性和实用性，这是授予专利权的实质条件。新颖性是指专利申请日前，无相同的发明创造在国内外公开。创造性是指专利申请日前，相对于现有技术，该发明创造具有显著的进步。实用性是指该发明创造能够制造或使用，并能产生积极效果。

如果《专利权评价报告》证明涉案专利不具备"三性"，则说明该专利不符合授予专利权的条件，可能被宣告无效或被撤销。因此，收到电商知识产权投诉的被投诉人，可以根据《专利权评价报告》的内容，提出反通知，要求电商平台恢复被投诉产品的销售，并向投诉人索赔。

（3）针对著作权投诉。

针对著作权投诉，可以从以下3个方面发起反通知，并附上相关资料。

① 对被投诉作品本身享有著作权。需提供早于权利人的著作权登记证书、合法出版物等，或者早于权利人作品完成日之前的产品目录或商品销售记录等。

② 被投诉产品购自著作权人处。需提供相关进货凭证，如合同、发票等。

③ 被投诉产品购自其授权代理商处。需提供进货凭证及著作权人授权该代理商进行销售的授权书。

8.2.5 知识产权海关保护

我国许多企业已认识到知识产权的重要性，并开始保护其知识产权。例如，企业在境内外申请注册商标，以在相应国家或地区获得商标保护。此外，海关在进出口贸易环节知识产权保护中起着重要作用。

根据《中华人民共和国知识产权海关保护条例》，海关对知识产权的保护分为被动保护和主动保护两种模式。

1. 被动保护

被动保护即依申请保护，由知识产权权利人（主要包括商标注册人、专利权人和著作权人）向海关提出申请，海关根据申请保护其知识产权。其局限在于：仅当知识产权权利人发现侵权嫌疑货物并向海关提出保护申请时，海关才会依申请扣留该货物，即"不申请不扣留"。这种保护模式将保护知识产权的责任完全放在知识产权权利人身上。若权利人不申请，海关不会扣留或查处。在实际经营过程中，权利人很难及时发现有侵权嫌疑货物在海关准备（进）出口，导致部分侵权货物在权利人未察觉的情况下通过海关（进）出口，使知识产权未得到有效保护。

2. 主动保护

主动保护即海关依职权保护，是指海关根据法定职权主动采取措施保护知识产权。前提是权利人已完成知识产权备案。如发现涉嫌侵犯备案知识产权的（进）出口货物，海关应中止放行，并书面通知权利人。根据权利人申请，海关扣留侵权嫌疑货物，并对货物的侵权状况进行调查和认定。对已认定的侵权货物，海关应予以没收；对无法认定的，海关应协助人民法院进行司法扣押。主动保护的优点在于能够解决被动保护模式的问题。只要权利人完成知识产权备案并获得核准登记，海关就可在进出口环节主动监控侵权嫌疑货物，及时发现侵权行为，扣留侵权嫌疑货物并进行调查和认定。这种保护方式可以减轻权利人维权负担，帮助其及时发现侵权行为，维护其合法权益。

知识产权备案是海关主动保护知识产权的前提条件，有助于权利人及时发现侵权货物。电子商务企业办理海关备案后，可对进出口侵权货物的企业产生警示作用。当发现侵权货物时，权利人可请求海关扣留进出口侵权货物，防止侵权货物流入市场。

思考与练习

1. 涉及跨境电商交易环节的法律有哪些？
2. 简述知识产权的特征。
3. 简述跨境电商中知识产权的类型。
4. 如何申请商标国际注册？
5. 如何进行专利国际申请？
6. 简述跨境电商中知识产权的侵权类型。
7. 收到电商知识产权投诉后要如何应对？
8. 简述知识产权海关保护的两种模式。

第 9 章 跨境电商营销推广

【学习目标】

- 掌握跨境电商营销推广活动计划的制订步骤与方法。
- 熟悉跨境电站内营销推广方式。
- 熟悉跨境电商站外营销推广途径。

---- 实 训 项 目 ----

1. 任务

每个团队根据自己公司的业务定位,为其选定的产品制订一个营销推广方案。包括以下内容。

① 营销推广活动计划。根据产品的特点、目标市场、竞争者和目标客户,制订清晰的营销推广目标、策略、预算和评估指标。

② 亚马逊平台广告。利用亚马逊 PPC 广告和站内促销,提高产品的曝光度和转化率,优化产品的关键词、标题、图片、描述和评价等要素。

③ 亚马逊平台站外营销推广。利用外部流量,增加产品的销量,提升产品的排名,创建并优化亚马逊着陆页,在 Facebook(现为 Meta)、Google、Pinterest 等平台上投放亚马逊产品广告,进行客户定位和跟踪分析。

本实训项目以团队方式完成,每个团队要根据自己选择的产品,进行市场调研和数据分析,制订合理的营销推广方案,并以报告和演示的形式呈现出来。报告中要包括以下内容。

① 产品介绍。介绍产品的名称、类别、功能、优势等信息。

② 市场分析。分析产品的目标市场、竞争者和目标客户等情况。

③ 营销推广活动计划。明确营销推广目标、策略、预算和评估指标等内容。

④ 亚马逊平台广告。展示产品在亚马逊平台上的广告效果,包括关键词排名、点击率、转化率等数据。

⑤ 亚马逊平台站外营销推广。展示产品在各个站外平台上的营销推广效果,包括流量来源、转化率、成本效益等数据。

2. 要求

① 任务成果形成 PPT,思路清晰,表达简洁。

② 在团队首席执行官和平台运营总监的协调下，以团队为单位完成并提交作业。
③ 团队派出代表在课堂上进行营销推广活动演示讲解。

> 营销推广是跨境电商卖家吸引流量的重要渠道。作为跨境电商卖家，不仅需要通过各种站外媒体平台引流，还要充分利用各大跨境电商平台内部的引流工具，提高产品曝光度和信誉度，传递品牌的价值。本章将介绍营销推广活动计划的制订步骤及站内外营销推广活动常用的工具和途径。

9.1 跨境电商营销推广活动计划

卖家进行了选品，并在第三方跨境电商平台或独立站上创建了自己的店铺和产品详情页。如果选品决策正确且详情页优化得当，就能很好地吸引第三方跨境电商平台上的搜索流量。为了最大化店铺和产品详情页的流量，卖家还需要通过各种站内外媒体渠道和工具，针对目标客户积极开展线上营销推广活动。跨境电商营销推广活动的内容、形式和可选媒体多种多样。要取得理想的推广效果，在开展营销推广活动前，卖家必须进行周全的计划。

9.1.1 跨境电商营销推广活动计划的制订步骤

跨境电商营销推广活动计划的制订可以按照以下步骤进行。
① 推广活动目标设定。设定线上推广的目标及效果衡量标准。
② 市场环境调查分析。调查与活动计划相关的消费者和竞争者行为数据。
③ 确定目标市场。根据调查分析数据，划分确定不同目标市场的消费者。
④ 确定实现活动目标的内容与在线媒体。确定针对不同目标消费者的活动创意（主题）、表达创意的具体内容或活动形式，以及传播内容的在线媒体渠道。
⑤ 制订营销推广活动预算。为特定在线媒体的营销推广活动形式制订投资预算。
⑥ 制订营销推广活动整合营销沟通计划。制订涵盖各种在线媒体及活动形式的时间进度表。

以上步骤能够帮助跨境电商卖家制订一个全面且有效的营销推广活动计划，为吸引流量、提高品牌知名度和销售业绩提供有力支持。下面详细介绍每个步骤的具体操作要点。

1. 推广活动目标设定

卖家在通过在线媒体进行营销推广时，根据营销推广活动覆盖的时间范围不同，营销目标也不同。具体可分为年度营销推广活动目标和具体营销推广活动目标。
① 年度营销推广活动目标主要针对一些长期的、综合性的营销推广任务。例如，跨境电商卖家为获取新的访客或潜在客户信息，通常需要通过多种媒体渠道，持续开展各种营销推广活动。以年为单位设定目标，更有利于这些营销推广活动的策划和预算制定。
② 具体营销推广活动目标主要针对一些短期的、单项性的营销推广任务。例如，卖家为支持新产品投入市场而开展的在线广告、病毒式营销等推广活动。具体营销推广活动目标

可以根据获得新访客、把访客转化为客户及鼓励客户重复购买等客户在线转化不同阶段进行设定。具体营销推广活动目标有特定的受众，能对活动转化效果进行直接衡量。

设定的营销推广活动目标也可以作为营销推广活动效果的衡量指标。下面介绍在线媒体营销推广活动转化效果的衡量方法。当通过在线媒体开展营销推广活动时，卖家通常要先将尽可能多的潜在网站访客转化为实际访客，然后将这些访客转化为潜在客户、客户和回头客。卖家可以根据购买决策的不同阶段来设定推广活动目标，以帮助指导通过不同在线媒体开展的营销推广工作并衡量其转化效果。通过不同的在线媒体开展营销推广活动所花费的成本各不相同，因此，在衡量推广活动的总体效果时要综合考虑其推广效果和成本。卖家可以从简单到复杂，综合考虑各在线媒体在数量（Volume）、质量（Quality）、价值（Value）和成本（Cost）等方面的指标，分阶段全面衡量在线媒体推广活动转化效果。在线媒体营销推广活动绩效衡量 VQVC 指标设计如图 9-1 所示。

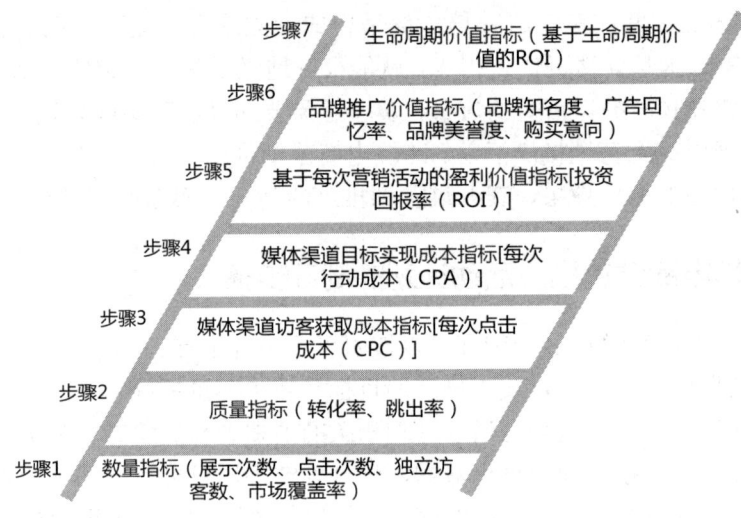

图 9-1　在线媒体营销推广活动绩效衡量 VQVC 指标设计

步骤 1：数量指标（展示次数、点击次数、独立访客数、市场覆盖率）。

展示次数（印象）可以用来对比不同在线媒体渠道营销推广活动的内容浏览量。更多的广告展示次数可能会给卖家带来更多的店铺浏览量，但该指标无法反映受众对营销推广活动的实际响应情况。

可以反映受众对营销推广活动实际响应情况的指标主要有点击次数、独立访客数。独立访客数通常比推广活动页面的点击次数衡量效果更好，因为它代表了与访客个人沟通的机会。

一个更复杂的指标是市场覆盖率或在线受众份额。卖家可通过在线受众面板数据工具收集相关数据，如 www.netratings.com 或 www.hitwise.com。

例如，独立访客数指标可设为每月通过某在线媒体渠道为店铺或详情页带来 100 万位独立访客。

步骤 2：质量指标（转化率、跳出率）。

数量指标无法显示被引导到卖家网站的受众是如何与网站互动或立即离开的，所以卖家需要设置质量指标来显示这一点。

转化率是最典型的质量指标，它展示了在特定时间内，不同来源访客在店铺或产品详情页产生的营销成果比例，这些营销成果可以是潜在客户、咨询、收藏、销售或订阅等。例如，所有访客中10%实现了转化（如登录账户或询问产品报价）。

跳出率是指进入网站的访客在查看一页后立即离开（即"单页访问"）的百分比，可用于评估访问页面的相关性和吸引力。

步骤3：媒体渠道访客获取成本指标[每次点击成本（CPC）]。

由于网站访客数量众多且来源于不同媒体渠道，访客获取成本难以估计。因此，访客获取成本通常根据特定在线营销渠道（如付费搜索引擎营销）衡量。例如，在谷歌搜索引擎进行关键词广告的CPC为2英镑。部分媒体成本按CPM（每千人印象成本）计算。

步骤4：媒体渠道目标实现成本指标[每次行动成本（CPA）]。

卖家要通过不同的在线媒体渠道吸引访客到网站来实现特定的营销成果，必须了解实现每个具体的营销成果需要支付的成本。

将访客获取成本与转化成果相结合，便得到访客行动成本。例如，在CPC为2英镑的情况下，只有1/10的访客会采取行动，此时CPA为20英镑。

步骤5：基于每次营销活动的盈利价值指标[投资回报率（ROI）]。

投资回报用于评估营销活动或任何投资的盈利能力。投资回报率的不同形式取决于如何计算盈利能力。通过比较某个媒体推广带来的利润增加与支付给该媒体的成本，可计算出该媒体推广的投资回报率，如式9-1所示。

$$\text{ROI} = \frac{\text{从引荐来源获得的利润}}{\text{在引荐来源处进行广告所花费的金额}} \times 100\% \qquad (9\text{-}1)$$

另一种计算特定在线媒体投资回报率的方法是计算广告支出收入回报率（ROAS），如式9-2所示。

$$\text{ROAS} = \frac{\text{引荐来源的总销售收入}}{\text{在引荐来源处进行广告所花费的金额}} \times 100\% \qquad (9\text{-}2)$$

步骤6：品牌推广价值指标（品牌知名度、广告回忆率、品牌美誉度、购买意向）。

部分媒体广告（如互动广告或赞助）的作用并非直接带来收入，而是提高品牌知名度、美誉度和增强消费者的购买意愿等。主要衡量指标包括品牌知名度（推广活动前后）、受众对广告的记忆率、品牌受欢迎程度及消费者购买意愿。可以使用Dynamic Logic（www.dynamiclogic.com）等工具记录指标数据。

步骤7：生命周期价值指标（基于生命周期价值的ROI）。

通过某次在线媒体营销推广活动获取的客户价值不仅仅是第一次销售转化带来的价值，还与客户生命周期价值（和成本）相关。生命周期价值（Life Time Value，LTV）意为客户终生价值，是公司从用户所有的互动中得到的全部经济收益的总和。它包括在客户关系存续期间内的重复销售、规模经济、关联购买和推荐新客户等因素带来的总体价值。因此，基于生命周期价值制订的营销推广活动目标是一个长期的高层次的目标和评估指标。

下面是一个保险产品在线广告活动的有效性指标设计的具体例子（见图9-2）。在这里，生成的潜在客户或销售机会是指需要报价的客户。请注意，虽然客户获取成本较高，但如果该保险产品具有较高的单笔销售价格或生命周期价值，较高的在线营销推广活动成本就可以接受。

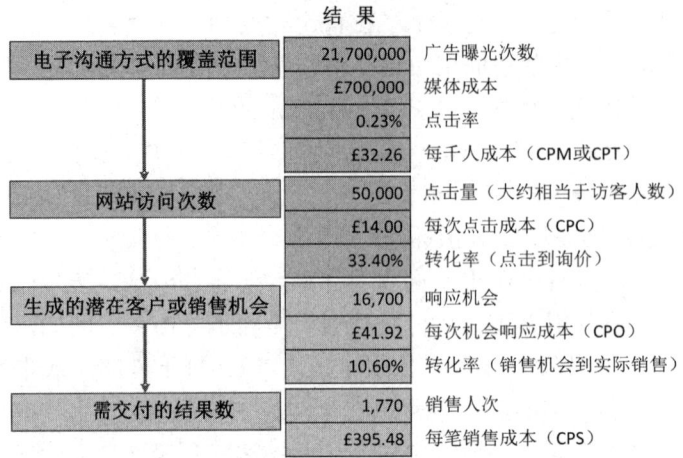

图 9-2 某个保险产品在线广告活动的有效性指标设计

2．市场环境调查分析

针对营销推广活动的市场环境调查分析对制订活动计划非常关键。卖家可以直接或通过第三方充分获取与营销推广活动计划相关的客户和市场信息。在制订营销推广活动计划时，需要调研的环境信息主要有以下几个方面。

- 消费者环境。包括消费者人口统计特征、心理偏好、对品牌或公司的认知和态度、特定在线媒体参与程度、感知类型和不同成员角色对消费者购买决策的影响等。
- 商业环境。包括公司战略、营销战略、品牌定位和竞争者分析。
- 网络媒体环境。包括各种在线媒体的特征、价值主张、定位、功能、成本及媒体之间的关系等。
- 外部环境。包括关键利益相关者的沟通需求、社会文化、政策、经济、法律技术等方面的制约和机会。

市场环境调查分析涵盖了对与推广活动相关的更高层次的各种计划（如商业计划、营销计划）的调研，营销推广活动必须与更高层次的各种计划保持一致，在更高层次公司战略和计划的指导下进行。市场环境调查分析还包括调研各种内外部环境信息，推广活动应适应环境的具体情况。这些信息将作为制订推广活动计划的基本依据。

大部分市场环境信息可以通过网络调研获取，卖家通过各种在线媒体市场调研工具可以从平台内部和外部获取如下一些关键信息。

① 各种在线媒体网站覆盖的受众特征。包括各种在线媒体网站覆盖受众的年龄、性别、收入、组织机构等用户特征数据。这些数据可以从在线受众面板数据供应商处获得，如 Nielsen Netrating、Comscore 和 Hitwise 等。

② 在线购买行为和偏好。可利用的主要工具有 Forrester 互联网用户监控、BMRB 网络监控或 TGI.net 等。其中，TGI.net 为特定网站提供了典型产品偏好信息，卖家可以借助这个工具调研特定在线媒体上目标用户的构成及偏好。

③ 目标客户媒体使用习惯。了解不同目标客户使用媒体的习惯。

④ 客户搜索行为。客户搜索不同关键词的比例及其重要性可作为制订推广活动计划的重要依据。

⑤ 竞争者的活动。了解主要的竞争者开展了哪些营销推广活动，以及他们之前有哪些

规律性的营销推广活动。

⑥ 竞争者表现。关注竞争者的用户规模、网站及提供的产品和服务信息。例如,Hitwise可以展示对于相关在线媒体网站和特定关键词,哪种营销技术(如搜索引擎营销或联盟营销)可以成功地驱使访客来到竞争者的网站。

部分在线媒体市场调研工具如表 9-1 所示。

表 9-1 部分在线媒体市场调研工具

在线媒体市场调研工具的提供者	简 介
Google 工具	Google Adplanner(网站人气和人口统计变量资料);Google Insight for Search(不同国家研究内容趋势,类似于 Google Trends);关键词搜索工具(比较关键词的搜索量)
Alexa	免费工具,通过 domain.com 发现相关网站;归亚马逊所有,提供个体网站相对于所有网站的流量排名;对前 10 万家公司提供优质服务;实际调研数据取决于用户的 Alexa 工具栏
Experian Hitwise	付费工具,可免费搜索,用于比较受众规模和搜索/网站使用。通过 ISP 管理不同网站流量运作
Nielsen	付费工具,搜索引擎上有免费数据,可从中间媒体新闻稿了解客户购买情况;按居家和工作分类统计在使用网络时被软件跟踪的用户,形成面板数据;最优排名展示多个国家最流行网站
Comscore	付费工具,搜索引擎上有免费数据,可从中间媒体新闻稿获取信息。全球网络营销情报资源;提供客户行为和生命周期深度洞察服务,如人口统计资料、态度、在线行为等信息
Google Analytics	免费和付费服务,为网站流量提供深度洞察信息
网络或互动广告委员会 美国:iba 英国:ibauk	关注在不同数字渠道进行投资的调查,特别是展示广告和搜索营销付费服务
英国互动媒体零售集团(IMRG)	提供关于英国电子零售业销售额的统计数据;提供一系列电子零售额测量指标,如总销售额、在线客户数量、转化率;会员免费服务

营销推广活动主要针对客户,充分调研客户并获取与在线营销推广相关的详细信息非常重要。客户详细信息的调研主要包括以下几点。

① 客户总体概况。包括客户的基本人口统计变量、心理偏好及不同人口统计变量客户群体对在线推广活动的响应规律。

② 客户在线媒体使用概况。
- 在线媒体使用习惯。涉及各种在线媒体渠道、网站和平台的使用情况。
- 内容媒体消费偏好。包括与产品类别相关的信息来源,如具体门户网站、产品比较网站、专家博客等。
- 内容媒体参与偏好。客户群体参与在线媒体的倾向,例如,在第三方中立媒体网站或竞争者网站上传照片、铃声,发布博客和评论的情况。

③ 客户个人信息档案。涉及现有潜在客户和客户的信息,包括客户数据库、网站内容偏好、需求和欲望,以及他们如何倾向于使用数字渠道的定性调查数据。

为深入了解客户,可以调查目标客户使用网站和其他媒体的原因,以及其为何选择特定在线媒体。可使用英国广告从业者协会(Institute of Practitioners in Advertising,IPA)的触点式调查,帮助推广活动计划者识别并充分理解相关目标市场(具有共同人口统计学、态度、行为等特征的细分群体)。调研目标客户主要从以下几方面进行。

- 他们如何度过一天(购物、工作、旅游)。
- 他们与谁在一起(朋友、家人、同事)。
- 他们信仰何物(人生理念、品牌、媒体、广告)。
- 什么对他们来说很重要(工作时间、家庭价值)。
- 他们如何、何时、何地、为何在特定在线媒体消费。

3. 确定目标市场

营销推广活动的目标市场定义了需要沟通的目标受众类型。确定目标市场需明确市场细分变量、选择目标市场,以及确定覆盖目标市场的在线媒体。确定目标市场的方法因市场、推广活动和在线媒体的不同而有所差异。在线媒体营销推广活动确定目标市场会涉及以下几个方面。

- 利用客户在线媒体市场调查数据,预测目标市场的效果。
- 确定目标市场的变量或参数,如受众特征、价值、需求和行为。
- 在主要在线传播媒体中采用特殊客户定位方法,如在线广告、搜索引擎营销和电子邮件营销,以识别影响用户对推广活动产生不同响应行为的市场属性或变量。

从制订营销活动角度来看,在线媒体营销推广活动确定目标市场及细分市场的常用变量如下(见表9-2)。

表9-2 在线媒体营销推广活动确定目标市场及细分市场的常用变量

细分市场变量	细分市场的例子和潜在的在线细分市场属性
与公司的关系	潜在客户、现有客户、流失的客户
人口统计变量	B2C:年龄、性别、社交群体、地理位置。 B2B:公司规模、所在行业、决策部门的成员
心理和态度变量	购买时对风险和价值的态度,如早期采用者、品牌忠诚度或价格敏感者
价值	评估当前或历史价值和未来价值。可以选取有价值的客户,组建VIP客户俱乐部进行特殊促销
生命周期阶段	生命周期中的不同阶段与价值和行为有关,即自首次注册以后,购买的产品数量、类别
行为	· 搜索引擎中输入的关键词。 · 通过在社交网络上分享或点赞的内容而显示的兴趣。公司可以使用这种方法将广告定位到Facebook、LinkedIn和Twitter的用户。 · 对不同类型商业信息(促销或产品类型)的反应。 · 对不同渠道活动的反应(渠道偏好)。 · 各种产品的购买历史(RFM)(最近购买、购买频率、消费金额等)

4．确定实现活动目标的内容与在线媒体

大多数营销推广活动旨在促进客户对内容进行直接响应，如促进客户访问店铺网站、进行咨询、形成销售等。部分营销推广活动的目的可能是建立品牌、传播公司的价值理念或品牌定位。

在线媒体环境信息丰富，用户对大部分信息的关注时间非常有限。研究表明，用户对在线媒体整个页面的平均注视时间或停顿时间约为 10 秒。在页面构成要素（如标题或广告）中，用户分配的时间更少。因此，推广活动内容需简洁且有力。

考虑到用户在各种在线媒体页面停顿时间和关注重点不同，不同形式的在线媒体需要传递的主要信息也有所不同，具体如下。

- 付费搜索：广告的标题。
- 自然搜索：标题标签和描述标签。
- 电子邮件营销：带有图像支持的主题栏及副标题或标题。

营销推广活动信息主要内容应与在线传播媒体主题及背景具有相关性。例如，在付费搜索中，推广活动信息主要内容应与用户输入的搜索词一致，信息描述要突出客户最看重的价值。为成功传递推广活动内容信息，需确保创意和内容符合客户信息处理规律。以下理论可用于指导推广活动内容信息的开发。

（1）客户的信息处理过程。

客户的信息处理过程分为不同阶段。例如，外部营销通过刺激被客户感知，这是客户信息处理过程的第一阶段，即暴露阶段。但由于知觉的选择性，客户仅对部分刺激加以注意，并通过分析所选定的刺激，找出其内容或含义进行理解，并决定是否接收信息，以及将所接收的信息存入记忆。客户的信息处理过程一般包括暴露、注意、理解、接受和保持 5 个阶段。具体如下（见表 9-3）。

表 9-3　客户信息处理过程的 5 个阶段与营销推广内容设计

阶　　段	描　　述	应　　用
暴露	客户需要一定强度（时间、大小、变化等）的刺激，才能感知到信息	广告在大小、暴露时间、形式变化等方面具有一定的冲击力
注意	客户更容易注意到在线媒体上符合自己潜意识的标题信息	强调标题对于吸引客户注意力非常重要，证据表明，客户几乎都患有"标题近视症"
理解	客户对内容的解释	依照通用标准、修辞手法和简单形式设计的内容更容易被客户理解
接受	给出的信息是否能被客户接受	信息应当引用可靠的材料，并在必要的时候给出反面观点
保持（记忆）	符合记忆规律的信息更容易被记忆	引发点击、与客户产生良好交互的信息能被很好地记忆

（2）营销推广沟通组合要素。

詹金森（2003）认为每种营销沟通都应包含与客户体验相关的 5 种要素的组合，每种要

素的意义和权重都不同。在线媒体不同，要开展的营销推广活动不同，需设计不同的营销推广沟通组合。图9-3 阐述了营销推广沟通五要素。

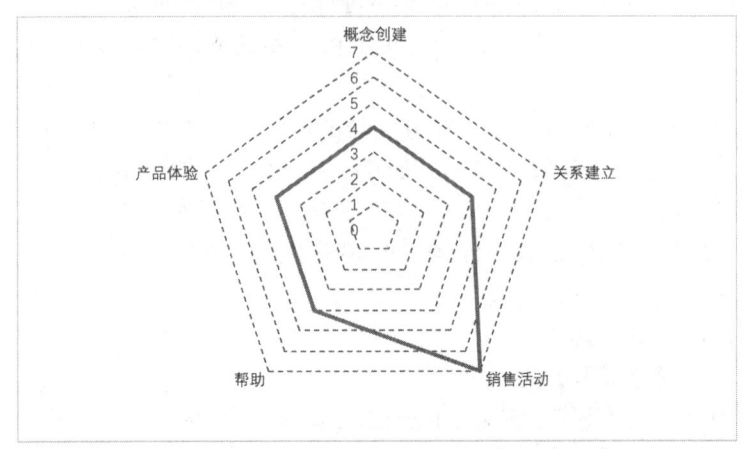

图 9-3　营销推广沟通五要素

概念创建。在客户的头脑中建立概念，如品牌承诺、价值主张、品牌价值。

关系建立。包括与客户密切感情联系、品牌知识或定位、客户数据库和客户的个人认知。

销售活动。刺激潜在客户进一步地关注、使用和购买产品。

帮助。提供与客户欲望和需求相关的服务和帮助——在购买过程中介绍客户可用的新技术或产品、使用状态报告、售后问题的解决。

产品体验。通过各种媒体推广品牌与客户互动，包括商店和网页的设计、产品的可获得性、银行声明、使用价值或乐趣等信息。

（3）内容设计。

营销推广内容多用于促进销售，在构思在线媒体推广内容时，卖家需要明确以下问题。

① 你的目标是什么？

收集客户姓名？生成合格的销售线索？增加公司的销售额？获得免费试用？要将什么产品或服务传递给什么样的潜在客户？推广活动与产品或服务的目标定位相符合吗？

② 你将产品或服务销售给谁？

他们的希望、恐惧、喜欢、不喜欢、需要分别是什么？他们是男性还是女性？是年轻人还是老年人？是富裕还是贫困？在了解这些信息后，才能确定使用何种语气与其沟通。

③ 你提供的产品或服务是什么？它是做什么的？

④ 你的产品或服务能满足客户的什么需求？

从以下9种人类动机中找出与产品或服务的潜在客户相关的动机：赚钱、省钱、省时省力、帮助家庭、获得安全感、给他人留下印象、获得愉悦、提高自己和增加归属感。

⑤ 你的产品或服务的独特之处是什么？

思考产品或服务与其他产品的区别，这是它的特征。

⑥ 你的产品或服务能为客户提供什么好处？

产品或服务能为客户提供什么好处比产品或服务本身更重要。

⑦ 你认为选择该产品或服务最大的好处是什么？

理想情况下，应达到一个独特的效果，当然，组合效果会更吸引人。

（4）在线媒体选择的因素。

关于如何选择推广活动内容发布的在线媒体，库尔特和斯塔克斯（Coulter & Starkis, 2005）确定了以下因素。

① 质量。
- 吸引客户注意力的能力。推广活动发布在特定在线媒体上的"抓住客户注意力"的能力。
- 激发情绪和行为响应能力。特定在线媒体可以传递情绪内容或激发客户做出期望的行为回应（如点击、注册、下载、分享、购买等）的能力。
- 信息内容和细节。特定在线媒体可以传递大量信息或具备产品描述的能力。
- 信誉或特权。如果特定在线媒体有很高的声望和影响力，那么其推荐的产品常会被客户认为是有价值和可信的（因为产品得到了媒体的认可）。
- 竞争产品广告数量。因为存在大量竞争性信息，产品广告"脱颖而出"是很困难的。

② 时间。
- 投放广告信息的速度。特定在线媒体能以较快速度投放广告信息的程度。
- 延长曝光时间。媒体受众能在较长一段时间内持续体验特定在线媒体的广告信息的程度。

③ 适应性。
- 吸引多种感官。特定在线媒体投放的广告能够通过视觉、听觉、味觉、触觉、嗅觉等多种感官让客户感知的程度。
- 个性化。特定在线媒体能根据个人或组织进行广告定制的程度。
- 互动。客户能与特定在线媒体投放的广告进行互动的程度。

④ 市场覆盖。
- 选择性。媒体投放的广告能够定位于特殊群体的程度。
- 信息分享。特定在线媒体投放的广告能被初始受众分享给更多受众的程度（病毒式营销）。
- 频率/重复暴露。广告被投放在多种场景中，能被任何目标客户看到的程度（千人千面）。
- 平均媒体影响。特定在线媒体广告投放能够覆盖到相对广泛的受众的程度。

⑤ 成本。
- 广告开发成本。特定在线媒体开发、投放广告的相关成本。
- 平均媒体展示成本。与特定在线媒体相关的每千人展示成本。
- 平均用户响应成本。与特定在线媒体相关的每次点击成本、每次行为成本等。

以上在线媒体选择因素的权重和不同在线媒体选择取决于产品和推广活动的类型，如受众直接响应导向或品牌导向、预算规模等。在进行在线媒体选择时，应综合考虑这些因素，确保选定的在线媒体有助于实现营销目标、符合预算限制，并能最大限度地覆盖目标受众。

5. 制订推广活动预算

制订跨境电商网络营销推广活动预算需完成两项任务：第一，确定总体预算，以决定在年度或具体营销推广活动中分配多少资金用于网络营销推广；第二，确定通过不同在线媒体进行营销推广活动的投资比例。

（1）营销推广活动总体预算的制订。

科特勒等（2001）提出的传统方法可用于制订跨境电商在线媒体营销推广活动总体预算。

① 量入为出法。量入为出法是一种按照卖家的财力状况来制订营销推广活动总体预算的方法，适合小型卖家。卖家在支付运营和投资成本后，用剩余的收入来做广告。这种方法的好处是考虑到了卖家的财力状况，但它忽略了营销推广对销售的作用，即便广告对卖家很重要，采用此法后也常常把广告放在最后，所以，量入为出法可能造成营销推广费用过多或过少。

② 销售比例法。销售比例法是按照销售额的一定比例来制订营销推广活动总体预算的方法。卖家可以用当前或预期的销售额或每个产品的售价乘以一个固定的百分比来计算预算。这种方法的好处是操作简单，可以分析出营销成本、产品价格和利润的关系。这种方法的弊端包括以下几个方面：没有考虑到销售额是营销推广的结果而不是原因，导致市场上的强势品牌因销售额高而制订出高预算；只关注卖家的财力状况，而忽视了市场的机会和竞争，这可能会影响卖家在销售额下降时增加营销投入来改善状况的能力；不利于卖家制订长期的策略，因为预算会随着每年的销售额而变化；没有给出一个合理的依据来让卖家选择一个适当的百分比，只能参考过去或竞争者的做法。

③ 竞争对等法。竞争对等法是一种参照竞争者的营销推广活动预算来制订营销推广活动总体预算的方法。使用这种方法的卖家会通过观察竞争者的广告活动或收集行业的营销费用信息，来确定自己的预算水平。这种方法的支持者认为，这样既可以利用竞争者的经验和智慧，也可以避免因为预算过高或过低而引发营销战。这种方法的缺陷是，没有考虑到竞争者制订的预算是否合理和有效，也没有考虑到不同卖家的特点和需求。因此，竞争对等法并不能保证预算的合理性和有效性，也不能避免营销战。

④ 目标—任务法。目标—任务法是一种按照促销目标和任务来制订营销推广活动总体预算的方法。卖家需要先明确自己的促销目标，然后确定为了实现目标需要做哪些任务，再估计每个任务的成本，最后把所有任务的成本加起来，就可得到预算。这种方法的优点是，符合逻辑，可以让管理层关注营销费用和效果之间的关系。但是，这种方法的难点是确定目标和任务及估计成本。有时候，目标和任务之间的关系不明确，或者成本难以准确计算。例如，如果一家公司想要在6个月内把新产品的知名度提高到95%，那么应该采用什么样的广告形式和媒体策略？这些广告和媒体的成本是多少？这些问题都不容易回答。

（2）营销推广活动在线媒体组合及预算分配。

为实现长期或短期营销目标，需选择在线媒体组合，并为其分配合适的投资比例。分配方法包括依据过往营销推广活动经验分配预算和咨询专家及专业机构。

在线营销推广活动失败很多源于在线媒体成本控制不当。通过在线媒体组合，实现优势互补，实现营销目标成本最小化。要实现互补，需结构化评估各在线媒体，包括影响用户看法的能力、驱动客户期望响应行为的能力、传播成本及质量等。例如，访客可能转化为购买者的概率有多大？媒体用户终身价值体现在何处？哪些渠道可能吸引低生命周期价值的客户？

在进行预算分配时，卖家可参考以下建议。

对于以受众直接响应为导向的营销推广活动，分配更多预算给低客户行动成本的在线媒体，如联盟营销、付费搜索等；对于以品牌认知为导向的营销推广活动，分配更多预算给展示广告。

6. 制订营销推广活动整合营销沟通计划

（1）整合营销沟通的特点。

科特勒等（2001）将整合营销沟通定义为卖家仔细整合和协调各沟通渠道，传播关于组织及品牌的清晰、一致、有说服力的信息。

皮克顿和布罗德里克（2001）将整合营销沟通特征总结为4C。具体如下。

连贯性（Coherence）：不同沟通渠道信息内容逻辑相关。

一致性（Consistency）：多种信息形式相互支持、强化且无矛盾。

持续性（Continuity）：沟通方式在时间上衔接、持续进行。

互补性（Complementary）：各信息具有协同作用，整体传播效果大于部分总和。

（2）整合营销沟通媒体选择和计划制订。

制订整合营销沟通计划的基本步骤包括：目标受众选择、确定媒体传播目标、媒体选择、制作媒体传播计划表、媒体内容投放和媒体评估，如图9-4所示。需要注意以下几点。

在选择了整合营销沟通计划的目标受众后，需要确定媒体传播目标。

在确定媒体传播目标时，对于以受众直接响应为导向的营销推广活动，重点在响应程度、质量和成本；对于以品牌认知为导向的营销推广活动，要重点关注品牌指标。

明确的媒体传播目标是进行媒体选择、制作媒体传播计划表、进行媒体内容投放和媒体评估的依据和目的。

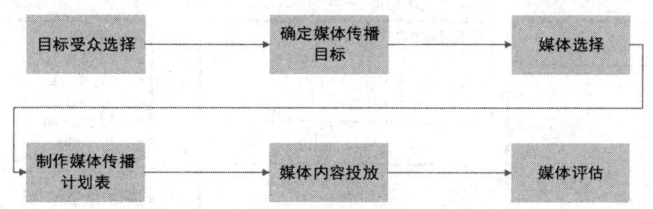

图9-4　制订整合营销沟通计划的基本步骤

为达到最佳传播效果，针对不同目标受众和媒体传播目标，需选择相匹配的在线媒体。在目标受众、媒体传播目标及媒体确定后，需要制作媒体传播计划表，以指导各媒体内容投放，媒体传播计划表可以采用如图9-5所示的"不同沟通媒体整合时间表"的形式来制作。此计划有助于持续向客户沟通信息，确保一段时间内用不同媒体覆盖最大客户数量，满足不同沟通需求。

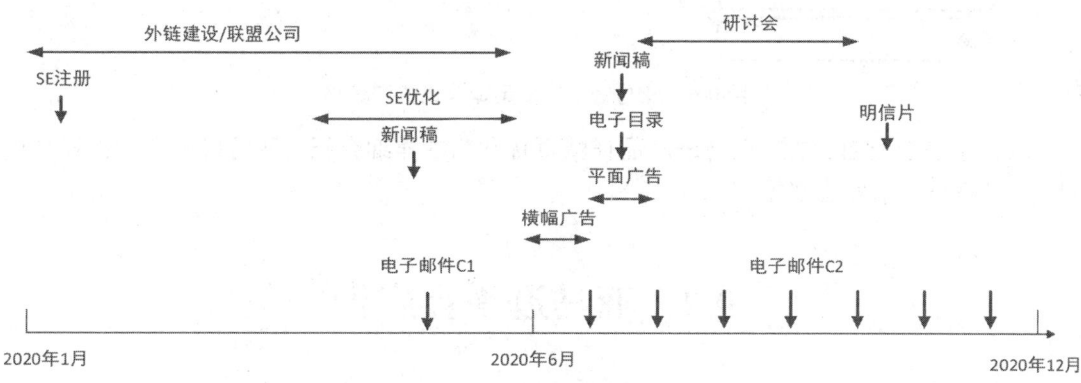

图9-5　不同沟通媒体整合时间表

9.1.2 亚马逊平台多渠道营销推广策略

跨境电商卖家在开展营销推广活动时，所选择的媒体渠道和营销推广方式与其店铺所在平台密切相关。本书主要介绍亚马逊平台卖家的多渠道营销推广策略。

亚马逊营销推广包括卖家或供应商通过亚马逊站内和站外的各种渠道和方式推广及销售产品的一系列行动，具体如下。

- 亚马逊 SEO：优化产品详情页，提高在亚马逊自然搜索结果中的可见度。亚马逊 SEO 大部分措施免费。
- 亚马逊平台广告：利用亚马逊站内广告推广品牌和产品。在亚马逊上投放广告通常需要付费。
- 亚马逊站外营销推广：借助非亚马逊平台的促销渠道推广品牌和产品。在亚马逊平台之外投放广告，可能需要付费，也可能免费。

亚马逊平台多渠道营销推广策略如图 9-6 所示。

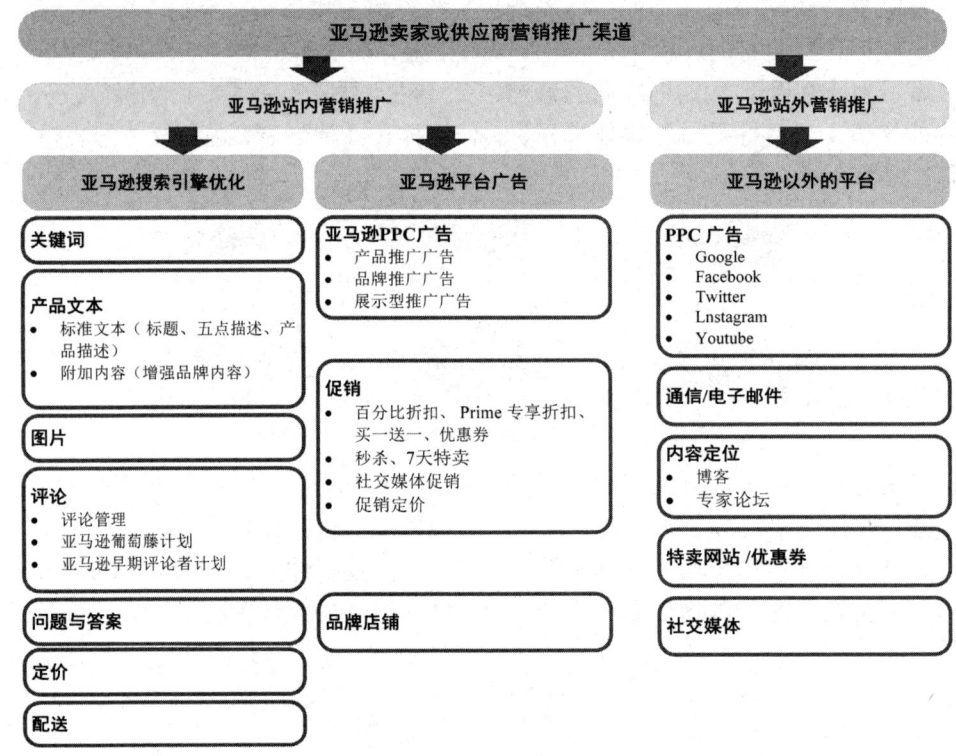

图 9-6 亚马逊平台多渠道营销推广策略

亚马逊 SEO 已在 "7.3 亚马逊产品详情页优化" 中详细介绍。下面将重点讨论亚马逊平台广告和亚马逊站外营销推广。

9.2 亚马逊平台广告

第三方跨境电商平台卖家可以充分利用平台提供的各种营销推广工具，在站内积极引流。由于不同平台提供的营销推广工具各异，各平台的站内营销推广方式也有所不同。本书将主要介绍亚马逊站内营销推广方式——亚马逊平台广告。

9.2.1 亚马逊 PPC 广告

亚马逊 PPC（Pay-Per-Click）广告是亚马逊为卖家提供的广告平台。卖家可以为产品创建广告系列，当潜在客户点击查看广告时，亚马逊按点击次数收费。

亚马逊 PPC 广告是亚马逊内部广告系统的组成部分。品牌商、代理机构和卖家可针对特定关键词为产品创建亚马逊 PPC 广告，这些广告将出现在亚马逊的搜索结果页和竞争者的产品详情页中。卖家可在销售点向客户展示相关产品，并评估广告效果，以确定哪些特定广告促进了销售转化。亚马逊 PPC 广告非常有效，约 3/4 的各种类型和规模的亚马逊卖家在使用此种营销推广方式。

亚马逊 PPC 广告会对产品在亚马逊搜索结果页的自然排名产生积极影响，这对新产品尤为重要。新产品通常缺乏销售历史等绩效数据，这不利于在搜索结果页中获得靠前的自然排名。亚马逊 PPC 广告通过为产品详情页增加流量、提高销量并产生评论，推动进一步的销售转化，从而提升产品在搜索结果页的自然排名。

1. 亚马逊 PPC 广告相关的基本概念和术语

要成功运行亚马逊 PPC 广告，卖家需熟悉亚马逊 PPC 广告相关的基本概念和术语。以下总结了卖家在使用亚马逊 PPC 广告时应了解的基本概念和术语。

- 定位（Targeting）。卖家在设置亚马逊 PPC 活动时，可根据关键词、ASIN、类别，以及在外部网站上对访问过某些亚马逊产品详情页的受众进行再营销来定位广告（定位选项取决于广告类型）。
- 搜索词与定位目标（Search Terms & Targets）。"搜索词"是指客户在亚马逊搜索栏中输入的查询词。"定位目标"是指卖家在广告系列中出价的对象（如特定关键词、ASIN 或类别）。根据所使用的关键词匹配类型，一个定位目标（如关键词）可以涵盖多个搜索词。
- 关键词匹配类型（Keyword Match Types）。关键词匹配类型是关键词与客户搜索词之间的匹配方式。亚马逊根据卖家设定的关键词匹配类型决定其广告是否出现在平台上。
- 否定定位（Negative Targeting）。否定定位用于帮助卖家从 PPC 活动中排除不需要的搜索词或 ASIN。若有效利用，否定定位可成为帮助卖家控制 PPC 广告成本的强大工具。否定定位可以是否定关键词（排除在特定搜索词结果中展示）和否定 ASIN（排除在特定产品详情页中展示）。
- 广告系列类型（Campaign Types）。广告系列有自动广告系列和手动广告系列两种。两者的主要区别在于手动广告系列为卖家提供的定位更准确。在自动广告系列中，亚马逊将自动投放其认为与广告产品相关的、与搜索词相匹配的广告。而在手动广告系列中，卖家可在自选目标下展示广告，提高广告定位精准度。
- 动态出价（Dynamic Bidding）。卖家可选择设置固定出价或使用亚马逊的动态出价选项（"降价出价""升降出价"），使亚马逊能根据转化可能性实时调整广告出价。

- 按展示位置调整出价（Adjust Bids by Placement）。卖家可使用此功能修改广告出价，争取在搜索结果页顶部和产品详情页的优质展示位置上展示产品。在定位优质展示位置时，可在0%～900%设置默认出价范围。

2. 亚马逊 PPC 广告类型

亚马逊的 79%的中小型企业卖家在站内外推广产品。其中，使用亚马逊 PPC 广告的卖家可细分为：77%使用产品推广广告，39%使用品牌推广广告，30% 使用展示型推广广告。以下按受卖家欢迎程度介绍亚马逊 PPC 广告类型。

（1）产品推广广告（Sponsored Products Ads）。

产品推广广告以关键词或 ASIN 为定位目标，卖家可在亚马逊搜索结果页（见图 9-7）和产品详情页（见图 9-8）中推广单个产品。产品推广广告是亚马逊上较受欢迎的 PPC 广告类型。

图 9-7　亚马逊搜索结果页中的产品推广广告示例

图 9-8　亚马逊产品详情页中的产品推广广告示例

（2）品牌推广广告（Sponsored Brands Ads）。

品牌推广广告允许卖家一次性提高对多种产品的认知度，以更强大的视觉效果吸引潜在客户注意力。品牌推广广告提供"产品系列""商店焦点"和"视频"3 种格式，既可作为标题横幅出现在亚马逊搜索结果页顶部（见图9-9），也可作为视频出现在搜索结果页中间位置（见图9-10）。

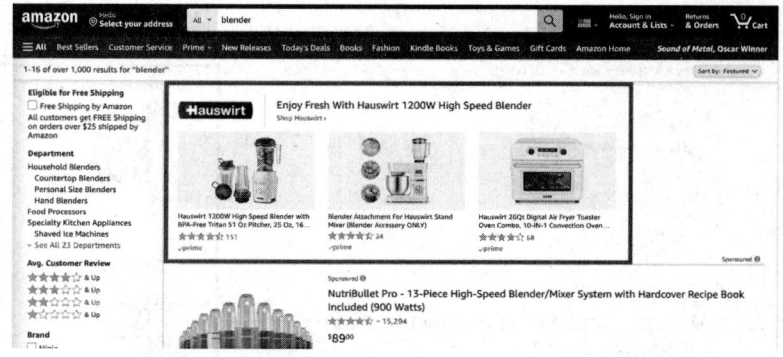

图 9-9　位于亚马逊搜索结果页顶部的品牌推广广告（产品系列广告）示例

图 9-10　位于亚马逊搜索结果页中间位置的品牌推广广告（视频广告）示例

"产品系列"和"商店焦点"格式的品牌推广广告通常包括品牌徽标、自定义标语和两个或更多产品；"视频"格式的品牌推广广告包括展示单个产品的 15～30 秒长视频（见图 9-11）。点击后，这些广告将为客户导航至产品详情页或该品牌的亚马逊店铺。

图 9-11　3 种格式的品牌推广广告示例

（3）展示型推广广告（Sponsored Display Ads）。

展示型推广广告显示在亚马逊产品详情页上的"添加到购物车"按钮下方、搜索结果旁边和下方（见图 9-12），或者联盟网站和应用程序上（见图 9-13），具体取决于卖家所选的定位目标（产品/查看记录）。

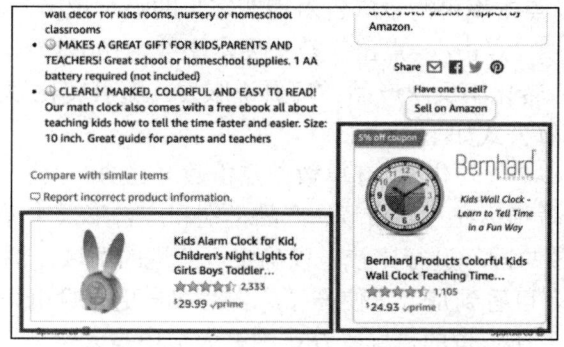

图 9-12　亚马逊展示型推广广告示例

图 9-13　亚马逊联盟网站上的展示型推广广告示例

3. 亚马逊 PPC 广告的关键绩效指标

在深入了解亚马逊 PPC 广告之前，了解与亚马逊 PPC 广告相关的关键绩效指标非常重要。以下是亚马逊官方对这些指标的定义。

- 广告销售成本（ACoS）。它是指广告成本与在广告上的归因销售额的百分比。计算公式如下。

$$广告销售成本=广告支出÷归因销售额×100\%$$

例如，若卖家在广告上花费了 4 美元，导致归因销售额为 20 美元，那么广告销售成本为 20%（4÷20×100%=20%）。

- 归因销售额（Attributed Sales）。它是指广告点击后一周内产生的产品总销售额。PPC 广告的销售数据最多可能需要 48 小时才能添加，因此，该指标不能反映当天及前一天的 PPC 广告销售数据。卖家可以在"广告系列业绩"报告中查看广告产品和其他产品的单个销售总额。
- 印象（Impressions）。它是指 PPC 广告被展示的次数。
- 点击次数（Clicks）。它是指 PPC 广告被点击的次数。点击次数一旦确定，平台可能最多需要 3 天时间才能从卖家的广告系列报告中删除无效点击。由于点击无效，平台可能会调整过去 3 天的点击次数。
- 每次点击成本（CPC）。CPC 由亚马逊广告竞价中次高价格确定。CPC 决定 PPC 广告成本，并反映广告竞争强度的一般指标。
- 点击率（CTR）。点击率可衡量广告对潜在客户的吸引程度，其计算公式如下。

$$点击率=点击次数÷展示次数×100\%$$

- 转化率（CVR）。转化率反映产品详情页说服力。随着转化率的上升，盈利能力也在上升。转化率计算公式如下。

$$转化率=订单数÷点击数×100\%$$

PPC 广告的关键绩效指标在不同市场、产品类别和广告形式中差异很大。因此，卖家需将 PPC 广告的关键绩效与同行进行比较，以确定可改进的领域。例如，卖家将某个广告的点击率与同行进行比较，可看到是否有使产品广告对客户更有吸引力的提升空间；通过与同行对比，卖家可分析广告所定位的目标受众范围是太窄还是太宽。

4．亚马逊 PPC 广告系列的目标设定

如果卖家不根据 PPC 广告销售成本评估广告系列效果，就容易造成产品销售损失。为评估亚马逊 PPC 广告效果，卖家需从一开始明确投放亚马逊 PPC 广告系列的目标。

卖家创建亚马逊 PPC 广告系列通常有以下两个目标。

① 最大化销售额（如针对产品发布）或最大化印象（如针对提升品牌知名度活动）。此种情况下，卖家通常需要将成本保持在盈亏平衡水平，PPC 广告系列成本的控制标准是"盈亏平衡 ACoS"。

② 实现一定利润率并产生增量销售。对于一般广告系列，卖家通常要通过广告增加销量并实现一定利润率，此种情况下，PPC 广告系列成本的控制标准是"目标 ACoS"。

接下来详细介绍 PPC 广告系列成本控制标准的计算方法。

要了解在亚马逊 PPC 广告系列中可支付的成本，需先计算广告支出前的产品利润率（与"盈亏平衡 ACoS"数值相等）。无论在 PPC 广告系列中选择哪个目标，卖家在亚马逊 PPC 上可支付的成本通常不超过广告支出前的产品利润率。

（1）盈亏平衡 ACoS 的计算。

盈亏平衡 ACoS 的计算方式如下。

$$盈亏平衡\ ACoS = 广告支出前的产品利润率$$

如图 9-14 所示，卖家在广告支出前的产品利润率为 25%。只要卖家在 PPC 广告上的支出费用不超过售价的 25%，就不会亏本。

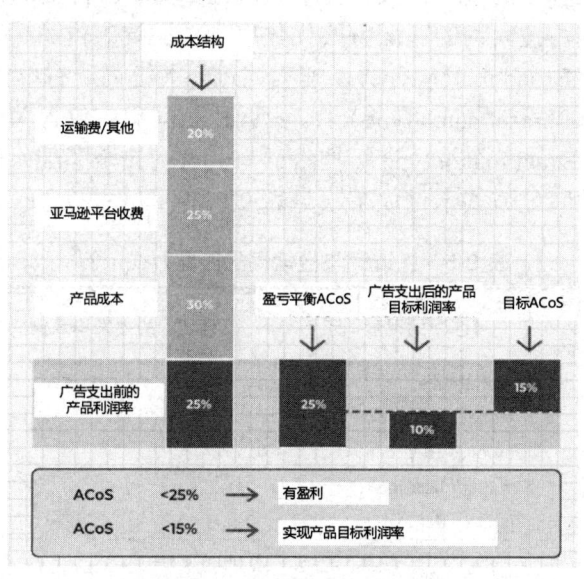

图 9-14 产品成本利润结构

若卖家的亚马逊 PPC 广告系列目标是最大化销售额或最大化印象，通过计算产品的盈亏平衡 ACoS，就能知道在 PPC 广告上可支出的不会造成亏损的最大金额。

（2）目标 ACoS 的计算。

目标 ACoS 计算方式如下。

$$目标\ ACoS = 广告支出前的产品利润率 - 广告支出后的产品目标利润率$$

若卖家的亚马逊 PPC 广告系列目标是实现一定利润率并产生增量销售，可依据广告支出前的产品利润率或盈亏平衡 ACoS 确定产品的实际目标利润率。

如图 9-14 所示,若卖家决定在支付 PPC 广告成本后获得 10%的产品目标利润率,且产品盈亏平衡 ACoS 为售价的 25%,则卖家可用售价 15%的资金支付 PPC 广告系列成本,因此该产品 PPC 广告的目标 ACoS 为 15%。为确保产品销售能获得目标利润率,卖家创建亚马逊 PPC 广告系列的成本不应超过目标 ACoS。

5. 亚马逊 PPC 广告的定位方式

亚马逊 PPC 广告提供 4 种定位潜在客户的方式,可选的定位方式取决于卖家选择的亚马逊 PPC 广告类型(见表 9-4)。

表 9-4 亚马逊 PPC 广告类型与可选的定位方式

PPC 广告类型	关键词定位	ASIN 定位	类 别 定 位	访问记录再营销定位
产品推广广告	✓	✓	✓	✗
品牌推广广告	✓	✓	✓	✗
展示型推广广告	✗	✓	✓	✓

(1)关键词定位。

关键词定位适用于产品推广广告和品牌推广广告。通过此种定位方式,若广告产品详情页中的关键词能与潜在客户的搜索词按设定方式匹配,则广告将出现在搜索结果页中。卖家可选用以下 3 种关键词与搜索词的匹配方式优化广告关键词定位。

- 广泛匹配方式(Broad match type)。搜索词包含关键词所有单词,无须按顺序。
- 短语匹配方式(Phrase match type)。搜索词按相同顺序包含关键词所有单词。
- 精确匹配方式(Exact match type)。搜索词与关键词完全匹配(相同词序且相同单词)。

关键词与搜索词的匹配方式示例如下(见表 9-5)。

表 9-5 关键词与搜索词的匹配方式示例

匹配方式	产品详情页中的广告关键词	可匹配的搜索词示例	不可匹配的搜索词示例	包含的变体(匹配的搜索词示例)
广泛匹配	wallet men	Wallet men, wallet men black, nylon wallet men, wallet black men, men wallet leather	purse men, wallet women	大写/小写(如 wallet 涵盖 Wallet) 单数/复数(如 wallet 涵盖 wallets) 特殊字符(如 entrecote covers entrecôte) 轻微的拼写错误(如 wallet 涵盖 walllet) 填充词(如 wallets 涵盖 for wallet)
短语匹配	wallet men	wallet men, wallet men black, nylon wallet men	purse men, wallet women, wallet black men, men wallet leather	
精确匹配	wallet men	wallet men	purse men, wallet women, wallet men black, nylon wallet men, wallet black men, men wallet leather	

对于品牌推广广告，匹配方式的规则略有不同。其广泛匹配方式还包括同义词（如"wallet"和"purse"）。若要指定广告关键词匹配的搜索词不包含同义词，需要在关键词前放置一个"+"。例如，关键词"+wallet Leather"与"wallet Leather blue"匹配，但与"purse Leather blue"不匹配。

如需了解如何为产品详情页选择广告关键词，请参考"7.3.2 相关性因素优化"中介绍的"亚马逊产品详情页关键词优化流程"。

（2）产品定位（Product Targeting）。

产品定位适用于亚马逊所有类型的 PPC 广告，具体包括以下两种定位方式。

- ASIN 定位。允许卖家根据目标 ASIN 展示其亚马逊广告产品。
- 类别定位。使用此功能，卖家可以根据产品所属或相关的品牌和类别来展示其亚马逊广告产品。

① ASIN 定位（ASIN Targeting）。

ASIN 是由 10 个字母或数字组成的亚马逊平台上产品的唯一代码，用于标识在亚马逊上销售的产品。卖家可以在亚马逊产品详情页上找到 ASIN。

基于以下矩阵（见表 9-6），亚马逊 ASIN 定位策略通常有 4 种。

表 9-6 亚马逊 ASIN 定位策略矩阵

ASIN 定位策略	自有 ASIN	竞争者 ASIN
替代 ASIN（如两部不同的手机）	交叉推广或防御竞争者的广告	利用竞争者的流量
互补 ASIN（如手机和手机壳）	交叉销售或防御竞争者的广告	利用竞争者的流量进行搭售

卖家可以使用以下一些快速简便的方法来识别其亚马逊 PPC 广告系列中可以定位的 ASIN。

- 通过查看亚马逊产品详情页上的"Discover similar items"部分获取替代 ASIN 来定位（见图 9-15）。

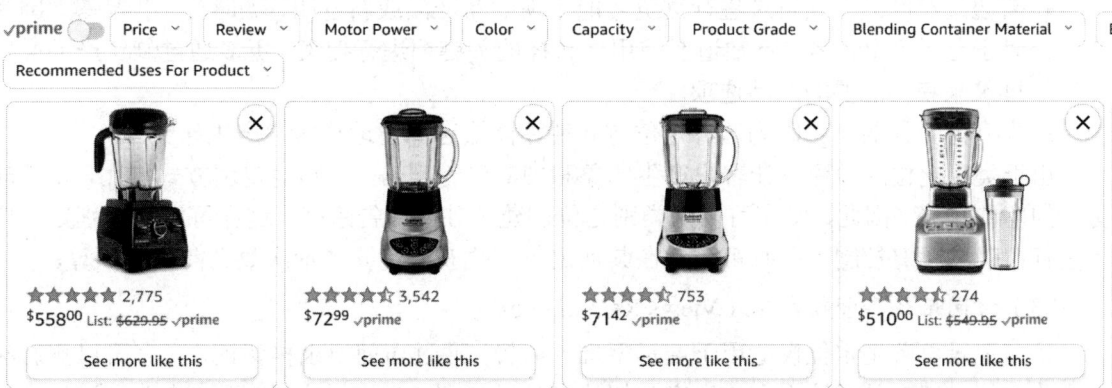

图 9-15 通过"Discover similar items"部分获取替代 ASIN 来定位示例

- 通过查看"Customers who bought this item also bought"部分获取互补 ASIN 来定位（见图 9-16）。

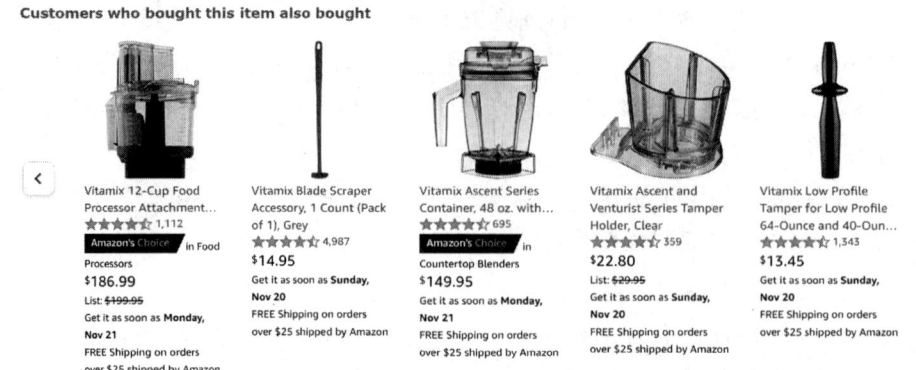

图 9-16　通过"Customers who bought this item also bought"部分获取互补 ASIN 来定位示例

- 通过查看卖家和供应商中心（又名 ARA 或亚马逊零售分析）的品牌分析仪表板中提供的购物行为和捆绑报告获取互补 ASIN 和替代 ASIN 来定位（见图 9-17）。

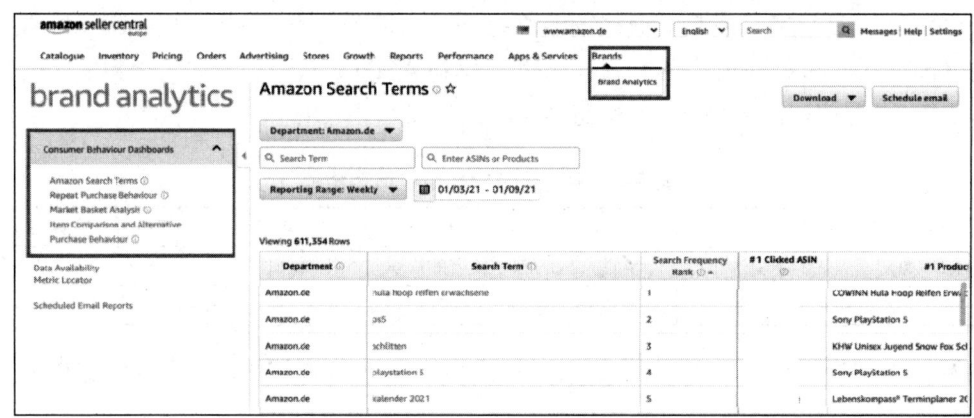

图 9-17　通过品牌分析仪表板获取 ASIN 来定位示例

② 类别定位（Category Targeting）。

类别定位特别适用于以下两种情况。

- 需通过对产品类别目录进行浏览才能发现的新产品或新发明，如时尚、礼品等。因为对于这类产品，客户不知道要使用什么样的关键词进行搜索，更多通过浏览产品类别目录来获得想要的产品选项。
- 提升品牌知名度。因为这种定位方式往往能快速简便地让客户产生印象。

由于类别定位通常更易让客户产生印象和使其进行点击，与其他定位方式相比，将消耗更大的广告预算。因此，卖家可以为类别定位创建单独的广告系列，这样可以对类别定位广告进行精确的预算控制，同时可防止在其他定位方式获得足够展示次数之前用完预算。

（3）访问记录再营销定位（Views Remarketing）。

访问记录再营销定位仅适用于展示型推广广告。通过访问记录再营销，卖家可以重新吸引那些访问过其产品详情页和与卖家类似的产品详情页，但在过去 30 天内未购买过该广告产品的客户。

与其他定位方式的一个主要区别是，访问记录再营销定位允许卖家在亚马逊站内、站外投放广告。

访问记录再营销定位有助于提高品牌知名度,并可以让卖家的产品在正在购买类似产品的客户心中留下印象。

除亚马逊以外的展示位置,卖家的展示型推广广告还将出现在亚马逊产品详情页和搜索结果页面上。

6. 运行亚马逊 PPC 广告的基本步骤

运行各种类型的亚马逊 PPC 广告通常都要遵循以下 3 个基本步骤。
- 活动策略设计。
- 活动设置。
- 活动优化。

由于产品推广广告是产生额外销售利润最有效的 PPC 广告类型,卖家通常从产品推广广告开始运行亚马逊 PPC 广告,同时结合品牌推广广告和展示型推广广告,以便在不同的展示位置和客户旅程的不同阶段吸引客户。

(1)运行产品推广广告的基本步骤。

① 产品推广活动的策略设计。

卖家要为每个产品或一组产品制订产品推广活动计划。如果产品推广活动针对的是一组产品,则卖家需确保所选产品具有相似的关键词和利润率。策略设计包括以下两个活动,如图 9-18 所示。
- 1 个自动广告系列(Automatic Campaign),带有 1 个自动广告组。
- 1 个手动广告系列(Manual Campaign),包含 1 个广泛匹配关键词定位方式的广告组(Broad Ad Group)和 1 个 ASIN 定位方式的广告组(ASIN Ad Group)。

这种策略设计的指导思想是卖家利用自动广告系列以最小的努力进行持续的定位目标(关键词和 ASIN)研究,并定期将表现较好的高绩效定位关键词和 ASIN 转移到手动广告系列中,并进行精确优化,以获得更高的绩效。

这种策略设计较好地结合了自动广告系列(省力)和手动广告系列(高精度)的优点。

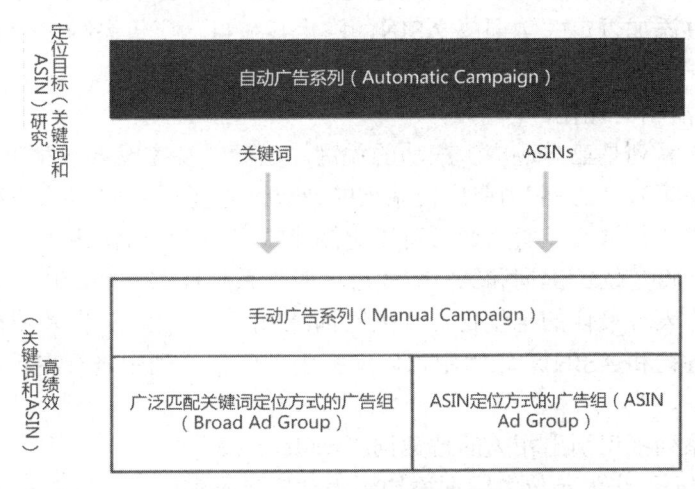

图 9-18 产品推广活动的策略设计

② 产品推广活动的设置。

创建自动广告系列。卖家只要为广告系列(和广告组)命名并设定预算和 CPC,一旦启动产品推广自动广告系列，亚马逊就会对广告产品进行检查，并自动开始在亚马逊选定的搜索词中显示该广告。

创建手动广告系列。卖家可以添加自己精选的定位关键词和 ASIN 创建手动广告。卖家可以精选 20 个定位关键词并添加到 "广泛匹配" 广告组中。此外，卖家还要在手动广告系列中加入一个包含约 20 个 ASIN 的 ASIN 广告组。可以通过查看品牌分析仪表板或亚马逊产品详情页上的 "Discover similar items" "Customers who bought this item also bought" 等部分来获取要定位的 ASIN。

表 9-7 对产品推广活动设置进行了总结。

表 9-7　产品推广活动设置总结

设　置	自动广告系列推广活动	手动广告系列推广活动（广泛匹配关键词定位）	手动广告系列推广活动（ASIN 定位）
每日预算	如 15 美元	如 25 美元	
广告系列名称	SP | '填写 ASIN' | Auto	SP | '填写 ASIN' | Manual	
广告组名称	SP | '填写 ASIN' | Auto	SP | '填写 ASIN' | Manual | KW Broad	SP | '填写 ASIN' | Manual |ASIN
产品	具有相似关键词和利润率的产品或产品组	具有相似关键词和利润率的产品或产品组	具有相似关键词和利润率的产品或产品组
初始定位目标	无	约 20 个广泛匹配关键词	约 20 个 ASIN
初始否定定位目标	手动产品推广活动的初始定位目标。包括广泛匹配关键词和 ASIN	无	无
广告组出价	亚马逊建议的出价		
目标出价			

在此设置中，要使用否定定位目标来确保广告仅在其中一个广告组中得到展示。自动广告系列和手动广告系列都可以定位某些关键词和 ASIN。一旦将定位目标添加到手动广告系列中，就必须通过添加否定关键词或 ASIN，停止其在自动广告系列中使用该定位目标，因为该定位目标将在手动广告系列中进行优化和微调。

③ 产品推广活动的优化。

定期优化广告系列是亚马逊广告成功的关键。然而，卖家需要收集足够的数据（印象、点击次数、转化率等），以评估当前广告系列的效果，进而对 PPC 广告系列进行调整。

在收集到足够的数据后，卖家通常可以定期执行以下 3 个优化措施。

优化措施一：将定位关键词和 ASIN 从自动广告系列转移到手动广告系列中。

卖家应定期将表现最佳的定位目标（关键词/ASIN）从自动广告系列转移到手动广告系列的广泛匹配关键词和 ASIN 广告组中，以便在手动广告系列中进行更精准的优化。

优化示例如下。

在自动广告系列中识别出相关的搜索词 "wallet blue"。

将 "wallet blue" 作为定位关键词添加到手动广告系列的广泛匹配关键词和 ASIN 广告组中，以优化该关键词出价。

同时，将 "wallet blue" 作为否定关键词添加到自动广告系列中，停止在自动广告系列中对其匹配的搜索词展示该广告。

优化措施二：使用否定定位目标。

卖家要定期跟踪在自动广告系列和手动广告系列中运行的定位目标（关键词/ASIN）。将点击次数多但转化率低的定位目标添加为否定关键词/ASIN，以避免支付大量不必要的 PPC 广告成本。

能够作为否定定位目标的关键词/ASIN，通常具有以下两个特征。

- 明显不适用于广告产品的不相关关键词/ASIN。
- 可能与广告产品相关，但无利可图的关键词/ASIN，这些关键词/ASIN 只产生没有转化的点击。

如果使用得当，否定关键词和 ASIN 将帮助卖家实现更低的 ACoS。

优化措施三：优化亚马逊广告的 CPC 出价。

要为广告系列、广告组、ASIN 和关键词找到最佳的 CPC，卖家需要设定好广告系列目标和 ACoS 目标值。关于广告系列目标和 ACoS 目标值的设定，前面已经讲过，此处不再赘述。

卖家设定了广告系列目标和 ACoS 目标值后，可以测试不同的 CPC 出价，找出哪个 CPC 出价能更好地实现广告目标。以下是调整和优化 CPC 出价的一些标准逻辑规则。

- 具有良好 ACoS 的关键词/ASIN。

如果 ACoS < 目标值，则提高目标出价。

- 具有较差 ACoS 的关键词/ASIN。

如果 ACoS > 目标值，则降低目标出价。

- 没有转化的关键词/ASIN。

如果没有转化，则降低出价或暂停。

- 很少或没有印象的关键词。

如果没有印象，则请检查产品详情页中是否包含该关键词。如果印象较低，则请尝试提高关键词/ASIN 出价。

（2）运行品牌推广广告的基本步骤。

①明确品牌推广活动的目标。

在开始品牌推广活动前，明确目标很重要。卖家需明确开展品牌推广活动的目标是提高品牌知名度、推动销售，还是获得新客户。

若品牌推广活动的目标是提高品牌知名度，则卖家需密切关注广告获得的印象（广告浏览量）。

若品牌推广活动的目标是推动销售，则卖家需密切关注广告的转化率和 CPC。注意"搜索顶部"展示位置出价通常比"其他展示位置"高。

若品牌推广活动的目标是获得新客户，则卖家可使用亚马逊的新品牌指标来确定订单是否来自新客户。

② 品牌推广活动的设置。

创建一个由 3 种共享类似关键词的业绩好或最畅销产品组成的分组。由于这 3 种产品将在一个共享横幅中并列展示，因此卖家要仔细考虑，选择有意义的产品，以便作为一个整体产生影响。

为每个产品分组，创建一个品牌推广活动，从品牌推广活动中获取表现最佳的关键词进行精确匹配定位。

③ 品牌推广活动的优化。

在开始优化品牌推广活动前，卖家需确保收集了足够的数据（印象、点击次数、转化率等）。

优化措施一：优化品牌推广活动设置。

以下是卖家在创建品牌推广活动时应遵循的主要原则。

- 制作高质量的生活方式图片，尽可能以最佳方式展示广告产品。
- 制作一个可点击的标题。标题要有创意，能传达出打动客户的卖点。同时要符合以下基本要求：正确使用大小写；保持与产品或营销定位的相关性；考虑使用号召性用语；禁止使用增加客户情绪压力的用语，如"不要等待，立即购买"。若没有更好的标题，则可以直接描述产品。
- 测试并选出几个能代表品牌的产品，按照恰当的顺序排列。如果有一个主要的英雄产品，那么可以在相关组中进行展示，以引起客户对品牌的关注。
- 如果在亚马逊上有一个品牌商店，那么卖家可以将广告链接到店铺的主页面，以提高投资回报率，也可以链接到店铺的子页面，以提高链接准确性。
- 密切关注产品库存。因为即使广告展示产品已售完，品牌广告也会继续运行，这时卖家应手动暂停品牌广告。
- 品牌广告应定位于更具体的或长尾产品关键词，以提高广告绩效（销售和利润）。

优化措施二：优化品牌推广定位关键词。

与产品推广类似，关键词研究对品牌推广活动至关重要。只有当广告的某个关键词与潜在客户的搜索词匹配时，品牌推广广告才会显示在搜索结果页中。

卖家选择的品牌推广定位关键词应同时适应宣传的3种产品。

若品牌推广活动目标是提升品牌知名度，则卖家应选择包含通用的、无品牌的关键词，并展示最畅销产品，以吸引首次与该品牌互动的潜在客户。

若品牌已建立，则卖家需创建单独的品牌防御活动，专注于该品牌关键词。这有助于保证市场份额免受竞争者侵害。

若卖家运行品牌推广广告，且产品在品牌推广活动中展示，则可从自动广告系列中获取表现最佳的关键词，作为品牌推广活动的定位关键词。

优化措施三：优化品牌推广广告的展示位置和出价。

启动并运行亚马逊品牌推广活动后，卖家需定期分析广告展示位置效果。卖家可使用品牌推广"Keyword placement"和"Campaign placement"报告，更细致地评估广告投放绩效数据，如图9-19所示。

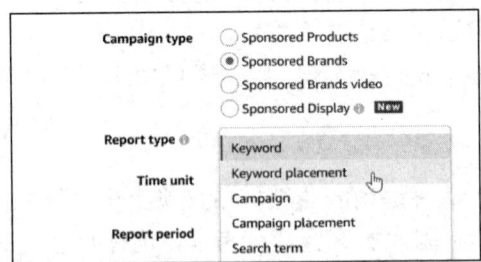

图9-19　品牌推广"Keyword placement"和"Campaign placement"报告

亚马逊不区分搜索结果的左栏和底部，以及产品详情页中的展示位置，这些都属于"其他展示位置"。这意味着卖家只能将"搜索顶部"展示位置与"其他展示位置"的效果进行比较。

亚马逊的自动出价功能是所有品牌推广活动的默认设置。若发现某个广告系列的点击率和转化率极低，则卖家可关闭亚马逊的自动竞价功能，并使用自动出价功能，降低该展示位置的出价，如图 9-20 所示。

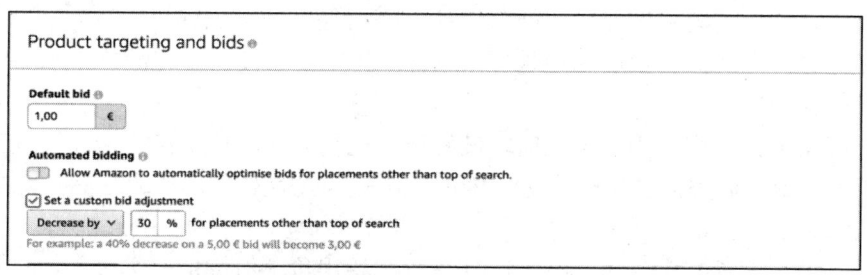

图 9-20　亚马逊品牌推广活动自动出价功能

（3）运行展示型推广广告的基本步骤。

① 了解展示型推广广告的优势。

展示型推广广告在执行得当时，可以极大地支持卖家的营销活动。以下是展示型推广广告的优势。

- 提高市场覆盖率。展示型推广广告可在站内、站外进行展示，并在所有类型的终端设备上运行。这使卖家可以向更多的客户宣传产品。
- 包罗万象的定位目标选项。展示型推广广告涵盖购买过程的所有阶段，从意识到比较选择，再到购后。卖家可以向处于购买过程各个阶段的客户宣传产品，以提高品牌知名度和客户忠诚度。
- 有效的广告展示位置。亚马逊为展示型推广广告确保了最佳的广告位置。例如，在主页上展示新产品以获得更多的曝光机会；将广告放在竞争者的产品详情页上以抢占市场份额。
- 可定制且多样化的广告布局。展示型推广广告包括横幅广告、侧边小部件广告和视频广告。卖家可以使用精心挑选的徽标和标题来自定义这些广告，使广告布局和创意具有灵活性。
- 更高的 ROAS。展示广告可提升广告系列效果，同时降低广告支出。亚马逊通过对超过 40,000 名广告商的分析发现，将展示型推广广告添加到品牌的广告组合中，销售额增长 16%，ROAS 提高 26%。

② 展示型推广活动的设置。

展示型推广活动的设置相对简单，其中最重要的是广告定位目标的设置。展示型推广活动有以下两种类型的定位策略。

- 情境定位（Contextual Advertising Targeting）。此前称为产品定位。它允许卖家根据预先定义的特征，主动向浏览与广告产品类似的产品的客户进行宣传。这些特征包括类别、价格、品牌、评级和 Prime 配送资格。与卖家设定的特征相同的产品详情页、购物结果页面和客户评论位置将被选为广告展示位置。这种策略适合处于比较选择产品阶段的客户。
- 受众定位（Audiences Targeting）。它允许卖家根据潜在客户过去的活动来定位和重新定位潜在客户。这些潜在客户可能浏览过卖家的广告产品的详情页或类似产品的详情页，浏览过特定类别或过去从卖家这里购买过产品。通过对客户生活方式的洞察，卖家可以针对客户在 IMDb、Prime Video 和 Twitch 等网站上的行为自定义受众广告系列。总之，该策略适合处于有购买意识和购后阶段的客户。

③ 展示型推广活动的优化。

以下是一些可帮助卖家从展示型推广活动中获得最大效果的建议。

- 始终将多种产品添加到展示型推广广告中。这样可以有更多的机会让产品出现在广告展示位置中。
- 在为展示型推广广告筛选产品时，最好选择密切相关、价格接近，且具有良好评级和评论的产品。此外，这些产品的详情页应该是经过优化的，有适当的五点描述和高质量的图片。
- 在启动展示型推广广告时，不要过分在意起始出价。出价是一个过程，随着时间的推移，卖家可以根据对客户的了解来微调价格。
- 尝试使用多种定位策略。研究发现，采用多种定位策略的卖家在展示型推广活动中的销售额高出仅使用一种定位策略卖家的 3.2%。
- 使用多种优化策略可以增加广告效果并带来更多销售额。
- 注册使用亚马逊营销云服务。它可以帮助卖家更好地洞察客户，并为展示型推广广告制订更有效的策略。
- 同时投放产品推广广告和展示型推广广告可以提高转化率和销售额。

9.2.2 亚马逊站内促销

亚马逊提供一系列特卖、优惠券和折扣等站内促销活动。卖家应了解如何使用这些站内促销手段来激发潜在客户的兴趣，并刺激客户的购买欲以提升销售额。下面介绍亚马逊几种主要的站内促销方式及优点。

1. 优惠券（Coupons）

亚马逊优惠券标签会显示在交易页面、优惠券主页、搜索结果页和产品详情页上，用醒目的绿色横幅显示折扣百分比或优惠券金额。优惠券标签也会在品牌推广视频广告中突出显示，因此卖家可以为视频广告宣传的产品创建优惠券。如图 9-21 所示。

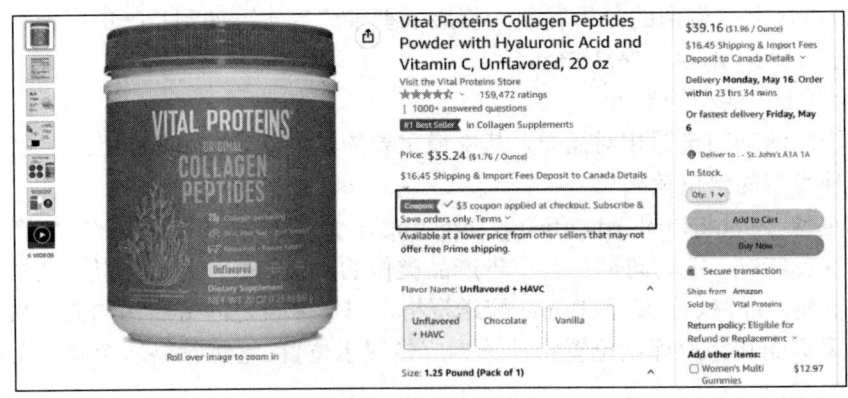

图 9-21 亚马逊优惠券显示位置示例

客户点击并兑换优惠券后，将获得一定百分比或金额的折扣。优惠券是最引人注目的促销形式之一，能有效地转化客户和提升总体销售额。卖家还可以选择为优惠券 ASIN 创建产品推广活动，以提升搜索排名并增加曝光量。

使用优惠券具有以下优点。
- 根据亚马逊数据，优惠券可使产品销量提高 12%。
- 出现在搜索结果页上的优惠券能提升产品详情页的点击率。
- 出现在产品详情页上的优惠券能提升产品转化率。
- 卖家可以在促销开始前预估出促销成本。

2．秒杀（Lightning Deals）

亚马逊秒杀是指限时抢购，卖家的产品将在 Prime Day 页面和亚马逊的特卖（Deals）页面（亚马逊上访问量最大的页面之一，如图 9-22 所示）上展示 4~12 个小时。秒杀标签在搜索结果页和产品详情页上显示为醒目的红色横幅，上面写着"Limited Time Offer"。卖家无法控制交易何时进行。

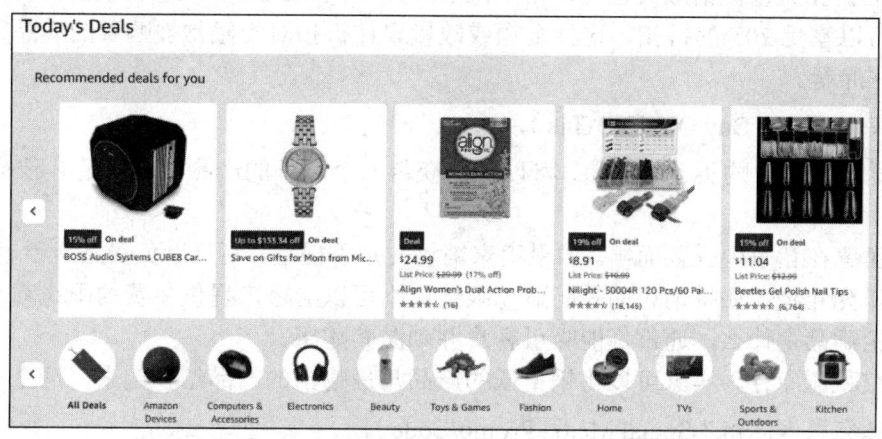

图 9-22　亚马逊的特卖（Deals）页面示例

拥有大量好评、出色的转化率和高排名的绩优产品或知名品牌开展秒杀活动的效果最好。开展秒杀活动具有以下优点。
- 增加曝光量。秒杀活动在整个亚马逊平台上进行推广，显示在专用页面上，并以电子邮件的方式发送给潜在客户。
- 更广的市场覆盖面。借助秒杀，卖家可以接触到那些可能未通过自然搜索或付费搜索找到该特卖产品的新客户。
- 库存清仓。借助秒杀，卖家可以清理过季库存，在 FBA 仓库中为新产品腾出空间。
- 提升在产品详情页上的自然排名。增加曝光量会使点击量增加，而点击量增加会使销售量增加，最终使卖家产品获得更好的排名。

3．7 天特卖（7-Day Deals）

7 天特卖类似于秒杀，但持续时间更长。这些有时限的优惠促销活动在亚马逊的特卖（Deals）页面上会持续有限的天数。进行 7 天特卖的产品将在亚马逊搜索结果页上带有"Limited time deal"徽章。

开展 7 天特卖活动的优点如下。
- 与可能在一天中的任何时间（甚至是工作日凌晨 2 点）上线的"秒杀"产品不同，"7

天特卖"让促销产品获得了长达 7 天的曝光。
- 促销产品可显示在亚马逊浏览量最大的页面之一上。
- "限时优惠"徽章能提高点击率。
- 可以增加产品详情页的流量。

7 天特卖持续的时间较长，可确保促销产品获得更高的曝光率，是比秒杀更好的促销方式。建议卖家为最畅销的产品尝试 7 天特卖活动。

4．促销（Promotions）

亚马逊促销既可以直接应用在产品详情页上，也可以像礼品卡一样在"Select Payment"页面上进行兑付。亚马逊促销活动主要有以下 3 种形式。

（1）百分比折扣（Percentage Off）。

百分比折扣是最常用的促销形式之一，它允许卖家和供应商为其目录中的任何产品设置 1%～99%的折扣。该促销形式也可以用来激励客户一次采购更多数量和金额的产品。例如，买两件就可以享受 20%的折扣。这种金额或数量累计折扣对于经常被购买的产品特别有效，如杂货、尿布等。

（2）买一送一（Buy One/Get One）。

买一送一指客户购买一种产品，可以免费获得一个额外的产品。这种促销形式可用于以下目的。

- 让卖家在竞争中脱颖而出。如果卖家销售的是手提包，则可以免费赠送给客户一个钱包作为礼物。如果销售的是防蓝光眼镜，则可以给客户提供免费的眼镜喷雾清洁剂。无论赠品是什么，通常都能吸引客户并刺激其购买。
- 清空积压库存。卖家可以将销量低的产品与最畅销的产品结合起来，清空积压库存。

（3）社交媒体促销（Social Media Promo Code）。

社交媒体促销是指卖家在 Facebook 和 Instagram 等社交媒体平台上分享产品促销信息，从而促进销售。卖家可以将促销信息发送给社交媒体平台的意见领袖，让其向粉丝推广促销产品并吸引外部流量。

社交媒体促销的主要优势之一是所有流量都将被重定位到一个可以包含一个或多个产品的专用着陆页。由于潜在客户被重定位到着陆页，而不是促销产品的详情页，因此不会影响产品详情页的转化率。社交媒体促销对于处于销售过程各个阶段的卖家来说是一种理想的选择。如果卖家试图在短时间内处理过剩库存，则可以选择这种促销形式。

与百分比折扣促销不同，卖家在采用社交媒体促销销售产品时，可以设定客户能购买的产品总数。

开展社交媒体促销活动的优点如下。

- 可以为产品详情页带来亚马逊站外流量。
- 增加总订单数量。
- 有助于提高在产品详情页上的自然排名。
- 以经济实惠的方式推广产品。

5．Prime 专享折扣（Prime Exclusive Discounts）

亚马逊 Prime 专享折扣促销产品仅向会员提供折扣。卖家可以设置为百分比折扣或金额折扣。像优惠券一样，它们显示在搜索结果页和交易页面中，通常是以删除线定价和节省金额的形式出现。在 Prime Day，促销产品会带有一个额外的徽章，并在亚马逊的搜索结果页和特别栏目中得到突出的展示。

开展 Prime 专享折扣活动的优点如下。
- Prime 专享折扣显示在搜索结果页上，有助于提高点击率。
- 在 Prime Day 独家推广。
- 在 Prime Day 推广产品的一种经济实惠的选择。

6. 促销定价（Sale Price）

如果卖家的预算很低，或者产品利润率很低，那么促销定价是最佳选择。促销定价是卖家在对产品进行促销时显示的价格。假设卖家通常以 12 美元的价格出售产品，在 Prime Day、黑色星期五和节假日等，可以将促销价格设置为 9 美元。该产品的原价就会被划掉，促销价格及客户节省的总金额会被突出显示。

7. 亚马逊站内促销方式优化

卖家在实践中具体采用哪种站内促销方式，要仔细权衡产品本身的情况、促销目标和预算。具体如下。
- 若想提高转化率，并在产品详情页上向所有潜在客户提供折扣，则使用优惠券。
- 若想拥有强大的社交媒体影响力，则使用社交媒体促销。
- 若想增加每笔订单的价值，则使用百分比折扣。
- 若想清空库存，则使用买一送一或秒杀。

为了使亚马逊站内促销活动取得更好的效果，可以参照以下建议。
- 确保促销产品有适当库存。
- 在亚马逊平台上开展促销活动的同时，卖家可以考虑使用广告推广和亚马逊站外营销活动来推广促销产品。
- 确保预算正确。当使用优惠券或秒杀时，卖家需要支付高额费用。
- 在为促销产品详情页带来额外流量之前，卖家应从以下几个方面对详情页进行优化：撰写有助于转化的产品详情页文案，展示 15 条以上的评论及高质量的亚马逊产品信息图和生活方式图片，最好提供 A+内容和视频。
- 提供 25%～30%的折扣足以让客户心动。更大的折扣并不一定有更好的促销效果。超过 60%的折扣会降低产品的形象，使客户怀疑产品质量。
- 不应只担心提供折扣会削减利润，而应注重长期收益。流量的增加会使大量订单涌入并提高总销售速度。特卖和折扣产生的收益应包括自然排名和评论的增加带来的好处。
- 卖家应在亚马逊品牌商店设计中创建一个专用页面，突出显示正在进行的产品促销活动。亚马逊有一个商品磁贴功能，可以自动显示所有产品促销活动。

9.3 亚马逊站外营销推广

为了提升品牌知名度和美誉度，吸引更多外部流量访问卖家的网店或独立站、产品详情页,以及促进产品销售,卖家可利用各种站外渠道引流。下面以亚马逊为例,重点讲述站外引流的相关概念、基本策略和渠道。在其他跨境电商平台或独立站经营的卖家进行站外推广引流时,可参考本书提供的策略和方法,并根据实际情况进行调整。

9.3.1 外部流量

对大多数亚马逊卖家来说,主要流量和销售来自平台内部,即客户在亚马逊上通过搜索结果或站内推广广告找到卖家的产品。然而,卖家也可以通过各种站外渠道主动接触潜在客户,宣传产品以吸引他们到亚马逊店铺和产品详情页,进而完成交易。这些站外渠道不仅包括 Google 等搜索引擎上的付费广告、电子邮件、即时通信工具、社交媒体、网站推荐等,还包括线下渠道(如在杂志或报纸广告中提供产品二维码或 URL)。

站内引流主要通过优化产品详情页,吸引那些通过搜索关键词寻找产品的潜在客户,这些客户通常具有明确的购物需求和购买意向。站外引流与站内引流有显著差异,卖家需要主动接触大量可能没有明确购物需求和购买意向的客户,激发其潜在需求并说服他们购买产品。

良好的外部流量可为业务创造强大的增长杠杆,不仅可以直接增加销售额,还有助于提升产品在站内的自然排名,形成电商业务资产(如用户数据、评论、联系方式等),为业务增长带来长期稳定的动力。亚马逊越来越重视卖家的外部流量,注重提高从外部流量获得销售的权重,使吸引外部流量变得更加重要。

9.3.2 有效的亚马逊销售漏斗

若未适当利用销售漏斗而将外部流量直接引导至亚马逊产品详情页,可能错失外部流量带来的重要优势(如收集客户购买相关信息及再营销定位),也可能降低产品在亚马逊站内的自然搜索排名。接下来,我们将介绍销售漏斗及如何构建适用于亚马逊外部流量的销售漏斗。

1. 销售漏斗(Sales Funnel)

销售漏斗是一个营销术语,其基本步骤包括意识、兴趣、决策和行动,如图 9-23 所示。

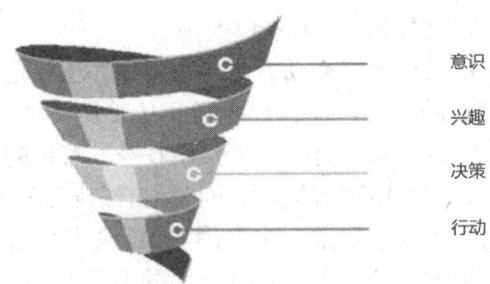

图 9-23 销售漏斗

销售漏斗反映了客户在购买前经历的以下几个过程。

- 意识(Awareness)。客户形成对特定产品相关问题或需求的意识。
- 兴趣(Interest)。客户对该产品产生了兴趣和好奇。
- 决策(Decision)。客户考虑各种影响产品选择的因素,并对多个备选产品进行比较后决定购买该产品。

- 行动（Action）。消费者付款并完成购买的最后一步，由潜在客户转化为实际客户。

还有一种更详细描述销售漏斗的方式。

- 未意识到自己面临的问题（Unaware）。
- 已认识到自己面临的问题（Problem Aware）。
- 了解可解决问题的各种方案（Solution Aware）。
- 了解可用于解决问题的具体产品（Product Aware）。
- 已形成清晰的购买目标（Most Aware）。

大多数产品旨在解决问题。例如，对于帮助缓解维生素 D 缺乏症的保健品，卖家销售的第一步是让潜在客户意识到这个问题。一旦他们意识到存在这个问题，就会进入销售漏斗的下一步，即了解解决方案（本例中的解决方案之一是食用维生素 D 保健品）。这时，他们的购买意向较高，因为他们知道有产品可以解决问题。接下来是了解具体产品。他们可能会搜索"ABC Brands Vitamin D supplement"，而非仅搜索"Vitamin D supplement"。这时，卖家已经拥有了目标明确的潜在客户。

2. 亚马逊站内流量销售漏斗

大多数客户在"了解解决方案"阶段选择进入亚马逊平台。这意味着他们正在寻找要购买的产品，并搜索相应关键词。如果卖家仅依赖亚马逊站内流量，那么其销售漏斗如图 9-24 所示。

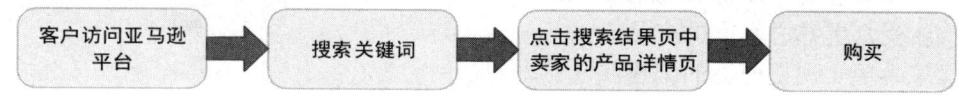

图 9-24 亚马逊站内流量销售漏斗

图 9-24 展示了仅依赖亚马逊站内流量的卖家需面对的客户旅程（customer's journey）。根据此销售漏斗优化产品详情页和站内营销推广可带来丰厚收益。然而，若站内流量是唯一的流量来源，则会存在以下问题。

卖家在销售漏斗中缺乏控制权。卖家只能管理客户登录亚马逊后的转化路径，无法重新定位那些进入销售漏斗但未购买的潜在客户，导致潜在客户流失。

亚马逊站内流量错过了销售漏斗的第一步——意识。进入亚马逊平台的客户通常已对购买需求有意识，在兴趣阶段进入漏斗。这意味着仅依赖站内流量的卖家错过了吸引那些尚未意识到问题的潜在客户加入销售漏斗的机会。

亚马逊卖家应通过各种方式优化站内流量销售漏斗，这些方式本身可带来很大收益且易实现。同时，卖家还需优化外部流量销售漏斗，以获得更多的销售机会。

3. 亚马逊外部流量销售漏斗

亚马逊卖家通常直接将外部流量链接至亚马逊店铺或产品详情页。尽管这样便于客户访问产品详情页，但常存在以下两个问题。

① 来自 Facebook、Google 等渠道的外部流量质量较低，受众购买意向不高。这些受众通常不会立即购物。与之相比，亚马逊站内流量具有高购买意向，因此转化率较高。亚马逊外部流量的低转化率会降低产品详情页的转化率，导致在搜索结果页中的自然排名下降。

② 直接将外部流量引导至产品详情页会错过建立潜在客户数据库的机会。卖家无法获取潜在客户的联系信息，而在受众登录亚马逊后获取这些信息会违反亚马逊条款。

为解决这两个问题，卖家可在外部流量源和亚马逊网站之间使用着陆页或 Messenger bot，如图 9-25 所示。

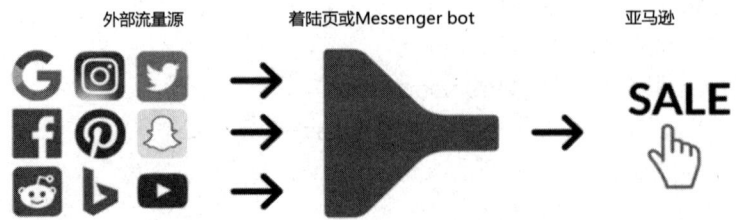

图 9-25　在外部流量源和亚马逊网站之间使用着陆页或 Messenger bot

通过这种方式，在潜在客户登录亚马逊之前，卖家可以在着陆页或 Messenger bot 上收集所需信息。同时，卖家可以通过提供充足的产品信息，帮助潜在客户决定是否在亚马逊上购买该产品，从而过滤掉可能降低亚马逊排名的无效流量。

着陆页和 Messenger bot 都可完成上述操作，但适用于不同情况。

通常在以下情况下使用着陆页。

- 需展示大量产品信息、功能、图片等。
- 卖家希望严格限定和筛选客户。
- 以获取客户电子邮件为主要目标之一。

通常在以下情况下使用 Messenger bot。

- 广告受众更熟悉卖家的产品。
- 卖家希望实现更便捷的销售漏斗。
- 受众流量主要来自移动端。

销售漏斗的设置通常有两大目标：实现销售和收集潜在客户的电子邮件。尽管大多数情况下，销售漏斗的目标是销售，但在某些情况下，收集潜在客户的电子邮件会带来更大的长期回报。

通过收集潜在客户的电子邮件，卖家可以实现以下目的。

- 以较低成本向潜在客户推销新产品。
- 通过定期发送通信保持与客户的互动。
- 向客户请求评价。
- 轻松发布促销活动信息。
- 吸引潜在客户到自己的网站上进行交易。
- 在 Facebook 上重新定位客户。
- 通过在 Facebook 上建立相似受众群体来扩大卖家的受众范围。

电子邮件具有持久价值，即使在销售完成后仍然有用。因此，虽然低摩擦的销售渠道可能带来即时回报，但若想获得长期回报，卖家则需要通过创建提供折扣或诱饵的着陆页来收集潜在客户的电子邮件。

9.3.3　创建并优化亚马逊着陆页

使用并优化着陆页是优化亚马逊外部流量销售漏斗的重要措施，卖家应确保着陆页能够吸引并转化潜在客户。

如果卖家的着陆页过于平淡（如只有一个带有少量文本和号召性用语的空白页），就很难吸引潜在客户的注意力。同样，若着陆页关键部分未适当优化，则达不到预期效果。下面介绍创建有效亚马逊着陆页的关键注意事项。

1. 优化着陆页首屏

首屏（Above the Fold）是访客登录网站时首先可见的部分。由于卖家只有有限时间吸引客户的注意力，优化首屏非常重要。卖家需利用首屏吸引访客的注意力，使他们愿意向下浏览页面了解更多产品或报价信息。首屏需有强有力的标题，最好能传达产品卖点和优惠措施。

2. 提供有吸引力的报价

影响着陆页转化率的关键因素之一是产品报价。尤其是在针对不熟悉产品或购买意向低的潜在客户做广告时（如在 Facebook 上），提供有吸引力的报价是刺激其产生购买欲望的有效措施。

根据营销活动目标和预算，卖家可运行无大额折扣的销售漏斗，但可能降低转化率。此时，可设置计划重新定位点击但未转化的潜在客户，提供更大折扣刺激其转化为客户。

研究表明，超过 40%的价格减免会提高转化率，并在减免 70%时达到峰值。超过此折扣转化率会下降，因过高折扣可能贬低产品价值。

对于任何形式的优惠，尤其是大额折扣，最好使用一次性促销代码。这样，可以避免促销代码被分享到卖家无法控制的地方，从而导致所有的库存都被廉价销售。

3. 优化着陆页的功能

卖家可使用以下功能优化着陆页。

（1）设置稀缺性。

设置稀缺性可有效提高着陆页转化率。例如，设置"only two left at this price"或"offer only available today"，利用客户"害怕错过"的心理。限时优惠或限量优惠券可刺激潜在客户更快采取行动，避免错过。

在着陆页上，卖家可用倒计时器显示优惠活动剩余时间（见图 9-26）。

若提供促销代码（如优惠券促销代码），可设置计数器显示剩余代码数量（见图 9-27），告知客户优惠券促销代码数量有限，吸引更多人来享受优惠。

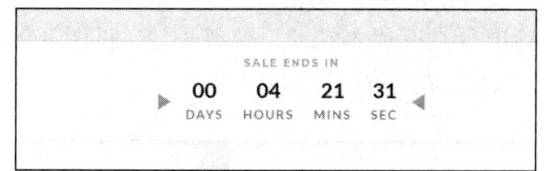

图 9-26　着陆页的倒计时器

图 9-27　着陆页的优惠券促销代码发放计数器

（2）设置号召性用语。

号召性用语（Call To Action，CTA），即行动呼吁，是着陆页最重要的部分之一。它可引导客户采取卖家期望的行动，是着陆页的营销目标。卖家可通过设置 CTA 按钮来引导客户做出卖家期待的行动（如点击进入亚马逊、填写电子邮件等）。

设置的号召性用语要简单、清晰，确保客户清楚地知道行动是什么，如"立即购买""领取优惠券""进入亚马逊"。另外，要确保客户清楚地知道该点击哪里。如果客户对产品感兴趣，但找不到点击的地方，就给了他们改变主意的机会。

卖家需要设置一个与背景颜色形成对比、醒目的 CTA 按钮，如图 9-28 所示。

图 9-28　CTA 按钮设置

卖家应该在整个着陆页的多个位置设置 CTA 按钮。卖家不仅要在页面顶部、首屏上方放置一个（潜在客户越早转化越好），还要在每个部分之后都设置一个 CTA 按钮。如果客户一直向下浏览页面，就可以不断地推动他们去点击那个神奇的按钮。

（3）进行品牌推广。

卖家可在着陆页进行品牌推广，宣传品牌独特形象。亚马逊平台难以实现这一点，所以卖家应抓住机会，与潜在客户一对一沟通，让他们记住品牌。当潜在客户到达亚马逊时，卖家应减少其从其他卖家处购买产品的可能性。

确保着陆页首屏有品牌标志，并链接至亚马逊产品详情页、品牌店铺和联系渠道，便于客户与品牌建立联系。

（4）图片或视频。

不同的客户喜欢不同类型的内容。有些人喜欢阅读，而有些人喜欢看图片或视频。鉴于此，卖家可以在着陆页上提供尽可能多的选择，包括一系列高质量的图片、视频等。

（5）社会证明。

在网上销售产品时，社会证明至关重要。因为无法亲自触摸和查看，潜在客户对在线产品的信任度相对较低。所以，卖家需努力让潜在客户相信他们即将购买的是高质量的产品，正如着陆页所展示的那样。

在电子商务中，最有效且最常见的社会证明形式便是产品评论。这正是亚马逊卖家竞相获得更多五星级评论的原因。相较于商家，客户更倾向于相信其他客户的评价。

卖家应在着陆页上运用这些社会证明，包括展示具有代表性的五星级评论（见图 9-29）。要尽可能多地收集证据，以证明其他客户已购买该产品并给予好评。

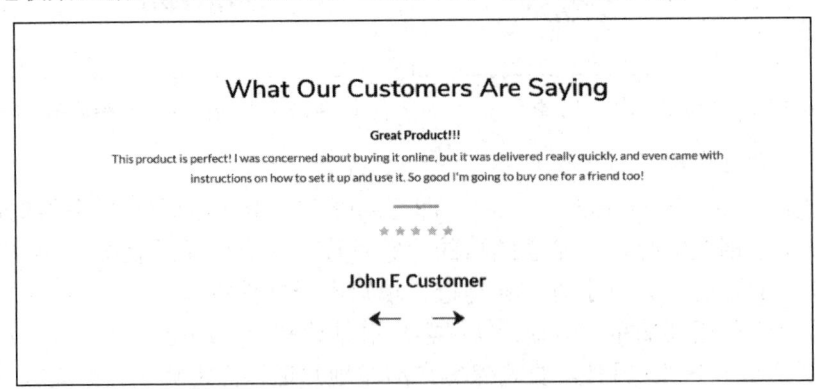

图 9-29　在着陆页上展示五星级评论示例

4. 保持文案和页面设计简洁

网站访客集中注意力阅读的时间非常短，特别是从社交媒体平台转至着陆页时，访客停留在着陆页的时间有限。因此，卖家需确保不让访问着陆页的客户感到困惑或着陆页信息量过大。

在着陆页文案中，要传达产品优点和功能，同时保持文案简洁明了，易于阅读。这样，即使客户快速浏览着陆页，也能获取所需信息。

卖家可从亚马逊产品详情页上提取产品信息，编写着陆页文案，只需保持文案简洁易读，无须考虑关键词优化。

页面设计也应保持简洁。避免过多花哨的设计元素。大多数情况下，越简单明了越好。才能让客户轻松地在页面各部分间过渡。

5. 追踪着陆页的数据并进行分析

除以上关键事项外，卖家还要确保在产品着陆页上启用追踪功能，以实现以下目的。
- 针对点击广告但未转化的潜在客户进行重定位。
- 更好地了解产品受众，找出谁转化为了客户，谁没有。

Google Analytics 和 Facebook Pixel 等分析工具免费、易用且有效。如果卖家在 Google 或 Facebook 上投放广告，可利用这些工具轻松跟踪广告转化率，并针对最有可能转化的潜在客户进行广告优化。这些工具还使卖家具有强大的受众洞察力，便于继续优化广告，以减少广告支出。

9.3.4 在 Facebook 上投放亚马逊产品广告

Facebook 广告是社交媒体中推广亚马逊产品最有效的渠道之一。借助 Facebook 的用户群和广告工具，卖家能够提高亚马逊产品销量，从而提升 BSR 和搜索结果排名。

卖家还可通过 Facebook Ads 建立客户清单，收集对品牌感兴趣客户的电子邮件或其他联系信息，并利用这些信息请求评论或推出新产品。

接下来，介绍如何在 Facebook 上投放广告，以便为在亚马逊上销售的产品引流推广。具体步骤如下。

第 1 步：创建 Facebook 页面。

卖家需为企业创建一个 Facebook 页面。没有 Facebook 页面就无法在 Facebook 上投放广告。企业在潜在客户搜索相关产品时，拥有 Facebook 页面能更好地展现品牌形象和可信度。在企业的 Facebook 页面上，填写产品品牌的详细信息和标志，并邀请一些忠实客户点赞，以获得更多社会证明。

第 2 步：设置 Facebook 广告账户。

访问 facebook.com/business，点击"Create an Ad"，创建一个 Facebook 广告账户（见图 9-30）。

第 3 步：创建一个广告系列。

在 Facebook 广告管理器中，单击"Create Aa"按钮，如图 9-31 所示。

在这个过程中，卖家需要设置广告系列的目标。合适的目标可以帮助 Facebook（特别是 Facebook Pixel）优化广告，以展示给合适的人群。对于大多数广告系列，通常选择转化

（Conversions），如图 9-32 所示。

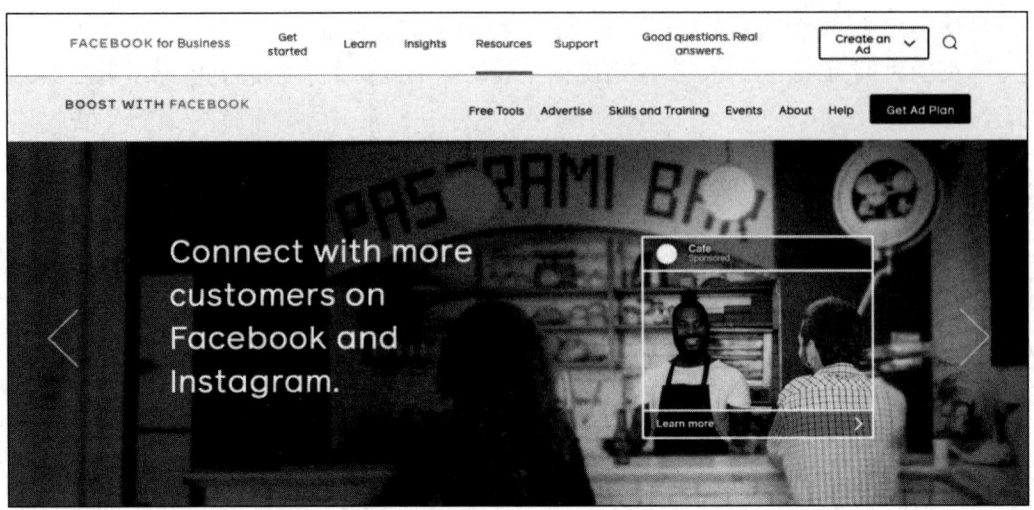

图 9-30　在 facebook.com/business 上创建广告账户

图 9-31　创建一个广告系列

图 9-32　广告系列的目标设置

（1）关于 Facebook Pixel 和优化。

为了追踪转化，卖家需要使用 Facebook Pixel。Facebook Pixel 是安装在产品着陆页上的一段代码，当访客在该着陆页上执行某些事件时，Facebook Pixel 会将信息发送到 Facebook Ads Manager。例如，每当有访客浏览着陆页时，Facebook Pixel 就会发送一个信号。卖家可以在 Facebook Ads Manager 的数据仪表板上查看这些事件发生了多少次，以及执行这些事件的访客的人口统计数据。卖家可以根据这些数据优化产品广告,将广告展示给最有可能参加该活动的客户。这是 Facebook Pixel 最大的用途,也是精准定位目标受众的好方法。

(2)转化事件。

产品着陆页的理想转化事件是产生潜在客户(Leads)。例如,当潜在客户在着陆页上领取优惠券时,便触发了这个事件,如图 9-33 所示。

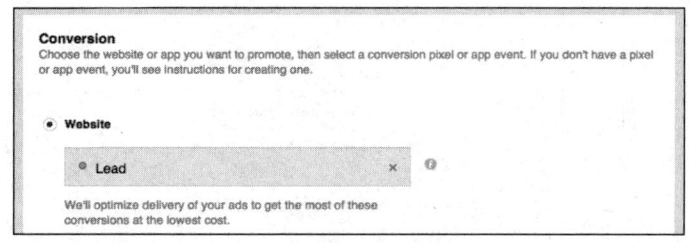

图 9-33 根据潜在客户数据优化广告投放

如果卖家是第一次运行广告系列,则此事件将显示一个红点,并提示没有足够的数据来优化广告投放。在这种情况下,卖家可以将广告投放优化(Optimization for Ad Delivery)转化事件更改为着陆页浏览量(Landing Page Views),如图 9-34 所示。卖家将根据 Facebook Pixel 采集的数据,针对最有可能点击卖家广告并访问着陆页的客户进行优化。

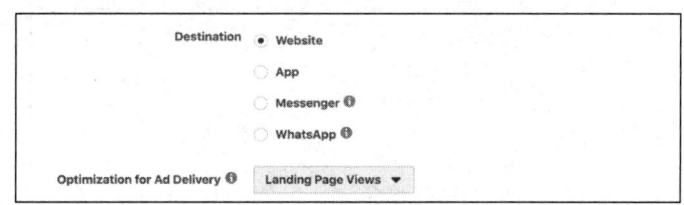

图 9-34 广告投放优化(Optimization for Ad Delivery)转化事件更改

第 4 步:定位。

定位是指卖家定位广告的目标受众,即谁会看到该广告。这是 Facebook 广告一个重要部分。卖家对产品的目标市场了解得越多,就越容易定位广告的目标受众。

卖家可以利用已有的受众数据、Facebook 的受众构建器(audience builder),或者两者相结合来创建目标受众。

(1)创建一个新的受众。

Facebook 的受众构建器可以根据年龄、性别、位置、兴趣或行为等多种特征来定位目标人群,能非常有针对性地创建目标受众,功能非常强大。

在创建目标受众时,需要考虑以下几点。

- 创建的受众人数至少有 1 万人。卖家需要一个数量足够大的受众,才能触及对该广告感兴趣的潜在客户。
- 虽然需要大量的受众,但定位也不能过于宽泛。只有定位一组具有明确特征的受众,才能取得更好的效果。
- 要使用详细具体的目标定位。
- 兴趣定位特别有效。将"Amazon.com"作为一项兴趣定位,以确保定位的受众是喜欢去亚马逊购物的客户,并尽量找到更多与广告产品相关的兴趣。

如果卖家销售的是健美保健品，就可以参照图 9-35 定位目标受众。

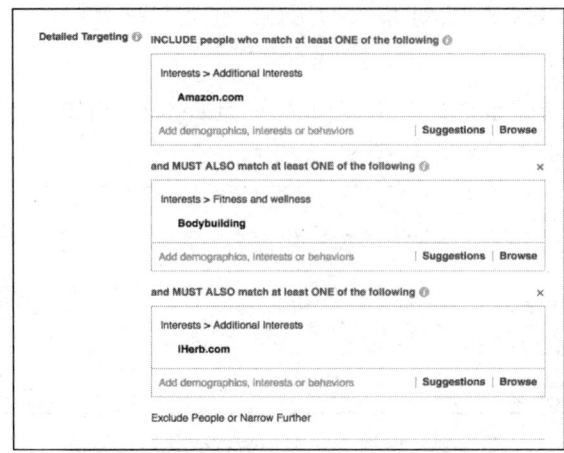

图 9-35　健美保健品目标受众创建示例

如果卖家销售的是一只印有"Happy Birthday"字样的毛绒猫，就可以参照图 9-36 定位目标受众。图中的示例目标受众为女性，年龄在 18～40 岁，即将过生日，并对 Amazon.com、猫和毛绒玩具感兴趣。

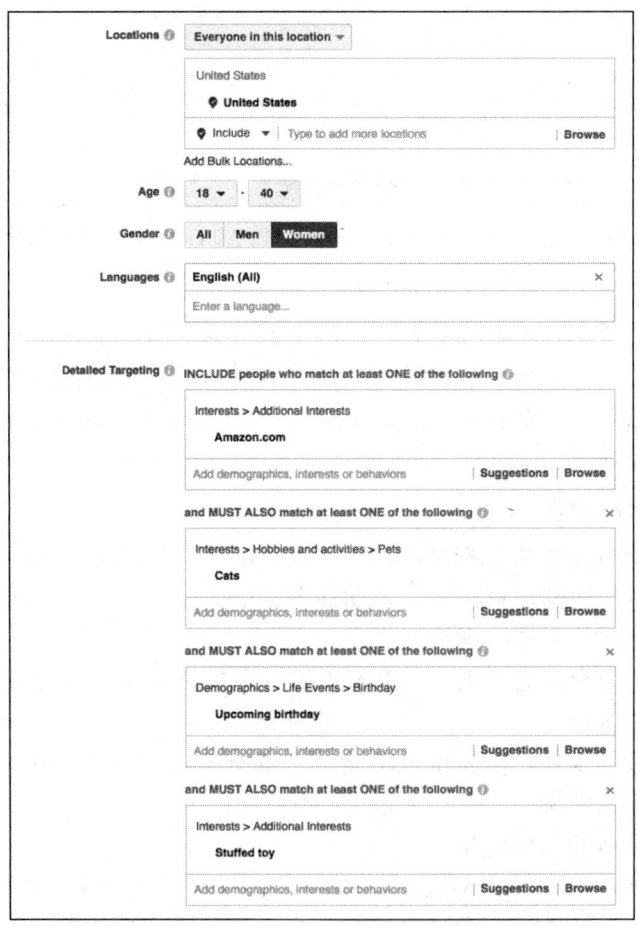

图 9-36　印有"Happy Birthday"字样的毛绒猫目标受众创建示例

（2）利用已有受众数据自定义创建一个类似受众。

如果卖家已拥有受众名单，如电子邮件名单、ManyChat/Messenger 受众名单、关注卖家 Facebook 页面的粉丝或从 Facebook Pixel 数据中提取的受众（如在卖家的网站上购买过产品或在着陆页上同意接收相关信息的客户），就可以利用这些数据来创建一个类似受众（Lookalike Audience）。

只要这些数据包含足够的信息（如姓名、地址、电话号码或电子邮件地址），卖家就可以将其上将其传到 Facebook 的受众构建器创建一个自定义受众（Custom Audiences）。卖家可以使用这个自定义受众来创建一个类似受众，让 Facebook 算法寻找和卖家原始受众具有相似特征（如位置、人口统计数据、兴趣）的人。

卖家可以将自定义受众或类似受众与详细定位结合起来，例如，基于已有的电子邮件名单创建的类似受众，设置广告的受众为对猫感兴趣的人。类似受众是 Facebook 广告商可用的最强大的定位方法之一，通过让 Facebook 算法完成繁重的工作，减少了与兴趣定位相关的许多猜测。

卖家也可以在类似受众的基础上添加特定的兴趣、行为或人口统计数据特征，非常详细具体地设置广告要触及的受众。

卖家还可以根据在亚马逊上的产品销售历史数据，在 Facebook 上自定义创建一个类似受众。卖家可以从亚马逊卖家中心访问并下载过去的订单报告，其中包括客户的姓名和地址。如果有足够的数据，卖家就可以将这些数据上传到 Facebook 上自定义创建一个类似受众。

第 5 步：设置预算和广告展示位置。

卖家都希望设置一个能产生最佳效果的每日预算。在 Facebook 广告上设置理想的每日预算取决于卖家所拥有的数字资产（如电子邮件列表、Facebook Pixel 数据等）、所定位的受众，以及愿意为每次转化支付的最大成本等因素。

卖家在投放 Facebook 广告初期，应该制订一个较为宽松的预算，因为广告初期需要花费一定的预算用于试错，直到找到最佳的广告设置。表 9-8 显示了不同行业的 Facebook 广告平均 CPC。

表 9-8 不同行业的 Facebook 广告平均 CPC

行业	服饰	汽车	B2B	美容	消费服务	教育	就业与培训	金融保险	健康
平均 CPC	$0.45	$2.24	$2.52	$1.81	$3.08	$1.06	$2.72	$3.77	$1.90
行业	家装	卫生保健	工业服务	法律	房地产	零售	技术	旅游与接待	
平均 CPC	$2.93	$1.32	$2.14	$1.32	$1.81	$0.70	$1.27	$0.63	

接下来，卖家就要选择广告展示位置。如图 9-37 所示，卖家可以在 Facebook 上的很多地方展示广告，如快拍（Stories）、Messenger 和新闻提要（news feeds），还可以在 Instagram（属于 Facebook 广告生态系统的一部分）上展示广告。

在设置广告展示位置时，卖家通常一开始选择 "Automatic Placements"，如图 9-38 所示。

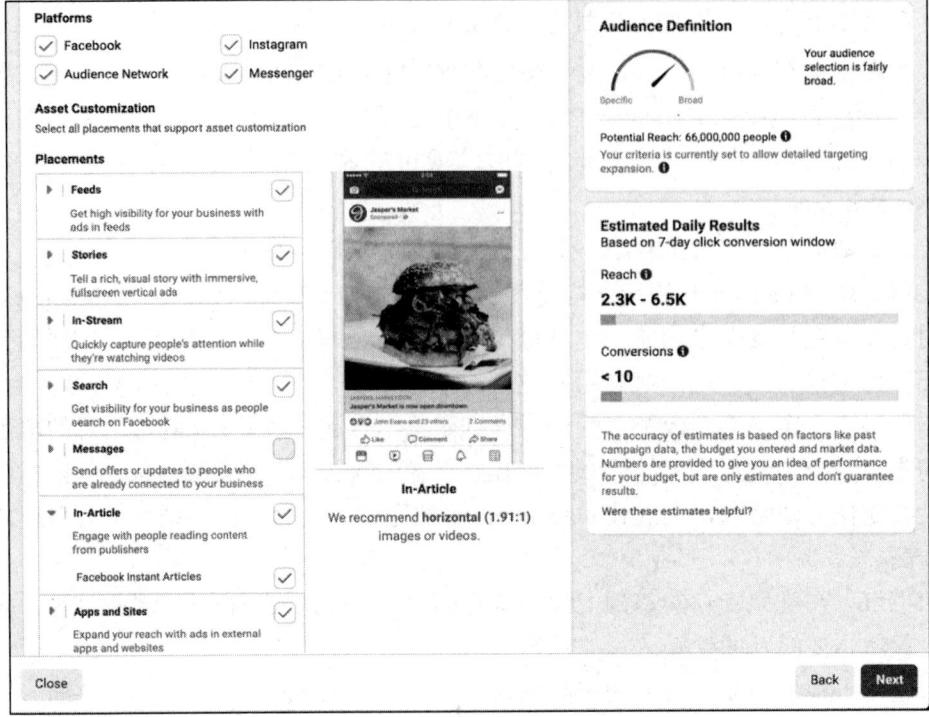

图 9-37　Facebook 广告展示位置

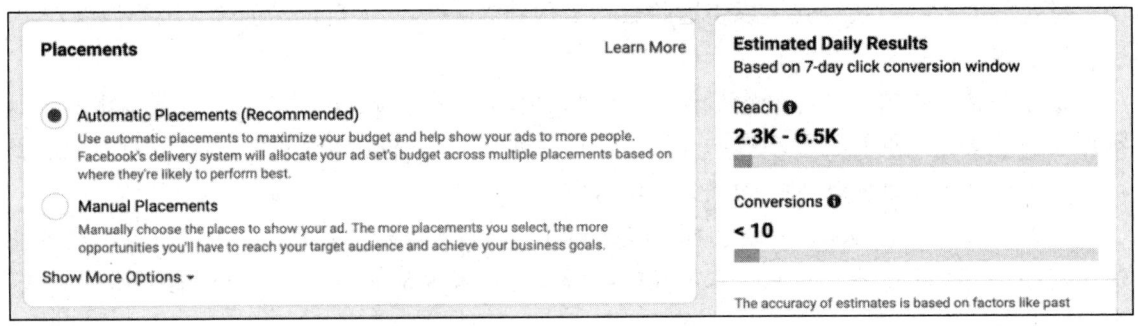

图 9-38　Facebook 广告展示位置设置方式

当广告投放一段时间后，卖家可以根据反馈数据，为不同的广告手动选择合适的展示位置。

第 6 步：设置广告创意并启动广告。

广告创意指的是广告中的图片和文字，是 Facebook 广告的另一个重要部分。好的广告创意可以使受众停止浏览页面并点击这个广告。

营销机构 Business Media 的创始人建议，卖家可以考虑 Facebook 的配色方案——蓝色和白色，使用能够脱颖而出的颜色。橙色、红色和黑色的背景，加上颜色对比强烈的文字，通常最引人注目。在广告文案方面，卖家要提供更多能打动潜在客户的信息，而不要试图利用受众的好奇心来诱导其点击，毕竟，卖家是按点击付费的，应该去吸引对广告信息真正感兴趣的目标受众，而不是去愚弄受众。

设置广告创意的方法如下。

卖家在登录账户后，选择其在 Facebook 或 Instagram 上的品牌页面。在"Ad Setup"选项卡下设置广告创意格式，可选格式主要有图片、视频或轮播等，如图 9-39 所示。

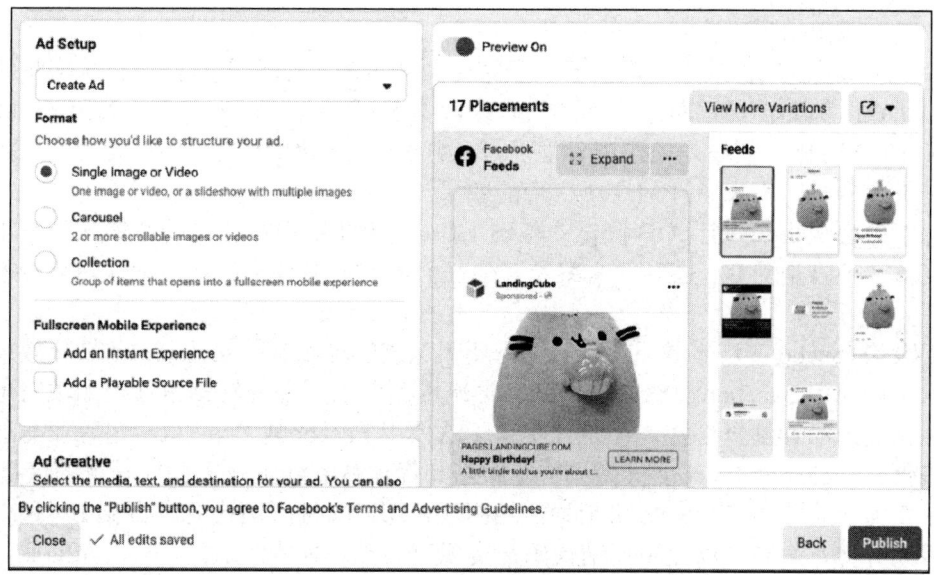

图 9-39　广告创意格式选择

在"Ad Creative"选项卡下添加目标网址（指向卖家着陆页的链接）、引人注目的标题和一小段文字，如图 9-40 所示。

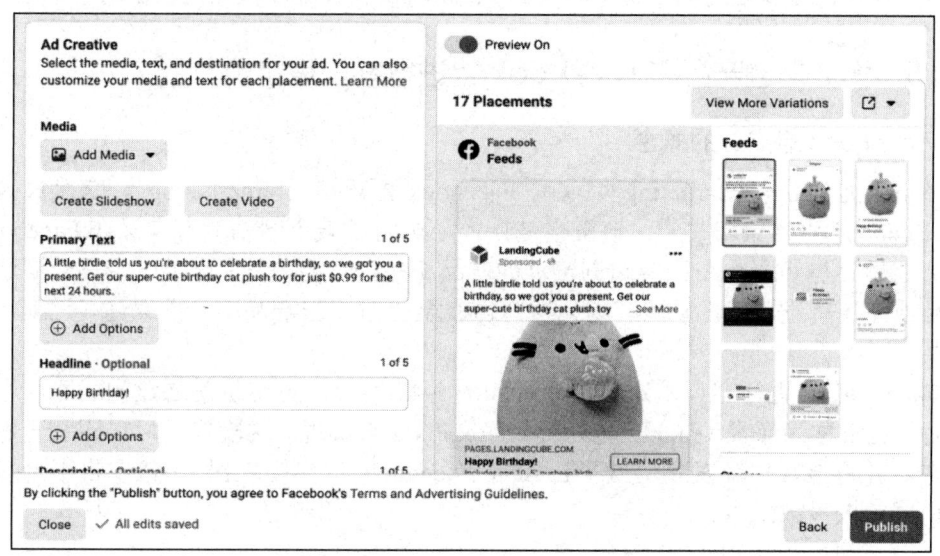

图 9-40　广告创意创建

当卖家添加着陆页链接时，Facebook 会自动从着陆页中提取一张图片用于该广告。卖家可以点击"Add Media"按钮自己上传图片或视频。

使用 Facebook 广告预览功能查看广告在不同位置上的展示效果。

A/B 测试是运行 Facebook 广告的重要部分，尤其是对于创意元素，更要进行 A/B 测试。在广告投放后，卖家应该创建和测试变体，如不同的标题、长篇与短篇文案及不同的图像，以查看哪种效果最好。

卖家还应该测试不同的受众，以便为广告找到精准的目标受众。

创建广告后，卖家只需点击确认即可启动该广告。

第 7 步：跟踪结果。

跟踪 Facebook 广告效果非常重要。卖家需要知道在每个广告的支出及从这些广告支出中获得的回报。例如，通过对广告系列的跟踪，卖家可能会发现某个广告支出了 100 美元，并获得了 10 次转化（假设是电子邮件注册），因此每次转化的成本为 10 美元。在接下来决定如何推进广告时，卖家会评估这个广告的效果。

跟踪结果也是正确进行 A/B 测试的基础工作。卖家使用跟踪提供的数据来查看正在测试的哪种变体（可以是受众、图像、文案及其他任何内容）能带来最佳的每次转化成本，并做出决策。

除了跟踪 Facebook 广告效果，卖家还需要跟踪该广告流量在亚马逊上的转化效果。

卖家可以使用 Facebook Pixel 来跟踪广告流量在着陆页上的转化事件，如填写电子邮件或点击亚马逊产品详情页链接。但是，卖家无法使用 Facebook Pixel 直接追踪亚马逊上的各种转化事件。Facebook Pixel 能够做到的是跟踪和优化从着陆页点击到亚马逊的流量。

如果卖家想将广告支出与最终销售额相匹配，以查看每次销售的广告支出，那么这时可能需要手动计算。卖家可以使用促销代码来实现这一点。具体做法是，从卖家的亚马逊报告中获取广告促销代码被兑换的总次数，并将其与广告管理器中的数据进行匹配。

卖家也可以使用亚马逊归因（Amazon Attribution）。在亚马逊的转化指标中包含有价值的客户数据，卖家可以再次将其与广告的 Facebook 数据进行比较。

此外，卖家还可以使用第三方工具（如 Zontracker）来链接和优化来自两个渠道的数据。

9.3.5　为亚马逊产品在 Facebook 上进行客户重定位

1. Facebook 重定位的概念

Facebook 重定位（retargeting），又称 Facebook 再营销（remarketing），它是最简单也是最好的 Facebook 广告策略之一。该策略是让曾经访问过某个网站的客户又在 Facebook 上或其他网站上看到与其之前在该网站浏览过的产品相关的广告。由于这类广告只会展示给之前与该产品或品牌有过互动的访客，因此这些访客至少对广告产品有一些兴趣，比其他人更有可能购买。

在 Facebook 上进行客户重定位的原理如图 9-41 所示。重定位是通过向卖家的网站添加一段代码，通常称为像素（pixel），如 Facebook Pixel 来实现。这段代码可以跟踪查看卖家网站的访客，并将该数据转发到广告平台（即 Facebook 广告管理器），该广告平台使用这些数据向相同的人投放广告。

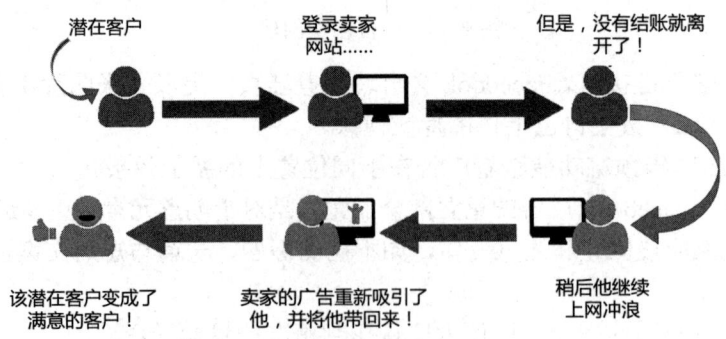

图 9-41　客户重定位原理示意图

然而，亚马逊卖家无法将必要的重定位代码添加到亚马逊产品详情页中，这使得重新定位亚马逊产品详情页变得非常困难。但是，卖家可以使用现有的客户数据手动进行重定位。只要有足够的信息可供 Facebook 匹配到受众个人资料，卖家就可以创建 Facebook 自定义受众并向该受众投放广告。

因此，亚马逊卖家可以使用以下两种方式为其亚马逊业务设置 Facebook 重定位。

方式 1：重定位老客户。卖家可以向老客户展示重定位广告，这种方式非常适合卖家在利基市场推出新产品或推出老客户可以重复购买的产品（如保健品）等情况。

方式 2：重定位着陆页访客。如果卖家将亚马逊外部流量先吸引到着陆页，就可以在着陆页上添加重定位代码。代码跟踪的数据可以让卖家重定位购买意向高的访客。

2．开展 Facebook 重定位营销活动的步骤

Facebook 重定位营销可让卖家在潜在客户的 Facebook 和 Instagram 上投放广告。成功开展 Facebook 重定位营销活动的关键是了解 Facebook 自定义受众。使用 Facebook 自定义受众，卖家可以向曾经访问过其网站或着陆页的客户展示广告。使用 Facebook 自定义受众创建广告与创建一个"正常"的 Facebook 广告系列类似。主要区别在于卖家可以选择定位自定义受众，而不是根据兴趣定位受众。

卖家可以按照以下步骤成功开展 Facebook 重定位营销活动。

第 1 步：确定重定位营销活动的目标。

在开展重定位营销活动之前，卖家需要先确定营销活动的目标。不同的再营销活动目标将影响再营销活动方式，如表 9-9 所示。在大多数情况下，卖家需要为营销广告系列创建着陆页。

表 9-9　再营销活动的目标与相应的再营销活动方式设置

再营销目标	再营销活动方式
建立电子邮件列表	将访客引导至卖家可以捕获其电子邮件地址的着陆页
获得更多评论	重定位客户，请求其以亚马逊产品评论的形式提供真实的反馈
提升销量、BSR 和搜索结果排名	投放促销优惠的广告，如独家折扣代码
提高亚马逊站外的销售额	将流量吸引到卖家自己的网站上

第 2 步：创建自定义受众。

（1）重定位老客户。

老客户更有可能再次向卖家购买产品，因为他们已经用行动表明愿意花钱购买卖家的产品，这是重定位广告的强大之处。相比之下，详细具体的目标定位主要靠猜测，卖家需要从兴趣、行为和人口统计学等方面来猜测谁可能对其产品感兴趣。因此，进行重定位的首选方式是重定位老客户。

重定位亚马逊的老客户可以采用上传客户数据到 Facebook 的方法，这样卖家就可以创建一个自定义受众。卖家的亚马逊客户名单包含数据，如姓名、邮编、城市，这些数据可以被上传到 Facebook 上与其用户相匹配。虽然这种方法不能保证 100%的匹配率，但卖家可以通过这种方式定位到大量的客户。根据经验，大约能够在 Facebook 上匹配到 40%的客户。

卖家可以登录其亚马逊账户，前往"Reports→Fulfillment"，点击"Sales→Amazon Fulfilled Shipments"，下载其在亚马逊上的老客户信息。为了获得更多的数据（理想情况下为 10,000

人以上）以便创建自定义受众，建议选择较长的时间，如 30 天或 30 天以上。如果在"Amazon Fulfilled Shipments"中未得到足够多的数据，那么卖家可以点击"Sales→ All Orders"下载数据表。

下载数据表后，用 Excel 或其他数据表编辑工具打开，唯一需要更改的地方是将数据表中的 Name 列拆分为两部分，即名（First Name）和姓（Last Name）。如果卖家销售的是多种产品，尤其是在各个产品相关度低的情况下，需要按不同产品对客户进行分类。按产品类别对数据表进行排序或筛选，并将信息复制并粘贴到新建空白数据表中。

对下载的老客户数据进行格式转化后，即可将其上传至 Facebook 上并创建自定义受众。随后，参照"9.3.4 在 Facebook 上投放亚马逊产品广告"的介绍，在 Facebook 上开始投放广告。

在采用重定位老客户这种方式时，卖家需要考虑一个问题，即"亚马逊服务条款是否允许这样做"。亚马逊在沟通准则中指出，通常情况下，卖家只能因为完成订单或回复咨询而联系买家（亚马逊客户），不得通过电子邮件、纸质邮件、电话等方式向买家进行营销或促销。这个规定旨在防止卖家通过电子邮件、纸质邮件、电话等方式联系买家。目前尚不明确向客户展示 Facebook 广告会被视为"联系买家"。

与自定义受众相比，用亚马逊客户创建类似受众是一种高效且安全的方法。通过该方法，卖家可以向非常相似的潜在客户展示 Facebook 广告，并避免违反亚马逊服务条款。

（2）重定位着陆页访客。

重定位着陆页访客这个方法不仅非常有效，而且完全符合亚马逊服务条款。

前文 9.3.2 中介绍了在吸引亚马逊外部流量时，在销售漏斗中设置着陆页的重要性。通过着陆页的设置，卖家能够把那些对其在亚马逊上销售的产品不感兴趣的客户过滤掉。那些有购买产品意向的潜在客户，会在着陆页点击链接进入亚马逊店铺或产品详情页。关键是卖家要确保着陆页安装了 Facebook Pixel。它将跟踪访客在着陆页上的行为，并将数据转发给 Facebook。之后，卖家可以根据这些数据对着陆页访客进行分类（如点击进入亚马逊的访客，或者那些浏览了页面但未点击的访客），并根据再营销目标选择符合需要的受众类别创建自定义受众。需要注意的是，在为着陆页访客创建 Facebook 自定义受众时，卖家至少需要获取 100 位客户名单数据，这是 Facebook 为了防止卖家无法对特定受众逐一定位。创建好 Facebook 自定义受众后，卖家就可以按正常流程在 Facebook 上投放广告。

9.3.6　为亚马逊产品投放谷歌广告

约有 25%的亚马逊卖家使用谷歌广告（Google Ads）来推广产品，这里称之为"亚马逊搜索广告"。这个策略利用互联网最大的搜索引擎之一和美国最大的数字广告平台，来提升产品的销售额、搜索结果排名、BSR，并为卖家的亚马逊店铺提供额外的好处。由于 Google Ads 平均 ROI 达到了 200%，因此积极利用 Google Ads 为亚马逊店铺和产品详情页引流，是卖家在竞争中占得先机、在利基市场中获取竞争优势的重要方法。

1．Google Ads 的概念

Google Ads 主要基于文本和关键词，包括搜索、展示、购物、视频、智能、发现等几种不同的广告系列类型。卖家主要关注的是谷歌搜索广告（Google Search Ads），以前称为谷歌关键词广告（Google AdWords）。它是最容易设置的，也最有可能为亚马逊业务带来较好

的回报。谷歌搜索广告在 Google 自然搜索结果上方展示，如图 9-42 所示。

图 9-42　谷歌搜索广告展示位置示例

通过使用谷歌搜索广告，卖家能够定位特定关键词或搜索词，并出价让其广告在搜索结果页上展示。

Google Ads 最常见的出价方式是按 CPC。通常，更高的出价才能为广告赢得更深的印象。在美国，Google Ads 的平均 CPC 为 1～2 美元，具体取决于所在行业。广告、广告组和着陆页的相关性等因素，以及广告账户的历史效果决定了该广告是否得到展示及其需要出价的金额。

亚马逊和 Google 的服务条款都允许卖家在亚马逊上投放 Google Ads。需要注意的是，要让 Google 批准广告，卖家需要提供优质的客户体验。即卖家需要为用户提供足够的导航选项，以及包含隐私政策的着陆页。

基于这点，如果卖家 Google Ads 的目标链接直接指向亚马逊页面，该广告可能就很难获得批准。因此，卖家需要使用着陆页来控制广告的目标页面。这也可以为卖家带来额外的好处，如能够跟踪转化，并从客户那里捕获其电子邮件地址。

在设置 AdWords（关键词广告）广告系列时，需要查看 Google 关于目标页面要求的政策及完整的广告政策。

2．设置 Google Ads 广告系列的步骤

以下是卖家创建其亚马逊产品的第一个 Google Ads 广告系列的步骤。

第 1 步：设置 Google Ads 账户。

如果卖家没有账户，需要前往 ads.google.com 创建 Google Ads 账户。

在第一次创建账户时，页面会显示智能创建广告系列，这是广告系列创建过程的指导版本。卖家可以按照这个流程快速运行广告，也可以点击"切换到专家模式"以完全控制广告系列的创建。

当首次创建 Google Ads 广告系列时，卖家应该先了解 Google Ads 的层次结构。Google Ads 分为 3 个层次：广告系列（Campaign）、广告组（Ad Group）和广告（Ads）。如图 9-43 所示。

广告系列是最高层次。普通的亚马逊卖家，特别是刚开始使用亚马逊 AdWords 策略的

卖家，不会开展很多种活动。卖家可能会针对不同的目标或不同的产品创建不同的广告系列。例如，如果卖家为 3 种不同的产品投放广告，则可以为每种产品制作不同的广告系列，或者可以开展一种活动来增加产品销量，而另一种活动是通过给潜在客户提供有吸引力的内容来获取电子邮件地址。

在每个广告系列中，卖家可以创建多个广告组。广告组是按主题和关键词组划分的。卖家如果想分别测试不同的关键词组，或者有针对不同情况或优势的关键词，则可以创建不同的广告组。对于品牌关键词，卖家通常将其单独作为一个广告组。每个广告系列通常包括 7～10 个广告组，每个广告组中最多只能有 20 个关键词。

创建广告组后，卖家要在每个广告组内创建广告。每个广告组至少应该创建 2～3 个广告。很多卖家习惯只创建两个广告，因为这将让 Google 可以进行 A/B 测试。例如，对同一个广告组的不同广告标题或文案进行测试，找到广告效果最佳的设计方式。

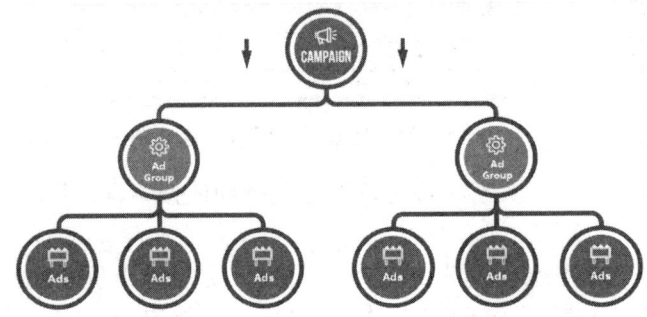

图 9-43　Google Ads 的层次结构

第 2 步：创建新的广告系列。

卖家可通过 Google Ads 账户面板点击"New Campaign"创建广告系列。创建广告系列的第一步是选择目标，如图 9-44 所示，包括销售（Sales）、潜在客户（Leads）、网站流量（Website traffic）、品牌知名度和覆盖率（Brand awareness and reach）、产品和品牌意向（Product and brand consideration）、应用推广（App promotion）、本地店铺访问和促销（Local store visits and promotions）等。为了更好地跟踪和分析广告效果，建议选择一个合适的目标。如果卖家的主要目标是提升销售额或排名，就可以将"Sales"作为广告系列的目标。如果卖家的首要目标是构建客户信息列表，就可以将"Leads"作为广告系列的目标。

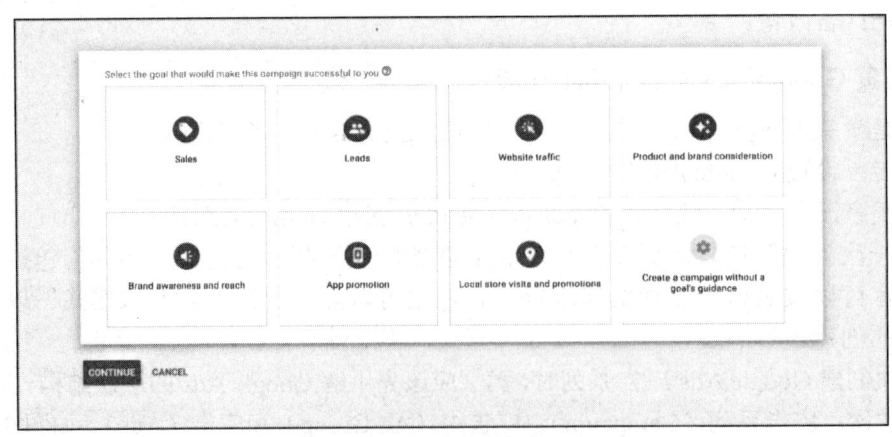

图 9-44　选择创建广告系列的目标

完成此操作后，卖家需要选择广告系列的类型，在此选择"搜索广告"，如图9-45所示。

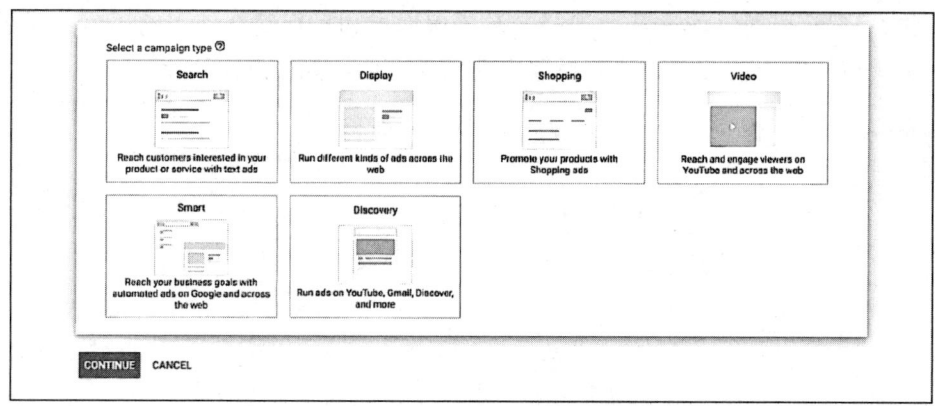

图 9-45　选择创建广告系列的类型

之后，选择广告系列目标的实现方式，在此选择"Website visits"，将卖家的着陆页链接粘贴在下方的字段中，如图9-46所示。点击"CONTINUE"。

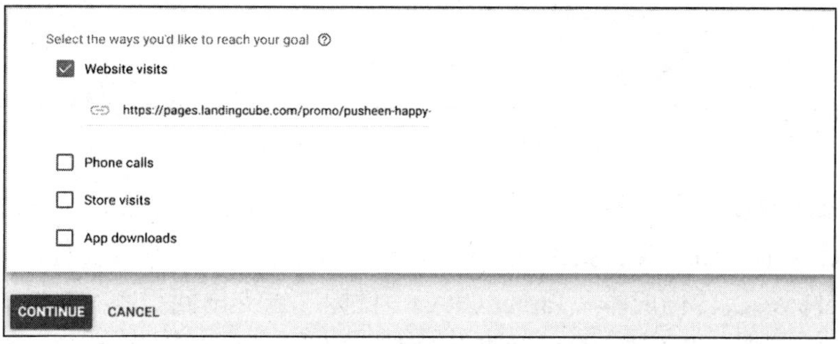

图 9-46　选择广告系列目标的实现方式

第3步：设置广告系列

在这一步中，卖家需要进行基本的广告系列设置。首先，卖家需要给广告系列命名，要求容易识别，并暂时关闭"搜索网络"和"展示网络"的设置，如图9-47所示。

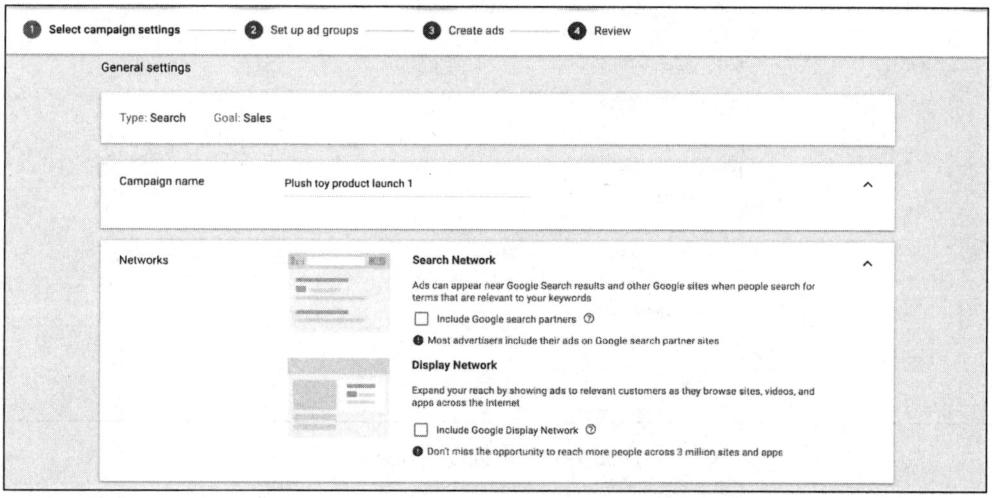

图 9-47　基本的广告系列设置1

接下来，卖家需要设置广告系列的开始和结束日期（也可以不设置，运行一段时间后手动关闭广告系列）。同时，卖家需要选择产品销售地点和目标受众使用的语言。对于在亚马逊上针对美国市场销售的卖家，建议设置为美国和英语，如图9-48所示。

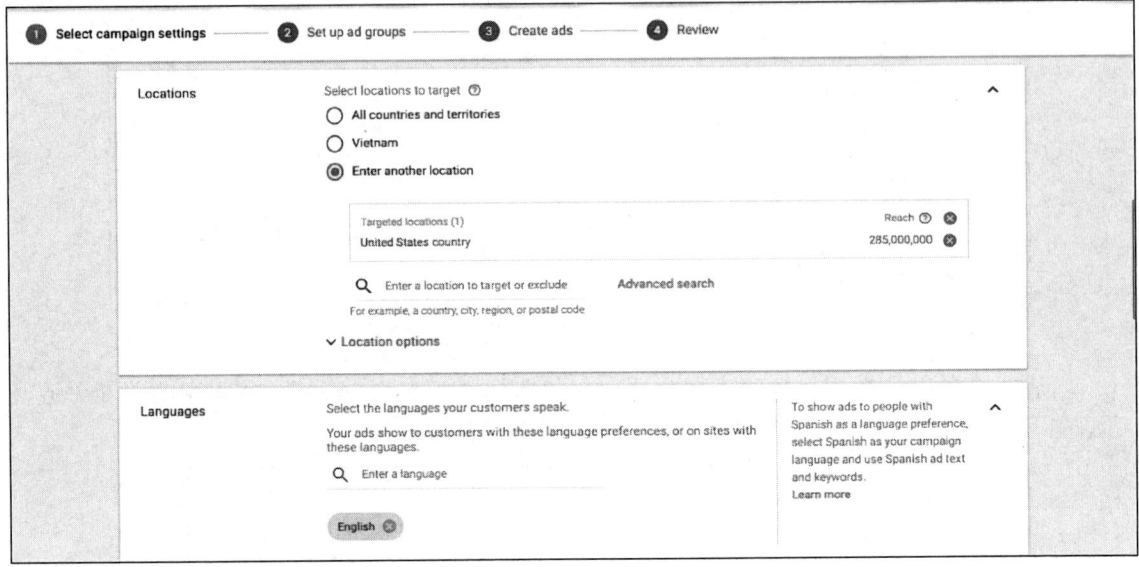

图9-48　基本的广告系列设置2

最后，卖家需要设置广告系列的预算和出价方式。对于预算设置，卖家通常会先设置较小的金额，然后逐渐提高，直到找到适中的每日预算。对于出价方式设置，如图9-49所示，卖家可以选择目标每次转化成本（Target CPA）、目标广告支出回报率（Target ROAS）、最大化点击次数（Maximize clicks）、最大化转化次数（Maximize conversions）、最大化转化价值（Maximize conversion value）、目标印象份额（Target impression share）和手动设置目标每次点击成本（Manual CPC）等几种方式。

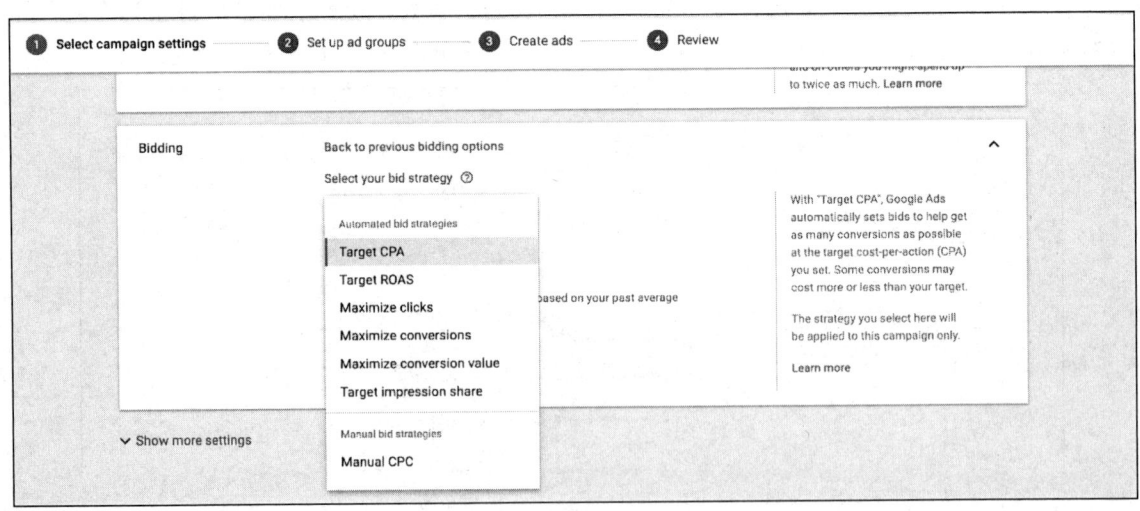

图9-49　出价方式设置

卖家可以使用Google的AI来设置广告系列要关注的重点，即转化率、点击次数、印象，以及愿意为每个事件花费的金额，即广告的目标每次转化成本。例如，卖家选择广告系列关注的重点为转化率，愿意支付的每次转化成本为 5 美元。如果卖家计算出一个特定的销售转化扣除每次转化成本还能带来盈利，这种出价方式设置就是合适的。但是，对于亚马逊卖家来说，由于不能在亚马逊店铺或产品详情页中安装 Google 跟踪代码，因此难以根据其在亚马逊上的销售额进行广告自动出价优化设置。对此，亚马逊卖家可以选择其他自动出价策略或手动设置目标 CPC。

在这里，假设卖家选择"Manual CPC"，点击"Save"并继续。

第 4 步：设置广告组。

广告组是一组主要针对相关关键词设计的广告。卖家在刚开始使用 Google Ads 时，通常只设置一个广告组。随着对搜索广告越来越熟悉，卖家可以尝试针对不同的关键词组或不同的匹配方式设置不同的广告组。

在设置广告组时，卖家可以选择默认出价（假设之前选择了手动设置 CPC）及要定位的关键词。关键词是卖家要关注的主要内容，如图 9-50 所示，Google 会根据广告的着陆页提取建议关键词列表。列表提供的关键词可能过于宽泛，卖家可以删除这个列表，自己挑选合适的关键词。

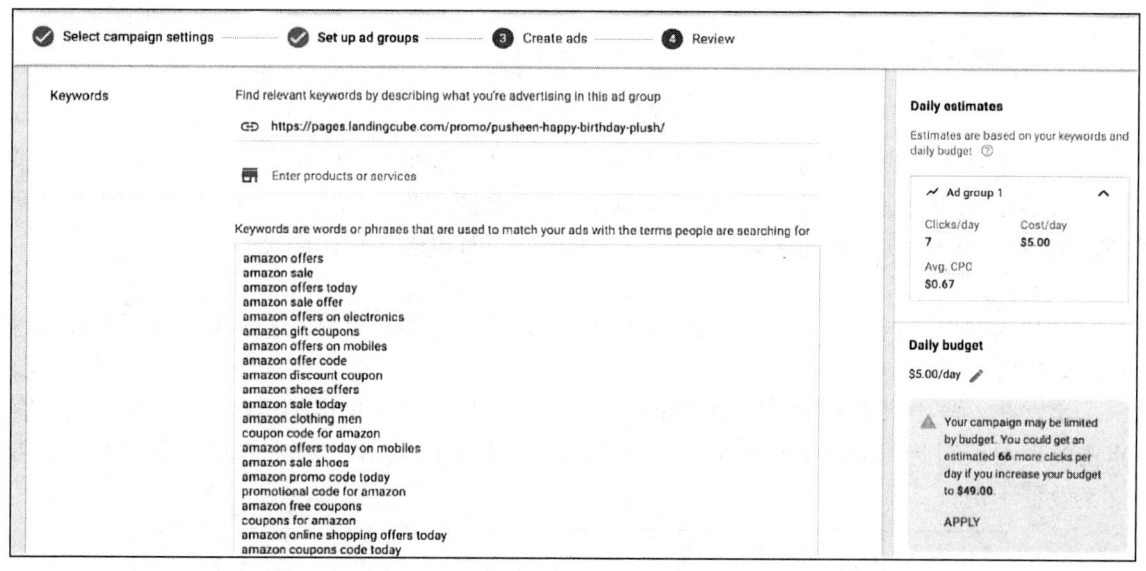

图 9-50　广告组设置

卖家需要花费大量时间为广告组挑选合适的关键词。这些关键词应该与广告产品相关，可以带来高购买意向和高搜索量。卖家可以使用"Google Keyword Planner"工具及付费工具，如 Ahrefs 或 SEMrush 来了解潜在关键词的相关信息。

为确保所选关键词不仅与广告产品相关，而且彼此相关，卖家需要将其分成几个较小的广告组。这样做可以避免广告组中的广告与不相关的关键词产生关联。如果卖家要定位的关键词范围很广，那么最好将它们分成几个较小的广告组。例如，可以创建两个简单的广告组，以测试几个不同的关键词或匹配方式组合，如图 9-51 所示。

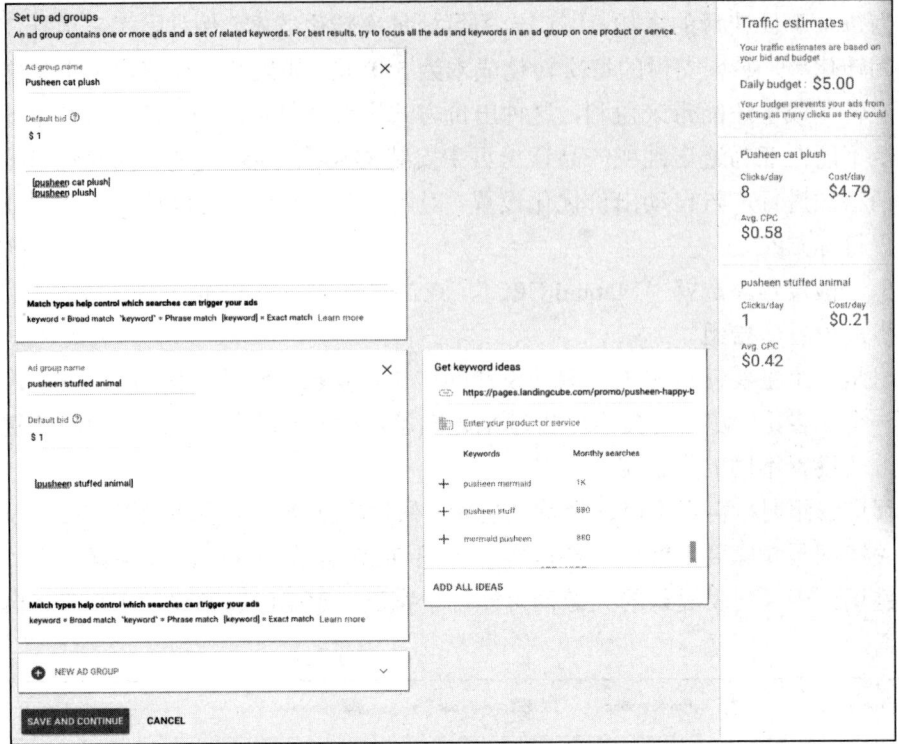

图 9-51 创建广告组示例

卖家可以选择的关键词匹配类型有广泛匹配、短语匹配和精确匹配 3 种。如果卖家不希望广告显示在该搜索词的搜索结果中,可以在关键词前加上减号(-),设置否定关键词(Negative keywords)。Google AdWords 否定关键词也有以上 3 种匹配类型。

第 5 步:制作广告。

在开始制作广告之前,卖家需要掌握一些文案写作的基本知识,这样才能制作有效的谷歌搜索广告。

卖家在广告中只有非常有限的空间来传达有关广告产品和价格等相关信息,并给出访客点击的理由。因此,请确保不要让不必要的词浪费任何空间。图 9-52 展示了谷歌搜索广告文案设置示例。

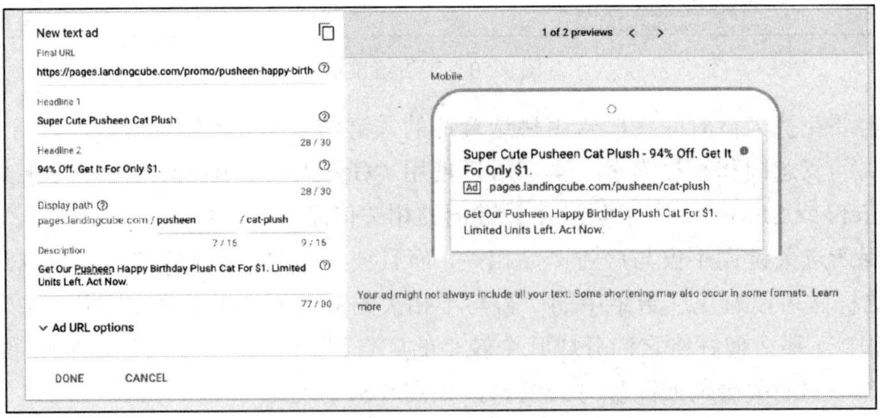

图 9-52 谷歌搜索广告文案设置示例

以下是一些关于撰写谷歌搜索广告文案的建议。
- 在广告中使用关键词。广告中包含广告关键词将获得更多点击，因为 Google 会以粗体突出显示这些词。
- 使用号召性用语，如"Buy Now""Learn More""Claim Your Coupon"等。
- 你提供大折扣吗？只剩下有限的库存？在广告文案中提及这两点。
- 所有单词第一个字母大写。广泛的测试表明，所有单词都以大写字母开头的广告具有更高的点击率。
- 为获得最佳广告效果，请为每个广告组制作两个广告（见图 9-53）。Google 会自动对这两个广告进行 A/B 测试，并选择一个效果好的。

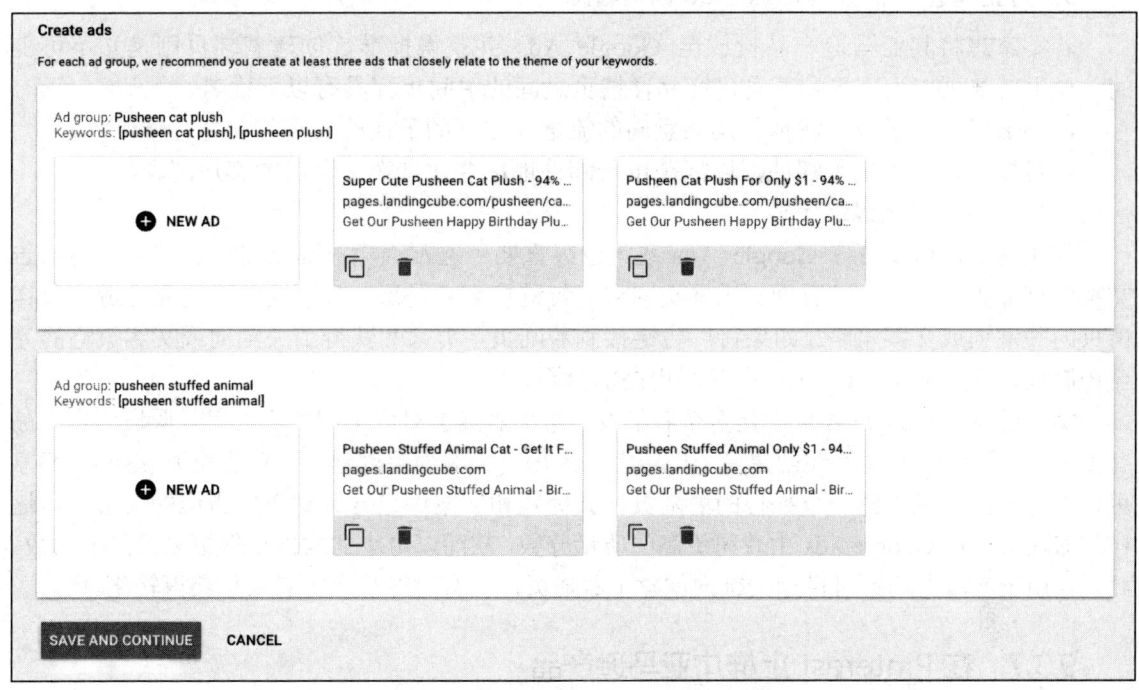

图 9-53　为每个广告组制作两个广告示例

第 6 步：Google Ads 的 AdWords 转化跟踪。

对于付费流量，跟踪转化率至关重要。如果没有适当的转化跟踪，卖家就不会知道广告支出能带来的真正效果。通过 AdWords 转化跟踪，卖家能够识别以下内容。
- 哪些关键词对该广告有用？
- 广告每次转化成本是多少？
- 广告的转化率是多少？

事件代码（转化发生时触发的代码片段）也非常有价值，因为它可以让 Google 针对特定转化事件优化广告出价。但是，卖家无法将 Google Ads 转化跟踪代码添加到亚马逊产品详情页上，因为这需要访问网站的后端代码。跟踪 Google Ads 在亚马逊产品转化情况的最佳方法是在广告的着陆页上安装跟踪代码。在着陆页跟踪到亚马逊产品的转化情况有以下两种可选方式。
- 当访客点击进入亚马逊时跟踪转化。
- 当访客索取优惠券以换取他们的电子邮件地址时跟踪转化。

AdWords 转化跟踪的实际实施取决于着陆页工具。卖家可以通过学习 Google 的关于设置转化跟踪的教程来设置转化跟踪。如果卖家使用 LandingCube 工具创建着陆页，就可以使用该工具集成的 Google Analytics 来跟踪 AdWords 转化。

设置转化跟踪后，卖家就可以跟踪广告系列的效果。为了更好地跟踪和分析，品牌注册卖家和供应商可以在着陆页到亚马逊的产品详情页上使用"亚马逊归因"链接，以跟踪如最终销售和添加到购物车等行为。

卖家不能使用亚马逊归因将转化事件发送到 Google Ads 控制面板，但可以使用这些信息来分析广告效果。

3．为亚马逊产品的 Google Ads 创建着陆页

若卖家想将其亚马逊产品投放至 Google Ads 并获得批准，创建着陆页则是必不可少的。使用着陆页作为广告和亚马逊产品详情页之间的中间步骤具有以下优势。

- 预热广告流量或过滤掉低购买意向的流量（这有助于保持较高的亚马逊转化率）。
- 可以通过许可电子邮件，以捕获电子邮件地址并建立卖家自己的客户列表。
- 可以添加转化跟踪代码。

创建着陆页对于遵守 Google Ads 政策也很重要。通常，卖家需要将广告链接到与广告文案和目标关键词相关的页面。如果卖家将广告链接到亚马逊，就可能会干扰亚马逊产品详情页的关键词或文案策略。如果将广告链接到着陆页，卖家就获得了关键词或文案策略的完全控制权，能够在 Google Ads 中获得更高的分数。

卖家可以为 Google Ads 创建多个着陆页，每个着陆页对应不同的广告组。假设广告产品有多个关键词组，卖家就要创建多个广告组（为每个关键词组创建一个广告组）。这时，卖家可以为每个广告组创建一个独特的着陆页，其标题和文案都包含针对该广告组的关键词。这样的着陆页将在 Google Ads 中获得更高的质量分数，从而以更小的成本获得更多的点击次数。此外，由于卖家专门针对目标关键词创建了着陆页，更有可能从点击者那里获得转化。

9.3.7 在 Pinterest 上推广亚马逊产品

Pinterest 是亚马逊卖家用来增加流量的平台之一。它具有高购买意愿、高参与度和巨大的自然市场覆盖率，因此是可持续的长期流量战略的不错选择。截至 2021 年 6 月 30 日，Pinterest 每月活跃用户总数达到 4.78 亿人。值得一提的是，由于大多数卖家在使用 Google 或 Facebook 引流，Pinterest 目前仍具有一定的流量红利。

下面将介绍如何通过 Pinterest 吸引自然流量和付费流量。

1．Pinterest 相关概念

Pinterest 是一个视觉平台。Pinterest 上的帖子称为"图钉（pins）"，其内容几乎都是图片或视频，帖子可以链接到 Pinterest 平台外的原始来源。用户还可以创建"板（boards）"，这是一组关于特定主题的图钉，如"女鞋""狩猎用的背包"。用户可以将在 Pinterest 上找到的图钉"转"到自己的板上。这意味着卖家的图钉有可能像"病毒"一样自然传播。对于希望打造自有品牌的卖家来说，Pinterest 平台非常适合建立自己的品牌形象。

Pinterest 搜索中有 97% 的内容都不包含品牌词。Pinterest 上的用户并不是在搜索特定产品或特定品牌，而是在积极寻找新事物。根据销售漏斗理论，Pinterest 上的用户主要处于销

售漏斗的第一步——意识。这使 Pinterest 成为卖家扩大影响力并吸引新客户的绝佳平台。

Pinterest 用户的 77.1%是女性，它尤其受妈妈们的欢迎。据调查，美国使用互联网的妈妈们中有 80%是 Pinterest 的用户。

很多人在看到 Pinterest 上的内容后会购买商品。该公司的 2019 年季节性洞察报告显示，每周有 83%的订阅者根据 Pinterest 上的品牌内容进行购买。93%的 Pinterest 用户根据平台上的内容计划进行购买。

高购买意向带来营销上的成功。平均来说，卖家在 Pinterest 上每花 1 美元的广告费就能获得 2 美元的利润，这个比率优于大部分付费广告渠道。25% 的营销人员使用 Pinterest 来宣传他们的品牌（Statista，2020）。

卖家在 Pinterest 上发布内容、销售亚马逊产品时，可以参考以下建议。

- 视觉第一原则。确保发布的图片质量高且有吸引力。
- 采用明亮的颜色。颜色鲜艳的图钉比深色图钉更容易被转发。
- 采用垂直图片。因为大多数 Pinterest 用户使用移动设备，长图片效果最佳。最佳图片尺寸约为 736 像素×1102 像素。
- 将图片与引人入胜的描述性文案结合起来。
- 要有创意，可以讲述一个故事，吸引受众。
- 将商品的商标（Logo）放在图片上，这样当产品的图钉被转发时，品牌就会曝光。

除了遵循以上建议，卖家在 Pinterest 上发帖时还要非常重视 SEO。当访客在 Pinterest 上搜索内容时，如果卖家的图钉在潜在客户的搜索结果中排名靠前，就能获得更多流量。

一个简单的 Pinterest SEO 的方法是参考 Pinterest 搜索自动建议，输入广告产品的类别或与产品相关的广泛匹配关键词（如 "women's shoes"），得到一些建议。卖家可以围绕这些建议的主题和关键词制作图钉。每个图钉都有一个文本描述。这些文本中的关键词是决定其是否在搜索结果中显示的一个重要因素。因此，卖家要在文本中布置重要的关键词。但是，不要为了提高可搜索性而大量堆砌关键词，因为这样文本的可读性会很差。只有可读、易懂的文本才能说服访客点击图钉，进入卖家的网站或亚马逊产品详情页。

2．在 Pinterest 上自然推广亚马逊产品

作为亚马逊卖家，已经具备了在 Pinterest 上推广产品所需的所有条件。其中，优化亚马逊产品详情页最重要的事情之一是提供高质量的产品图片，这些图片可以在 Pinterest 上重复使用。

在进行自然（免费）推广前，卖家需要在 Pinterest 上创建个人资料（profile），并确保个人资料能够很好地代表卖家的产品品牌。接下来，开始创建板，注意要围绕一个中心主题或话题创建板。卖家可以先围绕一个产品创建一个板，再围绕如何使用产品的教程创建另一个板，或者为每个子类别创建一个板。

卖家应该尝试在板中加入教育性或非促销性内容，要在板中宣传自己的产品，但不要让它看起来像店铺。

在从 Pinterest 引流时，卖家需要规划好销售漏斗。最佳做法是在 Pinterest 和亚马逊产品详情页之间创建着陆页。当访客从 Pinterest，经过着陆页，转到卖家的亚马逊产品详情页时，卖家可以利用这个机会获取客户名单。卖家可以使用一个折扣代码来激励访客提供他们的电子邮件地址，以及继续购买产品。此外，卖家可以在此页面上植入 Facebook Pixel 代码，根据卖家从 Pinterest 获得的流量建立 Facebook 自定义受众，这种操作效果很好。

3．在 Pinterest 上投放付费广告

除了发图钉和自然地扩大影响，卖家还可以在 Pinterest 上投放付费广告。这些广告被称为推广图钉（Promoted Pins），其会显示在搜索结果页和 Pinterest 主页上。它们与普通图钉唯一的区别是带有一个推广（Promoted）标签。推广图钉也有其他变体，如轮播和视频图钉，但其基本原理是一样的。

发布推广图钉可以使卖家超越竞争者，并能定位特定受众。下面介绍在 Pinterest 上投放付费广告的步骤。

第 1 步：创建企业账户。

在 Pinterest 上投放付费广告前，卖家必须创建一个企业账户。要设置广告系列并使用 Pinterest 的分析工具，必须拥有企业账户。

卖家可以创建一个新的企业账户，或者将品牌的现有账户（如果有）转换为企业账户。点击"Create a business account"，系统会提示卖家填写一些详细信息，如公司名称、业务类型等。卖家还可以链接自己的网站（如果有）和 Instagram、YouTube、Etsy 账户（如果有）。这就是创建企业账户所需要做的全部工作。账户上线后，卖家要在个人资料中填写显示名称（Display name）、用户名（Usename）等内容，并上传个人资料图片。填写的用户名将成为卖家 Pinterest 个人资料的 URL，因此要尽量使之明确，这样很容易推广卖家账户的个人资料，如图 9-54 所示。

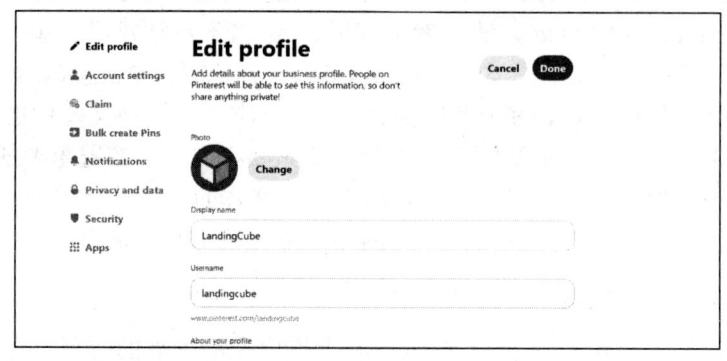

图 9-54 Pinterest 企业账户个人资料编辑界面

第 2 步：将 Pinterest Tag 添加到卖家的网站或着陆页。

为了让 Pinterest 广告发挥最佳效果，卖家需要安装 Pinterest Tag 并启用转化跟踪和分析。Pinterest Tag 的工作原理类似于 Facebook Pixel，它是安装在网站上的代码片段，可以将访问者在网站上的行为数据发送回 Pinterest。要将标签添加到卖家的网站，只需使用任何一种基本的代码编辑工具，将基本代码和事件代码安装到要跟踪事件的任何页面即可。如果卖家使用的是着陆页，也可以这样做，方法是在产品广告的着陆页上启用自定义跟踪代码，并粘贴 Pinterest 标签代码。

第 3 步：设置广告系列目标和细节。

创建企业账户后，就要开始创建广告系列。首先，转到页面顶部的"Ads"下拉菜单，单击"创建广告"。如图 9-55 所示。

第 9 章 跨境电商营销推广

图 9-55　创建广告系列界面

然后，选择广告系列目标。广告系列目标与销售漏斗的不同阶段有一定的关联性。可以为广告系列设置以下目标（见图 9-56）。

- 建立知名度（Build awareness）。帮助更多人发现卖家的个人资料或观看视频。
- 引导购前评价选择（Drive Consideration）。网站流量或应用程序安装量。
- 实现转化（Get conversions）。这指的可以是在卖家网站或 Pinterest 上的销售额。

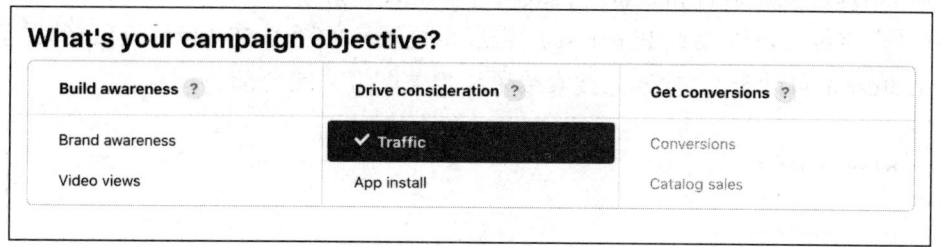

图 9-56　广告系列目标设置

如果卖家已经安装了 Pinterest Tag，并收集了足够的数据来优化转化率，那么最好将"Get conversions"作为广告系列目标。如果卖家刚开始使用 Pinterest 广告，那么可以针对流量进行优化。

最后，设置广告系列细节，包括为广告系列命名和设置广告系列预算（每日预算和总支出限额），如图 9-57 所示。

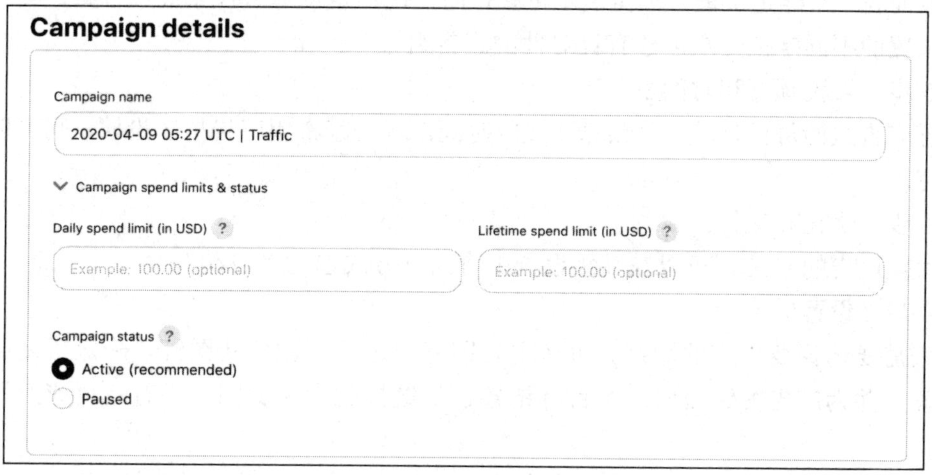

图 9-57　广告系列细节设置示例

第4步：设置受众定位。

广告组的第一部分是设置受众定位。卖家可以在此处设置向谁展示广告。受众定位设置有以下几种方式。

- 自定义受众（Custom Audiences）。可以基于已经收集的潜在客户的数据设置自定义受众，这些数据可以是电子邮件列表、网站的访问者或与卖家在 Pinterest 上的个人资料或图钉互动过的人。卖家也可以基于原始受众数据创建类似受众。
- 兴趣定位（Interest Targeting）。从各种主题中选择用户，Pinterest 广告将覆盖对这些主题表现出兴趣的受众。
- 关键词定位（Keywords Targeting）。添加关键词来定位。可以基于 Pinterest 搜索中使用的搜索词来选择定位关键词。其工作原理与谷歌非常相似，输入一个关键词，平台会提供相关关键词列表和估计的搜索量以供参考。卖家可以选择不同的关键词匹配方式，包括广泛匹配、短语匹配、精确匹配，也可以设置否定关键词定位。
- 人口统计数据定位（Demographics Targeting）。选择个人人口统计数据，如年龄、性别、地理位置、语言和设备（台式机与移动设备）。

设置受众定位后，要设置 Pinterest 广告展示位置，如图 9-58 所示。可选的展示位置有浏览（Pinterest 主页动态）、搜索（搜索结果和相关图钉）或全部。

图 9-58　Pinterest 广告展示位置设置

一般而言，兴趣定位适合浏览展示位置，而关键词定位适合搜索展示位置。卖家应为每个展示位置的不同定位受众创建有针对性的广告组。

第5步：设置预算和时间表。

设置广告组的每日预算、总预算和投放时间。若卖家希望广告持续投放，则可以将结束日期留空。

第6步：优化和交付。

为优化广告的 CPC，可以在高级设置中将出价方式选为"自动"。

第7步：设置广告。

卖家需要选择要推广的图钉。可从现有图钉中选择或创建新图钉。确保所使用的图钉最具创意，并为广告图钉设置一个目标链接，如链接到卖家的网站、着陆页或亚马逊产品详情页。

一旦卖家选择了要推广的内容，点击"启动"按钮后，该广告就会被 Pinterest 审核。

与许多其他社交媒体平台广告一样，Pinterest 广告的层次结构是广告系列（Campaign）→广告组（Ad Group）→广告（Ads）。这意味着一个广告系列可以有多个广告组，每个广告组可以有多个广告。

由于目标是在活动层级设置的，因此如果想针对不同的目标投放广告（例如，一个是为了获得更多关注者，一个是为了在着陆页上获得转化），卖家就需要创建两个不同的活动。

定位和展示位置是在广告组层级设置的，因此为了测试不同的受众，卖家就需要创建两个不同的广告组。如果卖家要对受众进行 A/B 测试，就需确保广告组层面的所有内容都是相同的，唯一的区别是受众。

卖家的所有创意（图钉图片、文案、链接）都在广告层级设置。卖家可以为每个广告组创建多个不同的广告（图钉）。最佳做法是卖家制作多个广告，在监测结果后，将更多资金投入到效果最好的广告中。

9.3.8　亚马逊其他站外流量来源渠道和测试

亚马逊卖家可以从多种类型的外部流量中受益。对于可以用于在线（甚至线下）推广产品的单个流量来源渠道的数量几乎是无限的。由于每个卖家的产品和经营的业务都不同，因此没有一种流量来源对所有卖家都是最有效的。卖家应该根据实际情况找到对自己的产品和业务最有效的流量来源渠道。

由于 Facebook 平均每月拥有 25 亿个活跃用户，而 Google 每秒钟约有 63,000 次搜索，两者都拥有庞大的用户群体，因此对于几乎所有卖家来说，当第一次开始使用外部流量进行推广时，通常会尝试这两种中的一种。此外，由于使用这两个平台进行营销推广的营销人员数量众多，并且他们长期利用这两个平台，因此这两个平台提供的营销工具非常成熟，而且功能强大。这意味着在这两个平台上，卖家更容易接触到目标受众。Facebook 和 Google 都有可以帮助卖家吸引目标受众的软件。凭借大量的人口统计数据、兴趣和自定义受众定位功能，卖家可以进行各种尝试来不断优化受众定位。

虽然 Facebook 和 Google 拥有巨大的流量资源，但它们并不是唯一可行的流量来源。卖家可以通过其他渠道吸引产品流量。无论是寻找 Facebook 或 Google 之外的一个竞争压力较小的替代方案，还是在这两个渠道上已经取得成功，想进一步通过其他渠道增加流量来源，卖家都可以尝试通过其他渠道来引流。

1．其他主要站外流量来源平台

（1）推特（Twitter）。

Twitter 从来没有像 Facebook 或 Google 那样享有付费广告渠道的声誉，但这并不意味着其不具备推广潜力。Twitter 拥有超过 3 亿个月活跃用户，是一个具有广泛知名度的平台。与所有社交媒体平台一样，其创收方式是广告。

卖家可以在 Twitter 上运行各种类型的广告系列，通过广告来增加关注者、网站访问量、转化次数及潜在客户数量，或者只是将"推广"推文展示给更多用户。Twitter 平台广告系列的目标设置如图 9-59 所示。

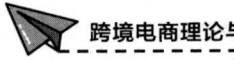

图 9-59　Twitter 平台广告系列的目标设置

Twitter 有一个转化标签，卖家可以将其安装在自己的网站或着陆页上，以跟踪转化并重定位客户。卖家可以使用这个标签收集的数据，基于网站访问和购买及自定义事件等，为广告系列创建自定义受众。

一般来说，在 Twitter 上投放广告不是电子商务卖家的理想选择，因为 Twitter 上的受众与 Pinterest 或 Instagram 等平台上的受众购买心态不同，但这并不意味着它不能被用于推广活动。如果能验证卖家的品牌已经在 Twitter 上拥有自然流量，那么卖家在这种情况下投放广告比盲目投放广告取得的效果更好。

（2）红迪网（Reddit）。

Reddit 是一个流量较大的平台，拥有超过 12 亿个月活跃用户，是目前美国第 7 大受欢迎的网站。

尽管 Reddit 很受欢迎，但其对于卖家营销并不利。Reddit 上的所有内容均由社区生成，以反营销和反对自我宣传的帖子而闻名。

然而，它确实有潜力作为一个广告平台。庞大的用户群是一个明显的优势，Reddit 广告实际上具有非常简洁的定位功能。除了可以通过位置、人口统计数据和兴趣（像大多数渠道一样）来定位受众，它还可以通过特定的子社区（Reddit 内的利基社区）的用户进行定位，如图 9-60 所示。

Reddit 广告提供的新的受众定位方式对于卖家更好地接触目标受众非常有利。Reddit 广告平台界面与 Facebook 广告非常相似，具有广告系列（Campaign）→广告组（Ad Set）→广告（Ads）层次结构。与 Facebook 相比，它的广告显示位置和创意选项相对简单，易于使用。

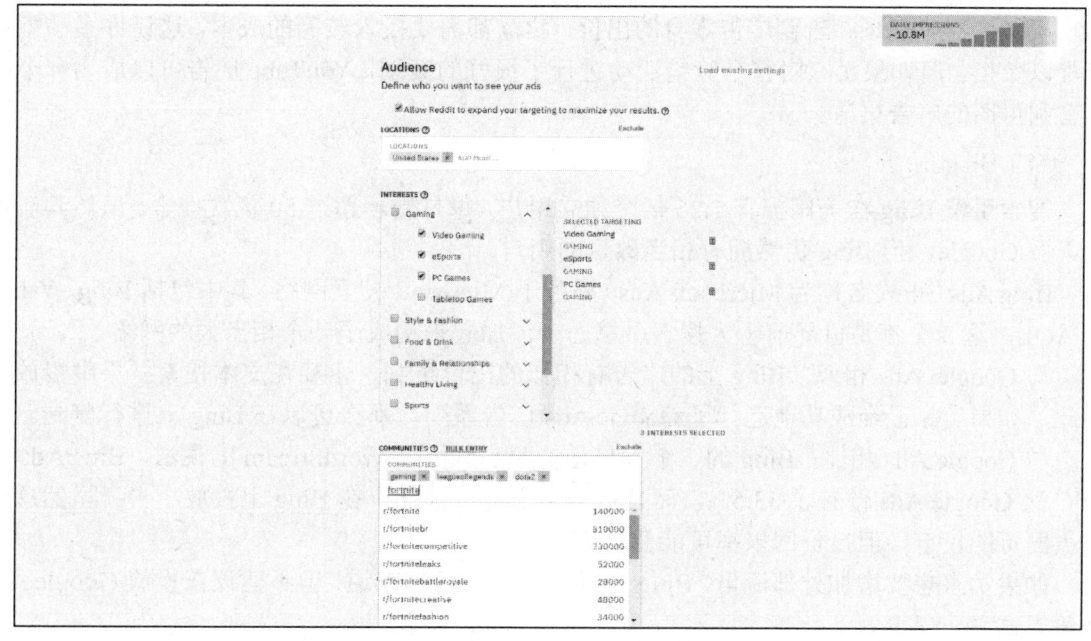

图 9-60　Reddit 广告受众定位设置

尽管如此，但 Reddit 可能不是电子商务卖家的理想选择。在 Reddit 上，用户的购买意向不是很高，如果卖家投放的广告包含营销用语，容易被用户忽略。如果打算在 Reddit 上投放广告，那么卖家最好先阅读与卖家产品细分市场相关的 subreddits 并与之互动，只有这样，卖家才会知道 Reddit 广告的受众使用什么样的语言并做出反应。

（3）YouTube。

YouTube 是目前全球最大的视频搜索和分享平台之一，拥有 20 亿个月活跃用户。由于拥有庞大的用户量，YouTube 也是一个非常理想的广告平台。卖家可以在 YouTube 上投放以下 6 种类型的广告。

- 展示广告（Display Ads）。
- 重叠式广告（Overlay Ads）。
- 可跳过的视频广告（Skippable Video Ads）。
- 不可跳过的视频广告（Non-skippable Video Ads）。
- 导视广告（Bumper Ads）。
- 赞助卡（Sponsored Cards）。

卖家将通过 Google Ads 平台设置 YouTube 广告。要制作视频广告，需要选择"视频"作为广告系列类型（列在"搜索""展示""购物"选项旁边）。在设置一些基本的广告系列细节之后，卖家可以选择将广告展示在以下网络中。

- YouTube 搜索结果。广告将出现在 YouTube 搜索结果页上。
- YouTube 视频。广告将在 YouTube 视频开始或播放期间展示。
- You Tube 的视频合作伙伴。广告将展示在 YouTube 之外的合作伙伴网站上。

大部分的设置过程（如出价和位置定位）与普通 Google Ads 一样。YouTube 广告可实现的人口统计、兴趣和关键词定位非常精细。卖家还可以选择将包含敏感内容（如亵渎、暴力或色情内容）的视频排除在定位目标之外。

从制作专业视频广告到广告本身的出价，卖家都需要投入较高的成本，这让许多小型卖家难以负担。但如果卖家对整个营销活动进行了很好的策划，YouTube 广告可以成为一个极其有利可图的广告渠道。

（4）Bing。

搜索引擎 Bing 在美国拥有 1.26 亿个独立用户，每月处理超过 50 亿次搜索。虽然其流量远不及 Google，但 Bing 仍然拥有相当数量的用户。

Bing Ads（正式名称为 Microsoft Ads）服务于 Microsoft 搜索网络，其中包括 Bing、Yahoo 和 AOL，这 3 个都是世界前十大搜索引擎之一，加起来构成了一个相当大的网络。

与 Google Ads 相似，Bing 上的广告有相似的出价机制，主要在文本搜索结果中投放。因此，如果卖家已经成功地运行了 Google Ads 广告系列，那么可以在 Bing 上进行复制。

与 Google Ads 相比，Bing 的一个优势是竞争小。根据 WordStream 的说法，Bing Ads 的 CPC 比 Google Ads 便宜了 33.5%，而且点击率更高。因此，在 Bing 上投放广告，虽然总体覆盖面可能较窄，但投资回报率可能会更高。

如果卖家想要增加外部流量，Bing 可以是一个很好的渠道，但不建议在投放 Google Ads 之前尝试 Bing Ads。

（5）意见领袖营销。

与产品所在利基市场的意见领袖建立联系是卖家接触新潜在客户的好途径。这些意见领袖已经拥有大量的追随者（粉丝），通常为追随者创造内容，并能影响他们去尝试某些产品。一些意见领袖愿意免费为卖家的产品发布评论，因为他们本身也需要内容创意。卖家也可以向一些意见领袖支付一定的报酬，以激励他们发布与产品有关的评论，来帮助推广产品。

博主是最常见的意见领袖类型之一。他们通常拥有自己的粉丝电子邮件列表、社交媒体账户和可以发布产品的博客，是一种非常理想的意见领袖。其他类型的意见领袖包括在 YouTube、播客和 Instagram 等社交媒体平台上拥有大量粉丝的影响者。

与在搜索引擎或社交网络上的付费广告不同，意见领袖营销需要更多的实际工作。卖家必须找到所在利基市场的意见领袖并与其达成交易。意见领袖营销非常有效，这种方法的一大优势是内在的社会证明机制。受众信任意见领袖，当他们为卖家的产品背书时，这种信任就会延伸到推荐的产品或品牌。

卖家可以参照以下 4 个简单步骤开展意见领袖营销。

- 列出卖家产品所在领域的意见领袖名单。
- 给意见领袖发电子邮件。
- 跟进。如果意见领袖没有回应，卖家可以使用 Boomerang 等工具进行跟进。
- 尝试与意见领袖谈判，达成协议。

（6）搜索引擎优化（SEO）。

自然 Google 搜索是一段时间以来最有效的在线营销渠道之一。通过建立一个网站，并对其进行优化，以便在许多关键词的 Google 搜索结果中得到展示并使自然排名靠前，可以实现 SEO 或 SEM。

与付费广告相比，SEO 需要更长的时间才能见到成效，但投资回报率可能更高。

在 Google SEO 中很难对亚马逊产品详情页进行排名，因为卖家几乎无法控制亚马逊网页的技术元素。但是如果卖家有自己的电子商务网站（如 Shopify 独立站），就应该去优化网站以获得自然 SEO 流量。

2．更多外部流量来源渠道

付费平台和其他流量平台的数量很多，本书无法一一列举。前文介绍了一些受欢迎和有效的流量来源渠道。还有一些重要的外部流量来源平台可供选择，如 Linkedin、Snapchat、TikTok、Vimeo、Tumblr、Viber、Whatsapp、Telegram、Quora、Medium 和 Blogger 等。如果卖家的潜在客户在这些平台上聚集，就可以在这些平台上积极推广、引流。

3．测试新的流量来源渠道

无论卖家选择哪种流量来源渠道，进行测试都非常重要。在投入大量时间和金钱进入特定渠道之前，卖家需要进行牵引力测试（Traction Testing）。牵引力测试是指先花费少量时间或金钱来测试潜在营销渠道是否适合自己，然后确定是否选择该流量来源渠道。在某个流量来源渠道上投入少量资金进行实验，并对该渠道的引流效果进行评估。如果测试成功，就加大投入，从此渠道中获取尽可能多的价值。如果测试不成功，就去尝试一个新的渠道。这样，卖家可以在盲目地投入大量广告费之前，了解某个渠道是否有效。

如果测试不成功，在做出类似于"Facebook 广告对我不起作用"的判断时要谨慎。很多时候不是渠道本身不合适，而是引流方案的设计和执行有问题，如对广告的定位、文案、图像等的设置。如果进行了牵引力测试但没有取得很好的结果，卖家就可能需要判断引流方案本身是否存在问题了。

卖家在对新的流量来源渠道进行测试时，最好是一次只测试一个，有条不紊地聚焦一次清晰有效的渠道测试。

思 考 与 练 习

1．简述跨境电商营销推广活动计划的制订步骤。
2．简述在线媒体营销推广活动绩效衡量 VQVC 法。
3．卖家在亚马逊平台进行营销推广有哪些可选渠道？
4．简述亚马逊 PPC 广告类型。
5．亚马逊 PPC 广告的关键绩效指标有哪些？
6．卖家创建亚马逊 PPC 广告系列通常有哪两个目标？
7．简述亚马逊 PPC 广告的定位方式。
8．简述运行亚马逊 PPC 广告的基本步骤。
9．在亚马逊平台进行站内促销的主要方式有哪些？
10．简述亚马逊外部流量销售漏斗。
11．如何创建并优化亚马逊着陆页？
12．简述在 Facebook 上投放亚马逊产品广告的步骤。
13．简述 Facebook 重定位的概念，以及开展 Facebook 重定位营销活动的步骤。
14．简述设置 Google Ads 广告系列的步骤。

反侵权盗版声明

  电子工业出版社依法对本作品享有专有出版权。任何未经权利人书面许可，复制、销售或通过信息网络传播本作品的行为；歪曲、篡改、剽窃本作品的行为，均违反《中华人民共和国著作权法》，其行为人应承担相应的民事责任和行政责任，构成犯罪的，将被依法追究刑事责任。

  为了维护市场秩序，保护权利人的合法权益，我社将依法查处和打击侵权盗版的单位和个人。欢迎社会各界人士积极举报侵权盗版行为，本社将奖励举报有功人员，并保证举报人的信息不被泄露。

举报电话：（010）88254396；（010）88258888
传　　真：（010）88254397
E-mail：dbqq@phei.com.cn
通信地址：北京市万寿路 173 信箱
　　　　　电子工业出版社总编办公室
邮　　编：100036